EDUCACIÓN BILINGÜE E INTERCULTURAL EN CENTROAMÉRICA Y MÉXICO

Colección LAMPARA
(Crítica y Cultura)

R. Enrique Hamel, Guillermina Herrera, Mario Rizo, Dennis Holt, Scott Wood Ronald, Thomas Keogh, Miguel Angel Quesada, Thomas Green, Ethel Martínez, Marcela Carías, Julio Ventura, Ruth Moya, Atanasio Herranz, Aura González, Martín Chakach, Gisela Salinas, Carlos Borge y Danilo Salamanca.

Educación Bilingüe e Intercultural en Centroamérica y México

PONENCIAS DEL PRIMER SIMPOSIUM DE EDUCACIÓN BILINGÜE INTERCULTURAL EN HONDURAS
Tegucigalpa, 27, 28 y 29 de julio de 1995

Editores:
Atanasio Herranz
(Coordinador)
Marvin Barahona
Ramón Rivas

Primera edición: marzo de 1998.

Diseño e impresión:
Editorial Guaymuras

Foto de portada:
Tapadera antropomórfica de incensario,
Período Clásico (650-850 d. c.),
Copán, Honduras. (IHAH).

Diseño de portada:
Salvador Enrique Monroy

ISBN: 99926-15-03-6

Impreso y hecho en Honduras.

Indice

Pág.

PRESENTACIÓN

Los días 27, 28 y 29 de julio de 1995 se realizó con un rotundo éxito en la Universidad Nacional Autónoma de Honduras (UNAH) y en el Banco Central el **Primer Simposio de Educación Bilingüe Intercultural en Honduras** patrocinado por la UNAH, la Secretaría de Educación Pública (SEP), el Instituto Hondureño de Antropología e Historia (IHAH), el Servicio Holandés de Cooperación al Desarrollo (SNV) y la Cooperación Técnica Alemana (GTZ), a través del programa de Fomento de la Educación Básica en Lempira e Intibucá (FEBLI).

Por primera vez en Honduras se reunieron expertos en educación bilingüe (lenguas indígenas - español) de Estados Unidos, México, Guatemala, Nicaragua, Costa Rica, Ecuador, Alemania y Honduras. El Simposio mostró los grandes avances, aciertos y, también, los tropiezos que la educación bilingüe con indígenas ha tenido en México, Guatemala, Nicaragua, Costa Rica y Honduras.

Este simposio tenía como *metas u objetivos* principales:

- Conocer la situación actual de los programas de bilingüismo con grupos indígenas de Centroamérica y México, y la situación de Honduras en este contexto.
- Valorar lo positivo y lo negativo de las experiencias bilingües en otros países del área para el enriquecimiento teórico y metodológico del programa bilingüe e intercultural de Honduras.
- Presentar lineamientos curriculares de la educación primaria (1° a 6° grados) para las escuelas indígenas bilingües y para la formación de los profesores indígenas.
- Conocer nuevas estrategias metodológicas y participativas para elaborar materiales didácticos y nuevas formas de participación de las comunidades étnicas en la escuela primaria bilingüe.

Contribuir al enriquecimiento teórico, estratégico y metodológico del Proyecto Bilingüe e Intercultural de Honduras.

ANTECEDENTES

Desde finales de la década de los setenta ha surgido en Honduras una gran preocupación por la cultura y la lengua de las etnias minoritarias. Las propias etnias han creado sus organizaciones: Mosquitia Asla Takanka (MASTA, 1976), Organización Fraternal Negra de Honduras (OFRANEH, 1979), Federación de Tribus Xicaques de Yoro (FETRIXY, 1977), Federación de Tribus Pech de Honduras(FETRIPH, 1985), Federación Indígena Tawahka de Honduras (FITH, 1987), Organización Nacional Indígena Lenca de Honduras (ONILH, 1989) y Federación del Pueblo Chortí (en proceso de creación). Todas estas organizaciones convergen en la Confederación de Pueblos Autóctonos de Honduras (CONPAH, 1992) y, muchas de ellas, tienen participación en el Comité Asesor Hondureño para el Desarrollo de las Etnias Autóctonas (CAHDEA).

La preocupación de las propias etnias por defender su cultura y su lengua ha provocado, a partir de la década de los noventa, la creación de centros y organizaciones para crear sus materiales didácticos monolingües y bilingües. En 1990, se creó el Comité de Educación Bilingüe Intercultural para la Mosquitia Hondureña (CEBIMH), asociado a Moskitia Pawisa (MOPAWI); Las Tradiciones del Pueblo Indígena Miskito (MISKIWAT); el Centro de Desarrollo Comunitario (CEDEC) de los garífunas y el Instituto de Lenguas y Culturas Autóctonas de Honduras (ILCUPEH).

El Estado de Honduras, en estos seis últimos años, ha tenido un cambio sustancial en la legislación hondureña y en el trato y la educación de los grupos indígenas y caribe de Honduras. El Programa Nacional de Modernización del Estado contempla la educación bilingüe e intercultural de los grupos indígenas, caribe y hablantes de inglés estándar y criollo de Honduras que se concretizó en el Programa Nacional de Modernización del Estado de 1993. La propuesta de educación bilingüe se sustancia en el plan de Operacionalización de la Modernización de la Educación que propone que de 1994 a 1998 se atenderá en educación bilingüe a un total de 150.000 hondureños, pero en la práctica apenas ha comenzado oficialmente la educación bilingüe en Honduras.

En 1994, el Gobierno presentó el documento *Políticas nacionales, lineamientos curriculares y estrategias lingüísticas para el desarrollo e institucionalización de la educación bilingüe intercultural en Honduras* elaborado por la ecuatoriana Ruth Moya y patrocinado por la UNESCO y Alemania. En él se delimitan las estrategias y los lineamientos para un proyecto nacional de bilingüismo intercultural, pero necesita concretarse en un proyecto viable y efectivo.

Sin duda, el paso más importante del Gobierno actual ha sido aprobar el 10 de mayo de 1994 en el Congreso Nacional el Convenio 169 de *Pueblos Indígenas y Tribales en Países Independientes* de la Organización Internacional del Trabajo (OIT). Este convenio, por vez primera, da un marco jurídico internacional y nacional de los derechos de los pueblos indígenas mucho mayor que el de la Constitución y las leyes secundarias.

Las diversas "Marchas Indígenas" a Tegucigalpa que se han realizado desde mayo de 1994 hasta la fecha para reclamar mejor educación, salud, agua potable, carreteras, títulos de propiedad de sus tierras ancestrales y educación bilingüe es el preludio de un despertar de los indígenas y caribes que reclaman como hondureños los derechos fundamentales recogidos en la Constitución y en los tratados internacionales de los que Honduras es signataria.

En consecuencia, la situación nacional era más que propicia para que en la realización de un simposio de esta naturaleza se analizaran y reorientaran los programas y las instituciones gubernamentales que directa o indirectamente trabajan en la educación bilingüe e intercultural.

TEMÁTICA Y PARTICIPANTES

La temática estuvo estructurada en tres ejes. El primero fue un recuento de las experiencias de bilingüismo en México, Guatemala, Nicaragua, Costa Rica y Honduras. El segundo, un tratamiento específico de los sistemas gráfico-fonético de algunas lenguas como el misquito, el pech o paya de Honduras y el sumo meridional de Nicaragua. En el tercero, se trató de mostrar que lo más importante y prioritario en la educación bilingüe de los indígenas no es la elaboración de cartillas sino la creación de los currículos, diferenciados para cada etnia, de preescolar y de educación primaria para alumnos indígenas y, en consecuencia, el diseño de los currículos diferenciados para los futuros maestros indígenas bilingües.

Este Simposio reunió a tres sectores identificados durante largos años en las tareas de programación, investigación y educación de grupos indígenas de Centroamérica, Estados Unidos, Ecuador y México. El primero lo integraron lingüistas de prestigio internacional que durante años han contribuido decisivamente en la elaboración de los sistemas fonológicos y grafemáticos de varias lenguas indígenas de América, así como gramáticas, diccionarios y materiales didácticos para las escuelas bilingües. El segundo, directores de Centros de Investigación y de Formación de profesores bilingües y, el tercero, las instituciones y organizaciones nacionales y extranjeras, públicas y privadas, que trabajan en proyectos bilingües y de rescate de las culturas indígenas y caribes de Honduras.

El primer grupo, integrado por lingüistas con experiencia en educación bilingüe, presentó un importante número de ponencias en las que mostraron críticamente sus experiencias en la elaboración de los sistemas fonológicos, grafemáticos, morfosintácticos y léxico-semánticos de diversas lenguas autóctonas de América, en especial de Centro América. Otro importante número de ponencias describen y analizan la interculturalidad de los grupos que conservan gran parte de su cultura, pero que han perdido su lengua. Finalmente, las últimas ponencias analizan los lineamientos del currículum escolar y el de la formación de maestros bilingües. Los lingüistas invitados tenían, además, la ventaja de que por varios años han trabajado en centros y comunidades en la formación de los docentes bilingües de México, Guatemala, Estados Unidos, Nicaragua, Costa Rica y Honduras.

El segundo grupo de invitados lo integraron los Directores de Centros de Investigación y Educación Bilingüe para indígenas. Todos los invitados tienen años de experiencia en la creación y funcionamiento de centros en los que se han formado cientos de profesores bilingües indígenas que hoy día llevan el peso y la dirección de centros y proyectos. Además, la mayoría de ellos han participado en la elaboración de currículos escolares y de formación de maestros y, por lo general, son los responsables de la publicación de los sistemas gráficos, cartillas, gramáticas y diccionarios. Su experiencia en crear equipos de trabajo con indígenas para la elaboración de materiales didácticos para la escuela puede dar pautas para esta nueva experiencia en Honduras.

El último grupo de invitados estuvo conformado por representantes de organismos e instituciones nacionales, públicas y privadas, que trabajan directa o indirectamente en proyectos bilingües e interculturales con grupos étnicos de Honduras, o los financian, y por los representantes indígenas y caribes de todos los grupos de Honduras. La participación masiva de alumnos de las especialidades de Antropología y Lingüística de las dos universidades del Estado de Honduras fue un claro indicador del interés y de la preocupación por un tema relativamente nuevo en este país centroamericano.

PARTICULARIDADES DE ESTA EDICIÓN

Se inicia con una presentación que resume las metas, los antecedentes, la temática, los participantes, las particularidades de la edición y los agradecimientos. A continuación se incorporan las ponencias leídas en el simposium y organizadas en función de los tres ejes temáticos descritos: políticos, lingüísticos y experiencia por grupos y países; el currículum escolar y el de formación de maestros bilingües y experiencias y currículos de grupos étnicos de Honduras.

Esta publicación culmina con una memoria del simposium, unas recomendaciones sobre políticas de educación bilingüe e intercultural de Honduras y el listado y direcciones de todos los ponentes.

A pesar de nuestro interés y reiteración en solicitar el texto íntegro de la ponencia oficial de la Secretaría de Educación Pública (SEP) el licenciado Julio Navarro, Director del Programa Mejoramiento de la Calidad de la Educación Básica, por causas que desconocemos no la envió, por lo que sólo aparece un resumen de ella.

A pesar de estas limitantes, creemos que la publicación de los trabajos presentados en este Simposio es valiosa tanto en el campo de la investigación lingüística de algunas lenguas indígenas de Centroamérica como en el de elaboración de currículos diferenciados para la educación primaria bilingüe intercultural de grupos étnicos y la formación de maestros indígenas.

Los trabajos de esta edición que hacen un recuento histórico y una valoración de las experiencias de educación bilingüe para indígenas en América Latina son valiosos tanto para lingüistas y expertos en educación bilingüe como para miembros de comunidades indígenas, personal docente de educación, planificadores, agencias y servicios de cooperación. La validez fundamental radica en que sus autores tienen larga experiencia en varios campos de la educación bilingüe intercultural y en sus ponencias muestran críticamente tanto los aciertos como los errores.

Finalmente, esta publicación cubre un notable vacío informativo, analítico y bibliográfico de todas las experiencias en educación bilingüe con indígenas y caribes (incluso con hablantes del inglés criollo) que se han realizado y se están realizando en los olvidados, y poco conocidos, países de Centroamérica en los últimos veinte años.

AGRADECIMIENTOS

Queremos dar nuestras gracias a todos los participantes nacionales y extranjeros que desde el primer momento se entusiasmaron con la idea del simposio y, con esmero, escribieron sus ponencias. Cualquier error tipográfico o de edición es exclusivamente responsabilidad del equipo coordinador. De igual forma, tenemos una deuda con todos los miembros de los grupos étnicos que asistieron al simposio con una asiduidad y participación envidiables, en especial el grupo tawahka con más de veinte representantes. Los profesores, alumnos y personal de las universidades, en especial de la UNAH, de la UPN, de la Secretaría de Educación y del IHAH demostraron un gran interés, lo que debe llenarnos de alegría, pues algo está cambiando en Honduras.

Especial mención para los profesores, alumnos y personal administrativo de la Carrera de Letras (Lingüística y Literatura) de la UNAH que, como copatrocinadores del evento, nos proporcionaron un efectivo equipo de trabajo. El éxito de esta actividad se debió en gran medida a ellos.

Sólo nos resta el reconocimiento y agradecimiento personal e institucional al señor Rector de la UNAH, Dr. René Sagastume, al Ministro de Cultura y las Artes, Dr. Rodolfo Pastor Fasquelle, a la Gerente del IHAH, Dra. Olga Joya, y, en especial, a la señora Ministra de Educación, licenciada Zenobia Rodas de León-Gómez, que con visión de futuro nos apoyó incondicionalmente sin amedrentarse ni hacer caso a falsos cantos de sirena y a ataques infundados, días antes del Simposio.

Terminamos esta larga lista de agradecimientos extendiéndolos a todas las instituciones estatales y privadas, nacionales y extranjeras, servicios de cooperación y desarrollo y proyectos que con su generosa ayuda económica hicieron posible el Simposio y la edición de esta publicación:

- Universidad Nacional Autónoma de Honduras (UNAH).
- Secretaría de Educación Pública.
- Secretaría de Cultura y las Artes.
- Programa de las Naciones Unidas para el Desarrollo (PNUD).
- Instituto Hondureño de Antropología e Historia (IHAH).
- Proyecto de Rescate Cultural Ecológico de la Costa Atlántica de Honduras.
- Banco Central de Honduras (BCH)
- Servicio Holandés de Cooperación al Desarrollo (SNV).
- Proyecto "Fomento de la Educación Básica en Lempira e Intibucá (FEBLI)" de la Cooperación Alemana (GTZ).
- Centro de Estudios Mexicanos y Centroamericanos (CEMCA).
- Audiovisuales y Análisis de Prensa (AAP).
- Línea aérea TACA.
- Hotel "La Ronda".
- Editorial "Guaymuras".
- Federación Indígena Tawahka de Honduras (FITH).

- Universidad Pedagógica Nacional (UPN).
- Cervecería Hondureña.
- Fiscalía de las Etnias y de Patrimonio.

ATANASIO HERRANZ
Coordinador General

MARVIN BARAHONA
Subcoordinador General del Simposio

RAMÓN RIVAS
Representante de SNV en el Simposio

Capítulo I

Políticas Lingüísticas y Experiencias de Educación Bilingüe

BILINGÜISMO E INTERCULTURALIDAD

Relaciones sociolingüísticas y educación de los pueblos indígenas de América Latina

*Rainer Enrique Hamel**

LOS PUEBLOS INDÍGENAS EN LOS ESTADOS NACIONALES LATINOAMERICANOS: EL PUNTO DE PARTIDA

Cuando en el siglo XIX los estados nacionales en América Latina establecieron la igualdad de todos los ciudadanos ante la ley en sus constituciones liberales, el ideal europeo del monoculturalismo y la homogeneidad lingüística no dejaba espacio, en rigor, para la sobrevivencia de los pueblos indígenas como sociedades propias al interior de la nación. En la medida en que los países extendieron la educación pública a la población rural e indígena en el siglo XX, el principio de la igualdad y la presión hacia la asimilación se plasmó en programas monolingües en español que ignoraban simplemente la diferencia lingüística y cultural de sus alumnos. Sólo en algunos países, particularmente los andinos y mesoamericanos, aparecieron desde los años 30 algunos proyectos educativos especialmente diseña-

---

* Universidad Autónoma Metropolitana, México, D. F.

dos para la población indígena que perseguían, sin embargo, el mismo objetivo de asimilación lingüística y cultural.

Debido al poco éxito de muchos de estos programas, surgieron discusiones en el ámbito educativo preocupados por el fracaso escolar, el bajo rendimiento de los alumnos y su poca capacidad para adquirir los conocimientos considerados necesarios para sobrevivir en la sociedad dominante. Consecuentemente, los políticos y educadores pedían otros programas, nuevas técnicas, más libros y mayores recursos; es decir, una medicina más fuerte para atender al enfermo y curarlo de su mal. Y cuál sería su desencanto cuando se percataban de que la nueva medicina tampoco daba los resultados deseados y que el enfermo seguía igual de precario o que incluso empeoraba su estado de salud.

Poco a poco, sin embargo, los mismos actores indígenas se organizaron e hicieron ver a los educadores y a la sociedad en su conjunto que la alteridad cultural y lingüística de los alumnos indios no constituía una peligrosa enfermedad, sino, quizás por el contrario, un síntoma de enorme gran salud y riqueza étnica. Fue tan sólo a partir de esta toma de conciencia que se abrió el camino para replantear a fondo la educación indígena y la relación entre sociedad dominante y pueblos indios.

Podemos conceptualizar esta trayectoria en tres grandes etapas históricas, aunque no irreversibles (ver cuadro 1). En muchos estados nacionales el proceso partió de un mono-culturalismo[1] como política oficial que negaba rotundamente todo espacio a la diversidad cultural, étnica y lingüística. Esta posición causó, y sigue causando, gravísimos conflictos en vastas regiones del mundo[2]. El camino histórico

---

1 Utilizo los conceptos de diversidad, multilingüismo y multiculturalismo como términos descriptivos que designan una situación de facto, existente en la realidad, independientemente de su reconocimiento por parte de los actores sociales. Me refiero en cambio a pluralidad, plurilingüismo y pluriculturalismo para caracterizar aquellas situaciones donde los actores sociales, tanto sociedades dominantes como pueblos indígenas, reconocen y asumen las diferencias étnicas y lingüísticas como factores de enriquecimiento sociocultural.

2 Considérense los violentos conflictos étnicos en varias regiones de la ex Unión Soviética o la ex Yugoslavia.

pasa por un estadio de multiculturalismo, donde la diversidad puede ser reconocida, pero sigue siendo considerada como un problema, lastre o barrera para el desarrollo. Puede desembocar finalmente en una situación de pluriculturalismo donde los segmentos más significativos de la sociedad no sólo reconocen la diferencia como derecho del grupo e individuo indígena, sino que la conciben, por el contrario, como un recurso sociocultural que enriquece (cf. Ruiz 1984) el estado y el conjunto de la nación.

Cuadro Nº 1
DE LA DIVERSIDAD NEGADA AL PLURALISMO ASUMIDO

MONOCULTURALISMO
Diversidad negada
Inclusión cultural

MULTICULTURALISMO
Diversidad reconocida como "problema"
Inclusión cultural

PLURICULTURALISMO
Diversidad asumida como recurso enriquecedor
para toda la sociedad

Es importante señalar que en todos los países latinoamericanos con población indígena coexisten de manera más o menos conflictiva las tres concepciones de estado y nación que se reflejan en una amplia gama de políticas; éstas van desde el monoculturalismo clásico hasta diversas expresiones de multiculturalismo que reconocen parcialmente la existencia de la población indígena y definen su trato en muchos casos como "problema" de asimilación e integración a la sociedad nacional. Y el ascenso de los movimientos indígenas en el continente y las reformas constitucionales y legales en la mayoría de los países con población indígena de los últimos años anuncian profundos cambios sociales y políticos que representan intentos de avanzar en el camino hacia el pluriculturalismo y plurilingüismo como nueva base de Estados pluriétnicos o plurinacionales (cf. Díaz Polanco 1991, CIPCA 1991).

No obstante la posibilidad de construir Estados nacionales realmente pluralistas en lo cultural, étnico y lingüístico está muy lejos de transformarse en regla general. En diversos sectores sociales, las burocracias estatales y educativas, los sindicatos de profesores y, sin duda, en las comunidades indígenas mismas, persisten concepciones que simplemente niegan la diversidad o consideran el multiculturalismo como un problema, una barrera que obstaculiza el desarrollo. Los casos de conflictos violentos y bárbaros en muchas partes del mundo vislumbran las enormes dificultades que enfrentan tales proyectos. Y nos llevan cada vez con mayor nitidez a reconocer en el trato que una nación le da a sus minorías (o mayorías) étnicas a través de su Estado, no un problema marginal, sino un asunto de central importancia para el desarrollo de una sociedad civil que se sustente en un modelo democrático y pluralista.

Intentaré analizar las dimensiones sociolingüísticas y educativas de estos conflictos, tal como se presentan en la relación entre sociedad nacional y etnias indígenas. Tomaré como ejemplo una sociedad en transición como la mexicana en la que las tres concepciones están en pugna; una sociedad con una de las más ricas tradiciones indígenas americanas y también de indigenismo estatal.

LA EDUCACIÓN INDÍGENA

El debate anterior nos lleva a plantear la necesidad de relacionar dos dimensiones de planeación educativa que muchas veces se disgregan: la dimensión sociopolítica global que define los objetivos generales de la educación, incluyendo los objetivos culturales y lingüísticos; se refiere a la posibilidad de construir una nación plurilingüe y pluricultural: ¿es acaso factible conciliar, en el proyecto de formación de Estados nacionales, la construcción de una unidad nacional con la preservación de la diversidad étnica y lingüística? La segunda, de orden psicolingüístico y pedagógico, está relacionada con las posibilidades de alcanzar un bilingüísmo enriquecedor para el individuo, es decir, de desarrollar vigorosamente la lengua indígena materna y de adquirir al mismo tiempo un buen dominio en la lengua nacional.

La dimensión sociopolítica se refleja en el papel que se le asigna a la educación en cuanto a la relación que el estado y la sociedad dominante pretenden establecer con los grupos minoritarios o pueblos aborígenes que habitan en el país: ¿Se trata de mantenerlos aislados, separados de la sociedad nacional como ocurrió durante mucho tiempo en Brasil o en Sudáfrica bajo el régimen del apartheid (monoculturalismo segregado)? ¿Se quiere asimilarlos a través de una disolución como etnias alternas, de manera gradual o repentina (del multiculturalismo al monoculturalismo nacional)? ¿O predomina una concepción pluricultural que se propone integrar las etnias a la nación, preservando al mismo tiempo su cultura e identidad como pueblo? A cada uno de los proyectos políticos le corresponden determinados objetivos sociolingüísticos y educativos en cuanto a la defensa, la revitalización o el desplazamiento de las lenguas y culturas indígenas. En la definición de los programas y currículos interviene la dimensión psicolingüística y pedagógica que establece las modalidades de enseñanza-aprendizaje. Nos preguntamos aquí: ¿es acaso factible adquirir un buen dominio de la lengua nacional común, sin excluir el desarrollo de la lengua materna indígena en sus funciones comunicativas y académico-cognocitivas?, o, por el contrario, ¿debe ésta cumplir tan sólo una función transitoria y de apoyo instrumental en un proceso de asimilación?, ¿es la primera lengua (L1) un requisito indispensable para el éxito escolar o un obstáculo?

Podemos distinguir entre cuatro modelos básicos de programas de educación bilingüe[3] en contextos sociogeográficos bilingües o multilingües (ver cuadro 2).

---

3 Sobre la clasificación de los programas de educación bilingüe existe, desde luego, un controvertido debate. Las tipologías abarcan sistemas que van desde 3 tipos fundamentales hasta 250, según los criterios y las variables que se toman en cuenta (cf. Mackey 1972, Skutnabb-Kangas 1984, Fthenakis et al. 1985, Baker 1988, Padilla et al. 1990, sólo para citar algunos textos).

Cuadro Nº 2
TIPOS DE EDUCACIÓN BILINGÜE

Modelos	Programas	Objetivos	(f) L1	Resultados lingüísticos
1. Enriquecimiento	Inmersión	bilingüismo	complemento L2	bilingüismo biculturalismo
2. Asimilación	1. Sumersión total	adq. plena L 2	obstáculo	bilingüismo sustractivo
	2. Sumersión relativa	adq. plena L2, sub.	tolerada L1	bilingüismo sustractivo
	3. Transición sistemática	adq. plena L2 L2 L1 det. habil.	instrumento conservación	bilingüismo sustractivo
3. Preservación	1. Equilibrio L1 - L2	bilingüismo	instrumento pleno enriquecedor	bilingüismo biculturalismo
	2. Revitalización	bilingüismo	instrumento aditivo	bilingüismo biculturalismo

Los modelos de enriquecimiento han sido desarrollados, por lo general, para una población dominante. El programa más conocido es el de la inmersión en la segunda lengua (L2) como el de "French immersion" en Canadá (cf. Swain y Lapkin 1982, Cummins y Swain 1986, etc.). El efecto de inmersión consiste en el hecho de que determinados alumnos monolingües, pertenecientes a la mayoría anglófona dominante, son expuestos a un programa conducido íntegramente en francés, generalmente desde el inicio de la escuela primaria. Estos programas tuvieron resultados sorprendentemente exitosos en la obtención de un bilingüismo aditivo, es decir, donde una lengua no sustituye a la otra. Los alumnos no sólo adquirían una competencia muy avanzada en todas las habilidades de L2, el francés, sino que además no mostraban, al cabo de seis años de educación, atraso alguno frente a sus coetáneos anglófonos en la lecto-escritura en inglés (L1), a pesar de que no habían recibido instrucción en esa lengua. Por lo general, los programas de enriquecimiento se basan en una concepción de pluralismo cultural y logran alcanzar un bilingüismo aditivo para los alumnos.

En el contexto indoamericano, donde tenemos condiciones muy diferentes a las canadienses, podrían experimentarse programas piloto de inmersión en lenguas indígenas para alumnos hispanohablantes en regiones de alta densidad poblacional indígena, como lo prevé, en principio, el nuevo proyecto de currículo bilingüe intercultural propuesto en Bolivia (cf. ETARE 1992).

El modelo de segregación se caracteriza por su objetivo de separar al grupo dominante del dominado en la educación. No quiere desarrollar una competencia avanzada en la lengua nacional y en los contenidos que desarrollan en ella los alumnos del grupo subordinado. Así les niega explícitamente la posibilidad de integrarse o asimilarse a la sociedad nacional dominante por el conducto de la educación y adquisición plena de la lengua oficial. Se basa en una concepción de incompatibilidad entre las culturas, es decir, un monoculturalismo por segregación. El caso más conocido es el del "apartheid" en Sudáfrica. Por lo demás, tales programas han existido en situaciones coloniales o en casos de una estancia transitoria (o supuestamente transitoria) de alumnos en el país (e. g. la educación para niños de trabajadores turcos en Baviera).

Al modelo de asimilación le corresponde una amplia gama de programas, desde la sumersión total hasta la transición sitemática.

Los primeros se aplican típicamente en escuelas rurales ubicadas en regiones indígenas con programas monolingües en la lengua nacional. La lengua indígena es considerada como un obstáculo para el aprendizaje del español y la "civilización" de los educandos, y en muchos casos se castiga su uso en la escuela. Los maestros no hablan la lengua de los niños, quienes se enfrentan a una situación, muchas veces, traumática de asimilación forzada[4].

---

4. Como en estos programas la lengua materna de los alumnos no ocupa ningún espacio curricular, sólo podemos contarlos, en rigor, entre los programas bilingües porque operan en contextos socioculturales bilingües.

Esta es la realidad educativa de la mayoría de los niños indígenas en América Latina que tienen la posibilidad de acudir a una escuela. El concepto cultural subyacente es el de un multiculturalismo negado o reconocido como un "problema" para la modernización del país.

Los programas de sumersión relativa persiguen a largo plazo el mismo objetivo que los anteriores, pero transitan por otro camino. La lengua indígena es tolerada, y en aquéllos de transición sistemática constituye un instrumento de alfabetización temprana. Desde los años cuarenta, han existido proyectos en varios países latinoamericanos basados en el uso de las lenguas indígenas, pero no con el objetivo final de su preservación, sino para lograr una transición más efectiva y pedagógicamente adecuada hacia la cultura y lengua nacional. Esta posición se refleja en el conocido acuerdo de la UNESCO de 1953 que establece el derecho de todo ser humano de recibir una educación en su propia lengua.

En su mayoría, los programas de asimilación se han mostrado deficientes, lo que se debe en buena medida a un supuesto fundamental que lo sustenta: se considera que, a partir de un dominio básico de la lecto-escritura que se alcanzaría al cabo de 2 ó 3 años, el desenvolvimiento académico y cognoscitivo de los alumnos procedentes de minorías etnolingüísticas transcurriría más o menos al mismo ritmo que el de los niños de la cultura dominante; por lo que la lengua y la cultura étnicas ya no reciben ningún apoyo curricular. Como veremos más adelante, la investigación psicolingüística de los últimos lustros demostró la falacia de tal supuesto.

Entre los programas que corresponden al modelo de emancipación lingüística y cultural encontramos dos tipos básicos, los de preservación y de revitalización. Apuntan a la creación de una capacidad plena en dos lenguas (bilingüismo aditivo) y de una facultad de actuar exitosamente en las dos culturas correspondientes. La teoría sociocultural que sustenta la mayor parte de estos programas consiste en un modelo de conflicto lingüístico y cultural, donde la minoría (a veces la mayoría) indígena o inmigrante sufre de una discriminación y subordinación sistemáticas. Los programas pretenden apoyar la lucha por una mayor igualdad de oportunidades a partir del reconocimiento de la asimetría estructural. A diferencia de los programas asimilacionistas de orientación estructural-funcionalista, no parten de una teoría social del equilibrio restituible; tampoco se proponen ofrecerle mayores oportunidades al individuo de manera aislada, como los programas compensatorios y transicionales que prometen el ascenso social del individuo a cambio de la erradicación de la lengua y su cultura (el derecho individual a la educación de cualquier tipo). Su objetivo es, por el contrario, la mejoría de oportunidades, a través de la emancipación sociocultural y lingüística del grupo étnico o pueblo en su conjunto, para garantizarle su derecho colectivo a la diferencia y educación propia. Es en este sentido, una concepción analítica de conflicto cultural y lingüístico es compatible con un verdadero pluralismo cultural, racial, étnico y lingüístico, asumido como elemento enriquecedor a nivel de la sociedad nacional en su conjunto. La incorporación estructural del grupo subalterno pasa por el fortalecimiento de su identidad étnica y una aceptación de su alteridad y persistencia cultural por parte de la sociedad dominante.

DEL SALÓN DE CLASE AL CURRÍCULO

Trasladémonos al microcosmo del salón de clase para estudiar de qué manera se conjugan los factores que intervienen en la educación indígena y se reproducen tanto en las políticas del lenguaje globales como en las decisiones psico-pedagógicas del currículo en la interacción de maestros y alumnos.

Tomaré como ejemplo unas escuelas típicas, sin duda representativas del Sistema de Educación Indígena en México, en la región hñähñú (otomí) del Valle del Mezquital en la meseta central mexicana. ¿Cuál es el currículo real que opera en ellas? Las escuelas siguen básicamente el currículo de las primarias monolingües hispanas del país y usan el libro de texto oficial gratuito como principal recurso pedagógico en las cuatro materias fundamentales: español, matemáticas, ciencias naturales y sociales[5].

5. Como es sabido, este libro está diseñado para la enseñanza de la lecto-escritura y el desarrollo audio-oral del español como lengua materna; de ninguna manera sirve para la enseñanza de español como segunda lengua (L2) a niños indígenas.

Es decir, se alfabetiza en español, a pesar de que la política oficial establece desde mediados de los años ochenta que la enseñanza de la lecto-escritura debe realizarse en la lengua materna de los alumnos, en este caso la lengua indígena[6]. La principal diferencia entre el sistema bilingüe y las primarias monolingües consiste en el hecho en sí, muy importante, de que todos los maestros son indígenas bilingües que usan la lengua vernácula como medio de educación e instrucción mientras sea necesario. Como muchos alumnos llegan con escasos conocimientos de esta lengua al primer grado, a pesar de haber cursado un año de educación preescolar, se produce una ruptura entre el currículo oficial y las condiciones sociolingüísticas de su aplicación, por lo que los maestros tienen que adaptar los programas de estudio y desarrollar un currículo de facto ("oculto", como dicen algunos) que sufren una serie de contradicciones estructurales.

Este currículo se puede caracterizar como de sumersión relativa no sistemática que apunta a la transición al español. Vemos aquí una situación muy típica de contradicción entre una posición pluricultural, de apoyo á la preservación y desarrollo de las lenguas y culturas indígenas en lo formal, es decir en los documentos de política oficial por un lado, y una práctica (multicultural) asimilacionista que concibe la persistencia de las lenguas indígenas como problema y obstáculo para el éxito escolar de los niños[7].

---

6. He aquí un sólido mito sobre la educación indígena en México, a pesar de que muchos autores afirmen lo contrario (Hernández Moreno/Guzmán G. 1982, Varese 1983, Amadio 1987, Modiano 1988, etc.) no existió, por lo menos hasta 1994, una alfabetización sistemática en lengua indígena como modalidad predominante ni un currículo de educación indígena propio, significativamente diferente al de las primarias en español.
7. En lo que sigue me baso en los resultados de varias investigaciones sociolingüísticas y educativas que he realizado en esta zona en los últimos años. En un primer estudio (1979-1983) nos concentramos en una etnografía escolar y el análisis de la interacción en el salón de clase, (López 1982, Hamel 1984, 1988b). En un segundo estudio longitudinal (1991-1993), que confirmó a grandes rasgos los resultados anteriores, abarcamos con más detalle los procedimientos de enseñanza-aprendizaje y aplicamos una batería de pruebas (pre- y postest) para evaluar particularmente los procesos de adquisición de las habilidades lecto-didactiles (cf. Hamel 1991, Francis y Hamel 1992).

lenguas, donde la lengua indígena siempre juega un papel subordinado, y se dirige hacia un uso cada vez más dominante del español en los últimos años de primaria.

5. Como de hecho el currículo no prevé recursos didácticos apropiados ni un espacio para un programa bilingüe, le confiere a los maestros el desafío pedagógico lingüístico y cultural de adaptar métodos y materiales a la situación de bilingüismo, lo que acrecienta la importancia y el papel de los maestros indígenas como intermediarios culturales.

Por otro lado constatamos una serie de indicadores muy alentadores que podrían mejorar sustancialmente el aprovechamiento y éxito escolar, una vez que se superan los obstáculos mencionados:

1. A pesar de estas condiciones adversas, nuestras investigaciones recientes (Francis y Hamel 1992) muestran que los alumnos logran un dominio bastante significativo, aunque inferior al que se plantea como objetivo oficial[8] en español y en la lecto-escritura al concluir el 6to. año de primaria. También exhiben una impresionante capacidad y creatividad en la escritura en lengua indígena, una habilidad que jamás les fue enseñada en la escuela, lo que refleja la capacidad de transferir estrategias cognitivamente exigentes de una lengua a otra[9].
2. Nuestra observación de clase y la descripción etnográfica nos mostraron también que en el salón de clase se constituye una "sociedad escolar" con su sistema cultural propio. Se reintroducen

---

8. No hay que olvidar, sin embargo, que el total de alumnos en escuelas primarias latinoamericanas no supera el 50% de rendimiento escolar en español y matemáticas: en las escuelas rurales de Chile, fue el 44% del currículo mínimo nacional; en Costa Rica, del 23% y 20%; en México; en una muestra representativa del término de la primaria en todo el país, fue del 53% en español y 30% en matemáticas. Todos los datos se encuentran en Prawda y Vélez (1992).
9. Aquí se nota el funcionamiento de una proficiencia subyacente común a las lenguas ("common underlying proficiency", cf. Skutnabb-Kangas 1984), un fenómeno que observó también en otra investigación en las regiones mayas de México (cf. Pellicer 1993).

sólo logran adquirir el patrón de la repetición. Las formas lingüísticas y los patrones discursivos, que sólo se aprenden de manera mecánica, permanecen inherentemente incomprensibles, puesto que se produce una ruptura entre ellos y la base interpretativa cultural. Uno de los propósitos de la socialización escolar en los modelos asimilacionistas es precisamente el de superar esta ruptura y enseñar los esquemas de aprendizaje e interpretación de la sociedad dominante para provocar un cambio de estatus étnico en los educandos.

Otro ejemplo sobre funcionamiento de la escuela.

Nuestra investigación sobre el funcionamiento de la educación bilingüe en la zona -que comprende un conjunto de análisis y evaluación- arroja resultados positivos y negativos, preocupantes, por un lado, y alentadores, por el otro.

Por un lado, observamos una serie de obstáculos estructurales:

1. El tipo de currículo aplicado lleva a resultados poco satisfactorios en cuanto al rendimiento en las materias escolares y la proficiencia en la adquisición del español como L2, tanto oral como en la lecto-escritura; reproduce al mismo tiempo la asimetría diglósica y fomenta los procesos de desplazamiento de la lengua indígena.
2. Por lo menos en los primeros años, se produce una contradicción entre los objetivos oficiales -la adquisición de la lecto-escritura en español- y los objetivos necesarios para la adquisición del español oral como L2, lo que conduce a una discrepancia sistemática entre el currículo oficial y el currículo de facto.
3. No hay ningún lugar curricular específico, ni para la lengua ni la cultura indígenas; el hñähñú se usa en una función subordinada como lengua de instrucción mientras sea necesario, en muchos casos hasta el final de la primaria.
4. En el microcosmos de la escuela se reproduce, por tanto, la tendencia principal del conflicto lingüístico: la enseñanza comienza con el uso intensivo, a veces casi exclusivo, de la lengua indígena como lengua de instrucción; pasa por una alternancia entre las

sólo logran adquirir el patrón de la repetición. Las formas lingüísticas y los patrones discursivos, que sólo se aprenden de manera mecánica, permanecen inherentemente incomprensibles, puesto que se produce una ruptura entre ellos y la base interpretativa cultural. Uno de los propósitos de la socialización escolar en los modelos asimilacionistas es precisamente el de superar esta ruptura y enseñar los esquemas de aprendizaje e interpretación de la sociedad dominante para provocar un cambio de estatus étnico en los educandos.

Otro ejemplo sobre funcionamiento de la escuela.

Nuestra investigación sobre el funcionamiento de la educación bilingüe en la zona -que comprende un conjunto de análisis y evaluación- arroja resultados positivos y negativos, preocupantes, por un lado, y alentadores, por el otro.

Por un lado, observamos una serie de obstáculos estructurales:

1. El tipo de currículo aplicado lleva a resultados poco satisfactorios en cuanto al rendimiento en las materias escolares y la proficiencia en la adquisición del español como L2, tanto oral como en la lecto-escritura; reproduce al mismo tiempo la asimetría diglósica y fomenta los procesos de desplazamiento de la lengua indígena.
2. Por lo menos en los primeros años, se produce una contradicción entre los objetivos oficiales -la adquisición de la lecto-escritura en español- y los objetivos necesarios para la adquisición del español oral como L2, lo que conduce a una discrepancia sistemática entre el currículo oficial y el currículo de facto.
3. No hay ningún lugar curricular específico, ni para la lengua ni la cultura indígenas; el hñähñú se usa en una función subordinada como lengua de instrucción mientras sea necesario, en muchos casos hasta el final de la primaria.
4. En el microcosmos de la escuela se reproduce, por tanto, la tendencia principal del conflicto lingüístico: la enseñanza comienza con el uso intensivo, a veces casi exclusivo, de la lengua indígena como lengua de instrucción; pasa por una alternancia entre las

lenguas, donde la lengua indígena siempre juega un papel subordinado, y se dirige hacia un uso cada vez más dominante del español en los últimos años de primaria.

5. Como de hecho el currículo no prevé recursos didácticos apropiados ni un espacio para un programa bilingüe, le confiere a los maestros el desafío pedagógico lingüístico y cultural de adaptar métodos y materiales a la situación de bilingüismo, lo que acrecienta la importancia y el papel de los maestros indígenas como intermediarios culturales.

Por otro lado constatamos una serie de indicadores muy alentadores que podrían mejorar sustancialmente el aprovechamiento y éxito escolar, una vez que se superan los obstáculos mencionados:

1. A pesar de estas condiciones adversas, nuestras investigaciones recientes (Francis y Hamel 1992) muestran que los alumnos logran un dominio bastante significativo, aunque inferior al que se plantea como objetivo oficial[8] en español y en la lecto-escritura al concluir el 6to. año de primaria. También exhiben una impresionante capacidad y creatividad en la escritura en lengua indígena, una habilidad que jamás les fue enseñada en la escuela, lo que refleja la capacidad de transferir estrategias cognitivamente exigentes de una lengua a otra[9].
2. Nuestra observación de clase y la descripción etnográfica nos mostraron también que en el salón de clase se constituye una "sociedad escolar" con su sistema cultural propio. Se reintroducen

---

8. No hay que olvidar, sin embargo, que el total de alumnos en escuelas primarias latinoamericanas no supera el 50% de rendimiento escolar en español y matemáticas: en las escuelas rurales de Chile, fue el 44% del currículo mínimo nacional; en Costa Rica, del 23% y 20%; en México; en una muestra representativa del término de la primaria en todo el país, fue del 53% en español y 30% en matemáticas. Todos los datos se encuentran en Prawda y Vélez (1992).
9. Aquí se nota el funcionamiento de una proficiencia subyacente común a las lenguas ("common underlying proficiency", cf. Skutnabb-Kangas 1984), un fenómeno que observó también en otra investigación en las regiones mayas de México (cf. Pellicer 1993).

casi clandestinamente fragmentos de la cultura indígena en los contenidos, los procesos de enseñanza-aprendizaje, los patrones culturales y discursivos del hñähñú y en las relaciones sociales maestro-alumno. Este hecho se refleja también en la ausencia de toda violencia o amenaza en el salón de clase, la relativa libertad con la que circulan y actúan los alumnos, las fases de "peer teaching" y, en general, una socialización escolar que representa muchos aspectos de sincretismos culturales.

A pesar de estos aspectos positivos, no cabe duda que el currículo que se impone en los hechos corresponde a modelos asimilacionistas que fomentan en última instancia la transición hacia la educación dominante y el desplazamiento lingüístico.

Estos hallazgos confirman las experiencias recabadas en otros casos de educación bilingüe. Se ha visto, por ejemplo, que los programas de sumersión o transición rápida basados en métodos directos (de enseñanza exclusiva L2) no suelen lograr sus objetivos para la educación de las minorías subordinadas. Los resultados apuntan a problemas centrales en la educación bilingüe, tales como la relación entre proficiencia lingüística y rendimiento escolar, temas en los cuales se produjeron avances importantes en la investigación científica de los últimos 15 ó 20 años[10].

En la mayoría de las experiencias documentadas (cf. Skutnabb-Kangas y Cummins 1988, Hakuta 1986, Fishman 1991, Pease-Alvarez y Hakuta 1992) se ha visto que, en síntesis, la enseñanza a través de la lengua minoritaria no afecta de manera negativa el desarrollo académico, lingüístico o intelectual del niño, como lo sostiene la ideología tan arraigada del monolingüismo. Tanto alumnos de la mayoría (inmersión) como la minoría (preservación) pueden ser instruidos en la lengua subordinada sin costo alguno para la adquisición de la lengua dominante. Las habilidades académicas en L1 y L2 son indepen-

---

10. Consúltese los debates de Cummins (1984a, 1984b, 1989), Rivera (1984), Baker (1988, 1993), Romaine (1989), Padilla et al. (1990), Pease-Alvarez y Hakuta (1992), etc.

dientes, es decir, son manifestaciones de una proficiencia común subyacente (cf. Stutnabb-Kangas 1984, Fthenakis et al. 1985). Esta proficiencia común se manifiesta principalmente en las habilidades cognitivamente exigentes como la lecto-escritura y las matemáticas.

El éxito escolar de los programas está relacionado muchas veces con la capacidad de fortalecer y consolidar el uso de las lenguas étnicas en todas sus dimensiones y funciones (comunicativa, académico-cognoscitivo, afectiva, etc.). Esto implica, como currículo ideal, el uso predominante -casi exclusivo- de la L1 en los primeros años de primaria, y la enseñanza de la mayor parte de los contenidos curriculares durante toda la primaria en la lengua minoritaria. Sobre la base de una adquisición consolidada de la lecto-escritura en la lengua materna se producen normalmente estrategias cognoscitivas a la L2.

Sin lugar a duda existen poderosos factores de orden socioeconómico y político que intervienen en los procesos educativos. Los factores más intrínsecamente educativos, socio y psicolingüísticos, sin embargo, se explican en buena medida por el tipo de fenómenos y procesos discutidos aquí. Una consecuencia inmediata, muy evidente, es que se puede demostrar, a partir de los resultados de la investigación, que los programas de castellanización directa tan arraigados en América Latina están casi irremediablemente destinados a fracasar; y no hay educación más costosa que aquella que fracasa.

En la exigencia de programas adecuados, basados en la lengua indígena, se expresa la dimensión del derecho individual de cada alumno a recibir una educación apropiada para sus condiciones de aprendizaje. Pero existe otra dimensión; la dimensión del derecho colectivo de todo pueblo de exigir una educación específica y propia, basada en su lengua y cultura, como pieza e instrumento de sus reivindicaciones étnicas históricas.

Entre éstas cuenta la decisión de muchas etnias indígenas de apropiarse de una escritura de su lengua, es decir, de transformarse de sociedades ágrafas en sociedades letradas y de utilizar esta escritura en la alfabetización de sus hijos (cf. Pardo 1993).

¿Cuáles serían entonces los principales aspectos que deberíamos tomar en cuenta en la transición de un sistema educativo indígena monocultural o transicional hacia un sistema de verdadera educación bilingüe intercultural?

A partir de la experiencia mexicana citada, podemos esbozar algunos elementos/piezas fundamentales para el diseño y la planificación de una educación indígena que contribuya a la preservación de las culturas y lenguas autóctonas y que permitan a la vez una adquisición proficiente del español y de los contenidos y habilidades curriculares de la cultura nacional.

A mi modo de ver -y sin pretensión de exhaustividad- debemos concentrarnos en el currículo, la elaboración de materiales (siempre como parte del currículo) y, sobre todo, la formación de maestros indígenas bilingües, tomando en cuenta siempre su relación entre sí y con la comunidad indígena en cuestión.

El currículo

Quizás lo primero y más difícil es un cambio de enfoque, de mentalidad, que abandone la tradicional concepción del déficit que considera a las comunidades indígenas desde sus carencias, pobrezas y necesidades. Por el contrario, debemos conocer, investigar y entender la enorme riqueza de conocimientos, lenguas prácticas socioculturales y formas de organización arraigadas en las comunidades indígenas. Investigaciones en distintas partes del mundo nos han mostrado que, si somos capaces de movilizar estos fondos de conocimiento en incorporarlos activamente al quehacer educativo, tenemos muy buenas perspectivas de aumentar considerablemente el rendimiento escolar en materias claves como la lecto-escritura y las matemáticas (Moll 1992, Moll y Greenberg 1990, etc.).

Hemos visto en nuestros estudios que tanto la vida comunicativa al interior de la etnia indígena como la relación sociolingüística entre la sociedad nacional y los pueblos indígenas, que deben ser un punto de partida para el currículo, no se manifiestan solamente en el nivel de las lenguas entendidas como estructuras lingüísticas, sino también en los niveles de las estructuras discursivas y de los modelos culturales (ver cuadro No. 3). Para los propósitos de investigación y diseño podemos distinguir estas dimensiones como niveles analíticos articulados entre sí.

Cuadro Nº 3

MODELOS ALTERNATIVOS DE EDUCACIÓN INDÍGENA

MODELO ASIMILACIONISTA OCCIDENTAL	MODELO DE PRESERVACIÓN (BASE CULTURAL INDÍGENA)
ESQUEMAS CULTURALES • modelos de enseñanza-aprendizaje occidentales (e.g. enseñanza cultural indígena "verbal", descontextualizada) • modelos de progresión "lineares"	ESQUEMAS CULTURALES • modelos de enseñanza- aprendizaje de base (e.g. enseñan por imitación) • e.g. modelos de progresión "no lineares"
ESTRUCTURAS DISCURSIVAS • registro formal escolar • patrones discursivos "pase de lista", "ejercicio" • patrones de interacción triádicos pregunta - respuesta - evaluación • modalidad escrit• E	ESTRUCTURAS DISCURSIVAS • registro formal ritual (?) • patrones discursivos tipo étnicos tipo "silencio", "reprocidad" • patrones de interacción étnicos e.g. sin evaluación inmediata • modalidad escrita L1
ESTRUCTURAS LINGÜÍSTICAS • uso predominante del español (E) (función "alta") • alfabetización en E • principales materias predominantemente en E	ESTRUCTURAS LINGÜÍSTICAS • uso de la lengua indígena (L1) (función "alta") • alfabetización en L1 • principales materias en L1

Estos tres niveles de articulación deben considerarse para el diseño del currículo y los materiales:

- En el nivel de las estructuras lingüísticas (C), nos debemos preocupar de las gramáticas (descriptivas y pedagógicas) y de los alfabetos.
- En el nivel de las estructuras discursivas (B), estudiamos las formas de interacción, tanto al interior de cada cultura como entre ellas (la comunicación intercultural), de argumentación, narrativas, etc., y los métodos de enseñanza-aprendizaje, como hemos visto en el ejemplo anterior.
- En el nivel de los modelos culturales, nos interesa explotar la organización cognitiva y procesual, las formas de cortesía, etc., que operan con marcos de referencia y orientación para las acciones.

Es, en general, el componente cultural el que refleja con mayor nitidez la orientación global de un programa y el modelo de sociedad que se pretende construir.

Los diversos programas que corresponden al modelo de asimilación, sin embargo, parten de una concepción de inclusión cultural (cf. Stairs 1988), es decir, los principales universales culturales son concebidos como parte exclusiva de la cultura dominante y sólo se puede transmitir a través de ella.

En los programas de sumersión total, la cultura indígena es simplemente negada. La sumersión relativa se basa en la jerarquía implícita entre las culturas. Y muchos de los programas de transición sistemática se sustentan en una visión evolucionista o funcionalista que distribuye las funciones para cada lengua y cultura.

En la mayoría de los programas llamados de educación bilingüe y bicultural, los diferentes componentes de la cultura autóctona son objetivados y reducidos a la cultura material como contenidos escolares, pero no son vividos en el proceso educativo[11].

---

11. Así por ejemplo, la organización del parentesco, las visiones del mundo, la religión o las formas de saludar de un grupo étnico pueden perfectamente tratarse

Aún en muchos modelos de emancipación cultural, con sus programas de preservación, revitalización o expansión, subsisten rasgos de una visión de inclusión cultural, ya que frecuentemente son el producto de una planeación externa a la etnia, y las determinaciones culturales, pedagógicas y lingüísticas fueron tomadas por la sociedad dominante y sus expertos.

Una genuina concepción de pluralismo cultural, en cambio, implica un enfoque de base cultural (cf. Bullivant 1984, Stairs 1988), es decir, la idea que determinados universales culturales (lecto-escritura, adquisición del lenguaje, matemáticas, taxonomías del conocimiento, pedagogía, desarrollo infantil, etc.) se puede desarrollar en principio en cualquier lengua[12]. En los programas de inmersión total en L2 se practica ese principio de manera radical.

Uno de los casos más interesantes que he conocido en los últimos años es el de los inuit (esquimales) en el Canadá polar, un pueblo indígena que logró revertir el proceso tradicional de determinación y programación externas de su educación y que inició una dinámica de desarrollo educativo propio, tomando como base y punto de partida la cultura y lengua autóctonas[13].

---

como temas de materia escolar. Una tal abstracción cumple normalmente un objetivo de carácter ideológico: tranquiliza a los implicados y organizadores del currículo, ya que la cultura indígena está presente. Pero excluye y deslegitima al mismo tiempo a esa cultura como sistema de acción e interpretación del mundo con validez en la institución escolar; en otras palabras, expropia al sujeto indígena de su cultura que se le vuelve a presentar, por lo general, bajo taxonomías de la sociedad dominante, como materias escolares. Este procedimiento forma parte de los conocidos procesos de fetichización y folclorización de una cultura subalterna.

12. La posibilidad práctica de usar una lengua para determinados campos depende, sin embargo, del estado de desarrollo de funciones, estructuras y del léxico de ella (del Sprachausbau, cf. Kloss 1967, 1969). Cuando existe la decisión política de extender una lengua a nuevas funciones (educación, alfabetización, tecnología, etc.), se requiere de una planificación y elaboración de su corpus (cf. Cerrón Palomino 1992 para la región andina, cf. una discusión general en Hamel 1993b).
13. En este proceso la formación de profesionales indígenas y su intervención decisiva en la elaboración de currículos, materiales y métodos jugó un papel fundamental.

Se propuso tomar el control sobre su propio sistema educativo y de fundamentar todos los ámbitos de la educación en la cultura indígena. Es decir, ya no parecía suficiente usar la lengua propia como medio de instrucción e incluir contenidos de la cultura inuit (la cultura material) en un currículo, por lo demás, diseñado en términos de la cultura dominante. Se trataba más bien de extender la cultura inuit a los cuatro componentes principales de toda enseñanza formal, es decir: el lenguaje, los contenidos, los procesos de enseñanza-aprendizaje y el papel de los maestros y alumnos (cf. Stairs 1988). En particular, había que sustentar el programa educativo en la cultura material, social, lingüística y cognitiva de la etnia.

Analicemos con un ejemplo de la cultura inuit las contradicciones que se producen frecuentemente en la educación cuando se toman en cuenta los modelos culturales y estilos cognitivos de aprendizaje de cada etnia[14].

Un procedimiento típico que caracteriza el proceso de aprendizaje comunal de los inuit consiste en el encadenamiento retroactivo de las operaciones en una actividad productiva, empezando por los últimos pasos. Así, por ejemplo, una niña comenzará su aprendizaje de cómo elaborar un par de botas con el lustrado y engrasado final; el año siguiente coserá los trozos superiores del cuero, para llegar, finalmente, a los primeros pasos de preparar el material. De este modo, la niña contribuye, desde la primera actividad, de manera significativa a la vida de la comunidad. Tiene la satisfacción inmediata de entregar un producto final cuya utilidad está a la vista.

Nada más contrastante que la tradición occidental de aprendizaje. Desde la formación de los gremios artesanales en la Edad Media, sabemos que el aprendiz tiene que "foguearse", realizando primero los trabajos más sucios y pesados, a la vez menos relacionados con su futura profesión. Después de haber barrido durante algunos meses el taller, pasará a las actividades preparativas curtiendo el cuero y lim-

---

14. Los procedimientos cognitivos, culturalmente específicos de aprendizaje, se han tornado un campo de ejemplar importancia y riqueza en la investigación durante los últimos años (cf. Holland y Quinn 1987, Brown, Collins y Duguid 1989, Rogoff 1992, etc.).

piando las herramientas, siempre bajo el control, las instrucciones explícitas y los retos del maestro zapatero.

Y en las escuelas escuchamos hasta el día de hoy vociferar el "A, E, I, O, U" del alfabeto en coro como preparación para una futura lecto-escritura, a pesar de que sabemos desde hace bastantes lustros que la lectura y escritura no funcionan combinando letras y sonidos de esta manera.

Este ejemplo nos revela, en primer lugar, la falacia de las "lógicas universales" fácilmente establecidas. Parecería obvio, como parte de una lógica natural, que se aprenden las cosas en el mismo orden en el que se trabaja finalmente. Los inuit, en cambio, nos enseñan que, desde el punto de vista pedagógico y cognitivo, no existe tal orden natural y que hay buenas razones para proceder de otra manera.

De ahí la necesidad de investigar el funcionamiento de cada cultura para evitar errores fundamentales en la elaboración de los currículos, planes, materiales y métodos, puesto que la aplicación de métodos de enseñanza, estilos cognitivos y modelos culturales de la sociedad dominante puede ser tan violadora de la identidad indígena de los alumnos como la imposición directa de la lengua nacional y de sus patrones discursivos. En síntesis, el diseño del currículo no se puede limitar a cultura material. Debe basarse también en la cultura social, lingüística y cognitiva.

Simplificando las oposiciones para efectos de demostración[15], podemos contrastar el tipo de programa analizado en el caso mexicano tradicional como un modelo idealizado de preservación cultural (cuadro 4) que contiene algunos de los elementos que se están elaborando en las escuelas inuit. Como hemos visto, la negativa de reconocer y asumir la diversidad en todas sus dimensiones para llegar a modelos pluriculturales, agudiza y profundiza los conflictos interétnicos en los estados nacionales.

---

15. Parece importante la advertencia que, en rigor, no se pueden diseñar oposiciones dicotómicas como aparecen en el cuadro 5. Por lo general, los programas de base cultural se apropian de elementos culturales de la sociedad dominante, elaboran sincretismos y diluyen así las oposiciones claras.

Los maestros

Para la formación de maestros, especialmente la capacitación de los docentes en servicio, es fundamental tomar como punto de partida su inserción socioeconómica y política, como también el conjunto de sus creencias, experiencias, prácticas y habilidades[16].

Los maestros constituyen la pieza clave de todo el sistema de enseñanza. En México, los maestros indígenas bilingües forman ya un gremio poderoso, por lo menos en sus regiones, con más de 30,000 miembros en el territorio nacional. Muchos de ellos participan en los movimientos indígenas más avanzados. Sólo una parte reducida de ellos tiene una formación normalista completa. Y sólo un mínimo ha tenido la oportunidad de una formación como maestro bilingüe, porque hasta hace muy pocos años no existía esta modalidad. Los maestros indígenas cursaban las escuelas normales junto con todos los demás aspirantes a maestros de primaria.

En el Valle del Mezquital, la región hñähñú (otomí) de nuestro estudio, los maestros se encuentran en una encrucijada, un conflicto objetivo y subjetivo entre su lealtad étnica y la lealtad con un sistema escolar que, aunque bilingüe, es identificado con el Estado y la sociedad nacional. En los últimos 30 años han llegado a constituir un nuevo gremio que desplazó a los viejos caciques y que ocupa hoy por hoy la mayoría de los puestos claves en las comunidades y regiones: cargos de alcaldes, jueces, presidentes de ejidos, comités, etc. Invierten su capital cultural -un dominio relativamente bueno del español y de las prácticas sociopolíticas de la sociedad mestiza- para convertirse en intermediarios culturales prósperos y poderosos. De hecho, una gran parte de los maestros participa como agentes directos del proyecto histórico de asimilación.

Su existencia de intermediarios se refleja en sus concepciones del conflicto lingüístico y de la función de la escuela en el proceso de cambio. En su práctica pedagógica y en sus creencias (cf. Muñoz 1987), saltan a la vista cuatro fenómenos:

---

16. Sabemos por experiencia que la "pieza" más difícil de cambiar en un sistema educativo son los maestros. En repetidas oportunidades hemos podido observar cómo los maestros experimentados asimilan con rapidez cualquier nuevo método o libro a sus viejas prácticas arraigadas.

1. La alta valoración del español como lengua escrita y codificada. Esta valoración nos da una pauta para explicar por qué los maestros enfatizan tanto la adquisición de la lecto-escritura desde el primer grado, cuando los alumnos aún no dominan el español oral. Como hemos visto, intentan enseñar el español a través de la escritura (Hamel 1988b).
2. La alta valoración de la norma estándar del español, tal como se refleja en los libros de texto oficiales, y la consecuente tendencia a la ultracorrección.
3. Su actitud contradictoria hacia la lengua indígena que goza de un prestigio bajo y es considerada un "dialecto" carente de gramática y escritura. Por un lado, participan del discurso indigenista mexicano que resalta el valor de la cultura y lengua autóctona; por otro, su misión civilizadora, estrechamente ligada al español, los impulsa a combatir la lengua indígena en los ámbitos que controlan, esto es, la escuela y el aparato político-administrativo.
4. La gran mayoría de los profesores tiene un dominio exclusivamente oral de la lengua indígena; prácticamente no sabe leerla y menos escribirla.

Por otro lado el arraigo de maestros en sus comunidades ha ayudado significativamente al buen funcionamiento del sistema escolar. En algunos casos, son ciudadanos de las mismas comunidades en que enseñan; y todos son indígenas bilingües de la región.

En un estudio comparativo entre tres comunidades (cf. Francis y Hamel 1992), hemos podido comprobar con una serie de pruebas un rendimiento significativo mayor de los alumnos en aquellas dos comunidades en donde un número importante de maestros y el director son ciudadanos de la misma comunidad. En la tercera comunidad de la muestra, ninguno de los maestros vivía en el mismo pueblo. Debido al alto prestigio que goza la educación entre los hñähñüs, las comunidades ejercen un control estricto del funcionamiento -por lo menos formal- de las escuelas. La doble adscripción de los maestros como docentes y ciudadanos abre perspectivas aún no explotadas para relacionar los conocimientos étnicos y comunitarios a los contenidos y la práctica docente de un proyecto transformado de educación indígena. Para remontar actitudes y prácticas asimilacionistas de los profesores en la perspectiva de un nuevo proyecto educativo, será necesario que los maestros se reincorporen de un modo diferente a sus comunidades.

Además, se requiere de un conjunto de medidas pedagógicas y lingüísticas:

- La formación y autoformación de los docentes como investigadores de su comunidad y escuela.
- El aprendizaje y desarrollo de nuevas prácticas y técnicas pedagógicas.
- El fortalecimiento de su dominio de la lengua indígena en sus cuatro habilidades, especialmente de lectura y escritura.
- Su entrenamiento para la enseñanza de las materias básicas en lengua indígena y del español como segunda lengua.

Vemos aquí que las demandas de muchos pueblos indígenas por una educación específica y propia, basada en su lengua y arraigada en su cultura, no sólo se justifican como reivindicaciones étnicas de cada pueblo (su derecho colectivo). Se sustentan también, desde la perspectiva de las investigaciones psicolingüísticas y educativas, como la respuesta más adecuada y exitosa a largo plazo para el desarrollo cognitivo-académico del alumno indígena (derecho individual a una educación apropiada).

De las investigaciones mencionadas se desprenden una serie de exigencias que se pueden formular como derechos educativos y lingüísticos para transformar la educación asimilacionista actual en un modelo de educación plural, bilingüe e intercultural real.

DE LA DIVERSIDAD NEGADA A LA PLURICULTURALIDAD ASUMIDA

En el siglo XIX la modernidad se expresaba a través de la búsqueda de estados homogéneos que hicieron desaparecer a los indígenas a través de su asimilación. En los albores del siglo XXI, ningún Estado puede ser verdaderamente moderno si no reconoce su diversidad etnolingüística y la aprovecha como un recurso de gran valor, al igual que la biodiversidad. Es en este sentido que el trato que una nación le da a sus minorías étnicas a través de su Estado y el conjunto de la sociedad civil ha dejado de ser un problema marginal desde hace algún tiempo, si es que alguna vez lo fue. En la medida en que se agota el patrón de democracia decimonónico que identifica el demos con el ethnos, torna central la cuestión de la diversidad cultural en todas sus dimensiones como prueba de fuego de la democracia misma, ya que la experiencia de los totalitarismos de este siglo, como apunta Féher para Europa, "hizo que se reconociera en determinadas prácticas democráticas -especialmente en el trato a las minorías y a los extranjeros- las semillas del totalitarismo" (1993: 18). Mutatis mutandis, podemos afirmar algo semejante de las "democrácias restringidas", las "dictablandas" (Pinochet) y "dictaduras perfectas" (Vargas Llosa sobre México) que aún buscan la transición a la democracia plena en América Latina.

En este contexto, la cuestión lingüística ocupa un lugar clave, tanto en la organización de las etnias y sus núcleos de alteridad, como también de las relaciones de dominación y reproducción de una hegemonía nacional. Por esto, las posturas frente a la diversidad lingüística pueden ser consideradas como un termómetro para someter a prueba el pluralismo cultural y el concepto de democracia mismo.

Hemos visto que la diversidad no asumida produce y profundiza conflictos estructurales cada vez más agudos. Debemos preguntarnos cómo llegar de esa diversidad de facto, lo que hemos llamado multiculturalidad, a un estado de pluriculturalidad, es decir, de diversidad asumida.

En los hechos la mayoría de los estados latinoamericanos se encuentran en la fase de concebir la realidad indígena como "problema" más o menos asumido y, en los últimos tiempos, cada vez como derecho. Sin embargo, y a pesar de ciertos cambios constitucionales recientes, estamos aún lejos de comprender y de asumir la diversidad como un recurso enriquecedor de toda la sociedad.

Desde la perspectiva de los pueblos indígenas, se plantean diversas estrategias de acción. Una de las vías que han tomado segmentos avanzados del movimiento indígena en los últimos años (cf. Iturralde

1990, CIPCA 1991, Díaz-Polanco 1991) ha sido la de replantear sus reivindicaciones en términos de demandas jurídicas fundamentales como pueblos, incluso nacionales, lo que implica una ruptura con el estado liberal homogeneizador: territorios, no tierras, sistemas educativos y de justicia propios, en su propia lengua, no las escuelas "del blanco o mestizo", autogobierno y autonomía.

Esta perspectiva está acumulando fuerza. Parece fundamental que se reconceptualicen ciertas contradicciones, desajustes y escollos en la educación y administración de justicia, no como trabas pasajeras de adaptación para tratar el "problema" indígena -así los explica muchas veces el Estado- sino como violación severa de ancestrales deseos educativos, lingüísticos y culturales. Si en las fases de los modelos educativos de sumersión y transición los movimientos indígenas han jugado muchas veces un papel más pasivo que activo, en la lucha por modelos pluriculturales, de preservación étnica, la cuestión lingüística y la intervención de los indígenas organizados se torna central.

Los criterios para evaluar y formular políticas y proyecto de educación indígena que hemos discutido aquí pueden ayudar a avanzar en este proceso. Quizás así las formidables estrategias de resistencia etnolingüística que se observan entre muchas etnias indígenas latinoamericanas encuentren un mayor sustento en su desarrollo y relación con la sociedad nacional; y posiblemente se abran nuevos espacios para que otros pueblos indígenas recuperen y amplíen sus estrategias de reproducción étnica.

BIBLIOGRAFÍA

ABRAM, Matthias (1992): *Lengua, cultura e identidad.* El proyecto EBI 1985 - 1990. EBI-Abya-Yala, Quito.

ALBO, Xavier (1988): "El futuro de los idiomas oprimidos", en ORLANDI, Ení P. (ed.): *Política lingüística en América Latina.* Campinas: Pontes, 75-104.

AMADIO, Mássimo (1987): "Caracterización de la educación bilingüe intercultural", en AMADIO, Mássimo et al. (eds.): *Educación y pueblos indígenas en Centroamérica*. Santiago de Chile: UNESCO- OREALC, 19-26.

BAKER, Colin (1988): *Key issues in bilingual education*. Clevedon: Multilingual Matters.

BAKER, Colin (1993). *Foundations of bilingual education and bilingualism*. Clevedon: Multilingual Matters.

BROWN, John Selly, Allan COLLINS & Paul DUGUID (1989): "Situated cognition and the culture of learning", en *The Educational Researcher*, January-February 1989, 32-42.

BULLIVANT, Brian M. (1984): *Pluralism: Cultural maintenance and evolution*. Clevedon: Multilingual Matters.

CERRON-PALOMINO, Rodolfo, (1992): "Normalización en lenguas andinas", en *Pueblos indígenas y educación*, 23, 33-50.

CHENAUT, Victoria, & María Teresa SIERRA (1992): "El campo de la investigación de la antropología jurídica", en *Nueva Antropología* 43, 101-110.

CHIODI, Francesco (ed.)(1990): *La educación indígena en América Latina:* México, Guatemala, Ecuador, Perú, Bolivia. Abya-Yala- P.EBI-UNESCO/OREALC.

CIPCA, (Centro de Investigación y Promoción del Campesinado) (1991): *Por una Bolivia diferente. Aportes para un proyecto histórico popular*. La Paz: CIPCA. Cuadernos de Investigación 34.

CITARELLA, Luca (1990): "México", en CHIODI, Francesco (ed.) (1990): *La educación indígena en América Latina: México, Guatemala, Ecuador, Perú, Bolivia*. Abya-Yala- PEBI-UNESCO/OREALC, Tomo I, 9-155.

COMISSAO PRO-INDIO (1981): *A questao da educação indígena*. Sao Paulo: Editora Brasilençe.

CUMMINS, Jim (1984a): *Bilingualism and epecial education: Issues in assessment and pedagogy*. Clevedon: Multilingual Matters.

CUMMINS, Jim (1984b): "Wanted: A theoretical frameword for relating language proficiency to academic achievement among bilingual students", en RIVERA, Charlene (ed.): *Language proficiency academic achievement*. Clevedon: Multilingual Matters, 2-19.

CUMMINS, Jim (1989): "Language and literacy acquisition in bilingual contexts", en *Journal of Multilingual Development*, 10,1,17-32.

CUMMINS, Jim & Merrill SWAIN (1986): *Bilingualism in education*. London & New York: Longman.

DIAZ-POLANCO, Héctor (1991), *Autonomía regional. La autodeterminación de los pueblos indios*. México: Siglo XXI.

DIAZ-POLANCO, Héctor (en prensa): "Autonomía, territorialidad y comunicación indígena. La nueva legislación agraria en México", a publicarse en CHANAUT, Victoria & María Teresa SIERRA (eds.): *Orden jurídico y control social en el medio indígena*. México.

ESCOBAR, Alberto (1988): "Lingüística y política", en ORLANDI, Ení P. (ed.): *Políticas lingüísticas en América Latina*. Campinas: Pontes, 11-26.

ETARE, (Equipo Técnico de la Reforma Educativa)(1992): *Dinamización curricular. Lineamientos para una política curricular*. La Paz: ETARE.

FÉHER, Ferenc (1993): "La multiculturalidad", en *Vuelta*, 194, 18-22.

FERGUSON, Charles (1959): "Diglossia", en *Word*, 15, 325-340.

FISHMAN, Joshua A. (1964): "Language maintenance and language shift of fields of inquiry", en *Linguistics*, 9, 32-70.

FISHMAN, Joshua A. (1989): *Reversing Language Shift*, Clevedon: Multilingual Matters.

FRANCIS, Norbert & Rainer Enrique HAMEL (1992): "La redacción en dos lenguas: escritura y narrativa en tres escuelas bilingües del Valle del Mezquital", en *Revista Latinoamericana de Estudios educativos*, XXII, 4, 11-35.

FTHENAKIS, Wassilios E., Adelheid SONNER, Rosemarie THRUL & Waltraut WALBINGER (1985): Bilingual-bikulturelle Entwicklung des Kindes. *Ein Handbuch für Psychologen, Pädagogen und Liguisten*. Munich: Hueber.

GARCÍA CANCLINI, Néstor (ed.)(1987): *Políticas culturales en América Latina*. México: Grijalvo.

GARCÍA CANCLINI, Néstor (1990): *Culturas híbridas. Estrategias para entrar y salir de la modernidad*. México: Grijalvo.

GLEICH, Utta Von (1989): *Educación primaria bilingüe intercultural en América Latina*. Eschborn: GTZ.

GÓMEZ, Magdalena (1988): "Derecho consuetudinario indígena", en *México Indígena*, Año IV 2a. Época, 25, 3-5.

GÓMEZ, Magdalena (1990): "La defensoría jurídica de presos indígenas", en STAVENHAGEN, Rodolfo & Diego ITURRALDE (eds.): *Entre la ley y la costumbre. El derecho consuetudinario indígena en América Latina.* México: III=IIDH, 371-388.

HAMEL, Rainer Enrique (1984): "Sociocultural conflict and bilingual education - the case of the Otomi Indians in Mexico", en *International Social Science Journal,* 99, 113-128.

HAMEL, Rainer Enrique (1988a): *Sprachenkonflikt und Sprachverdrängung. Die zweisprachige Kommunikationspraxis der Otomi-Indianer in Mexico.* Berna, Frankfurt, Paris, Nueva York: Verlag Peter Lang.

HAMEL, Rainer Enrique (1988b): "Las determinaciones sociolingüísticas de la educación indígena bilingüe", en *Signos. Anuario de Humanidades 1988.* México, UAM-I, 319-376.

HAMEL, Rainer Enrique (1990a): "Lenguaje y conflicto interétnico en el derecho consuetudinario y positivo", en STAVENHAGEN, Rodolfo & Diego ITURRALDE (eds.): *Entre la ley y la costumbre. El derecho consuetudinario indígena en América Latina.* México: III-IIDH, 205-230.

HAMEL, Rainer Enrique (1990b): "Lengua nacional y lengua indígena en el proceso histórico de cambio. Teoría y metodología en el análisis sociolingüístico de los procesos de desplazamiento y resistencia", en *Alteridades. Anuario de Antropología 1990.* UAM-I, México, 175-196.

HAMEL, Rainer Enrique (1992): "Interner Sprachkolonialismus in Mexiko. Die Minorisierung von Indianersprachen in der Alltagskom-munikation", en: *Zeitschrift für Linguistik und Literaturwissenschaft,* 85, 116-149.

HAMEL, Rainer Enrique (1993): "Derechos lingüísticos", en *Nueva Antropología,* 44, 71-102.

HAMEL, Rainer Enrique (1993b): "Políticas y planificación del lenguaje: una introducción", en HAMEL, Rainer Enrique (ed.): *Políticas del lenguaje en América Latina,* Iztapalapa, 29, 5-39.

HAMEL, Rainer Enrique (1994a): "Linguistic rights for Indian peoples in Latin America", en: SKUTNABB-KANGAS, Tove & Robert PHILLIPSON (eds): *Linguistic human rights.* Cambridge: Cambridge University Press.

HAMEL, Rainer Enrique (1994b): "Indian education in Latin America: Policies and legal frameworks", en: SKUTNABB-KANGAS, Tove & Robert PHILLIPSON (eds): *Linguistic human rights.* Cambridge: Cambridge University Press.

HERNANDEZ, MORENO, Jorge & Alba GUZMAN G. (1982): "Trayectoria y proyección de la educación bilingüe y bicultural en México", en SCANLON, Arlene P. & Juan LEZAMA MORFIN (eds). *México pluricultural. De la castellanización a la educación indígena bilingüe bicultural.* México: SEP-Porrúa, 83-109.

HILL, Jane H. & Kenneth C. HILL (1986): *Speaking Mexicano. Dynamics of syncretic language in Central Mexico.* Tucson: The University of Arizona Press.

HOLLAND, Dorothy & Naomi QUINN (eds)(1987): *Cultural models in language and thought.* Cambridge: Cambridge University Press.

HORNBERGER, Nancy H. (1988): *Bilingual education and language meintenance. Asouthern Peruvian Quechua case.* Dordrecht: Foris.

HORNBERGER, Nancy H. (1989): "Can Peru`s rural schools be agents for Quechua language maintenance?", *Journal of Multilingual and Multicultural Development,* 10, 2, 145-160.

ITURRALDE, Diego (1990): "Movimiento indio, costumbre jurídica y usos de la ley y la costumbre". *El derecho consuetudinario indígena en América Latina.* México: III-IIDH, 47-63.

JUNG, Indrid (1992): *Conflicto cultural y educación. El proyecto de educación bilingüe-Puno/Perú.* Quito: EBI-Abya-Yala.

JUNG, Indrid; Javier SERRANO & Christiane URBAN (1989): *Aprendiendo a mirar: una investigación lingüística aplicada y educación.* Lima & Puno: PEB-UNA.

KLOSS, Heinz (1967): "Abstand languages and `Ausbau' languages", en *Anthropological Linguistics*, 9, 29-41.

KLOSS, Heinz (1969): *Grundfragen der Ethnopolitik im 20. Jahrhundert. Die Sprachgemeinschaften Recht und Gewalt.* Wien-stuttgart: Ethnos.

LÓPEZ, Gerardo (1982): " Castellanización y práctica pedagógica en escuelas bilingües del Valle del Mezquital", en SCANLON, Arlene P. & Juan LEZAMA MORFIN (eds): *México pluricultural. De la castellanización a la educación bilingüe indígena bilingüe bicultural.* México: SEP-Porrúa 367-396.

LÓPEZ, Luis Enrique (ed.)(1988): *Pesquisas en lingüística andina.* Lima-Puno: CONCYTEC-GTZ-Universidad Nacional del Altiplano.

LÓPEZ, Luis Enrique, Inés POZZI-ESCOT & Madeleine ZUÑIGA (eds) (1989): *Temas de lingüística aplicada.* Lima: CONCYTEC-GTZ.

MACKEY, William F. (1972): "A typology of bilingual education", en FISHMAN, Joshua A. (ed.): *Advances in the sociology of language.* Vol. II. La Haya: Mounton, 413-432.

MARTIN-JONES, Marylin & Suzanne ROMAINE (1985): "Semilingualism: A half-baked theory of communicative competence", en *Applied Linguistics*, 6, 105-117.

MAURAIS, Jacques (1991): "Language planning and human rights: some preliminary comments", ponencia presentada en el *International symposium on linguistic human rights.* 13-15 de octubre de 1991. Tallin, Estonia.

MAURAIS, Jacques (1993): "Políticas lingüísticas en Quebec", en HAMEL, Rainer Enrique (ed.): *Políticas del lenguaje en América Latina*, Iztapalapa, 29, 191-206.

MODIANO, Nancy (1988): "Public bilingual education in Mexico", en PAULSTON, Cristina Bratt (ed.): *International handbook of bilingualism and bilingual education.* New York: Grenwood Press, 313-327.

NOVAK LUKANOVIC, Sonja (1992): "Bilingual educatión and minority languages in slovenia", ponencia presentada en II International Conference of Maintenance and Loss of Minority Languages, Noordwijkershout, Holanda.

OPAN-OPERACAO ANCHIETA (ed.): *A conquista da escrita.* Sao Paulo: Iluminuras.

PADILLA, Amado M., Halford H. FAIRCHILD & Concepción M. VALADEZ (eds.)(1990): *Bilingual education. Issues and strategies.* Newbury Park & London: Sage.

PARDO, María Teresa (1993): "El desarrollo de la escritura de las lenguas indígenas de Oaxaca", en HAMEL, Rainer Enrique (ed.): *Políticas del lenguaje en América Latina*, Iztapalapa, 29, 109-134.

PELLICER, Alejandra (1993): "Escritura maya de niños hablantes de maya y alfabetización en español", en *Estudios de Lingüística Aplicada*, 17, 94-109.

PRAWDA, Juan & Eduardo VÉLEZ (1992): "Políticas para mejorar la calidad de la educación primaria", en Boletín *Proyecto Principal de Educación en América Latina y el Caribe*, 29, diciembre 1992, 3-18.

ROGOFF, Bárbara (1992): "Ovserving sociocultural activity on three planes: Participatory appropiation, guided participation, apprenticeship", ponencia presentada en Conference for Socio-Cultural Research, Madrid.
ROMAINE, Suzanne (1988): *Pidgin & creole languages*. London & New York: Longman.
RUBIN, Joan & Björn H. JERNUDD (eds.)(1971): *Can language be planned? sociolinguistic theory and practice for developing nations*. Honululu: University Press of Hawaii.
RUIZ, Richard (1984): "Orientations in language planning", en NABE Journal, 8 (2), 15-34.
SIERRA, María Teresa (1992): *Discurso, cultura y poder. El ejercicio de la autoridad en los pueblos hñähñús del Valle del Mezquital,* México-Pachuca: CIESAS-Gobierno del Estado de Hidalgo.
SIERRA, María Teresa (1993): "Usos y desusos del derecho consuetudinario", en *Nueva Antropología*, 44, 17-26.
STUTNABB-KANGAS, Tove (1984): *Bilingualism or not*. Clevedon: Multilingual Matters.
STUTNABB-KANGAS, Tove & Jim CUMMINS (eds.): *Minority education*. From shame to struggle. Clevedon: Multilingual Matters.
STUTNABB-KANGAS, Tove & Robert PHILLIPSON (1989): *Wanted! Linguistic human rights.* ROLIG-papir 44, Roskilde: Roskilde University Centre.
STAIRS, Arlene (1989): "Beyond cultural inclusion: An Inuit example of indigenous education development", en SKUTNABB-KANGAS, Tove & Jim CUMMINS (eds.): *Minority education. From shame to struggle.* Clevedon: Multilingual Matters.
STAIRS, Arlene (1991): "Learning process and teaching roles in native education: cultural base and cultural brokerage", en *The Canadian Modern Language Review*, 47, 2, 280-294.
STAVENHAGEN, Rodolfo (1988): *Derechos indígenas y derechos humanos en América Latina.* México: Instituto Interamericano de Derechos Humanos - El Colegio de México.
STAVENHAGEN, Rodolfo (1990): "Derecho consuetudinario indígena en América Latina", en STAVENHAGEN, Rodolfo & Diego ITURRALDE (eds.): *Entre la ley y la costumbre. El derecho consuetudinario indígena en América Latina.* México: III-IIHD, 27-46.

STAVENHAGEN, Rodolfo (1992): "Los derechos de los indígenas: algunos problemas conceptuales", en *Nueva Antropología*, 43, 83-99.

STAVENHAGEN, Rodolfo & Diego ITURRALDE (1990): *Entre la ley y la costumbre. El derecho consuetudinario indígena en América Latina.* México: III-IIHD.

SWAIN, Merril & Sharon LAPKIN (1982): *Evaluations bilingual education. A Canadian case study*. Clevedon: Multilingual Matters.

VALLVERDU, Francesc (1973): *El fet lingüistic com a fet social.* Barcelona: Edicions 62.

VARESE, Estefano (1983): *Indígenas y educación en México.* México: CEE-GEFE.

VARESE, Estefano (1987): "La cultura como recurso: el desafío de la educación indígena en el marco de un desarrollo nacional autónomo", en ZÚÑIGA, Madeleine, Juan ANSION & Luis CUEVA (eds.): *Educación en poblaciones indígenas. Políticas y estrategias en América Latina.* Santiago de Chile: III-UNESCO/OREALC, 169-192.

WILDHABER, Luzius (1989): "Le droit à l`autodétermination et les droits des minorités linguistiques en droit international", en PUPIER, Paul & José WOEHRLING (eds.): *Language et droit. Language and law.* Proceedings of the First Conference of the International Institute Law. Québec: Wilson & Lafleur Ltée, 117-132.

ZÚÑIGA, Madeleine, Juan ANSION & Luis CUEVA (eds.)(1987): *Educación en poblaciones indígenas. Políticas y estrategias en América Latina.* Santiago de Chile: III-UNESCO/ORELAC.

EDUCACIÓN BILINGÜE EN GUATEMALA

*Guillermina Herrera**

CUADRO EDUCATIVO GENERAL

La situación lingüística de Guatemala presenta un cuadro sumamente complejo e íntimamente vinculado a problemas culturales, sociales, económicos y políticos de enorme magnitud. A pesar de ello, los esfuerzos del Estado para resolver la problemática del país raramente han considerado el factor lingüístico y se han empeñado en acciones cuyo éxito requeriría una homogeneidad lingüística y cultural totalmente ajena a la realidad guatemalteca.

Aunque durante las últimas décadas el Estado ha iniciado acciones educativas que toman en cuenta las lenguas de los educandos indígenas, ha institucionalizado un incipiente programa de educación bilingüe, y, hace apenas unos meses, firmó un Acuerdo sobre Identidad y Derechos de los Pueblos Indígenas, con un componente de reforma educativa orientada a la atención de esos pueblos marginados; en su conjunto los esfuerzos educacionales no escapan de la tradicional y generalizada incongruencia con la realidad multiétnica y multi-

* Universidad "Rafael Landívar", Guatemala.

Las lenguas actuales de Guatemala

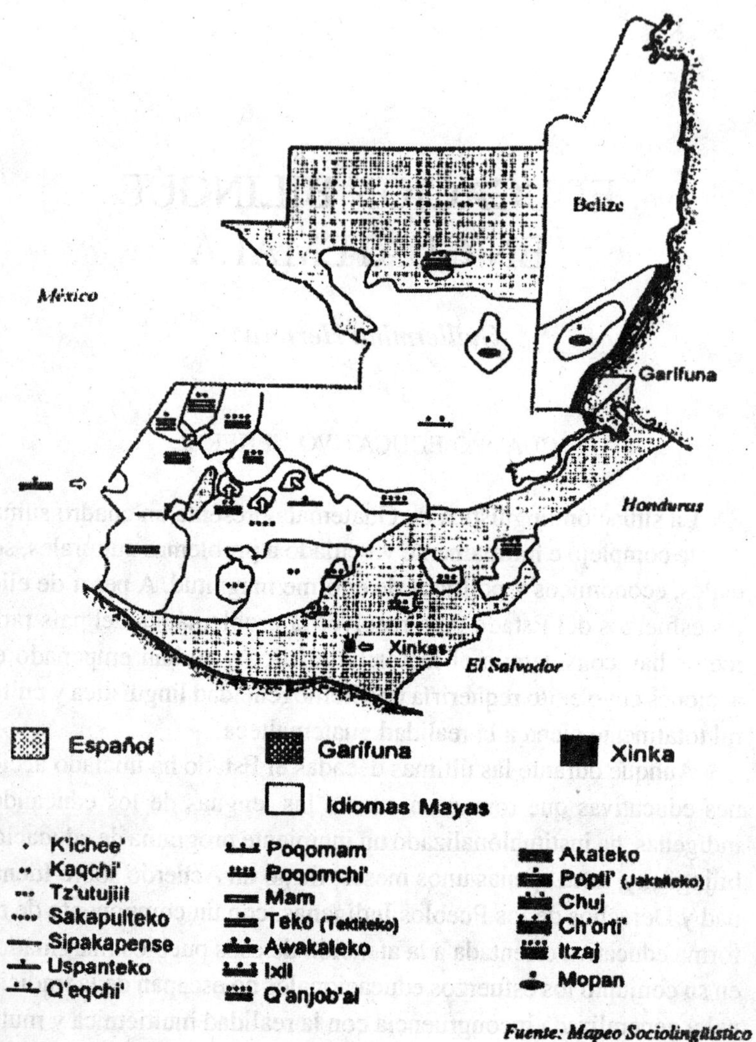

Fuente: Mapeo Sociolingüístico

cultural del país, y con las necesidades e intereses de los guatemaltecos, sobre todo tomando en cuenta que para hacer efectivos los postulados y anhelos del Acuerdo, éste debe ser aprobado -una vez firmada la paz- por el Congreso de la República.

En general, el sistema educativo de Guatemala se caracteriza por su tendencia academicista y escolarizante, por su desarraigo de la realidad y por enormes déficit cualitativos y cuantitativos.

Estadísticas del MINEDUC (Programa BRO1, 1987) señalan que el 70% de las escuelas oficiales del país llegan tan sólo a 4o. grado de primaria, y que de la población de 15 años y más, aproximadamente el 92% no logró completar la educación primaria. En 1993 (Escobar) se reporta que el promedio de educación en el país es de 3.9 grado de primaria. Esta situación se agrava en el área rural: La proporción de egresados de la escuela en el área urbana supera en casi cinco veces la del área rural. Para la educación primaria, el déficit en 1992 llegó al 32% (Escobar, 1993).

El nivel parvulario funciona casi exclusivamente en áreas urbanas, y atiende únicamente al 28.3% (Escobar, 1993) de la población comprendida entre los 5 y 6 años. La misma fuente señala la gran concentración de esfuerzos en el área metropolitana (55.8%). Los maestros para este nivel, en 1992, estaban distribuidos así: Area urbana: 3,823 maestros; área rural, 403.

Otro dato ilustrativo es el que se refiere al analfabetismo, índice seguro de la inoperancia de los esfuerzos educacionales. De acuerdo con información proporcionada por la Dirección General de Alfabetización, el porcentaje estimado de analfabetas de 15 años y más, en el año 1984, fue de 42.43%. Los departamentos con mayor población indígenas resultan ser los que tienen mayores porcentajes de analfabetismo: El Quiché, 75%; Alta Verapaz, 73%: Huehuetenango, 71%; Baja Verapaz, 58%; Sololá, 57%; San Marcos, 53% y Totonicapán, 52%.

El porcentaje destinado a educación en el presupuesto general de gastos del Estado es totalmente insuficiente para cubrir las necesidades de la población. La insuficiencia de fondos asignados se une a una distribución que se centra en el componente administrativo y, consiguientemente, descuida otros aspectos fundamentales para el funcionamiento racional y efectivo del sistema. En 1993, por ejemplo, sólo un 5% del presupuesto estuvo dedicado a inversión. (Escobar, 1993)

El sistema educativo de Guatemala es, pues, de alcance muy limitado, de carácter excluyente y con un rendimiento muy bajo.

En medio de este cuadro tan complejo y lleno de demandas impostergables, han comenzado a funcionar los programas de educación bilingüe que se describen más adelante: Castellanización, Proyecto de Educación Bilingüe y Programa de Educación Bilingüe-Bicultural (PRONEBI), hoy denominado de Educación Bilingüe Intercultural.

ESFUERZOS EDUCATIVOS BILINGÜES

El fracaso de una escuela que usaba exclusivamente el castellano como medio de instrucción en contextos caracterizados por un agudo monolingüismo indígena obligó al Ministerio de Educación a poner en práctica una serie de estrategias orientadas a facilitar la integración del niño indígena al Sistema Educativo.

Estas acciones, que comienzan alrededor de 1935, estuvieron amparadas por un marco legal eminentemente asimilista que favorecía medidas destinadas a lograr un cambio hacia el monolingüismo castellano.

El programa de castellanización

La primera acción concreta de planificación lingüística aplicada a la educación en la historia reciente del país fue la instauración, en 1935, de secciones de castellanización anexas a las escuelas primarias.

Así se inició la enseñanza formal y sistemática del castellano a la niñez escolar indígena. A través de la enseñanza del castellano durante un año de educación preprimaria, este programa se proponía dar al niño las bases lingüísticas que lo prepararían para ingresar a un sistema educativo cuyo único instrumento de comunicación sería, de ahí en adelante, el castellano.

Según la resolución ministerial No. 7,728, del 19 de abril de 1964, y por recomendación del Primer Seminario sobre Problemas de la Educación Rural Guatemalteca, se creó la Sección de Castellanización, bajo la tutela de la Dirección de Desarrollo Socio Educativo Rural (Sáenz, O. y C. Wong, 1973).

Por este tiempo, ochocientos treinta y ocho maestros, todos hispanohablantes monolingües y ajenos a la cultura indígena, tenían a su cargo el programa de castellanización. La barrera idiomática entre ellos y sus alumnos impedía dramáticamente que el programa prosperara.

En 1965, el Ministerio hizo un inventario de recursos humanos bilingües a quienes proyectaba encargar la castellanización, pero esta investigación arrojó, como primer problema, una aguda ausencia de maestros titulados bilingües. Se propuso, entonces, un plan de acción que tenía como propósito preparar personal bilingüe y, a finales del mismo año, se realizó el primer curso de capacitación para Instructores Educativos Bilingües, el cual fue coordinado por la Dirección General de Desarrollo Socio Educativo Rural. Contó, además, con la participación de la UNESCO, el Instituto Lingüístico de Verano y el Instituto Indigenista Nacional.

En 1966 fueron creados los primeros sesenta puestos para Instructores Educativos Bilingües de Castellanización. Se les ubicó en seis áreas lingüísticas: quiché, cakchiquel, mam, kekchí, ixil y aguacateca. Tenían asignadas las funciones de castellanizar, alfabetizar y contribuir al desarrollo de la comunidad.

Esta nueva modalidad del Programa de Castellanización, introdujo el uso de la lengua indígena en la escuela, ya que el instructor bilingüe la usaba para hacer menos abrupto el paso del niño al castellano (MINEDUC, 1975).

El proyecto de educación bilingüe

El Proyecto de Educación Bilingüe, adscrito a la Dirección de Desarrollo Socio Educativo Rural, comenzó a ejecutarse en 1980, de conformidad con un convenio de donación suscrito entre el Gobierno de Guatemala y el de Estados Unidos de Norteamérica, a través de la Agencia para el Desarrollo Internacional (AID).

Fue diseñado con el propósito de incrementar el acceso de los niños indígenas monolingües al sistema educativo formal, por medio de una mayor relevancia cultural y lingüística en los currículum y a través del desarrollo de prototipos educativos bilingües que sirvieran como alternativa para mejorar y ampliar el Programa de Castellanización, llevando la educación bilingüe hasta el segundo año de primaria. (La Enmienda No. 4 del Convenio, de fecha 9-4-84, decide ampliar el desarrollo de los materiales hasta el 3er. grado de primaria).

La decisión de implementar un nuevo esfuerzo de educación bilingüe para apoyar el trabajo del Programa de Castellanización se tomó considerando que el proceso iniciado por dicho programa quedaba cortado prematuramente. En efecto, Castellanización asumía erróneamente que el niño, después de un ciclo escolar preprimario, habría logrado suficiente conocimiento y fluidez en castellano como para desempeñarse con éxito en una escuela que, a partir de entonces, sólo usaría esta lengua. Los altos índices de deserción y repitencia probaban lo contrario (MINEDUC, 1975).

El Proyecto de Educación Bilingüe surgió apoyado por el marco legal y las políticas educativas vigentes: La Ley de Educación Nacional (hoy en proceso de cambio), en su artículo 9o. establece que "La Educación y difusión de la cultura se harán en idioma oficial y en las lenguas indígenas. El Ministerio de Educación reglamentará su inclusión en los programas educativos para propiciar su estudio, difusión y uso". Y en el artículo 60 señala que "la atención al indígena en sus necesidades culturales y su incorporación indiscriminada al proceso educativo serán considerados de interés nacional". Esta política educativa en forma bilingüe apenas cubría, en aquel momento, la etapa preescolar, a través del Programa de Castellanización, y de acuerdo con el anteproyecto para la ampliación de la educación bilingüe que preparó AED (1979), menos del 2% de niños indígenas tenían la oportunidad de aprender por medio de su lengua materna.

Por su parte, el Plan Nacional de Desarrollo (1979-1982), Sector Educación, establecía impartir educación bilingüe a la población indígena monolingüe, al menos en el primer ciclo del nivel primario.

Con base en lo anterior, el Ministerio de Educación y la Agencia para el Desarrollo Internacional (AID) realizaron las investigaciones básicas para el establecimiento de un proyecto de educación bilingüe más amplio.

Se encargó a AED (Academy for Educational Development), una investigación de base que se realizó en 119 localidades de las 4 áreas lingüísticas mayoritarias (quiché, mam, cakchiquel y kekchí) las cuales engloban a aproximadamente el 68% de la población indígena de Guatemala.

Para los efectos de este estudio, AED se encargó del diseño de la investigación, de la recolección y el análisis de los datos de las 119 localidades, y proveyó orientación valiosísima para la implementación del Proyecto.

El estudio de AED incluyó también una guía de recursos humanos e institucionales, así como una bibliografía de materiales técnicos y didácticos para la educación bilingüe en las cuatro áreas mayas arriba mencionadas.

El proyecto de Educación Bilingüe tuvo una duración de cuatro años, del 1o. de julio de 1980 al 30 de junio de 1984. La enmienda No. 4, de fecha 9-4-84 lo amplía hasta el 30-6-85.

Su meta fue establecer los recursos que facilitaran la educación de niños indígenas mayas en el nivel preprimario, y en primero y segundo de primaria, mediante la capacitación de personal, el diseño de currículum, materiales de enseñanza y las metodologías correspondientes (Cifuentes, 1985).

Es de notar que el proyecto introdujo de manera explícita el componente bicultural a la educación bilingüe. Por educación bicultural se entendía (IIN, 1985) el complejo proceso enseñanza-aprendizaje en forma bilingüe que facilitaba el desenvolvimiento integral y armonioso del educando en dos contextos culturales diferentes (IIN, 1985). (No obstante ser ésta la definición oficial, existían importantes discrepancias al aplicar el concepto bicultural a las modalidades de entrega concretas, sobre todo en lo que se refiere al componente indígena).

Según Stewart (1984), la opción bicultural se ofrecía al indígena como alternativa de la asimilación. Esta opción según el autor adoptada ampliamente por un gran número de indígenas que habitan las zonas urbanas, permitía al niño indígena desenvolverse sin mayores problemas en el contexto cultural no indígena sin que para ello tuviera que renunciar a su propia identidad. Como se ha dicho antes, ahora el programa se llama de educación bilingüe intercultural.

La opción bicultural requería, en primer lugar, que el indígena llegara a hablar castellano con fluidez y preferentemente sin acento, y a adquirir dominio del otro marco conceptual y cultural para interactuar sin problemas en los dos mundos.

Nótese, pues, que los principios filosóficos que alentaron el Proyecto de Educación Bilingüe representan un avance interesante en el marco de la política tradicional asimilista que caracteriza la historia lingüística del país, pero no salen de ésta. Los principios filosóficos que, oficialmente -o en el discurso- alentaron este proyecto educativo fueron:

a) Impulsar el pleno respeto a las distintas culturas, valorizando en su justa dimensión sus componentes.
b) Ligar estrechamente el idioma materno y el pensamiento, hecho vital y efectivo en el aprendizaje y uso de otros idiomas.
c) Generar cambios culturales y originar principios reguladores para su estabilidad y desenvolvimiento en ambas culturas (indígena y no indígena).
d) Cohesionar inquietudes e intereses individuales y colectivos, dando satisfacciones y eliminando frustraciones.

El proyecto de Educación Bilingüe se extendió a los cuatro grupos mayas de mayor población del país: quiché (El Quiché), cakchiquel (Chimaltenango), mam (Huehuetenango) y kekchí (Alta Verapaz). En cada una de las cuatro áreas lingüísticas, trabajó con diez escuelas piloto que contaban con el Programa de Castellanización y, en esas escuelas piloto en los grados preprimario y primero, segundo y tercero de primaria. A la par, el experimento contaba con diez escuelas control en cada área lingüística. En éstas se enseñaba sólo en castellano. La ejecución del Proyecto de Educación Bilingüe estuvo a cargo de una unidad especial, adscrita a la Dirección de Desarrollo Socio Educativo Rural del Ministerio de Educación.

Programa de educación bilingüe-bicultural (PRONEBI) hoy intercultural

1. Institucionalización del Programa

El 20 de diciembre de 1984 fue publicado en el diario oficial el Acuerdo Gubernativo No. 1093 que institucionaliza la educación bilingüe en Guatemala.

El 10 de julio de 1985 fue aprobado el Reglamento del Programa Nacional de Educación Bilingüe Bicultural -PRONEBI-, por medio del Acuerdo Ministerial No. 997.

Entre los factores que contribuyeron a agilizar la institucionalización de la educación bilingüe destacan los siguientes:

1°. Un convencimiento, cada vez mayor y más consciente, de la necesidad de cambiar el sistema educativo al cual se sometía, sin éxito, a los niños indígenas monolingües.

2°. Los resultados de 15 años de funcionamiento del Programa de Castellanización, el cual, a pesar de sus limitaciones de tipo conceptual -al servicio de políticas asimilistas-, logró cimentar una acción trascendente y proyectiva.

3°. Los resultados positivos del Proyecto de Educación Bilingüe, cuyos propósitos estaban orientados a mejorar y ampliar el Programa de Castellanización.

Recuérdese que los resultados de las evaluaciones del Proyecto indicaban claramente que la metodología innovadora y los recursos didácticos que fueron desarrollados y validados en las cuarenta escuelas piloto, contribuyeron a reducir los altos índices de deserción y repitencia, y aumentaron significativamente la promoción escolar.

Varios eventos apoyaron también la agilización de la institucionalización de esta nueva experiencia educativa. Entre ellos cabe mencionar el II Congreso Lingüístico Nacional (IIN, 1985), que respaldó decididamente la nueva opción educativa.

2. *Naturaleza, Filosofía y Objetivos del Programa de Educación Bilingüe Bicultural*

En el Capítulo I, Título I, del Reglamento del PRONEBI (MINEDUC, 1984) se describe así la naturaleza del Programa:

> El Programa Nacional de Educación Bilingüe Bicultural (PRONEBI), es el organismo especializado, encargado de ejecutar todas las políticas de educación escolar para la población indígena del país (Art. 1o.).
>
> La educación bilingüe bicultural toma como base para su desarrollo:
>
> Los idiomas de origen maya, y el español como segunda lengua; los elementos propios de las culturas de origen maya y de la cultura occidental. (Art. 2o.).

El Artículo 3o. del Capítulo II (Título I) del Reglamento define la filosofía del programa:

> El Programa se sustenta en la coexistencia en el país de dos culturas y varios idiomas, tomando sus valores, desarrollándolos y traduciéndolos en acciones que promuevan el desenvolvimiento integral y armonioso de la persona dentro de dos contextos culturales y lingüísticos para contribuir a la conformación consciente de la nacionalidad guatemalteca.

Los objetivos del Programa, establecidos en el mismo Reglamento (Capítulo III, Título I), son:

> Objetivo General:
>
> Proporcionar educación Preprimaria y Primaria en forma bilingüe bicultural a la población escolar indígena del País. (Art. 4o.).

Objetivos Específicos:

Desarrollar científica y técnicamente la educación sistemática para la población escolar indígena monolingüe de origen maya.

Fortalecer la identidad de la población indígena de origen maya, con sus propios valores culturales, para que responda a sus necesidades auténticas e intereses legítimos.

Desarrollar, implementar y evaluar el currículum de la educación bilingüe bicultural.

Fortalecer, consolidar y preservar la pureza de los idiomas indígenas de origen maya del país. (Art. 5o.)

El Programa de Educación Bilingüe Bicultural debe verse, entonces, por un lado como continuación y ampliación de las experiencias anteriores de Educación Bilingüe desarrolladas por el Programa de Castellanización a través de los promotores educativos bilingües, por otro, como un avance hacia el establecimiento de un marco ideológico distinto, en el cual ya no interesa únicamente el uso de la lengua materna para pasar al castellano, ni se manifiesta como propósito fundamental de la escuela la integración del indígena a la "Cultura Nacional" (Cf. Constitución Política 1965, Artículos 110 y 189, 23) sino que se promueve el desarrollo integral y armonioso del niño indígena dentro de dos contextos culturales y lingüísticos merecedores de igual aprecio.

3. *Metas del Programa de Educación Bilingüe Bicultural*

Establecer los recursos que faciliten la educación de niños indígenas mayas en los grados preprimaria y primero, segundo, tercero y cuarto de primaria, mediante la capacitación del personal, el diseño de currículum, materiales de enseñanza y las metodologías correspondientes.

El Programa Nacional de Educación Bilingüe (PRONEBI), pretendió alcanzar durante los 6 primeros años de ejecución, las siguientes metas:

a) Cerca de 200,000 niños indígenas monolingües, o sea el 40% de la inscripción en el nivel primario rural, habrán estudiado bajo un nuevo currículum de educación bilingüe en 400 escuelas de las áreas lingüísticas mayoritarias, disminuyendo un alto porcentaje de repitencia, deserción y ausentismo, y aumentando considerablemente la promoción escolar.

b) Se habrá fortalecido dentro del Ministerio de Educación, una unidad ejecutora encargada de: a) Supervisión y capacitación de personal técnico y docente; b) Investigación y Evaluación y c) Desarrollo y revisión de currículum.

c) Estará funcionando un programa a nivel universitario, en una universidad de Guatemala, para capacitar al personal de PRONEBI y de la Escuela Normal Regional de Santa Lucía Utatlán, en coordinación con PRODEPRIR y la Unidad de Capacitación permanente del Ministerio de Educación.

d) La Escuela Normal de Santa Lucía Utatlán habrá recibido capacitación de personal y un nuevo currículum para la formación de maestros, así como nuevos materiales de enseñanza para el uso efectivo del nuevo currículum bilingüe y de los materiales de las aulas.

e) Habrá personal capacitado en los siguientes niveles del sistema de Educación Bilingüe:

- 800 promotores educativos bilingües.
- 1,600 maestros bilingües.
- 16 maestros capacitadores.
- 50 supervisores de educación bilingüe.

f) Se habrá desarrollado un currículum completo para el cuarto grado (último año de enseñanza bilingüe), incluyendo libros de texto, guías y materiales para la capacitación de maestros.

g) Se habrá probado en el campo 36 nuevos libros de texto y guías para maestros, revisado los 119 textos y guías previamente trabajados por el Proyecto de Educación Bilingüe, y se habrá impreso aproximadamente 1,300 textos para uso de los alumnos y los maestros.

4. Cobertura del Programa

De acuerdo con lo establecido por el Reglamento, Capítulos I y II, Título II, el Programa Nacional de Educación Bilingüe tiene la cobertura siguiente:

a) Comunidades lingüísticas:

Cubrirá, en forma progresiva, las siguientes áreas lingüísticas:

Quiché	Tzutujil	Yucateco
Mam	Chortí	Chol
Kekchí	Chuj	Mopán
Kanjobal	Achí	Jacalteco
Ixil	Aguacateco	Xinca
Pocomchí	Uspanteco	Garífuna
Pocomam	Sipacapense	

b) Niveles educativos que cubre:

Educación Preprimaria
Educación Primaria

c) Escuelas Bilingües:

El Programa sostiene dos tipos de escuela:

- Escuela Bilingüe Completa: funciona con el nivel de educación preprimaria, uno o más grados bilingües del nivel de educación primaria y los grados restantes sólo en castellano.
- Escuela Bilingüe Incompleta: sólo ofrece educación bilingüe en el nivel preprimario.

Actualmente, el programa atiende a 71,313 niños en 2,254 escuelas, de estos niños, 52,854 pertenecen al nivel preprimario, en escuelas incompletas (Escobar, 1993).

Educación bilingüe privada

Hasta el momento, la educación bilingüe no ha prosperado en centros educativos privados. Sin embargo, algunas instituciones han comenzado a realizar con éxito experiencias en este campo. Entre ellas, cabe mencionar al Instituto Guatemalteco de Educación Radiofónica (IGER), institución privada, sin fines lucrativos, que colabora con el Ministerio de Educación en programas escolares y de promoción de la comunidad. Durante los últimos años, IGER ha desarrollado programas de educación bilingüe en las áreas lingüísticas quiché, kekchí, cakchiquel, mam e ixil.

Asimismo, escuelas parroquiales como la de Comitancillo, San Marcos, en el área mam, han comenzado recientemente a ofrecer programas bilingües, que han llegado hasta una escuela normal.

Otras instituciones, algunas religiosas -como el Centro San Benito de Promoción Humana, en el área kekchí- han desarrollado extensos programas de alfabetización en la lengua indígena de la región y en castellano. En esta misma línea, han trabajado instituciones como la Federación Guatemalteca de Escuelas Radiofónicas, el Instituto Lingüístico de Verano y el Proyecto Lingüístico Francisco Marroquín.

La Universidad Rafael Landívar ha iniciado la formación de profesores en Educación Bilingüe, como parte de un amplio programa de preparación de profesionales indígenas, destinado a la promoción integral de la población maya. Este programa presta especial atención a las lenguas indígenas como importantes elementos de la cultura.

El Instituto de Lingüística de la URL, ha trabajado, desde 1986, en investigaciones, propuestas curriculares y metodológicas, materiales de apoyo, etc. con el fin de apoyar la educación bilingüe en el país. Entre estas propuestas curriculares y metodológicas, especialmente relacionadas con la educación bilingüe, están las de Enseñanza del Castellano como L2 a niños mayahablantes (y luego a adultos), y la Franja de Lengua y Cultura Maya, destinada a situaciones lingüísticas en que la lengua materna ha ido perdiendo terreno, sobre todo en centros urbanos de regiones tradicionalmente indígenas, pero en las que habitan también ladinos. Esta propuesta es de educación intercultural y ha sido experimentada en los centros urbanos del área cakchiquel, con niños cakchiqueles de origen, pero que ya no hablan o hablan escasamente la lengua materna y con niños ladinos hispanohablantes monolingües.

Otra interesante experiencia de educación bilingüe privada es la de las escuelas de autogestión, escuelas mayas, que han surgido en los últimos años como una iniciativa de padres de familia y maestros de las comunidades, planteándose como alternativa a las escuelas estatales. No todas estas escuelas tienen educación bilingüe, pero sí hay un porcentaje importante de ellas que ha integrado al currículum contenidos lingüísticos y culturales de la lengua regional.

BALANCE DE LA EXPERIENCIA BILINGÜE EN GUATEMALA

La experiencia educativa bilingüe estatal, realizada en Guatemala a partir de 1980, ha sido evaluada con alguna amplitud. La opinión general de los evaluadores es que, aunque las metas no han llegado a cumplirse, la nueva experiencia ofrece una mejor respuesta a las necesidades educativas de los niños indígenas y a las características e intereses de la población y del país en general. Por ello, la experiencia bilingüe ha logrado un mayor rendimiento escolar, aumentó de la promoción y logró la disminución de las tasas de deserción.

La opinión sobre otros eventuales logros de la educación bilingüe, a partir del programa en funcionamiento, está, sin embargo, dividida. En cuanto al tema crucial de si la escuela bilingüe en su versión actual contribuye a consolidar la identidad étnica del indígena, las opiniones están encontradas, al punto que mientras algunos la ven como apoyo a la cultura indígena, otros la consideran un instrumento más refinado y eficaz de aculturación.

Es innegable, sin embargo, el hecho de que la experiencia educativa bilingüe ha ofrecido un valioso aporte al conocimiento de la situación lingüística del país y al estudio de las lenguas indígenas. Sin lugar a dudas, ha contribuido de manera determinante a sentar bases para el establecimiento de políticas lingüísticas más amplias y generales (Herrera, 1986).

Entre las más relevantes contribuciones, en esta línea, se mencionan las siguientes:

a) Investigaciones sobre la realidad lingüística del país que, aunque aún incompletas y en muchos casos preliminares, han permitido obtener un primer perfil lingüístico de Guatemala sobre el que puede empezarse a trabajar.
b) Experiencia que permite definir, con alguna claridad, las áreas que presentan mayores o más urgentes problemas en el campo de las lenguas mayas de Guatemala: estandarización, ortografías y actualización, entre otros.
c) Experiencia que permite definir, también, áreas conflictivas que afectan intereses colectivos de la sociedad y que, por ello, están urgidas de las acciones de una planificación lingüística deliberada por parte del Estado: inaccesibilidad a servicios generales básicos por barreras lingüísticas; red deficiente de comunicación entre el Estado y sus ciudadanos y viceversa; falta de comunicación entre las distintas comunidades lingüísticas del país; serios problemas causados por actitudes negativas hacia las lenguas indígenas y por estereotipos étnicos; dramático índice de monolingüismo; etc.
d) Creación de una atmósfera que ha dirigido la atención de las autoridades y de la sociedad en general hacia los candentes problemas lingüísticos que afectan al país.
e) Propuesta de la opción bilingüe-intercultural sustentada en la coexistencia de las lenguas y culturas guatemaltecas, en lugar de la imposición exclusiva del castellano, y de la cultura que representa.
f) Esfuerzo para dar coherencia y cohesión a acciones lingüísticas antes dispersas.
g) Proyección de las lenguas indígenas desde la tradicional situación de lenguas orales -coloquiales y familiares- hasta la de lenguas escritas usadas en el ámbito de la escuela (por el momento hasta 3er. grado de primaria, pero con la intención de llevarlas hasta el 4o. grado de este nivel).

h) Contribución al proceso de creación de lenguas literarias mayas.
i) Profundización en el conocimiento de la cultura indígena, a partir de las investigaciones requeridas, para llenar los contenidos de un programa bicultural.
j) Capacitación de personal, a nivel medio y universitario, especializado en educación bilingüe y, consiguientemente, en algunas áreas de la lingüística general y aplicada.
k) Involucramiento del indígena en proyectos no sólo relacionados con la educación de la niñez indígena sino con la situación y destino de sus lenguas.

Es también importante señalar el aporte que las experiencias educativas bilingües podrán proporcionar a futuros programas de planificación lingüística destinados a resolver demandas en otras áreas de suma importancia (administración pública, administración de la justicia, promoción de salud, transferencia de tecnologías, etc.).

Las lenguas indígenas se han visto beneficiadas por la educación bilingüe en varios e importantes aspectos. Algunos de ellos son el inicio de procesos de estandarización, la actualización o modernización del léxico para cubrir nuevas áreas de experiencia, y la ampliación de los ámbitos de uso.

Ahora bien, el alcance de los aciertos y fallas de la experiencia educativa bilingüe en Guatemala sólo podrá comprenderse plenamente si se toman en consideración los siguientes datos:

a) Las políticas culturales que la sustentaron han sido directa o indirectamente de tendencia asimilista.
b) La educación bilingüe no ha sido asumida como base a partir de la cual se estructure el sistema educativo. Por el contrario, el componente bilingüe -hoy bilingüe intercultural-, se ha ido incorporando como un añadido y sus lazos con el sistema educativo general son débiles y poco definidos.
c) La educación bilingüe ha estado orientada únicamente al sector indígena del país.
d) Su radio de acción es aún muy limitado.

Finalmente, en este balance de la experiencia educativa bilingüe no puede dejar de mencionarse una serie de problemas que aparecen de manera recurrente en las evaluaciones. A continuación, los más frecuentes:

a) Problemas de orden técnico-pedagógico

Una experiencia educativa innovadora como la que realiza el Programa de Educación Bilingüe se encuentra a menudo con problemas de orden técnico pedagógico, sobre todo en aspectos relacionados con la metodología en el aula. Estos problemas están íntimamente relacionados con la necesidad de conocer más sobre el sistema de enseñanza-aprendizaje que es propio de la cultura indígena (el "vínculo entre reflexión y cultura" señalado con gran acierto por Troike, 1984) y con la urgencia de capacitar a los maestros en el manejo y presentación de los materiales y en las técnicas y métodos de enseñanza propios de la educación bilingüe.

En relación con este aspecto, el problema es muy grave. Ya se señaló que hasta hoy no se cuenta sino excepcionalmente con maestros bilingües en el sentido de maestros con preparación específica sobre las técnicas y los métodos de enseñanza bilingüe. En realidad, cuando se habla de maestros bilingües normalmente se está haciendo referencia a personas que han obtenido su título de maestros de educación primaria (rural o urbana) y que además son bilingües porque dominan una lengua indígena y el castellano.

Otro problema de orden técnico pedagógico es el que se refiere a la necesidad de preparar y perfeccionar modalidades de entrega apropiadas a la situación real del educando, que respondan ampliamente al espíritu de un programa bilingüe-intercultural.

Así mismo, debe insistirse en la necesidad de preparar y validar instrumentos que evalúen el dominio oral y escrito de las dos lenguas usadas en la escuela bilingüe.

b) Materiales de apoyo

Se hace necesario establecer un programa de lecturas suplementarias que refuerce el trabajo que desarrolla la escuela bilingüe en el aula.

En realidad, los objetivos de la escuela bilingüe intercultural -sustentada en la coexistencia de las culturas y los idiomas guatemaltecos- quedaría muy limitada sin el refuerzo de materiales suplementarios en lengua maya.

Si bien es cierto que la escuela bilingüe proporciona al mayahablante la oportunidad de usar su lengua nativa para otros propósitos que los puramente familiares y coloquiales y que contribuye al establecimiento de lenguas literarias mayas que en el futuro podrían ofrecer una producción literaria propia, la actual producción de materiales elaborados por el programa es muy limitada y su peso específico muy escaso frente al enorme de las innumerables publicaciones que constantemente se realizan en castellano.

Este es un campo en el que la Universidad Rafael Landívar, a través del Instituto de Lingüística, ha venido colaborando.

c) Problemas de orden lingüístico y de lingüística aplicada

Implementar un sistema bilingüe intercultural en lenguas anteriormente usadas casi exclusivamente en forma oral es una tarea verdaderamente compleja que ofrece múltiples retos. Entre éstos destacan los que se refieren a las lenguas, su escritura, ortografía y actualización. Sobre todo si, como es el caso de Guatemala, se está trabajando en un programa bilingüe que procura usar dos lenguas -la materna y la oficial- como vehículos de enseñanza para todas las asignaturas, excepto, naturalmente, las mismas lenguas. Aunque las estructuras fonético-fonológicas y gramaticales de las lenguas mayas usadas en la escuela han venido siendo estudiadas científica y extensamente -sobre todo en los últimos tiempos-, aún persisten aspectos estructurales susceptibles de definición. Debería también tomarse en cuenta que los equipos técnicos que preparan materiales y los maestros que tienen a su cargo la enseñanza de estos idiomas, si bien los hablan como hablantes nativos, no suelen tener el amplio conocimiento de sus estructuras y, por ello, tropiezan a menudo con problemas gramaticales.

Un crucial problema, éste de lingüística aplicada, se presentó en los primeros años del programa, en relación con los sistemas de escritura y las ortografías de las lenguas indígenas. Este problema quedó resuelto cuando, por medio de un Acuerdo Gubernativo, quedaron aprobados en 1987 los alfabetos oficiales. Cualquier cuestión posterior sobre este punto, tiene a su favor la autoridad de la Academia de las Lenguas Mayas de Guatemala, creada por Decreto del Congreso de la República en 1990.

La falta de estandarización de las lenguas mayas ofrece aún dificultades en la preparación de los materiales educativos y exige el estudio, ya en proceso, de las pronunciadas diferencias dialectales de cada lengua.

La normalización tiene aspectos muy interesantes, que abarca, por ejemplo, el establecimiento de los patrones generales de disertación de los idiomas mayas. Este aspecto requiere de una seria investigación y análisis del discurso maya de manera que cuando se preparen los materiales se respeten los patrones de disertación y se evite la influencia excesiva del castellano en la estructuración de los textos. De lo contrario se estarían forzando los idiomas mayas, tratando de hacerlos entrar en un molde estructural ajeno: el del castellano. Esto es particularmente peligroso cuando los textos se escriben primero en castellano y luego se traducen.

Otro problema mencionado a menudo por los equipos técnicos que preparan materiales y orientan a los maestros, es el que se refiere a la actualización de los idiomas mayas. Su utilización en la escuela ha traído la necesidad de implementar vocabulario para ámbitos nuevos, en los cuales antes no se usaban, por ejemplo para la comunicación de aspectos de las ciencias naturales, ciencias sociales, gramática, etc. La opción de introducir préstamos del castellano no es siempre aceptada y, en algunos casos, definitivamente rechazada. Desde luego existen procedimientos de actualización que podrían ser útilmente aplicados para resolver estos problemas. En este campo, la Academia Kaqchikel ha dado un paso muy importante, por medio de una investigación destinada a uniformar criterios de actualización y creación de neologismos para las lenguas mayas más relacionadas con el kaqchikel (quiché, uspanteco, tzutujil, sacapulteco y sipacapense) y buscando, sobre todo, la creación de nuevas palabras a partir de raíces comunes.

Finalmente, un problema sumamente serio y que requiere de toda la atención posible, es el que se refiere a la necesidad de promover un cambio de actitudes en autoridades, personal y padres de familia tanto indígenas y no indígenas. Los directivos y equipos técnicos del PRONEBI han señalado en diferentes oportunidades el valladar que significa la actitud negativa hacia las lenguas y cultura indígenas y, por extensión, hacia el Programa. Se ha llegado al extremo de que supervisores, directores y maestros hispanohablantes monolingües, y aún indígenas que están a favor de la escuela tradicional monolingüe, han predispuesto a los padres de familia en contra del PRONEBI por medio de una campaña de desinformación.

Esta situación requiere, por un lado, un estudio sociolingüístico sobre actitudes hacia las lenguas mayas y sus dialectos, y hacia el castellano, con el fin de contar con información objetiva para fundamentar una extensa campaña en favor de actitudes positivas. Por otro lado, se hace necesaria una amplia información sobre el programa y sus logros para captar el apoyo de autoridades, de maestros y de la sociedad en general.

d) Problemas de contenido curricular

Siendo el programa bilingüe-intercultural y, como señala el Reglamento del PRONEBI, estando sustentado en la coexistencia de las lenguas y de las culturas guatemaltecas, necesita que los contenidos académicos den a conocer al niño no sólo las dos lenguas sino las dos culturas. Esto implica, entre otras cosas, el pensamiento, la cosmovisión, la clasificación del mundo y de la sociedad, relaciones y estructuras según se conciben en los dos mundos culturales.

Los equipos técnicos han manifestado que falta información sobre contenidos del mundo cultural maya y que, muchas veces, los textos en lenguas indígenas son simples traducciones de contenidos que corresponden a la otra cultura.

BIBLIOGRAFÍA

AED (1979) Bilingual Education Program Development and Support: Preproject Activities. Guatemala: USAID.(Mimeograf.).

AID (1975) La Educación Bilingüe en Guatemala. (Mimeograf.)
(1979) Guatemala Project Paper Bilingual Education. (Mimeograf.)
(1980) *Bilingual Education in Guatemala.* Washington: United States International Development Cooperative Agency.

Alfaro, R. (1968) *Primer Seminario Nacional de Castellanización.* Guatemala: MINEDUC.

Cifuentes, H. (1985) *Resultados preliminares del Proyecto de Educación Bilingüe en Guatemala.* Guatemala: MINEDUC.

Escobar, A. (1993) *Breve diagnóstico de la educación en Guatemala.* Guatemala: URL.

IIN (1985) Informe del Congreso Lingüístico Nacional. Guatemala: FENACOAC.

MINEDUC (1975) Informe de la Evaluación del Programa de Castellanización. (Mimeograf.).
(1985) Reglamento de PRONEBI. (Mimeograf.).
(1987) Programa Bro 1. (Mimeograf.).

Sáenz G. y C. Wong (1973) La educación rural en Guatemala. Guatemala: MINEDUC.

Stewart, S. (1984) A Social Soundness Analysis of the Rural Primary Education Improvment Project. (Mimeograf.)

Troike, R. (1984) Proyecto Bilingüe en Guatemala 1980-3- Una evaluación analítica y comparativa. USAID (Mimeograf.)

INVESTIGACIÓN E INTERCULTURALIDAD BILINGÜE EN NICARAGUA: LOGROS Y PERSPECTIVAS

*Mario Rizo**

PRESENTACIÓN

En ocasión del I Simposio de la Educación Intercultural Bilingüe en Honduras, hemos considerado oportuno traer a ustedes algunas reflexiones acerca de la experiencia nicaragüense al respecto, en donde se ha desarrollado un programa de educación bilingüe intercultural que atiende las modalidades de miskito, sumu (variante panamahka) e inglés criollo y que se implementa en las regiones autónomas del Atlántico Norte y Sur, respectivamente.

El PEBI en Nicaragua forma parte de una reivindicación política de los pueblos indígenas y criollos, cuya génesis está muy vinculada a los primeros años de la revolución popular sandinista y que tiene una expresión taxativa en varias leyes nacionales, especialmente el Estatuto de Autonomía (1987) y la Ley de Lenguas (1993).

Pero la educación bilingüe, al igual que la autonomía, son a la vez expresiones de la realidad nacional y la comprensión de este pun-

---

* Coordinador del Área de Antropología del Centro de Investigaciones y Documentación de la Costa Atlántica (CIDCA), Nicaragua.

Mapa demográfico y lingüístico del Caribe nicaragüense

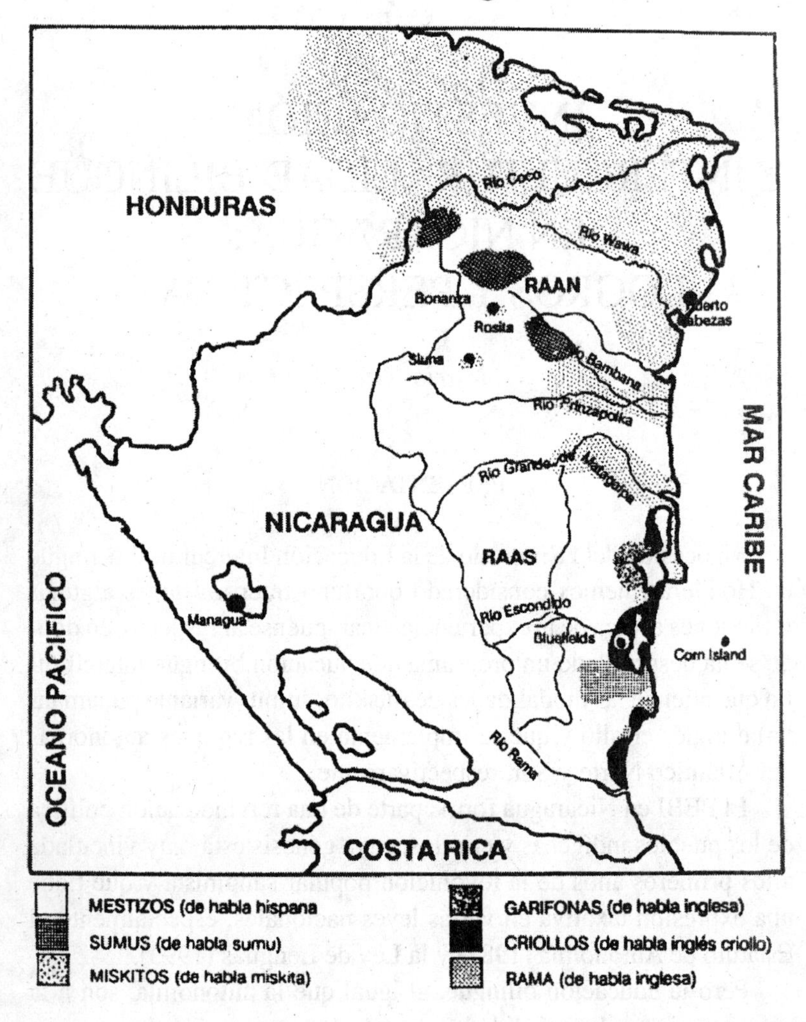

MESTIZOS (de habla hispana)

SUMUS (de habla sumu)

MISKITOS (de habla miskita)

GARIFONAS (de habla inglesa)

CRIOLLOS (de habla inglés criollo)

RAMA (de habla inglesa)

to es muy importante para el futuro del programa, fundamental, en el sentido de que visto el PEBI al igual que la Autonomía como aspectos aislados del conjunto social -es decir como la sociedad tradicional ha visto la existencia de los pueblos indígenas- se reproducen esquemas discriminatorios. El PEBI y la Autonomía necesitan de un trabajo constante con la sociedad nacional, de sensibilización, de difusión y de promoción hasta lograr que el PEBI sea una realidad normal para todos.

En esta tarea están involucrados no sólo los actores formales de la educación: ministerio, maestros, alumnos y padres de familia. Por el contrario, envuelve a toda la comunidad: universidades, centros de investigación, gobiernos municipales, gobiernos regionales autónomos y comunidades locales.

En Nicaragua, la educación bilingüe demuestra que ésta no puede ser abordada exclusivamente por el gobierno sino que deben participar otras instituciones, necesariamente. Más aún, cuando éste tiende actualmente a reducirse peligrosamente en la medida que se abandona a su suerte a amplios sectores sociales en situaciones de desventaja histórica.

El PEBI representa un cuestionamiento abierto al sistema educativo, al concepto monocultural y monolingüe de la educación. Hasta ahora, los centroamericanos fuimos educados formal e informalmente así: los resultados son esta sociedad discriminatoria. Una nueva educación por sí misma no cambiará estas cosas, pero si pensamos en el tipo de ciudadanos que producirá la educación bilingüe intercultural en la vida política y cultural, el escenario es estimulante. Saludamos a nombre del CIDCA a los organizadores y patrocinadores del I Simposio y los instamos a continuar el esfuerzo que han iniciado en favor de los derechos por la igualdad cultural de los pueblos indígenas de Honduras.

DEL ANALFABETISMO A LA EDUCACIÓN INTERCULTURAL BILINGÜE

Nicaragua y Honduras comparten una historia estrecha y los objetivos que nos reúnen aquí demuestran una vez más esa cercanía multicultural mesoamericana. En el continente, Nicaragua es uno de los países con menor densidad de población indígena, pese a lo cual su sociedad política ha logrado obtener importantes logros incrustados ya dentro del sistema jurídico-político y dentro de la conciencia de su sociedad civil. El Estatuto de Autonomía (1987), la Ley de Lenguas (1993), el rango constitucional de la multiétnicidad de su sociedad (1987, 1995) son, entre otros hechos legales, los resultados de un proceso revolucionario que en el camino se encontró abruptamente con su rostro y verbo indígena.

La Nicaragua anterior a 1979, se caracterizó, entre otras cosas, por ser una sociedad mayoritariamente analfabeta, y que en consecuencia, se desconocía a sí misma[1]. En materia de etnicidad e identidad cultural, la nación ignoraba los extremos de su contenido y origen diversos, donde, si bien el proceso político antisomocista había despertado a sectores sociales nuevos en el escenario como los juveniles, los cristianos y las mujeres; sin embargo no había llegado a los sectores étnicos y/o indígenas que dormían el letargo del sometimiento y del olvido.

Pese a que la llama de los acontecimientos preinsurreccionales involucró en forma especial y espontáneamente a barrios indígenas del pacífico del país, especialmente a las comunidades de origen nahua-chorotegas de Monimbó y Sutiaba, el fenómeno no logró calar el discurso político mestizo-céntrico de aquellos momentos, y el enfoque nacional ofrecido por los revolucionarios adoleció de la integralidad que requería la heterogeneidad cultural del pueblo nicaragüense.

Unido a lo anterior -y por lo mismo- estaba el hecho de que no existía en esa fecha en Nicaragua un gremio de especialistas para los asuntos indígenas, pues en las universidades no había este tipo de carreras, ni centros de investigación y, por supuesto, la educación en general estaba vedada a los propios indígenas. En síntesis, no habían condiciones ni una cultura académica sobre el tema, sólo esfuerzos aislados. Así, junto al fenómeno del analfabetismo, padecía nuestra

1. La tasa de analfabetismo en 1979 era del 50 % de la población mayor de 10 años alfabetizable (MED; 1983)

sociedad de un colonialismo interno y del silencio político de las culturas autóctonas, por lo menos a los oídos de los actores que formaban la arena política de los años sesenta y setenta.

Si bien en el campo educativo la revolución logró importantes éxitos, especialmente con la campaña de alfabetización y la ampliación de los servicios educativos a los sectores populares, el reclamo de una "educación bilingüe" fue un asunto desconocido en la vida política y cultural del país durante los primeros años de la revolución. Los primeros reclamos, emanados de MISURASATA[2], se hicieron sentir una vez diseñada y puesta en práctica la primera gran jornada educativa popular como fue la alfabetización[3]. Se logró así que ésta se aplicara en la Costa Atlántica bajo modalidades de alfabetización en lengua materna, beneficiando a los pueblos miskito, sumu y criollo, aunque se utilizó como instrumento la traducción correspondiente de la cartilla matriz.

Cuadro Nº 1

CRUZADA NACIONAL DE ALFABETIZACIÓN	FECHA DE CONCLUSIÓN	PERSONAS ALFABETIZADAS
Alfabetización en español	23/8/1980	406.056
Alfabetización en lenguas miskita, sumu e inglés criollo	12/1980	12.664
Total Alfabetizados		418.720

F: Ministerio de Educación (1983).

---

2. MISURASATA: Miskitos, Sumos, Ramas y Sandinista Trabajando Juntos -asla takanka-.
3. La alfabetización en sus dos modalidades redujo la tasa de analfabetismo a sólo el 12% (MED; 1983:39).

EL PAPEL DE UN CENTRO DE INVESTIGACIÓN

CIDCA aparece en la vida pública del país siguiendo un modelo creado por la revolución popular sandinista para aprehender la realidad social, formando parte de un grupo de entidades gubernamentales (CIERA, INIES, INAP, etc.) que, en distintos momentos y bajo diferentes modalidades, se crearon en los primeros años del gobierno de reconstrucción nacional. En ese entonces, Nicaragua vivía circunstancias excepcionales para la investigación social, tal como correspondió al momento inmediato a la caída de la dictadura somocista y la instauración de un gobierno revolucionario que, no obstante, tendría que reconocer la existencia de una desconocida Nicaragua.

El programa original de CIDCA abarcó tres grandes componentes: investigación, difusión y documentación. Se organizó el Centro de Documentación que logró atesorar la mayor información acerca de la Costa Atlántica existente en el país y fuera de él. La creación de la revista WANI, cuyo primer número apareció en 1984, y el programa radial que se transmitía diariamente por Radio Sandino, en miskito y sumo, con una gran audiencia en la zona norte de la Costa y sur de Honduras, sirvieron como instrumentos de divulgación y análisis del quehacer de la revolución en la Costa.

En tanto que el componente de investigación comprendía cuatro grandes bloques, a saber: Etnohistoria, Antropología Política, Economía y Semiótica. Como era de esperar el proyecto de CIDCA enfrentaría innumerables problemas, entre ellos:

1. La disgregación física y administrativa del inmenso territorio de la Costa Atlántica,
2. La falta de experiencia institucional,
3. La ausencia de especialistas nacionales,
4. La dependencia casi total de investigadores extranjeros,
5. Los efectos mismos de la guerra,
6. La migración masiva de amplios sectores de las comunidades indígenas,
7. La militarización de territorios,
8. La priorización politizada de objetivos.

Sin embargo, pese a esas limitaciones, el proyecto logró arrancar y desarrollarse. Entre los aportes de la investigación mencionaremos:

- Se contribuyó al conocimiento del origen de los principales grupos humanos que habitan hoy día en la Costa Atlántica, de su papel en la historia regional y nacional, de sus relaciones económicas y sus valores culturales.
- Se logró contribuir a la conceptualización de la etnicidad como componente indispensable de la sociedad costeña y nacional. Su mejor trabajo se puede mostrar en el aporte ofrecido en todo el proceso de la elaboración del estatuto de autonomía y del anteproyecto de su reglamentación; así como en acciones de sensibilización a la sociedad respecto a la necesidad de una visión amplia y abierta de la pluralidad étnica y cultural de la Costa Atlántica, vista como parte de la realidad nacional.
- En el campo de la lingüística se dio un impulso al conocimiento y difusión de las lenguas costeñas como sistemas gramaticales completos, antes que como "dialectos". La elaboración de diccionarios también ocupó un importante espacio.
- En materia de rescate y análisis de algunos de los elementos más significativos de las culturas de las comunidades de la Costa Atlántica, se logró atesorar importantes resultados que fueron publicados y distribuidos: cuentos, tradiciones y mitos.
- Estudios de impacto ambiental de proyectos estratégicos, como el caso del puerto de aguas profundas y otros relacionados a la pesca artesanal en el área de Laguna de Perlas. Fue sin embargo, un campo de trabajo que se vio reducido por la ausencia de especialistas en la materia.

Lo más importante para nuestro tema es que de este esfuerzo institucional de investigación antropológica surgió la necesidad de un proyecto piloto de educación bilingüe que desató los obstáculos abiertos por el conflicto político militar, hasta llegar a constituir una visión integral del conflicto y que, poco a poco, fue llevando a los principales autores a una reflexión más profunda, que dio sus frutos en el Anteproyecto de la Ley de Autonomía[4].

LOS INICIOS DEL PROGRAMA

La educación bilingüe nació en los asentamientos de Tasba Pri y creció a un ritmo acelerado, hasta el punto de que de 215 alumnos en la modalidad miskito y 25 en la modalidad sumu en el año 1985, se elevó la matrícula hasta alcanzar el 30% del total regional en el año 1988. La matrícula del programa de educación bilingüe bicultural en la Costa Atlántica fue la siguiente:

Cuadro N° 2

Modalidad PEBB: 1988	Total Alumnos	Total Maestros
Miskito	6.649	206
Sumu	399	22
Inglés	2.866	113

Si bien el programa de educación bilingüe fue creciendo con recursos humanos que no eran especialistas en la enseñanza de la lengua materna y de la segunda lengua, ni en la elaboración de textos para el escenario intercultural, se conformó en el Ministerio de Educación una estructura integrada por maestros de mucha experiencia que actuaron bajo la modalidad de operar sobre la marcha, utilizando procedimientos de traducción del texto nacional en español a las len-

4. Fue producto del trabajo de la Comisión Nacional de Autonomía, de sendas Comisiones Regionales y de una amplia consulta popular. La Ley de Autonomía fue aprobada por la Asamblea Nacional en octubre de 1987.

guas miskita, sumu e inglés criollo. Con todo, se puede decir que a punta de esfuerzo se levantaba un programa bautizado entonces como PEBB (Programa de Educación Bilingüe Bicultural).

Los cambios políticos de 1990 significaron, para la educación bilingüe en Nicaragua, la introducción de nuevos problemas a los ya existentes. Esta vez, por la desconfianza con que las nuevas autoridades gubernamentales veían el programa al relacionarlo con la ideología del gobierno anterior. En consecuencia, a través de medidas administrativas, afectaron seriamente su existencia. El apoyo gubernamental disminuyó considerablemente, reduciéndose las plazas de metodólogos, retirando personal técnico ya capacitado y con experiencia, justo cuando la población indígena, que se encontraba fuera del país retornaba masivamente al territorio, incrementando la demanda educativa. A nivel central, en el MED, existía un equipo técnico que también fue reducido a su mínima expresión, al punto que se tuvo el temor de que el programa se cerrara. Por otro lado, se hizo sentir presión sobre metodólogos que habían sido capacitados desde el inicio del programa y que por medidas gubernamentales, eran transferidos a otros programas o bien cambiados por metodólogos mestizos, creando roces innecesarios que han despertado inquietudes raciales.

Cuadro Nº 3

EQUIPOS TÉCNICOS DEL PEBI EN DOS ÉPOCAS

AÑO	Miskito	Sumu	Inglés	Mestizo	MED
1988-9	11	9	9		6
1990-5	9	3	3	2	1

LA SITUACIÓN ACTUAL DEL PROGRAMA DE EDUCACIÓN

Al comparar las cifras del cuadro anterior, no puede uno sino pensar que las autoridades del MED pretenden ahogar el programa.

Por su parte, el MED ha sostenido que mantiene hacia el PEBI el criterio de prioritario en su programación. No obstante, al considerar la dinámica sostenida de la matrícula PEBI que crece anualmente, la necesidad de cambios en la política del Ministerio de Educación es evidente. Por ejemplo, tenemos el caso del PEBI criollo o inglés, que desde 1990 tiene la primaria completa, presenta una curva de crecimiento que se ha mantenido constante desde su inicio en 1985:

Cuadro Nº 4

AÑO	1985	1986	1987	1988	1989	1990	1991	1992	1993	1994	1995
MATRI-CULA	649	1.897	2.577	2.866	3.131	3.413	4.762	4.934	4.265	5.006	5.100

Cuadro Nº 5
EL PROGRAMA DE EDUCACIÓN BILINGÜE INTERCULTURAL EN CIFRAS DE 1995[5]

REGIÓN	PROGRAMAS	ESCUELAS COMUNIDADES	PROFESORES	ALUMNOS
RAAS	Miskito	5	23	898
RAAS	Criollo	17	147	5.100
RAAN	Miskito	82	457	8.598
RAAN	Sumu	16	26	654
TOTAL	PEBI	120	653	15.250

5. El PEBI Miskito cubre de preescolar a 4to grado; el PEBI sumu 1ro, 2do y 3er grado, en la RAAN; en tanto el PEBI criollo y miskito en la RAAS cubre toda la primaria.

En la actualidad, el PEBI en Nicaragua ofrece una estimable cifra de 15.250 alumnos y 653 maestros beneficiados directamente, envolviendo 120 comunidades (urbanas y rurales) entre población indígena miskita, sumos mayangna y criollos, abarcando territorialmente dos regiones autónomas y ocho municipios y cuatro en cada región.

Cada una de las tres modalidades con que funciona el PEBI en Nicaragua tienen un desarrollo desigual, relacionados con factores y condicionantes históricos de cada pueblo o comunidad sociocultural.

Los problemas focales

a. La Comunidad/La Escuela

Cuadro Nº 6
Problemas detectados

1. Maestro empírico en educación bilingüe intercultural.
2. Inadecuada relación maestro-escuela-comunidad.
3. Padres de familia indígenas de tradición oral.

Nuestro programa está compuesto por más de 15 mil estudiantes, cerca de 700 profesores y 120 comunidades[6]. Una necesidad fundamental es la interacción adecuada y sostenida entre la escuela y la comunidad. Ambas presentan características que le dan un carácter delicado; por un lado, tenemos que la gran mayoría de estas comunidades están conformadas por pobladores que se sitúan en una práctica de tradición oral, de poquísima experiencia de escolaridad y que viven en condiciones de vida precarias en cuanto al acceso a servicios, a dinero (poca salarización)[7], etc. que disminuye la capacidad

---

6. Extrapolando estas cifras podríamos pensar en un universo de 5 mil unidades familiares afectadas por el proyecto.
7. Equivocadamente se menciona en muchos estudios que la población indígena en la Costa padece de un altísimo desempleo, cuestión que es más bien relativa. Sus prácticas productivas de autoconsumo y combinación de estrategias de sobrevivencia son más bien factores que determinan una mínima capacidad de apropiación de dinero para competir en el mercado. A la vez, la oferta de empleo es deprimente en todo el país.

de oferta de la comunidad hacia la escuela. De hecho, lo que la comunidad puede ofrecer (y ofrece) a la escuela es mano de obra y materiales locales, así como el apoyo y la protección al maestro y al edificio, que en el ambiente de la comunidad debe ser suficiente aporte.

Pero se ha encontrado que, si bien en algunas comunidades esta relación se produce y sostiene, en otras no. Hemos encontrado casos donde el maestro juega un rol de liderazgo, mientras que en otras el maestro es un simple agente no vinculado a la comunidad, casi extraño, sin jugar un papel transformador que trascienda la mera enseñanza. De hecho, la actitud del maestro pasivo en el aula está ligada a una actitud también pasiva frente a la comunidad (y frente a los objetivos del PEBI).

El otro problema es la característica empírica del maestro o maestra bilingüe intercultural y especialmente, la no dotación de instrumentos válidos en su contexto que le deberían proporcionar los niveles superiores del engranaje: metodólogos, MED, CIDCA, Terra Nuova[8].

b. *Los metodólogos*

Cuadro Nº 7

3. Empirismo metodológico
4. Inadecuada relación metodólogo-escuela-comunidad
5. Afectaciones extraplan
6. Doble rol del metodólogo: supervisor y elaborador de textos

La profesión del metodólogo de educación bilingüe intercultural en Nicaragua es nueva. De hecho sólo existe una generación en formación que ha sido víctima indebidamente de la ruptura política de los 90, afectando el cuerpo global del programa y la transmisión de experiencia.

Trabajamos con un equipo que, como bien se dijo en un reciente taller de capacitación,"somos técnicos en desconocimiento" o "me-

8. Terra Nuova: organismo no gubernamental italiano que asesora y financia al PEBI en Nicaragua y otros países.

todólogos empíricos". Este constituye uno de los problemas centrales del programa que, si bien se viene confrontando a través de los talleres puntuales, la experiencia hasta ahora demuestra que han sido insuficientes.

El reducido número de metodólogos ha sido mencionado también como otro problema serio, especialmente cuando éstos deben atender varias funciones: a) asistencia técnica a las escuelas de las comunidades, b) elaboración de textos, c) revisión de textos, d) asistencia a talleres de capacitación[9], e) otras ajenas al programa que le asignan los delegados regionales, f) cursos de profesionalización.

La relación Equipo Metodológico-Delegación Regional del MED se ha evidenciado como irrespetuosa e irresponsable. Así, en la RAAN se mencionó que el delegado impone tareas que no incumben al programa de educación bilingüe, distrayendo los esfuerzos, limitando los resultados y desanimando al grupo. En la RAAS, se ha manifestado que la delegación regional cambia a los metodólogos sin sentido lógico, afectando seriamente la composición sustantiva del equipo. En Rosita pudimos observar que el delegado moviliza a un técnico del PEBI-Sumu para que le acompañe a supervisar escuelas del área miskita, cuando las escuelas sumus esperan la llegada de sus metodólogos.

Estos hechos parecen demostrar una incoherencia entre el quehacer del equipo de metodólogos y las orientaciones del delegado regional en cada región o subregión. También se mencionó que algunos recursos materiales que pertenecían a los equipos fueron sustraídos por los delegados: por ejemplo, un vehículo que venía asignado al PEBI-SUMU.

Una función importantísima del metodólogo es la visita de supervisión a las escuelas, pero éste es uno de los vacíos que se ha podido constatar reiteradamente en los tres sub-programas. Diversas razones se han aducido: la falta de viáticos, la falta de tiempo y la falta de personal, especialmente en los sumus que son únicamente tres técnicos.

9. Hay que tomar en cuenta que se apreció que los metodólogos participan en una serie de "talleres de capacitación" que pareciera ajenos al tema de la educación bilingüe, o bien vinculados, pero autónomos del programa, que significan varias semanas de trabajo.

El metodólogo, además, al faltar a la supervisión escolar se aleja igualmente de la comunidad, reforzando la distancia que provoca el aislamiento entre el maestro y la comunidad.

Pero también en los casos observados en donde el metodólogo asiste a la supervisión, ésta se reduce a una simple visita a la escuela, mas no a la comunidad, olvidando que el metodólogo también es un agente dinámico del cambio.

c. El Ministerio de Educación (MED)

Cuadro Nº 8

7.	Mínima cobertura orgánica del MED hacia el programa en las regiones.

La articulación del MED en el engranaje de la educación bilingüe resulta básico y evidente. Encontramos, sin embargo la ausencia de una conceptualización institucional de la educación bilingüe intercultural en el programa que se manifiesta en las medidas de las autoridades regionales y que generan la serie de problemas antes mencionados. El hecho de que en el nivel central exista una sola persona para atender el programa nacional, muestra la distorsión entre los objetivos que el MED ha manifestado institucionalmente acerca de la educación bilingüe intercultural y su práctica operativa[10].

La posibilidad de que en el MED una sola persona dé cobertura y seguimiento al programa en toda su dimensión: asesoría, supervisión, estadística, capacitación, coordinación, revisión de textos, elaboración de textos y distribución de textos, es prácticamente una tarea imposible. Si consideramos las condiciones en que se desarrolla, su carácter novísimo en la estructura educativa, la existencia de prejuicios hacia el PEBI, vemos que el programa nacional de la educación bilingüe no ha podido hacer nada para enfrentar las medidas institucionales que le han afectado, especialmente con los despidos y la usur-

10. Recientemente se ha integrado un asistente.

pación de bienes del programa. Las demandas del programa en materia de nuevas plazas para ampliar la cobertura, no tienen eco hasta ahora.

La presencia de un apoyo fuerte a nivel central es necesario para el futuro del proyecto. Se requiere insidir en las autoridades para convencer a los incrédulos de las bondades del PEBI. Considero que esto ha hecho falta en este período.

Aquí, se trata de fortalecer un programa que aún no está garantizado. El papel que juegue el delegado nacional, las funciones que se le atribuyan, el apoyo que reciba de las autoridades superiores son vitales para los objetivos del programa. El problema aquí, claro, es de definición de funciones a este nivel, de su grado de autonomía y de responsabilidad frente a los otros subniveles de la educación primaria. Los problemas que los delegados regionales provocan en los equipos del PEBI no tienen eco en esta oficina. Se requiere una redefinición interna en el MED de su papel ante las demandas estructurales de la educación bilingüe intercultural.

La disposición de CIDCA hacia la educación bilingüe

En cuanto a la situación de CIDCA, se puede constatar un proceso de reestructuración y relanzamiento de la institución en lo que se denomina Plan de Acción de CIDCA para el período 1995/1998, con miras a superar la crisis que la entidad tuvo en los años 93/4.

En relación a la educación bilingüe, es evidente que el perfeccionamiento de la institución proveerá de una mejor oferta, de ahí que se trabaje en la articulación de un programa de investigación en Antropología y Lingüística desde donde CIDCA apoyará los proyectos específicos.

Actualmente se trabaja en la producción de materiales de referencia para la educación bilingüe que proveerá textos de lingüística, economía y cultura de la Costa Atlántica. En esta misma línea apunta la colaboración entre CIDCA y el Departamento de Lingüística y Filosofía del Instituto Tecnológico de Massachusset (MIT), quienes desarrollan varios proyectos puntuales de investigación sobre gramáticas indígenas y entrenamiento de recursos ligados al programa del PEBI[11].

El fortalecimiento institucional del CIDCA permitirá, a su vez, un mayor acercamiento al Ministerio de Educación, con miras a la evaluación y sistematización de la experiencia. Al mismo tiempo, la institución se ha sometido a una evaluación ante la sociedad civil costeña que encontró criterios válidos para efectuar un relanzamiento hacia los nuevos contextos. En tal sentido, se piensa que CIDCA requiere nuevas estrategias de abordaje de sus planes de investigación orientados hacia aspectos temáticos que destacaban:

- Estudios tradicionales de CIDCA en materia de cultura.
- Estudios sobre la economía de la Costa Atlántica y su inserción en la economía regional caribeña.
- Estudios ecológicos.

En relación a lo cultural, se mencionaba como un punto fundamental la cuestión de la educación bilingüe intercultural en las regiones autónomas de Nicaragua, dado su carácter estratégico para el futuro de la diversidad cultural y el respeto a los derechos indígenas y la promoción de la "democracia cultural" como complemento de un pluralismo político y de un Estado de derecho.

En este sentido, lo que es fundamental en la educación intercultural bilingüe (EIB) es su papel en el redescubrimiento del mundo real para los niños y niñas beneficiados y, consecuentemente, de los derechos políticos de las comunidades socioculturales de las regiones autónomas. La EIB debe ser un vehículo transmisor de valores entre los sujetos de la educación para reafirmar lo propio y propiciar la aprehensión de las otras culturas interactuantes. De ahí su importancia, que podrá mostrar sus frutos a mediano plazo, una vez que los educandos actuales ocupen otros roles en la sociedad.

Además, la EIB está llamada a jugar un papel extra-escuela e incidir en todo el conjunto de la comunidad educativa: padres de fa-

11. En enero de 1995 se desarrolló en Rosita, un taller de investigación sobre el idioma twahka, para deslindar su afinidad con el Panamahka, que estuvo dirigido por el Dr. Kennet Hale.

milia, comunidad y autoridades. Ese es el diseño del Art. 8 incisos 2, 3, 5, 6 y 7 del Estatuto de Autonomía.

NUEVOS CAMPOS DE LA INVESTIGACIÓN

Sobre arqueología y etnohistoria

Muchas incógnitas y vacíos se tienen aún de la historia regional costeña, pero sobre todo de la prehistoria de la Costa. En este terreno, queda aún una interrogante mayor vinculada a los tiempos diferentes en que se puede hablar de historia o prehistoria, según los territorios y culturas se hayan vinculado antes o recientemente al Estado nacional, colonial o republicano.

En esta materia propiamente arqueológica en la que confluyen también la historia y la semiótica, la Costa Atlántica nicaragüense se ubica en un corredor de trópico húmedo, carente de investigaciones. Salvo los estudios de Richard Magnus realizados en 1971, que, de paso, arrojan una información sorprendente al encontrar tipos de cerámica, incluso polícroma, con una secuencia cultural del 400 a.C. al 1600 d.C., sin conexión aparente con las culturas conocidas (Magnus;1993:75). Otras fuentes arqueológicas han encontrado importantes artefactos líticos, como las hachas monolíticas encontradas en la zona de Bluefields de aparente uso ritual y de estilo fálico, únicas hasta ahora en América, cuya distribución y relaciones son hoy día ignoradas y necesitadas de estudios (Lothrop;1977:96). La estatuaria encontrada en Kukra Hill y Corn Island (Thieck; 1977:212) y metates de factura maya que se han localizado en Laguna de Perlas (Edmundo Gordon: comunicación personal), redondean un panorama muy atractivo y prometedor en el campo de la Arqueología.

A esto habría que agregar los resultados del trabajo del arqueólogo nacional, Jorge Espinoza, quien descubrió y realizó excavaciones en el sitio Angie, en Monky Point. Se trata de “shell mounds” o depósitos de conchales dejados por paleoindios, cuya edad se ha calculado en 7.600 años de antigüedad (Espinoza;1982:10).

Contrariamente, en el resto del Itsmo se avanza mucho en esta materia, incorporándose cada vez más territorios del oriente de la

Centroamérica central (Honduras, por ejemplo) en áreas culturales de influencia, ya mesoamericana, ya sudamericana.

Respecto al campo de la etnohistoria, que sería una forma de ver la historia de la Costa Atlántica, hay que tomar en cuenta que CIDCA posee un acervo de fuentes primarias que están a la espera de análisis. También existe una historia más inmediata o contemporánea que no está siendo recopilada aún, tal como es la historia moderna de la Costa y las tendencias que se manifiestan en la configuración geopolítica y étnica a través de la creación de nuevos municipios e incluso departamentos que darían, o ya dan, una nueva faceta de la Costa Atlántica.

CIDCA podría aportar muchísimo, pues cuenta ya con una infraestructura y una red comunicante entre la sociedad costeña. La idea de iniciar un museo en Puerto Cabezas tendría no sólo el atractivo científico sino el que éste puede ser turísticamente una fuente de ingresos sostenible.

Sobre autonomía y democratización

Si bien se puede señalar que el mismo texto del estatuto de autonomía es un resultado donde la labor de CIDCA como institución está presente, igual que en el caso del anteproyecto de reglamentación, también es una realidad que con ellos apenas se ha inciado en el país, y en el área centroamericana por lo menos, una iniciativa de este tipo. Como resultado tenemos una realidad institucional y una realidad etnocultural que se comienzan a reconocer, quedando muchos aspectos oscuros que requieren de estudios y programas de capacitación y acciones conjuntas con otras entidades, orientadas siempre a la búsqueda de soluciones en los conflictos de la interculturación y del desarrollo económico y social.

Por otro lado, en la actualidad, el mundo indígena americano y mundial ha logrado niveles de reconocimiento de sus derechos que auguran importantes efectos no sólo en la doctrina jurídica internacional, sino también en las legislaciones nacionales. A finales del año pasado, la Asamblea General de las Naciones Unidas declaró oficialmente la década de 1994-2004 como Década Internacional de las Poblaciones Indígenas y a ellas se dirigirán importantes esfuerzos de la comunidad internacional. Después tendremos procesos de democratización de las sociedades e instituciones, que no siempre ocurren en vías pacíficas. La experiencia demuestra que el papel que pueden jugar las universidades y los centros de investigación social, en apoyo a estos procesos de democratización cultural en conglomerados multiétnicos, son de vital importancia.

La Antropología Política está llamada a jugar un gran papel en apoyo a la ciudadanía indígena que se incorpora a la sociedad nacional mediante procesos de igualdad en derechos y oportunidades.

La Antropología Jurídica, una rama de la Antropología Política, que se orienta al estudio de las formas tradicionales de resolver conflictos a partir del ordenamiento jurídico consuetudinario en comunidades y pueblos indígenas en su interacción con formas estatales, adquiere para el futuro de la autonomía y la democratización de las sociedades nacionales y regionales (Honduras, Nicaragua, México, Guatemala, El Salvador, Guatemala, Colombia; Panamá, etc.) un papel muy importante. CIDCA ha desarrollado los primeros y únicos estudios sobre esta materia en Nicaragua. Se ha trabajado con redes de investigadores comunitarios constituidas por autoridades tradicionales de varias comunidades de donde se despreden nuevas acciones de investigación, capacitación y formulación de propuestas de reglamentación para artículos específicos de la Ley de Autonomía.

Sobre investigación cultural (Semiótica)

Gran parte del trabajo en esta área ha sido fundamental para el rescate de tradiciones y mitos, algunos de los cuales se presentan como enigmáticos ante las hipótesis existentes sobre el origen de las culturas costeñas y sus relaciones con otras culturas del norte y sur de América en la época prehispánica. Además, la investigación semiótica ofrece la posibilidad de la introducción en los contenidos ocultos, en los significados del pensamiento mítico indígena y en su autoaprovechamiento, mediante un proceso de aplicabilidad en el desarrollo de una conciencia histórica/cultural de los pueblos contemporáneos indoamericanos. Su importancia en programas específicos de educación, es vital, especialmente en procesos de decostrucción de la ideología de sumisión que han provocado los 503 años.

Particularmente, una agenda de investigación de este tipo tendría la bondad de integrar antropológicamente un enfoque comprehensivo de la sociedad multiétnica, multilingüe y multicultural como es la nicaragüense, tanto desde un enfoque histórico como contemporáneo. Desde cada una de estas ramas de investigación, se estaría aprovechando la información existente y creando nueva información de las comunidades socioculturales, desde su prehistoria, su historia, su presente y su devenir. Tendría como principales usuarios:

1. Programas Educativos:

1. Programa de educación bilingüe PEBI (estudiantes, profesores y padres de familia).
    - Programa de Educación Primaria Monolingüe (idem).
    - Programa de Educación de Adultos.
    - Programas de educación secundaria, técnica y de adultos.
    - Programas Universitarios en las Regiones Autónomas.
2. Autoridades Locales (comunidades/municipios).
3. Autoridades regionales (consejos regionales/gobierno autónomo).
4. Funcionarios y planificadores del desarrollo.
5. Universitarios (estudiantes, profesores).
6. Institutos gubernamentales.
7. Académicos y estudiantes de pos-grado.
8. Organismos No Gubernamentales: extranjeras, nacionales y comunales.

Así la investigación de CIDCA, en nuestra disciplina, estaría en estrecha comunicación con la sociedad civil, además de que la institución (CIDCA) estaría articulada orgánicamente a través de su nuevo Consejo de Dirección, integrado por personalidades notables de las regiones autónomas.

Relaciones con otras materias de investigación

Por otra parte, es obvio que la cultura o la identidad de los pueblos no acaece sino en la realidad, donde también encontramos que la vida económica, tanto a nivel macro como en los pequeños espacios territoriales, tiene una estrecha conexión con el medio ambiente y la cultura.

El estudio de la economía y la ecología de las regiones autónomas constituirán a la vez programas autónomos, pero unidos por una estrategia institucional de investigación en donde la antropología y sus disciplinas o especialidades servirán de complemento, mutuamente reconfortantes.

Es interesante observar que los materiales didácticos que se están transformando en Nicaragua se reducen a los considerados de L1 lectura/escritura, dejando otras materias como geografía, ciencias naturales y matemáticas para la simple traducción. En realidad, la investigación tiene aquí un gran reto que se necesita enfrentar para hacer en conjunto con maestros y comunitarios el rescate de la geografía, la ciencia y la matemáticas indígenas.

BIBLIOGRAFÍA

AMA BIN (1995) *Boletín de la educación bilingüe intercultural de Nicaragua.* CIDCA. Managua.

Boletín informativo (1995) Equipo de Apoyo al PEBI. Bluefields.

Pana Pana Aisanka (1995) *Boletín Informativo.* Programa Bilingüe Intercultural de la RAAS. Bluefields.

Espinoza, Jorge (1982) *El reclamo nicaragüense.* Banco de América. Managua.

Lothrop, Samuel K. (1979) *Cerámica de Costa Rica y Nicaragua.* Fondo de Cultura Banco de América. Managua.

Magnus, Richard (1993) "La Costa Atlántica de Nicaragua", en *30 años de arqueología en Nicaragua.* Museo Nacional de Nicaragua/Instituto de Cultura. Jorde Eduardo Arellano (Editor). Managua.

Ministerio de Educación (1983) *La educación en cuatro años de revolución.* MED. Managua.

Rizo, Mario (1994) *Evaluación y propuesta de planificación del proyecto de fortalecimiento y desarrollo de la educación bilingüe intercultural.* CIDCA. Managua.

Salamanca, Danilo y Galio Gurdián (1991) "Autonomía y Educación Bilingüe", en Revista *Wani*, 9. Managua.

Thieck, Frederick (1971) *Ídolos de Nicaragua*. Departamento de Arqueología y Antropología. UNAN, León.

Venezia, Paolo (1994) *Informe evaluativo de la situación del PEBI en la Costa Atlántica.* Managua.

LEYES

Constitución Política (1987) y sus Reformas (1995).

Estatuto de Autonomía de las Regiones Autónomas de la Costa Atlántica de Nicaragua (1987).

Ley número 162: *Ley de Lenguas* (1993).

POBLACIÓN INDÍGENA, NEGRA Y MESTIZA DE LAS REGIONES AUTÓNOMAS

RAAN

MUNICIPIO	Miskito	Sumu	Rama	Garífuna	Criollo	Mestizo	Total
Waspan	37.314	902	—	—	—	—	38.216
P. Cabezas	40.808	14	—	—	1.682	3.511	46.015
Prinzaplk	7.175	276	—	—	—	1.747	9.198
Rosita	915	2.142	—	—	108	27.241	30.406
Bonanza	1.000	3.897	—	—	125	5.113	10.135
Siuna	2.081	262	—	—	150	41.507	44.000
Total	89.293	7.493	—	—	2.065	79.119	177.956

RAAS

MUNICIPIO	Miskito	Sumu	Rama	Garífuna	Criollo	Mestizo	Total
Bluefields	2.192	30	471	50	11.212	21.662	35.617
Corn Island	2.000	—	—	—	2.966	34	5.000
Kukra Hill	703	—	—	—	2.109	4.218	7.030
Laguna de Perlas	1.212	—	—	1.084	3.464	—	5.760
La Cruz de Río Grande	2.110	992	—	—	121	11.360	14.583
Total	8.217	1.022	471	1.134	19.872	37.274	67.990
GRAN TOTAL	97.510	8.415	471	1.134	21.937	116.393	245.946

DATOS PORCENTUALES DE LA POBLACIÓN INDÍGENA Y NEGRA DE LA COSTA

Miskitos	Sumus	Ramas	Garífunas	Criollos	Mestizos	Total
2.37 %	0.25%	0.01%	0.02%	0.53%	2.83%	5.99 %

POBLACIÓN INDÍGENA DEL PACÍFICO-CENTRO Y NORTE

Sutiava	Monimbó	El Zapotal	Sébaco	Matagalpa	Jinotega	S. Lucas	Total
0.73%	0.43%	0.08%	0.08%	1.09%	0.73%	0.10%	3.53%

PORCENTAJES TOTALES EN NICARAGUA

Indígenas del Pacífico y Atlántic	Criollos	Mestizos Reg. Aut.	Mestizos del resto del país
5.98%	0.53%	2.83	90.66%

REVITALIZACIÓN DE LAS LENGUAS INDÍGENAS DE COSTA RICA: EL CASO DE BORUCA

*Miguel Angel Quesada Pacheco**

TERRITORIOS Y GRUPOS INDÍGENAS DE COSTA RICA

Costa Rica, de unos 3 millones de habitantes (1993), tiene una población de aproximadamente 30.000 indígenas, es decir, un 1% del total de la población (Guevara y Chacón 1992: 12). Estos indígenas han tratado de conservar, unos con mayor y otros con menor éxito, sus tradiciones culturales y lingüísticas. En la presente comunicación intentaré esbozar los esfuerzos realizados, tanto de parte de los mecanismos oficiales de poder, como de las comunidades interesadas, por mantener viva su cultura lingüística, haciendo especial énfasis en la lengua boruca, una de las más afectadas por el avance del castellano y de la cultura criolla mestiza.

Existen 22 reservas indígenas en Costa Rica, distribuidas en 320.650 hectáreas, lo cual significa un 6.3% del territorio nacional

* Universidad de Costa Rica.

Reservas indígenas de Costa Rica

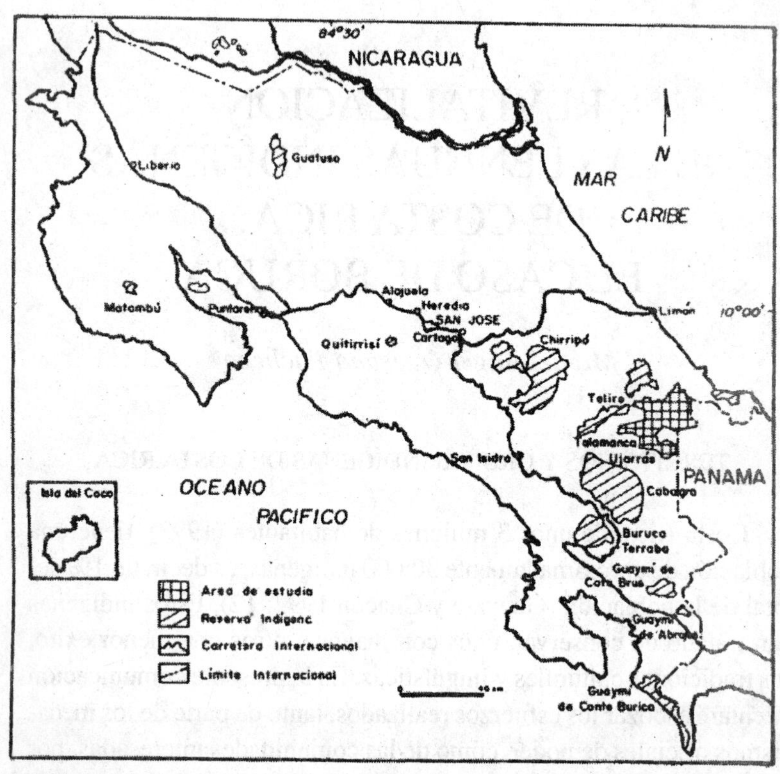

FUENTE: Servicio de Parques Nacionales, Mapa de Reservas Indígenas de Costa Rica.

(Guevara y Berger 1992: 12). Los grupos indígenas costarricenses son los siguientes, organizados en forma descendente según el número de habitantes[1]:

1. **Cabécares:** se encuentran en la cordillera de Talamanca, dentro de las reservas indígenas de Nairi-Awari, Chirripó, Tayni, Talamanca Cabécar y, por la vertiente del Pacífico Sur, en Ujarrás. Otros se encuentran diseminados por el Cantón de Buenos Aires, provincia de Puntarenas. Su lengua pertenece a la familia ístmica de la estirpe chibcha. Su población se estima en 9,300 personas.

2. **Bribris:** 6,700 personas forman la población bribri, la cual habita la vertiente atlántica (provincia de Limón), dentro de las reservas indígenas de Cocles, Talamanca Bribri y, en la vertiente del Pacífico (provincia de Puntarenas), la de Salitre y Cabagra. Junto con el cabécar, forma la subfamilia viceítica de la familia ístmica chibcha.

3. **Guaymíes:** viven en las reservas indígenas de Coto Brus, Abrojo Moctezuma, Osa y Conte Burica, al sureste de la provincia de Puntarenas, colindando con Panamá. Son aproximadamente 3,000 personas[2]. Su presencia en Costa Rica data de algunas décadas, pero durante la Colonia habitaban la región de Bocas del Toro, en la vertiente atlántica, hoy jurisdicción panameña pero perteneciente a Costa Rica hasta 1894. En virtud de esta situación, y después de varios debates y revueltas, los guaymíes, que durante las últimas cuatro décadas se han asentado dentro de las actuales fronteras costarricenses, fueron declarados, según la Ley Nº 7225 del 19 de abril de 1991 de la Asamblea Legislativa de Costa Rica, "costarricenses por nacimiento". Esta lengua es parte de la subfamilia guaymíica de la familia ístmica chibcha.

4. **Borucas:** están situados en las reservas indígenas de Boruca y Curré, al sureste de la provincia de Puntarenas. Su lengua conforma una sola rama de la familia ístmica de la estirpe chibchense. Su población es de 2,660 personas.

---

1. Los datos de población se han extraído de A. Zúñiga (1990: 8). Población de Costa Rica en 1993: 3,000.00.
2. Zúñiga no ofrece datos para la reserva de Conte Burica.

5. **Térrabas:** son 1,504 indígenas y habitan la reserva de Térraba, al sureste de la provincia de Puntarenas. Son descendientes de los teribes, de la costa atlántica de Panamá, entre Changuinola y Bocas del Toro. Su presencia en Costa Rica responde a una inmigración forzada por parte de los misioneros a finales del siglo XVII. El térraba y el teribe forman la subfamilia tiribi de la familia ístmica chibcha.

6. **Huetares:** pueblan la región sur de la provincia de San José, en el valle central, con una población de 800 personas[3]. Habitan en dos reservas indígenas, la de Quitirrisí (cantón de Mora) y la de Zapatón (cantón de Puriscal), pero he detectado poblaciones de origen huetar en otras zonas de los cantones de Puriscal y Acosta, especialmente en los márgenes del Río Grande o de Candelaria, además de los poblados de Cerritos y El Nene, en el cantón de Aguirre, provincia de Puntarenas. La presencia de estos grupos en la provincia de Puntarenas se debe a migraciones que ocurrieron durante la primera mitad del siglo XX. Los huetares fueron el grupo más importante y poderoso del país durante el siglo XVI, poblaron todo el valle central hasta la costa del pacífico y, por el oeste, la cordillera de Guanacaste, razón por la cual los españoles los llamaron en un principio "indios de sierra" (cfr. Peralta 1883: 54). Su idioma fue considerado lengua general de la provincia de Costa Rica a principios de la Colonia (Quesada Pacheco 1990: 13).

De acuerdo con mis cálculos, el huetar debió extinguirse a principios del siglo XVIII. De esta lengua, pese a su importancia durante el siglo XVI, no han quedado textos. Por testimonios se sabe que existió un catecismo en lengua huetar (Quesada Pacheco 1990: 12-13), pero hasta la fecha no se ha dado con su paradero[4]. En un esfuerzo por

---

3. En esta cifra incluyo un cálculo personal de la reserva de la población de Zapatón, de la que Zúñiga no proporciona datos.
4. Opino que es algo apresurado afirmar que no existe del todo, en vista de que no se ha buscado sistemáticamente. Yo, por mi parte, he revisado toda la documentación existente en la sección Guatemala del Archivo General de Indias, pero sin resultados positivos. Por lo menos se sabe que no se encuentra en el Archivo Nacional de Costa Rica, ni en el Archivo Eclesiástico de la Curia Metropolitana, de San José. Pero todavía quedan por escudriñar, por ejemplo, el Archivo de Gobierno en Guatemala, el Archivo de la Nación en México, el Archivo Gene-

rescatar lo poco que queda de esta lengua, he podido recopilar unos 650 lexemas, de los cuales 200 son palabras comunes y 450 nombres propios[5]. A pesar de lo escasamente documentada, Constenla (1984) ha probado su afinidad chibcha, mediante ocho étimos que ha comparado con las lenguas del área. Utilizando un número mayor de cognados, he propuesto una subclasificación del huetar como cercano al huatuso (Quesada Pacheco 1992: 86). El guatuso y el rama son miembros de la familia vocálica, dentro de la estirpe paya chibcha[6].

7. **Chorotegas:** habitan la reserva indígena de Matambú, en la península de Nicoya, provincia de Guanacaste. A la llegada de los españoles ocuparon la península de Nicoya y parte de la actual provincia de Guanacaste, además de estar extendidos por Nicaragua y Honduras (Lehmann 1920: 822). La lengua chorotega, hoy extinta, al igual que el chiapaneco perteneció a la familia otomangue. Del chorotega se conservan unas 300 palabras y algunas frases (Quirós 1984). Su población es de 720 indígenas.

8. **Guatusos:** 520 personas conforman la reserva indígena de Guatuso, en la sección noroeste de la provincia de Alajuela, cerca de la frontera con Nicaragua. La primera mención que se hace de ellos data de 1756.

9. **Bocotás:** son 100 personas y se cubren los mismos territorios que los guaymíes e inmigraron a Costa Rica con éstos. Su lengua, junto con el guaymí, conforma la subfamilia guaymíica de la familia ístmica chibcha. Los bocotás siempre han habitado y migrado junto con los guaymíes, razón por la cual se les conoce también como "guaymíes sabaneros" (Abarca 1985: 10).

---

ral de Indias en Sevilla y el Archivo Vaticano en Roma. Queda, por lo tanto, una tarea ardua por delante, cuyos resultados no se podrán evaluar hasta que la pesquisa esté agotada.

5. Una lista preliminar aparece publicada en Quesada Pacheco 1990: 32-58, pero la he modificado y aumentado en mi libro sobre los huetares (1994).
6. En adelante empleo la terminología establecida por A. Constenla (Sobre el estudio diacrónico de las lenguas chibchas, inédito) para la clasificación y subclasificación de las lenguas chibchas.

CUADRO No. 1
GRUPOS Y LENGUAS INDÍGENAS DE COSTA RICA

GRUPO	LOCALIDAD	POBLACIÓN	LENGUA
Cabécares	Talamanca y zona sur	9300	Cabécar (E. E.)
Bribris	Talamanca y zona sur	6700	Bribri (E. E.)
Guaymíes	Frontera sur	3000	Guaymíe/move (E. R.)
Borucas	Zona sur	2600	Boruca (E. Q.)
Térrabas	Zona sur	1504	Térraba (E. Q.)
Huetares	Prov. de San José	800	Huetar (+)
Chorotegas	Pen. de Nicoya	720	Chorotega/mangue (+)
Guatusos	Zona norte	350	Guatuso/malecu (EE.)
Bocotás o guaymíes Sabaneros	Frontera sur	100	Bocotá (E.E.)

Como se puede observar, las siete lenguas indígenas que hoy se hablan en Costa Rica pertenecen a la familia chibcha.

Estado actual de las lenguas indígenas de Costa Rica

Siguiendo la clasificación de James Bauman (1980) sobre el estado de conservación de las lenguas indígenas estadounidenses en relación con el inglés (florecimiento, resistencia, reclinación, obsolescencia y extinción), E. Margery (1990: 4-6) ha propuesto una clasificación para las lenguas indígenas de Costa Rica, la cual se puede resumir en los siguientes grupos:

Lenguas en estado de resistencia

La única adscrita a este grupo es el guaymí, con una población de 40,000 hablantes[7], 3,000 de ellos en Costa Rica[8]. Entre estos 3000

7. R. Abarca (1985: 8) apunta una población total de indígenas guaymíes de 52000, pero no especifica si todos son hablantes del guaymí, o si hay, entre ellos, monolingües del castellano.
8. El resto vive en la región este de Panamá, concretamente en las provincias de Chiriquí, Bocas del Toro y Veraguas (Abarca 1985: 7-8).

hablantes se estima que 2,500 son bilingües y 500 monolingües en español (Margery 1990: 3).

Lenguas en estado de extinción

A este grupo pertenecen el cabécar, el bribri, el guatuso y el bocotá. El bribri y el cabécar son las lenguas indígenas costarricenses que cuentan con el mayor número de hablantes. De acuerdo con datos de 1987[9], de un total de 7,000 cabécares se han registrado 5,000 bilingües y 1,000 monolingües; y de 7,500 bribris, 4,500 son bilingües y 500 monolingües. No obstante, según lo hace notar Margery (ibidem), hoy, tanto el cabécar como el bribri, están relegados al ámbito familiar y ceremonial. Las causas de la pérdida de vigencia de dichas lenguas están en la disminución de hablantes nativos monolingües, además de la intromisión en sus tierras de hablantes del español, con el consiguiente crecimiento del bilingüismo. Siguiendo a Margery (ibídem), las interferencias del español en el bribri y cabécar se notan en la incorporación de dos fonemas, /f/ y /l/ en los antropónimos, la entonación ascendente para marcar la pregunta, en vez de los morfemas tradicionales, la extensión del marcador de plural a sustantivos no humanos, la eliminación del ergativo y la posición de los demostrativos a la izquierda del sustantivo.

En el caso del guatuso, de 350 hablantes registrados en 1987, 300 son bilingües, el resto es monolingüe en español. Constenla (1988a: 26-35), quien estudió el proceso de declive en uno de los poblados, establece como agentes externos de este declive el exterminio de este grupo indígena por parte de los huleros nicaragüenses en la segunda mitad del siglo XIX y, en el siglo XX, la creciente influencia de las autoridades civiles sobre la vida y las costumbres locales, la apertura de caminos y la pérdida del ecosistema guatuso. La lengua se ha visto reducida al ámbito familiar, a la conversación con familiares y ami-

9. Estos datos, que son los más completos hasta la fecha, no concuerdan con la población estimada en páginas anteriores, debido a que son más antiguos. Fuente: A. Constenla (1988: 10).

gos. En relación con las actitudes frente al guatuso y al español, Constenla (1988a: 23) acota:

> En suma, se mantiene un grado bastante elevado de actitud positiva hacia la lengua guatusa, pero se nota cómo la lealtad lingüística comienza a flaquear, sobre todo en el grupo de menor edad.

En cuanto a interferencias del castellano, Constenla cita la incorporación de nuevas oposiciones fonológicas debidas al préstamo, pero, añade, "mi impresión general es que el grado de influencia todavía no es especialmente significativo" (Constenla 1988a: 25). El mencionado autor nota que el habla de muchos jóvenes carece de fluidez, lo cual está relacionado con la falta de vocabulario, duda en el empleo de pautas morfofonemáticas y de algunos procesos morfológicos (ibidem). Sin embargo, agrega:

> En suma creo que el estado actual del guatuso en Palenque Margarita es de declinación, pero los factores principales en juego no son tanto internos a la lengua como externos a ella. El problema en este caso no es que la lengua se esté volviendo semejante al castellano o el analfabetismo en ella; es que una proporción demasiado alta de niños están dejando de aprenderla (Constenla 1988a: 26).

En lo pertinente al bocotá, su población se estima en 1500 individuos, 100 de los cuales habitan en la frontera sur de Costa Rica con Panamá; el resto, en las citadas provincias panameñas de Bocas del Toro, Veraguas y Chiriquí (Abarca 1985: 10). De los 100 habitantes registrados en Costa Rica, 95 son bilingües y 5 monolingües en español (Margery 1990: 3). No hay estudios ni datos que nos informen acerca de los factores externos que motiven la desaparición de esta lengua, ni de los procesos de interferencia o asimilación respecto al castellano, pero presumo que, en vista de que esta lengua ha cohabitado con la cultura mayoritaria guaymí, la última habrá servido de lengua dominante e influyente tanto o más que el español.

Lenguas en estado de obsolescencia. A este grupo se suman el térraba y el boruca.

M. Portilla (1986), quien estudió el proceso de extinción del térraba, registró 4 hablantes entre fluidos y semifluidos, y 7 infrafluidos, entre una población de 500 habitantes. De acuerdo con el citado investigador, las causas sobresalientes de la desaparición de esta lengua están en la migración forzada desde la costa atlántica a fines del siglo XVII, la imposición del sistema escolar y la represión lingüística en contra de la lengua autóctona y la creciente aculturación y la correspondiente asimilación al sistema productivo campesino criollo, no sin dejar de lado el desprecio de los hablantes a su propia lengua. Siguiendo la clasificación de William A. Stewart para la descripción de situaciones de bilingüismo, Portilla anota que el español ha asumido todas las funciones en la escala social y el térraba "sólo puede clasificarse por su función del habla del grupo, de uso más bien circunstancial" (Portilla 1986: 107). En cuanto a las interferencias del español en el térraba, el citado autor describe, entre otras, la desfonologización de ciertas oposiciones vocálicas, la ubicación de vocal central baja, la neutralización de las vocales intermedias anteriores, la igualación de pares mínimos donde se marca la existencia de semivocales oclusivas sordas aspiradas con oclusivas no aspiradas, incorporación de reglas sintácticas del castellano, tendencia a la reducción de reglas obligatorias, el orden + genitivo, incoherencia en la atribución del morfema correspondiente a las clases genéricas y pérdida considerable del léxico básico.

Respecto del boruca, su situación se verá con mayor detenimiento más adelante.

Hacia una educación bilingüe e intercultural en Costa Rica

Todavía durante las primeras décadas del siglo XX el sistema educativo centralista, que proclamaba la castellanización, no reconocía la validez de las lenguas locales. La planificación lingüística en favor de ellas se empieza a vislumbrar en 1950, mediante Decreto N°

1 del Presidente de la República y el Ministro de Educación que dispone lo siguiente:

> El Ministerio de Educación Pública, con la colaboración de la Junta de Protección de las Razas Aborígenes de la Nación, procederá a dictar los planes de trabajo, métodos, reglamentos y demás disposiciones de carácter educacional conducentes a alcanzar los fines de protección, elevación del nivel cultural de vida y conservación de la población aborigen de Costa Rica (cit. por Echeverría et. al. 1985: 2).

Al principio fueron experiencias educativas promovidas por particulares, sin ninguna planificación sistemática y dirigida desde instituciones superiores. Por ejemplo, en 1952 el antropólogo Pozas Arciniegas publicó el primer silabario en una lengua indígena, el cabécar, y a mediados de 1970 se elaboraron textos escolares en lengua bribri (García 1992: 2). Pero es al final de la década de 1970 cuando se observa una mayor participación de las instancias superiores. En 1979, se fundó una comisión en que participaron miembros del Ministerio de Educación y de la Universidad de Costa Rica con el fin de capacitar a maestros en territorios indígenas. Los cursos se impartieron y participaron 28 maestros de las reservas indígenas de la vertiente atlántica y del pacífico sur. Se elaboró el libro de texto en lengua bribri *Yëjkuö Alattsítsi-a* (Papeles para niños) (Echeverría et. al. 1985: 3).

El 9 de octubre de 1985 se emitió el decreto Nº 16619 del Ministerio de Educación Pública, el cual invita a establecer un modelo curricular bilingüe dentro de las comunidades indígenas. Según el artículo segundo del decreto:

> El servicio educativo correspondiente a dicho modelo, se brindará dentro del contexto bilingüe y bicultural de las comunidades indígenas y se orientará hacia la revaloración de las condiciones psico-socio-culturales del indio y de la comunidad (Decreto Nº 16619-MEP).

Con esto se crea la Asesoría Nacional de Educación Indígena (ANEIN), la cual velará porque se cumplan las decisiones gubernamentales y se tomen en cuenta factores socioculturales, políticos y educativos del indígena en su conjunto, y no una concepción fragmentada de la situación indígena actual.

En diciembre de 1985, una comisión formada por representantes de la Universidad de Costa Rica, el Ministerio de Educación Pública y la Asociación Indígena de Costa Rica establece un plan de formación para maestros en las comunidades indígenas del país, teniendo en mente las fallas de los programas y de las intenciones gubernamentales anteriores. El valor de este plan de formación radica en la insistencia en una educación bilingüe intercultural que le permita al niño indígena formarse a partir de sus valores culturales, tal y como lo expresan los autores:

> En ningún momento debe olvidarse, por parte de los profesores de los distintos cursos, no importa lo específico de su materia, y por parte de los maestros que se estén capacitando, el carácter bilingüe-intercultural del plan. Esto quiere decir que está en juego la enseñanza y reafirmación de dos idiomas y de varias culturas y que en ningún momento debe aparecer la cultura y el idioma mayoritario como dominantes. (Echeverría et. al. 1985: 17-18).

Para que esto sea posible, se debe capacitar a los maestros en el campo de la educación bilingüe-intercultural, afirman los autores (op. cit., 16). El 19 de abril de 1989, según el artículo 1 del Decreto Ejecutivo Nº 18967, se establece que:

> Las lenguas maternas autóctonas serán consideradas como parte del patrimonio cultural costarricense, y en las esferas de su influencia serán consideradas como lenguas locales.

Según el artículo segundo del mismo decreto, las instituciones gubernamentales promoverán el estudio científico de las lenguas indígenas, la difusión de la literatura escrita de dichas lenguas en publicaciones especializadas, la educación bilingüe intercultural, la producción de cartillas de alfabetización en lenguas indígenas, y colaborar con otras instituciones para velar por su conservación y desarrollo.

Misteriosamente, en 1992 se cerró la ANEIN. "con lo que se debilitó la estructura del plan de desarrollo de la educación indígena" (García 1992: 7). Este freno en las políticas educativas y lingüísticas emprendidas desde el Gobierno se vio mitigado el 25 de febrero de 1993 mediante decreto Nº 22072 del Ministerio de Educación Pública, con la creación del subsistema de Educación Indígena. En realidad, los fines establecidos en este decreto no varían sustancialmente de los publicados en decretos de gobiernos anteriores, y más bien da la impresión de ser un cambio estructural del gobierno de turno que una evolución en la planificación educativa. Llama, eso sí, la atención los incisos c) y ch) del artículo 2 de este decreto, que dicen (el subrayado es mío):

> c) Enseñar, siempre que sea viable, a los miembros de las Reservas Indígenas interesadas a leer y escribir en su propio idioma materno.
>
> ch) Asegurar que los miembros de las reservas indígenas lleguen a comunicarse en forma oral y escrita en español, como idioma oficial de la nación.

De aquí se puede interpretar que el castellano tendrá prioridad ante las lenguas indígenas, a pesar de que habían sido declaradas "lenguas locales" por el Gobierno anterior.

Con el cambio de gobierno en 1994 se modificaron también las políticas del Ministerio de Educación Pública, las cuales se resumen en la siguiente forma[10]:

- Capacitación y formación de maestros, conocimiento de la escritura de las lenguas respectivas, de pedagogía, cultura, historia y sociedad. Planes para continuar con estudios superiores.

---

10. Los datos han sido suministrados por la profesora Carmen Rojas, quien trabaja con el Ministerio de Educación Pública en dichos programas. A ella le agradezco su interés por darme dichos datos.

- Contextualización de la educación, es decir, introducción de un programa de contenidos culturales tanto entre los indígenas como entre los no indígenas.
- Enseñanza de las lenguas indígenas.
- Incorporación y mejoramiento de las relaciones entre la escuela y la comunidad. Se trata de superar los mecanismos de poder que han llevado a muchos indígenas a formarse la idea de que el sistema escolar es «asunto de blancos» y un medio de aculturación.
- Alfabetización y educación de adultos.
- Mejoramiento de la infraestructura escolar, construcción y reconstrucción de los edificios escolares, casas de los maestros, comedores, instrumental y otros.

Por otra parte, la participación de las instituciones de enseñanza superior en el proceso de revitalización cultural y lingüística ha sido constante. Desde la fundación del departamento de Lingüística de la Escuela de Filología de la Universidad de Costa Rica en 1975[11] se ha intensificado el estudio científico de las lenguas aborígenes costarricenses, cuyos alcances han sido publicados en revistas como la *Revista de Filología y Lingüística* de la Universidad de Costa Rica y *Estudios de Lingüística Chibcha*, la última fundada por el Departamento de Lingüística. Además de los artículos especializados, algunos miembros del citado departamento han publicado textos junto con sus informadores (Constenla y Maroto 1976; Margery y Rodríguez Atencio 1991), diccionarios (Margery 1989), han preparado alfabetos prácticos y editado, en colaboración con la Asesoría Nacional de Educación Indígena (ANEIN) y el Ministerio de Educación Pública, abecedarios ilustrados en bribri (Ministerio de Educación Pública 1986), guatuso (Constenla 1986a), térraba (Constenla 1986b), boruca (Jara 1986), cabécar (1986) y guaymí (Constenla 1988b). Un proyecto interesante fue la publicación de doce números del periódico en lengua bribri *Biyöchökname* (El Informador), en 1978[12]. A mediados

---

11. Llamado en un principio Sección de Lingüística.
12. Se fundó como iniciativa conjunta de la Escuela de Filología y la Vicerrectoría de Acción Social de la Universidad de Costa Rica.

de la década de 1980, se empezaron a dar lecciones de idioma guatuso, a petición de la comunidad y con ayuda de la Asesoría Nacional de Educación Indígena (Constenla 1988a: 35).

Respecto de la Universidad Nacional, en 1990 el Centro de Investigación de Docencia Educativa (CIDE) de dicha universidad coordinó con el Ministerio de Educación un taller de capacitación para maestros de las zonas de Buenos Aires (Pacífico Sur) y Talamanca (vertiente atlántica). Asimismo, en 1993 organizó un seminario taller intitulado "Análisis de la situación de la educación indígena de Costa Rica", en el cual participaron otras instituciones de educación superior.

En lo pertinente a otras instituciones educativas, el Comité de Educación de la Comisión Costarricense de Cooperación con la UNESCO (CCCU) se ha abocado a la tarea de publicar textos en lenguas indígenas, como producto de las iniciativas surgidas por el V Centenario. Parte de esos frutos son un abecedario ilustrado para el bribri (Constenla 1992), varios libros de costumbres y tradición indígena (Sánchez y Mayorga 1993). Dicha institución organizó el 29 de septiembre de 1993 un seminario taller intitulado "Reunión técnica para la revisión de textos en lenguas indígenas" con el fin de buscar nuevos métodos de alfabetización que estén en consonancia con el estado de conservación de las lenguas indígenas.

Por último, ha habido cierta participación de los medios de difusión en favor de las lenguas y culturas aborígenes del país, por una parte, el Instituto Costarricense de Enseñanza Radiofónica (ICER) desde 1980 elabora programas de educación indígena y silabarios (García 1992: 3); por otra, se establecen radioemisoras culturales en guatuso y boruca. Lamentablemente, y según mis propias observaciones, al menos la radio de Boruca en la actualidad no se presta en lo absoluto para la difusión de la lengua y cultura borucas.

Sobre la lengua boruca y los materiales disponibles para su estudio

Como se ha dicho anteriormente, el boruca pertenece a la familia lingüística chibcha. Posee 17 fonemas consonánticos, cinco vocálicos y dos tonos, alto y bajo. Sus rasgos morfosintácticos generales son, entre otros, el orden SOV, el orden poseedor-poseído, el empleo de las postposiciones, el adjetivo se coloca a la derecha del sustantivo, no tiene marcador de género gramatical, los pronombres personales funcionan también como adjetivos posesivos, los demostrativos y los posesivos anteceden al sustantivo, el plural se marca con la partícula *rójc*, que se coloca a la derecha del sustantivo. Tiene una partícula *qui* que se pospone al sustantivo que ocupa las funciones de un marcador referencial. Por otra parte, posee una partícula, *an*, que se encarga de desmatizar el sujeto. En cuanto al sistema verbal, los marcadores de tiempo son sufijos y se dividen en dos series, una para el núcleo predicativo afirmativo, otra para el negativo. Cuenta con marcadores de presente-futuro, imperfecto, perfecto, pluscuamperfecto y para el modo imperativo (ver anexo 1).

Los primeros materiales disponibles para el estudio del boruca provienen de la segunda mitad del siglo XIX (Valentini,1863, Gabb 1875/1886, Thiel 1982 e inédito), y son meras recopilaciones de vocabulario que varían en tamaño, desde 150 hasta 1200 rubros. Excepción a esta regla es el trabajo de H. Pittier (1982-1986/1941), quien tiene el mérito de presentar un esbozo fonético del idioma, un extenso vocabulario boruca-español y español-boruca, frases con verbos conjugados en diferentes tiempos, además de tres textos con traducción literal y libre, y varios topónimos. La idea de Pittier fue recopilar todo el material posible para que algún lingüista lo analizara y pudiera escribir su gramática (Pittier 1941: 7). A pesar de algunas imprecisiones en la descripción del sistema fonológico, y de la consiguiente falta de coherencia en la escritura convencional empleada, la obra de Pittier ha marcado un hito en la historia del estudio sobre el boruca.

Para el siglo XX tenemos los estudios de W. Lehmann (1908), quien recopiló algunos nombres de aves y, años después (1920), publicó algunas listas léxicas (las de Valentini y Thiel, principalmente). Por su parte, D. Stone (1974, cit. por A. Constenla 1990: 6), publicó tres textos borucas (dos canciones y un relato) con traducción literal y libre. Otra valiosa contribución fue la de V. Arroyo (1966), quien dedicó un capítulo de su obra para describir algunos aspectos morfológicos del boruca, a la vez que ofrece un pequeño vocabulario. Constenla y Maroto (1979) publicaron un libro de leyendas y tradiciones borucas. En su introducción, Constenla presenta el primer esbozo de la fonología y la gramática del boruca, además de un glosario. Los materiales publicados por Constenla y Maroto han servido de base para estudios posteriores de tipo lingüístico y literario (Abarca 1988, Alvarado 1989). Años más tarde, Constenla (1985) publicó cuatro textos borucas con una traducción literal y libre. Por último, C. Rojas (1992) describió varios aspectos tocantes a la morfología derivativa del boruca y Quesada Pacheco (en prensa) ofrece una recopilación de narraciones borucas, además de un pequeño acopio de traducciones hechas por Maroto: ambos autores están ahora confeccionando un diccionario boruca-español y español-boruca.

Destino de la lengua boruca

Los diversos censos de población realizados durante la época colonial nunca registran más de 500 habitantes borucas, lo cual da a entender que desde el siglo XVI la población era bastante reducida[13]. Por otra parte, el boruca no figura en el catálogo de lenguas aborígenes de Centroamérica, de fines del siglo XVIII (Fernández 1892), de donde se infiere que contaba con muy pocos hablantes por la época en que se recopilaron las lenguas incluidas en dicho catálogo. Los datos anteriormente señalados nos permiten concluir que el boruca, por lo menos a partir del siglo XVI, no ha sido una lengua muy difundida y más bien con tendencia a la reducción. Sin embargo, el primer testimonio confiable de declinación aguda data de 1875, cuando el antropólogo W. Gabb escribe:

---

13. En cuanto a la demografía boruca, existen varios censos de población de la época colonial. El primer cálculo -no censo- data de los repartimientos de 1569 y señalan 250 indios (Fernández 1976: 27). En 1719 el gobernador Diego de la Haya informa que había más de 1000 familias borucas (Fernández 1892: 315). Para 1800 se cuenta con 250 indígenas (Sanabria 1992: 129), el censo de 1811 señala 206 habitantes y 252 el de 1814 (Sanabria 1992: 185 y 191). Si se comparan dichas estadísticas con los datos administrados por D. Stone para 1949 (en Bozzoli 1986: 59), donde cuentan 641 indígenas borucas en la zona, se puede apreciar que el crecimiento de la población boruca ha tenido un ritmo sorprendentemente estable.

> ...los borucas van adquiriendo rápidamente el castellano, a expensas de las palabras correspondientes de su propio idioma. En un grupo de cinco borucas no hubo uno sólo que púdiera contar sino en castellano...(Gabb 1875/1886: 404-405).

El proceso de extinción ha continuado hasta hoy, y en la década de 1970 tenemos otro testimonio de pérdida, esta vez escrito por el maestro Espíritu Santo Maroto, un boruca autodidacta que dedicó muchos años de servicio voluntario en la enseñanza de su lengua materna, en la década de 1970. Afirma:

> ...conociendo concretamente, el que escribe estas líneas a nuestros Indios Borucas, todos carentes de tradición, los que cada día se adaptan más a la vida moderna, olvidando sus tradiciones y lenguas. Por ejemplo, los indios jóvenes y los niños han olvidado nuestra lengua o dialecto Brú[n]caje, a la que miran hasta con vergüenza. Ya es o era una raza vencida y humillada por arbitrariedades vergonzosas. El Boruca solamente el que escribe estas frases, y dos señoras ancianas más, hablan su antigua lengua. Creo o creemos que si no se sigue practicando las clases en lengua Bruncaje, como se está marchando, ayudado por la Junta Directiva "Conai" y comisiones indígenas, quedaría únicamente como recuerdo de la historia. (E. S. Maroto, Manuscritos, cit. por Quesada Pacheco 1994: 113).

En la actualidad C. Rojas (1992: 37) localiza 10 hablantes fluidos, bilingües todos y mayores de 50 años, además de unos 50 semifluidos, en una población de 2600 habitantes. La mencionada autora nota que el boruca comenzó a perder vigencia por causa de la temprana dominación española, la cual se remonta al siglo XVII. En efecto, el primer camino entre Costa Rica y Panamá, que data de principios del siglo XVII, pasaba por el territorio de los borucas, lo cual provocó la intromisión de las autoridades civiles y eclesiásticas en los asuntos del grupo.

Si se tiene en mente el escaso número de hablantes fluidos, en realidad la lengua se conserva bastante bien, y es digno de admirar el esfuerzo que hacen los hablantes fluidos por emplear, al menos respecto al léxico, calcos del español, en vez de hacer transvases. Entre las narraciones que he recopilado, pocos son los casos de asimilación del español en cuanto a la estructura morfosintáctica[14]. Algunos de ellos son la introducción del comparativo *más* y del adverbio *entonces*. Constenla (1979: 17-27) señala la incorporación de las preposiciones *desde* y *hasta*, del nexo completativo *que*, formas intensivas como *tener que*, *no poder*, el período condicional con *si*, lo mismo que conjunciones como *o* y *pero*. Sin embargo, la situación se torna más difícil en los hablantes semifluidos. Según mis observaciones, se aprecia la pérdida del fonema laringal o inseguridad en su colocación, inseguridad en los sibilantes /s/ y /θ/, la oposición tonal, la pérdida de ciertos tiempos verbales, en particular el pretérito pluscuamperfecto. Respecto del léxico, se nota la pérdida de significados abstractos en favor de los concretos (por ejemplo se maneja el significado 'coger, agarrar' de la voz *crújc*, pero no el concepto de 'comprimir', y el de 'escuchar, sentir, probar' de la palabra *dójc*, pero no los de 'conmover, tantear, considerar'). También hay vacilación en el significado de ciertas plantas o animales, o bien de sistemas semánticos no existentes en castellano, tales como los adverbios de movimiento. Para colmo los hablantes fluidos -mayores de 75 años- rara vez se juntan a practicar el idioma, y si lo hacen, son ciertos temas (leyendas, cuentos de antaño) los que salen favorecidos con el boruca; en las demás situaciones se prefiere el español. A veces lo utilizan como lenguaje secreto.

Proceso de revitalización del boruca

Quien primero manifestó un deseo de enseñar el boruca para contrarrestar los efectos de la pérdida es el citado maestro Espíritu Santo Maroto, en la década de 1970. Según sus propias palabras:

> Por lo tanto: con empeños tan interesantes por éste que escribe; con la Señora Primera Dama de la C. R., quien muestra su vo-

14. Salen de mi libro intitulado *Narraciones borucas*.

luntad en favor de los Yndios de Boruca, para que definitivamente no desaparezca nuestro Idioma Bruncaje, con semejantes sacrificios, editaremos silabarios u otro libro para que los indios escolares aprendan a escribir como hablan pues ésta será una medida muy conveniente Prof. Leng. Ind. Boruca o Bruncaje (Manuscritos inéditos).

Sus preocupaciones se concretizaron dando lecciones de idioma en su pueblo, y así lo expresa en su biografía:

> Luego trabajé como profesor de la lengua indígena con finez [sic] e interés de revivir nuestra [sic] Idioma Brúnkaj, la que sólo dos años se practicó. Aún hay muchos interezados [sic] que se siga este estudio (Manuscritos, 29 de octubre de 1977).

Para este fin confeccionó Maroto el actual alfabeto práctico boruca y varias cartillas de alfabetización, las cuales, todavía inéditas, siguen vivas en el recuerdo de sus alumnos. Pero su mayor producción idiomática no fue dar lecciones, preparar materiales pedagógico-lingüísticos ni servir de informante; el señor Maroto hizo una tarea impresionante por revivir su lengua materna, pues pasó muchísimos años de su vida traduciendo textos castellanos al boruca, los cuales trataban de los más diversos temas de actualidad. En ellos se puede ver una amplia tendencia al calco, no al préstamo de transvase, lo cual considero un reflejo de una profunda lealtad lingüística. Algunos de sus escritos se han perdido para siempre, pero muchos otros se hallan todavía bajo la custodia de sus familiares[15]. Esta labor es, a mi juicio, la más grande contribución a su lengua, en un esfuerzo por perpetuar el idioma boruca y adaptarlo a las exigencias del idioma moderno. Hoy en día, muchos de los adultos deben sus conocimien-

---

15. Es innecesario recalcar que ya se hace imperiosa la necesidad de rescatarlos. La tarea no es fácil, ya que muchos de los propietarios guardan el carácter sentimental de esta obra, y ven con recelo a un foráneo pidiéndolos. Creen que es para lucro personal, no para bien cultural de su comunidad. Los pocos que han podido rescatarse saldrán publicados en un capítulo especial de mi libro *Narraciones borucas*.

tos de boruca a los esfuerzos de este insigne autodidacta. El caso más sobresaliente de revitalización fue el de su propia esposa, doña Paulina Leiva, quien me contó que, cuando niña, su madre no la dejaba hablar boruca ni le permitía visitar a los familiares, para no aprenderlo. De modo que sus conocimientos fueron pasivos hasta que, casada con el señor Maroto e influida por su actitud ante el idioma, empezó a hablarlo. Hoy en día doña Paulina es un elemento clave entre los pocos hablantes fluidos y la que ha suministrado la mayor cantidad de cuentos y leyendas.

Después de la muerte de Maroto en 1981, hubo un receso de algunos años en la enseñanza, hasta que la profesora Carmen Rojas, con apoyo de la Universidad de Costa Rica y el Ministerio de Educación Pública, empezó en 1989 un proyecto de capacitación de maestros para la comunidad de Boruca llamado "Difusión de la lengua boruca". Desde entonces, Rojas viaja regularmente a las comunidades borucas para asesorar a los maestros en asuntos lingüísticos. El programa incluye todas las escuelas primarias del distrito, incluidas en las reservas indígenas de Boruca y Rey Curré. Respecto de la última reserva, hay dos hablantes semifluidos dirigiendo un curso para adultos. Lo significativo del proyecto "Difusión de la lengua boruca" es que se inició a petición de la comunidad.

A manera de complemento de los empeños realizados hasta la fecha, he redactado un manual de gramática boruca para adultos intitulado *Hablemos boruca,* pensando en que:

- los programas de revitalización actuales tiene como beneficiarios a los escolares,
- no ha habido un plan sistemático de enseñanza de la gramática,
- el esbozo gramatical vigente (Constenla y Maroto 1979: 13-30) está diseñado para lingüistas.

En la redacción de dicho curso, he consultado los materiales publicados, tanto del siglo XIX como del XX, y se presenta la lengua con actitud normativa. En cuanto a la enseñanza, contemplo dos niveles: principiantes y semihablantes. Cada grupo contará con una hora de gramática y otra de conversación, y se impartirán lecciones una vez por quincena. Cada lección tendrá el apoyo de un voluntario que todavía maneje los hábitos fonéticos tradicionales y sea el responsable de la pronunciación; yo me encargo de la parte gramatical. Las actividades fuera de las lecciones van todas encaminadas a diálogos entre los estudiantes y consultas con los hablantes fluidos, además de traducciones del español al boruca[16].

No hay que olvidar que los adultos son, a pesar de todas las interferencias, un fuerte en el proceso de revitalización lingüística. Ellos hacen de puente entre los ancianos y los jóvenes. Son ellos quienes conservan viva la mayor parte del legado lingüístico de los ancianos, y aún manejan la manera tradicional de pronunciar el idioma; por eso hay que enseñarlos a valorar su competencia lingüística y estimularlos a inculcarla a sus hijos, no esperar que éstos la aprendan de afuera[17]. Por otro lado, darles un espacio donde se reúnan para practicar sus conocimientos es como unir las piezas de un rompecabezas, en donde los unos aportan palabras olvidadas por los otros, por lo cual la oportunidad es ideal para refrescar y acumular conocimientos.

Quedan de esta forma integrados todos los habitantes de la comunidad de Boruca en los proyectos de revitalización lingüística. Vale la pena recalcar que también esta iniciativa me fue sugerida por los adultos de la comunidad y cuenta con el apoyo de la comunidad de Costa Rica.

Comentarios finales

Es muy temprano para dar resultados de proyectos que, además de ser recientes, van ligados a tiempo, paciencia y dedicación de parte de los que han impulsado, pero más de parte de los interesados. En estas actividades se ven envueltos los hablantes fluidos, pero por razones de su edad y de las relaciones intervecinales, no siempre están

16. Le he dado mayor importancia a la traducción español-boruca porque es allí donde los semihablantes presentan más dificultad. Muchos de ellos, aunque no hablan el idioma, entienden todo o casi todo, tanto en el plano oral como en el escrito.
17. Muchos escolares pronuncian el boruca con los resabios e interferencias de los hispanohablantes, porque manejan la pronunciación que les enseñan los maestros no indígenas de turno.

en la mayor disposición de colaborar con los estudiantes que llegan a ellos para consultar datos o vocablos. Esto demuestra que hay una división tajante entre los habitantes mayores y el resto, en cuanto a las actitudes frente a la lengua. Los hablantes mayores todavía sufren las consecuencias de las presiones y represiones lingüísticas de los años cuarenta, y da la impresión de que no sienten gran aprecio por los esfuerzos que están realizando los más jóvenes en favor de la lengua ancestral. Al contrario, los más jóvenes ven con tristeza la pérdida de la lengua. De allí, la gran importancia del apoyo por parte de los lingüistas. Por otro lado, muchas estructuras de la lengua que se han perdido sólo podrán recuperarse con los estudios lingüísticos que se hagan de los materiales recopilados.

Pero no todo es fácil, y a lo largo del camino surgen interrogantes, a veces difíciles de responder. Por ejemplo, ¿cuál modalidad lingüística se ha de enseñar, la «clásica», obtenida de la reconstrucción, o la actual, reflejada en las leyendas recientemente publicadas (Constenla y Maroto 1979, Quesada Pacheco, en prensa) y en la forma de hablar de los hablantes fluidos vivos?[18] Otra interrogante va dirigida al metalenguaje que se ha de emplear en las lecciones. Los borucas apenas han finalizado la escuela primaria; obviamente no están familiarizados con términos gramaticales, pero muchas estructuras no podrán ser comprendidas si no se tienen los conceptos básicos[19].

La tercera duda tiene que ver con la actitud del boruca hacia el blanco o el mestizo, no siempre llena de sentimientos positivos, menos cuando se trata de que sea un foráneo quien les vaya a impartir las lecciones de su idioma[20].

---

18. El curso que tengo preparado está basado en el boruca gramaticalmente libre de préstamos castellanos. En varias ocasiones señalo la construcción hispanizada, pero recomiendo la boruca.
19. Por el momento, he tratado de superar el problema haciendo un glosario de términos gramaticales al inicio del manual, esperando que, si no los comprenden con la lectura, al menos lo entiendan con los ejemplos y las explicaciones orales.
20. Ya he oído comentarios y quejas de parte de algunos habitantes de la comunidad respecto de que son foráneos, no borucas, los que llevan tales iniciativas. Pero mi parecer es que difícilmente los borucas pueden llevar a cabo solos estas tareas.

Resta, pues, que el tiempo dé la respuesta a tales intentos e interrogantes, y queda a los borucas decidir sobre las bases para hacerlo, pues cuentan con mucho material lingüístico recopilado. Por lo tanto, de continuar con los empeños actuales y con el interés de la comunidad, hay sólidas esperanzas de que el boruca pase a ser, al menos, una lengua cultural entre los habitantes que en otro tiempo la tuvieron como lengua materna.

BIBLIOGRAFÍA

ABARCA G., Rocío (1988): "Uso y frecuencia de los sufijos del núcleo predicativo en las narraciones tradicionales borucas". *Estudios de Lingüística Chibcha* [Universidad de Costa Rica] 7; 75-120.

——— "Análisis fonológico del guaymí movere". *Estudios de Lingüística Chibcha* [Universidad de Costa Rica] IV; 7-46.

ALVARADO, Chaves, Magda. (1989): "Los actantes en la narración tradicional boruca". *Revista de Filología y Lingüística de la Universidad de Costa Rica*, XV, 2: 103-118.

ANEIN (Asesoría Nacional de Educación Indígena) Centro Multinacional de Investigación Educación (1988). "Necesidades de desarrollo de las comunidades indígenas", San José. Mimeografiado.

BAUMAN, J. (1980). *A Guide to Issues in Indian Language Retention.* Washington: Center for Applied Linguistics.

——— Comisión Costarricense de Cooperación con la UNESCO (1994). *Narraciones indígenas costarricenses.* San José: s. ed.

CONSTENLA, Adolfo (1986a). *Abecedario ilustrado malecu.* San José: Asesoría Nacional de Educación Indígena, Ministerio de Educación Pública.

_____(1986b) *Abecedario ilustrado térraba.* San José: Asesoría Nacional de Educación Indígena, Ministerio de Educación Pública.

_____(1988a)."El guatuso de Palenque Margarita: su proceso de declinación". *Estudios de Lingüística Chibcha* VII: 7-37.

_____(1988b). *Abecedario ilustrado guaymí.* San José: Asesoría Nacional de Educación Indígena, Ministerio de Educación Pública.

_____(1992). *Abecedario ilustrado bribri.* San José: Comisión Costarricense de Cooperación con la UNESCO, Comité de Educación.

CONSTENLA, Adolfo; Maroto, Espíritu Santo (1979). *Leyendas y tradiciones borucas*. Editorial de la Universidad de Costa Rica.

CONSTENLA, Adolfo; Castro, Eustaquio (1994). *Ata malecu jaicaco irijionh*. San José: Comisión Costarricense de Cooperación con la UNESCO.

CONSTENLA, Adolfo; Bejarano, Rafael (1994). *Tärä ngäbere*. Libro guaimí. San José: Comisión Costarricense de Cooperación con la UNESCO.

CONZEMIUS, Eduardo (1927): "Die Rama-Indianer von Nicaragua". *Zeitschrift für Ethnologie* 59; 291-362.

ECHEVERRÍA, Anabelle (1927): "Plan de formación en servicio para maestros de las comunidades indígenas de Costa Rica. Universidad de Costa Rica, Facultad de Educación, Escuela de Formación Docente y Asociación Indígena de Costa Rica". Mimeografiado.

FERNÁNDEZ, León (1892). *Lenguas indígenas de Centro América en el siglo XVIII*. San José: Tipografía Nacional.

______ (1976). *Indios, reducciones y el cacao*. San José: Editorial Costa Rica.

GABB, W. (1875/1886): "Tribus y lenguas indígenas de Costa Rica". L. Fernández, *Colección de documentos para la historia de Costa Rica*, tomo II; 303-486.

GARCÍA, Segura, Guillermo (asesor). *Stawä we*. Texto para la enseñanza de la lectura y la escritura de la lengua bribri. San José: Asesoría Nacional de Educación Indígena, Ministerio de Educación Pública.

______(Responsable) (1992). "Adecuación curricular para las etnias indígenas de Costa Rica" (informe). San José: Ministerio de Educación Pública. Mimeografiado.

GUDIÑO, F., Patricia (1994). *Yëjkuö Alaüsísi a*. Libro para niños. San José: Comisión Costarricense de Cooperación con la UNESCO.

GUEVARA, Marcos; Chacón, Rubén (1992). *Territorios indios de Costa Rica: orígenes, situación actual y perspectivas*. San José: García Hermanos.

JARA, Carla (1986). *Abecedario ilustrado boruca*. San José: Asesoría Nacional de Educación Indígena, Ministerio de Educación Pública.

LEHMANN, Walter (1920). *Zentral-Amerika. Teil I. Die Sprachen Zentral-Amerikas in ihren Beziehungen zueinander sowie zu Süd-Amerika und Mexiko*. 2 tomos. Berlín: Verlag Dietrich Reimer.

MARGERY, Enrique (1986). *Abecedario ilustrado cabécar.* San José: Asesoría Nacional de Educación Indígena, Ministerio de Educación Pública.

_____(1990): "Estados de conservación de las lenguas indígenas de Costa Rica frente al español". Seminario sobre identidad y modernidad. Nuevos modelos de relaciones culturales. Barcelona, 27-30 de noviembre de 1990; 1-7.

MARGERY, Enrique; Rodríguez A., Francisco (1991). *Narraciones bocotás.* Editorial de la Universidad de Costa Rica.

MAROTO, R., Espíritu Santo (inédito). *Bra Ishcón* [Archivo de Manuscritos Inéditos]. Archivo Nacional de Costa Rica.

PERALTA, Manuel (1883). *Costa Rica, Nicaragua y Panamá en el siglo XVI.* Madrid: Imprenta Viuda de Tasso.

PITTIER, Henri (1941). *Materiales para el estudio de la lengua brunca hablada en Boruca, recogida en los años de 1892 a 1896.* Museo Nacional, Serie Etnológica, Vol. I, Parte II. San José: Imprenta Nacional.

PORTILLA, Mario (1986): "Un caso de muerte de lenguas: el térraba". *Estudios de Lingüística Chibcha* [Universidad de Costa Rica] V 97-246.

POZAS, Arciniegas, Ricardo (s.f.). *Jîs ma ishö.* México: Litografía Ideal.

QUESADA Pacheco, Miguel Angel (1990): "La lengua huetar". *Estudios de Lingüística Chibcha* [Universidad de Costa Rica] IX; 7-64.

_____(1992): "Posición del huetar entre las lenguas chibchas". *Estudios de lingüística chibcha* [Universidad de Costa Rica] XI; 71-100.

_____(1994) (en prensa). *Shán róje brúncaje rójc. Narraciones borucas.* Comisión Costarricense de Cooperación con la UNESCO.

_____(en prensa). *Los huetares: su historia, su lengua, etnografía y tradición oral.* Cartago: Editorial Tecnológica.

_____(inédito). "Situación actual y futuro de las lenguas indígenas de Costa Rica". 48 Congreso de Americanistas, Estocolmo, 4-9 de julio de 1994.

QUIROZ, Claudia (1990). *La era de la encomienda,* Editorial de la Universidad de Costa Rica.

QUIROZ R., Juan Santiago (1984). *La lengua chorotega o mangue: análisis lingüístico de los materiales existentes.* Universidad de Costa Rica: Tesis de Licenciatura.

ROJAS, Carmen (1992): "Morfología derivativa de la lengua boruca". *Estudios de Lingüística Chibcha* [Universidad de Costa Rica]. XI; 35-64.

SANABRIA Martínez, Víctor Manuel (1992). *Datos cronológicos para la historia eclesiástica de Costa Rica.* Recopilación de Vernor Muñoz y Miguel Picado. San José: Ediciones CECOR.

SÁNCHEZ, Juanita; Mayorga, Gloria (1993). *Costumbres y tradiciones indígenas.* San José: Comisión Costarricense de Cooperación con la UNESCO. Comité de Educación.

STONE, Doris (1949). *The Boruca of Costa Rica.* Cambridge, Massachussetts: Peabody Museum of American Archeology and Etnology.

THIEL, Bernardo Augusto (1882). *Apuntes lexicográficos de las lenguas y dialectos de los indios de Costa Rica.* San José: Imprenta Nacional.

_____(sin fecha). Vocabulario boruca-español. Manuscrito en poder del Archivo Eclesiástico de la Curia Metropolitana.

UNIVERSIDAD NACIONAL, División de Educación Rural, CIDE, Asociación Nacional de Educadores (1993). Seminario taller: Análisis de la situación indígena en Costa Rica. Programa. 4-7 de octubre de 1993. San José: Auditorio de la Asociación Nacional de Educadores, Sede Central. Mimeografiado.

VALENTINI, Philip J. J. (1862) "Boruca". Manuscrito inédito. Philadelphia: University of Pennsylvania, Van Pelt Dietrich Library, Special Collections.

VÁZQUEZ de Coronado, Juan (1964). *Cartas de relación sobre la provincia de Costa Rica,* San José: Academia de Geografía e Historia.

ZÚÑIGA, Agustín (1990). "Pueblos indígenas de Costa Rica", San José: Ministerio de Educación Pública, Asesoría Regional de Educación Indígena. Mimeografiado.

ANEXO

LA LENGUA BORUCA

Rasgos fonológicos: 17 consonantes, 5 vocales, y 2 tonos (alto y bajo).

Rasgos morfosintácticos (representados por el AFI):

1. Orden S.O.V.:

   át ki éʔtsi ú bag-rá
   yo art. una casa tener-presente afirmativo
   yo tengo una casa

2. Orden poseedor-poseído:

   súbaʔ tjá
   pejibaye líquido
   jugo (chicha) de pejibaye

3. Posposiciones:

   Brúŋkaxk tá; át maŋ
   Boruca en; yo con
   en Boruca; conmigo

4. Colocación del adjetivo:

   ramróxk kriʔ
   mujer grande

5. Demostrativos y posesivos:

   tʃíʔ kóŋróxk ki; at ú ki
   este hombre ART; yo casa ART *(mi casa)*

6. Marcador de plural rójc:

   ú róxk
   casa PL

7. Sistema verbal

AFIRMATIVO		NEGATIVO	
íʃdra	've'	íʃdíʔʃa	'no ve'
íʃdíra	'veía'	íʃdíʔʃíra	'no veía'
íʃcra	'vio'	íʃdíʔʃícra	'no vio'
íʃíkíra	'había visto'	íʃdíʔʃíkira	'no había visto'
íʃdá	¡vean!'	dí íʃdra	'¡no vea!'

EL PLAN UNA NUEVA EDUCACIÓN EN TALAMANCA, COSTA RICA: ENSEÑANZAS DE UN PROCESO DE EDUCACIÓN CON PUEBLOS INDÍGENAS

*Carlos Borge Carvajal**

UBICACIÓN HISTÓRICO CULTURAL DE TALAMANCA

Talamanca fue el nombre que los conquistadores españoles le dieron a los territorios del sureste de Costa Rica ocupados entonces, y hasta hoy en día, por las etnias Bribri y Cabécar.

Ambos grupos se consideran un mismo pueblo, pues comparten historia, cosmovisión, estructura sociopolítica y formas productivas; y aunque tienen lenguas diferentes -el Bribri y el Cabécar- no tienen problemas de comunicación. Ambas lenguas son cercanas en sintaxis aunque tienen diferencias fonológicas y semánticas (Borge y Villalobos, 1994). No obstante, hay una distribución del territorio en cuanto a que los cabécares habitan las partes altas mientras que los bribris ocupan el valle.

---

* Asesor del Comité Técnico local del territorio de Talamanca Costa Rica.

Reserva indígena de Talamanca, Comunidades Indígenas, 1993.

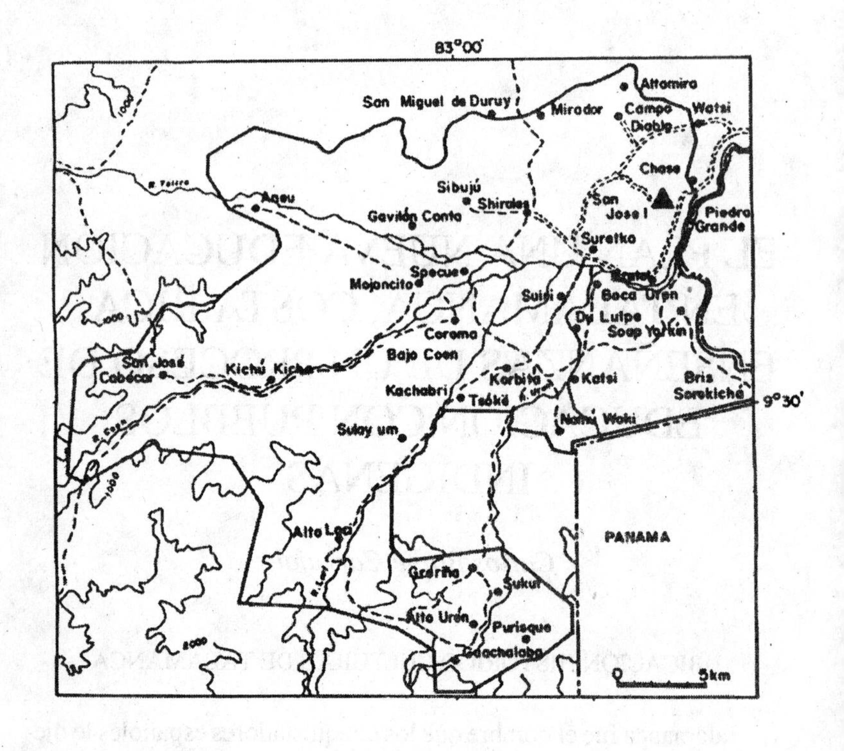

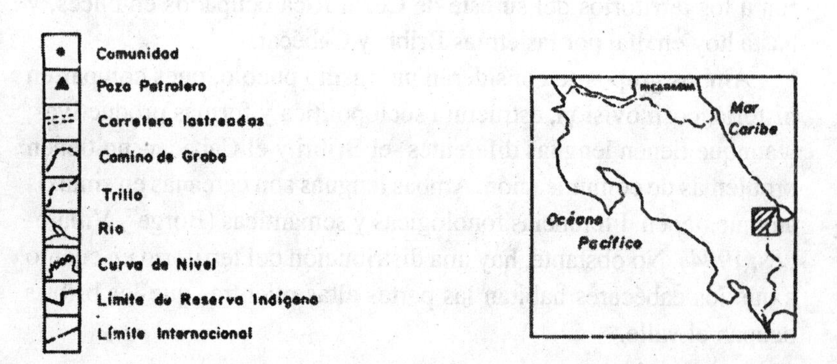

FUENTE: Hoja Topográfica Talamanca 1:200.000. IGNCR. 1970.

Los bosques tropicales muy húmedos son el contexto natural en que todos estos pueblos diseñaron su construcción cultural. Ese diseño fue elaborado por cientos o miles de años para adaptarse, responder y aprovecharse de un sistema de tierras bajas y altas de relativa poca fertilidad, susceptibles a las grandes precipitaciones pluviales y a las inundaciones, de una gran biodiversidad y con una gran oferta de recursos naturales para la vivienda, la comida, la curación de enfermedades, el vestido, la confección de herramientas y la recreación.

En este territorio (cfr. Mapa Nº 1) se ha dado una diferenciación espacial que a su vez lo es cultural: las partes altas y faldas de la Cordillera de Talamanca y el Valle de Talamanca. Ello contribuyó a la gran heterogeneidad de los ecosistemas presentes. Este elemento geográfico (físico) permitió acentuar algunas diferencias que se han manifestado en la vida cultural de los indígenas.

La mayor parte de la población se asienta en el Valle de Talamanca, el mismo es un abanico aluvial formado por una red hidrográfica compuesta por ríos que bajan de la Cordillera, entre los que destacan los ríos Telire, Cóen, Lari, Urén, Yorkín. El conjunto de estos ríos y los muchísimos riachuelos que los alimentan, forman parte de la cuenca del Río Sixaola, con 2331 km^2 de cuenca.

La economía talamanqueña ha estado durante siglos marcada por ese uso y manejo de los recursos naturales. Era una economía autosuficiente pero no autárquica.

Durante la ocupación de la United Fruit Co. en 1912, los indios huyeron a las montañas en donde tuvieron que conformarse por treinta años con una economía de subsistencia. En los años cuarenta reocuparon el valle y, con el cacao como principal producto comercial, rediseñaron la fuerte economía de autosuficiencia que habían tenido. Esa economía autosuficiente, que se sirve de un amplio menú de recursos naturales, es una de las causas principales de la reconocida independencia y autonomía que Talamanca ha tenido durante las épocas colonial y republicana.

La economía talamanqueña ha estado fundada y marcada por el uso directo e inmediato de todos los elementos naturales que contiene ese espacio. La sociedad ha elaborado formas socioproductivas para aprovechar lo mejor posible la naturaleza. La cultura talamanqueña ha sido una compleja construcción que incentiva, norma y garantiza esa forma económica y social específica de los bribris y cabécares.

Los bribri-cabécar históricamente han compartido la misma estructura de clanes matrilineales por donde se traza la pertenencia a una familia y a la cultura en particular. Los clanes son exogámicos y no permiten incluso los matrimonios con clanes afines que se originan del mismo tronco o rama. Los diversos cargos políticos, religiosos y militares se han heredado durante cientos de años por razones clánicas, igualmente algunas especialidades laborales se han identificado en el pasado con algunos clanes como los alfareros, los agricultores, los cazadores y los artesanos.

Las familias clánicas vivían en grupos de hasta cinco núcleos con treinta personas como promedio, en palenques cónicos llamados *usure* y en palenques ovalados llamados *orowes*. Este conjunto de personas tenían un líder que generalmente era la persona de mayor edad, fuese hombre o mujer y que administraba los asuntos internos de su familia, así como las relaciones con otras familias. Un conjunto de palenques dispersos de un área, determinada por razones geográficas, conformaban una comunidad relativamente independiente que era dirigida por un jefe político secundario, quien le debía lealtad al cacique principal de todo el territorio bribri-cabécar. Aunque el cacique tenía suficiente poder, no podía pasar fácilmente por encima de la voluntad de una colectividad local. Por encima del cacique se encontraba el Kpá, un líder religioso.

Esta particularidad de un poder tan desconcentrado ha sido la virtud que los ha mantenido hasta hoy como una cultura políticamente fuerte y con grandes espectativas hacia el futuro. Cada golpe que les han asestado durante la historia de los últimos siglos ha sido dado a un segmento del poder, creyendo los enemigos que con una represión selectiva los iban a desestructurar y descomponer. Por el contrario, los talamanqueños han sabido capear estos embates por medio de una estructura política que les ha garantizado el recambio de poder inmediatamente.

Los indígenas talamanqueños, en general, no conservan su antiguo modo de producción ni su antigua formación económico social, aunque se evidencian importantes remanentes de éstos conformando una cultura que puede ser calificada como particular dentro de la cultura general del país. Los remanentes en mención se refieren al uso y distribución de la fuerza de trabajo, la organización política, el sistema de parentesco, los métodos y técnicas productivas, la tecnología, los conocimientos, el uso de lenguas autóctonas y el modo de vida (Borge y Villalobos, 1987).

Los procesos económicos y la geografía han producido tres zonas diferenciadas culturalmente. En la margen izquierda del Río Telire se ubican poblaciones con un mayor grado de hibridación genética y en donde muchos fundamentos de la cultura autóctona están en franco deterioro. En la margen derecha del mismo río, se ubica la mayor parte de la población, con menos cruce genético y conservando activamente muchos contenidos culturales esenciales. En las montañas viven pequeños núcleos de población que conservan modos de vida muy parecidos a los reportados por los viajeros y cronistas del siglo pasado.

La peculiaridad de Talamanca ha sido su enorme capacidad para cambiar, ajustarse a los cambios y recodificar culturalmente esos cambios, sean éstos de origen endógeno o exógeno. Las estructuras sociopolíticas y económicas no son las mismas, pero han seguido conservando dinámicamente las características esenciales de una cultura tan particular. Este proceso se ha dado gracias a los mecanismos autóctonos de endoculturación, o sea, a la educación bribri-cabécar.

ANTECEDENTES DEL PLAN UNA NUEVA EDUCACIÓN EN TALAMANCA

Tradicionalmente han existido tres componentes de la sociedad que han servido a la educación indígena: la familia, los *awapa* y los intelectuales. Todos ellos han usado como método de enseñanza las historias que contienen un mensaje, la reiteración constante de una enseñanza y la demostración práctica de lo que se enseña.

En la familia el niño aprende a hablar su lengua materna, a hacer con maestría todos los oficios domésticos y las labores de la agricultura (sin distingo de sexo), a trabajar en artesanía y a saber usar los recursos naturales para sacarles el máximo rendimiento. La madre, el padre, los tíos maternos, los abuelos maternos y los hermanos mayores están siempre atentos para enseñar y adiestrar a los pequeños en todos aquellos oficios y artes que le servirán para tener una vida cómoda e independiente. Como parte de este aprendizaje los niños juegan a hacer aquellas cosas que hacen sus mayores, como picar leña, hacer una medicina con plantas, construir un bote, cocinar, navegar por el río, cazar, pescar o construir un rancho.

El *Awá* enseña a sus discípulos el arte de la curación y de la magia, la historia indígena, los secretos de la naturaleza y todos los asuntos que contiene el *Suwá*. Generalmente los estudiantes empiezan desde los siete años de edad y es casi seguro que no asiste a la escuela pública porque se ven como incompatibles. Durante cinco o diez años -según el grado de especialización que se desea- la persona acompaña permanentemente al maestro y le asiste en todo aquello que éste requiera. Pero son varios los que no logran graduarse porque no pudieron dominar alguna parte de las habilidades y sabidurías necesarias. En este momento en Talamanca podrían existir 60 *Awapa* y como 200 personas que lo intentaron alguna vez.

Precisamente de este último grupo se originan la mayoría de lo que aquí hemos llamado los intelectuales. Ellos son personas que han adquirido conocimientos profundos sobre todo en la historia talamanqueña y en el arte de saber aconsejar sobre asuntos cotidianos de la vida. Muchas veces ellos ocupan cargos importantes en la comunidad, como dirigentes políticos, enterradores en funerales o consejeros de los dirigentes principales. A ellos recurre permanentemente la gente en busca de consejos y de sus enseñanzas. En las tardes es común que sus casas se conviertan como en un club a donde llegan jóvenes y mayores a escuchar a estos *Ikekepa*.

Desde tiempos inmemoriales, la educación endoculturadora se ha realizado de esta manera. En sus propios espacios cotidianos se le enseña al niño fundamentalmente a ser indio talamanqueño: trabajador, alegre, respetuoso de todo lo ajeno, respetuoso de los mayores, valiente, independiente, orgulloso de su cultura, digno, y a vivir inteligentemente de lo que la naturaleza le ofrece.

Desde mediados del siglo pasado el Estado costarricense hizo varios intentos por fundar escuelas en los territorios indígenas de Talamanca, pero no fue sino hasta 1957 que se fundó formalmente la Escuela Bernardo Drüg en la comunidad de Amubrë. En la década siguiente fueron abiertos otros centros escolares y en los setenta se fundaron la mayoría de los actuales 30 centros escolares.

Los objetivos de la educación estatal eran asimilar e integrar al indígena al sistema nacional. Respondían claramente a las modas del momento que emanaban fundamentalmente del Instituto Indigenista Mexicano, regentado durante muchos años por el maestro Aguirre Beltrán. En la práctica, los talamanqueños acusan que la educación se dedicó a luchar porque desapareciera su cultura por medio de la prohibición del uso de sus idiomas en la escuela y por las recomendaciones constantes que hacían los maestros a los padres de familia para que no le enseñaran el bribri y el cabécar a sus hijos. También por las constantes insinuaciones en contra de muchas prácticas autóctonas como la medicina natural, los enterramientos secundarios, las chichadas y la estructura familiar clánica.

Para el común de los talamanqueños la educación estatal fue etnocidiaria, pero también les enseñó a conocer el mundo del blanco por medio de la lectoescritura del español o castellano, como prefieren llamarlo ellos. Otro beneficio más que el anotado no lo encuentran y por eso han sido siempre tan críticos con respecto a la educación formal estatal.

Cuando llegó a Talamanca como supervisor escolar el profesor Guido Barrientos, se dio cuenta inmediatamente que la situación debía cambiarse si se quería una educación con más resultados que el apuntado y que no ofendiera la cultura indígena. Él buscó a la antropóloga María Eugenia Bozzoli, quien ocupaba la Vicerrectoría de Acción Social de la Universidad de Costa Rica y a la educadora María Eugenia Dengo, quien era la Ministra de Educación en 1978. Juntos idearon un plan que tuvo como primera etapa el Programa de Capacitación para Maestros en Zonas Indígenas y, como segunda etapa, el Programa de Educación Bilingüe y Bicultural. El primero se desarrolló de 1979 a 1982 y el segundo se inició en 1982, pero fue suspendido por el nuevo gobierno.

Ambos fueron dirigidos por la lingüista Patricia Gudiño. La idea era que una educación bilingüe y bicultural necesitaba de maestros muy entrenados para la enseñanza de las lenguas autóctonas y para profundizar en el currículo establecido, además para ir adecuando los contenidos curriculares. Una vez entrenados se podía pasar a la siguiente etapa. El relativo fracaso del Programa de Educación Bilingüe y Bicultural se debe a dos razones: a) el gobierno entrante no estaba de acuerdo con dicho planteamiento y mandó como sustituto de don Guido -quien se pensionaba- a un nuevo supervisor que prohibió cualquier ensayo en ese sentido; y b) todo el planteamiento se había hecho sin la participación de las estructuras de poder local, lo cual le restó fuerza a la acción.

Pero aquella semilla había quedado sembrada y los maestros formados en aquel plan fueron tomando posiciones en aquella estructura de poder local y comenzaron a hacer pequeños y asistemáticos ensayos de adecuación curricular y enseñanza de las lenguas autóctonas. Ya en la planificación de la Asociación de Desarrollo Integral se planteaba, en 1983:

- Adecuar a las necesidades y características de la región los contenidos educativos de la enseñanza formal.
- Reactivar valores y tradiciones culturales que permitan la consolidación de la herencia histórico cultural.
- Establecer un sistema de becas para estudiantes de secundaria y educación superior (Borge y Villalobos: 1994).

Años más tarde, cuando se fundó en 1991 una organización que federa a las 15 organizaciones de base que allí existen, la dirigencia vuelve a poner en el tapete el asunto de la educación cuando, en el programa de trabajo de la Comisión para la Defensa de los Derechos Indígenas de Talamanca, se plantea:

- Fomentar que el plan de estudios escolares integre la formación cultural bribri-cabécar.
- Incentivar la alfabetización de adultos y la conclusión de estudios primarios.
- Crear un fondo de becas para estudiantes universitarios y de secundaria (CODEBRIWAK: 1992).

En general, la dirigencia sigue insistiendo. En la Asamblea Talamanca Más Allá del Año 2000 realizada en 1992 reiteran que:

- Debe hacerse una profunda reforma curricular a la enseñanza que allí se imparte para que responda a los requerimientos sociales y económicos de Talamanca.
- Es necesario fundar un instituto de formación y capacitación para preparar los cuadros profesionales y técnicos que esta nueva época necesita (Borge y Villalobos: 1994).

Estas espectativas se empiezan a concretar cuando en la escuela Bernardo Drüg de Amubrë se pone en práctica, desde 1993, el Proyecto "Yo leo y escribo en mi lengua". Tal experiencia sistemática partió de la afirmación de que "las exigencias actuales en nuestro pueblo indígena representan un desafío para los sistemas educativos. Por mucho tiempo, ir a la escuela, para el indígena, ha sido ingresar en un lugar extraño, ajeno a su realidad y a su mundo, lejos de la vida de la comunidad". Tuvo como objetivo favorecer la identidad cultural mediante el proceso de enseñanza aprendizaje tomando en cuenta el contexto sociocultural para el desarrollo integral del educando (Oliver:1993).

En las escuelas de Katsi y Tsokë también se retomó inmediatamente la experiencia y, en el caso de la segunda comunidad, los maestros fueron más agresivos porque impartieron casi todos los contenidos del currículo en lengua bribri. Les favoreció el hecho que los niños eran en su totalidad parlantes del bribri, los dos maestros tienen pleno dominio del idioma y uno de ellos fue formado en fundamentos de lingüística cuando fue informante en la Sección de Lingüística de la Universidad de Costa Rica. Los resultados fueron muy buenos en cuanto al aprendizaje posterior del idioma español y en cuanto al aprovechamiento y rendimiento de los niños.

En 1994, Eduardo Doryan asume el Ministerio de Educación Pública y muestra una especial sensibilidad por los problemas indígenas y su reconocimiento como pueblos culturalmente diferentes dentro del concierto de la nacionalidad costarricense. Desde el principio de su gestión, el MEP planteó en su política educativa que:

Desde la perspectiva de la sostenibilidad ambiental y el reto que representa, la educación contribuye a asumir tal tarea, de forma que propicie un desarrollo que armonice las relaciones entre el ser humano y la naturaleza dentro de un marco de respeto por la diversidad cultural, social y étnica, y de un sentido de responsabilidad de los actuales habitantes con respecto a las necesidades de las futuras generaciones (MEP:1994).

El indígena talamanqueño Alí Segura invita a su amigo Doryan y a su esposa, la lingüista Carla Victoria Jara, a visitar Talamanca para conversar con los educadores y los dirigentes. Dos meses después de asumir sus funciones visita la zona y sostiene largas conversaciones con ambos sectores. Las reivindicaciones son muy claras: la reapertura de la Asesoría Nacional en Educación Indígena y el respaldo político para iniciar en Talamanca un proyecto de contextualización curricular que contaría con el apoyo financiero y técnico de la UNICEF. La respuesta fue positiva y se reflejó inmediatamente en un decreto que creaba el Departamento de Educación Indígena y en la autorización para canalizar los fondos de UNICEF.

Dentro del articulado del decreto se expresa entre otros importantes puntos que el departamento debe:

> B. Orientar la contextualización del currículo a las características y a las necesidades de la población indígena costarricense.
>
> C. Promover la educación bilingüe y pluricultural en las instituciones educativas de las comunidades indígenas (Borge et. al: 1994).

Los maestros formaron un comité técnico para redactar los términos de referencia bajo los cuales se contrataría un equipo interdisciplinario que ejecutaría el trabajo. En este momento, Ramiro Herrera, asesor regional de educación indígena, y Guilbert Flores, supervisor del Circuito Escolar 07, jugaron un definitivo e importante papel como coordinadores y orientadores del trabajo que se iniciaba. Al mismo tiempo formaron un equipo de trabajo con varios maestros indígenas de la zona sur del país para dar cuerpo y sustancia al nuevo Departamento de Educación Indígena, que inauguraron formalmente en abril de 1995.

PLAN UNA NUEVA EDUCACIÓN EN TALAMANCA

El equipo se conformó con la antropóloga Paula León, la lingüista Carmen Rojas, el profesor universitario Gerardo Hernández, la filósofa Grace Rojas, los maestros indígenas Abelino Torres, Severiano Fernández y Ramiro Herrera. Quien escribe fue responsable de la coordinación técnica y científica del equipo.

Se había decidido de antemano realizar un diagnóstico de la situación y estado de la educación con respecto de la realidad sociocultural y económica de Talamanca. Se daba como plenamente establecido que la educación estaba descontextualizada, desde el momento que se habló del proyecto de contextualización curricular. Lo que pretendía el diagnóstico era identificar las raíces y mecanismos de esa descontextualización para luego crear las bases conceptuales y metodológicas de un plan de trabajo que resolviera el problema.

El diagnóstico se realizó mediante varias reuniones con maestros y dirigentes locales; aplicando una encuesta a una muestra representativa de las familias; aplicando cuestionarios a maestros y padres de familia; talleres con los niños de distintos niveles; reuniones con jóvenes egresados de la primaria y la secundaria y con especialistas en la materia que habían trabajado en Talamanca. Una vez redactado el primer borrador, se puso a consideración de los maestros, los dirigentes y altas autoridades del Ministerio de Educación Pública y la UNICEF.

De acuerdo al diagnóstico practicado, los problemas más importantes de la educación en Talamanca son:

1. Existe una gran desvinculación entre las escuelas y la comunidad.
2. Los contenidos de las materias que reciben los niños en la escuela le sirven muy poco cuando, fuera de ella, enfrentan su realidad como indígenas productores o hijos de productores. Al mismo

tiempo, la calidad de la enseñanza es tan deficiente que no los capacita para continuar con estudios secundarios y universitarios.

3. La enseñanza es impartida en lengua española, olvidándose que una gran mayoría de los niños ingresan a la escuela sin entender dicha lengua. Ello provoca que hasta tercero o cuarto grado los niños logran entender lo que el maestro les desea transmitir. Nos encontramos, entonces, con tres años de mal aprovechamiento. La no enseñanza de las lenguas bribri y cabécar desvaloriza y limita el desarrollo de su cultura.
4. Entre los maestros se presentan serios problemas de formación para enfrentar una educación de calidad y ubicada en ese medio sociocultural.
5. Los edificios escolares están en pésimo estado y no corresponden de manera alguna a las condiciones climáticas, de patrón de asentamiento, de arquitectura y de paisaje que existen en la zona.
6. En el conjunto de la sociedad talamanqueña existe un alto grado de analfabetismo, que opera como barrera para lograr una mejor educación de la generación más joven y para acometer las empresas de desarrollo autóctono a que aspiran los talamanqueños.

Una vez que estuvimos plenamente seguros de que el diagnóstico era correcto y que todas las partes involucradas estaban de acuerdo en esas conclusiones procedimos al diseño del plan de acción. Para los efectos, se formó un comité en el que estuvieron los dirigentes Guillermo Nelson y Mónica Díaz, los maestros Ramiro Herrera, Abelino Torres, Marielos Ugarte, Ramón Buitrago y Mayra Oliver. Como apoyo técnico externo estuvimos Carmen Rojas, Paula León y Carlos Borge, en la coordinación técnica. Es importante resaltar que tres de los cinco maestros han sido importantes dirigentes comunales en los últimos años.

El diseño de la propuesta se realizó mediante varias reuniones con maestros, dirigentes comunales y líderes religiosos. Se hicieron cinco grandes reuniones comunitarias en localidades que se caracterizan por ser nodos de relación dentro del conjunto de las treinta comunidades. Se acordó que el plan debía llamarse Una Nueva Educación en Talamanca y que sus objetivos serían los siguientes:

Objetivo General:

- Desarrollar una educación integral donde el individuo logre una formación desde su cultura autóctona y en relación con la universal.

Objetivos Específicos:

- Constituir una nueva educación que consolide y proyecte la cultura autóctona de Talamanca.
- Trabajar en un proceso educativo que abarque a todos los sectores de edad de la población.
- Que el proceso educativo dé como resultado individuos orgullosos y seguros de su identidad cultural, preparados para asumir de mejor forma las tareas de la producción y comercialización, y altamente calificados para continuar con estudios superiores si así lo desean.
- Que el proceso educativo aporte al individuo la suficiente información y formación para que pueda entender y manejar las culturas con las cuales interactúa y con otras allende su esfera de relaciones cotidianas.

Respondiendo a los problemas detectados y a los objetivos propusieron los siguientes programas en orden de prioridad:

- Capacitación y formación endoculturadora para los maestros.
- Contextualización de los contenidos de la educación formal.
- Enseñanza de las lenguas maternas.
- Encuentro de la escuela con la comunidad.
- Alfabetización y educación de adultos.
- Mejoramiento de la infraestructura.

EJECUCIÓN DEL PLAN UNA NUEVA EDUCACIÓN EN TALAMANCA

Se decidió que el plan se ejecutara en seis años y que su dirección técnica y política sería responsabilidad de un Comité Técnico Local formado por los dirigentes Mónica Díaz, María Mayorga y Vidal Arias, así como por los maestros Ramiro Herrera, Rodrigo Hernández, Aurora Salazar y Abelino Torres (tres de ellos son importantes dirigentes comunales). Carlos Borge continúa como asesor externo.

El Comité Técnico Local empezó sus funciones en el mes de marzo de 1995. Su estructura interna está organizada mediante la responsabilidad individual en cada uno de los programas, un coordinador general y un responsable financiero. A las reuniones del Comité comúnmente asisten otros maestros, dirigentes y funcionarios de proyectos de desarrollo locales. A los dirigentes que son miembros del Comité se les paga un estipendio debido a que los compromisos laborales son constantes y deben desplazarse a todas las comunidades.

Dependiendo del Comité, hay dos grupos de trabajo. Los dieciséis maestros del núcleo de Amubrë trabajan fuertemente en la contextualización de los contenidos de la educación para el primer y segundo ciclo. Al mismo tiempo se formó un grupo lingüístico con los recursos humanos con que se cuenta en la zona, tres maestros que fueron informantes de la Sección de Lingüística de la Universidad de Costa Rica y una lingüista como apoyo. Cuando se tenga el dinero requerido se tratará de integrar al equipo a los expertos de la UCR y a dos bribris que viven en San José, uno de los cuales ha trabajado sistemáticamente en la enseñanza del bribri.

Desde que se diseñó el plan se tomó la decisión que su ejecución era obligatoria a partir del inicio del ciclo lectivo, aún si no hubiesen fondos externos disponibles. La voluntad de todas las partes involucradas era fuerte y se imponía empezar cuanto antes. Por ello, el Comité habló de un plan A con dinero y un plan B, sin dinero. Hasta la fecha estamos trabajando con el plan B.

En abril, el Ministro de Educación dio por inaugurado formalmente el Plan Una Nueva Educación en Talamanca. La ocasión se aprovechó para inaugurar también el primer colegio indígena de Costa Rica, localizado precisamente en Talamanca y el Departamento de Educación Indígena del MEP. Este era el espaldarazo político externo que requería el Comité para sentir plena seguridad en su trabajo.

En el próximo mes, se ejecutarán $2500 donados por la Maestría de Desarrollo Rural de la Universidad Nacional y $20000 que donó la UNICEF. El proyecto *Namasöl*, financiado por el gobierno holandés, ha apoyado en el último mes los gastos de las reuniones del Comité y pronto financiará un proyecto de alfabetización de adultos con los cabécares. Se espera que en el transcurso del año nuevos donantes apoyen el plan.

Las actividades que se están ejecutando este año son:

- capacitación en la enseñanza de las lenguas indígenas
- reimpresión del silabario bribri
- elaboración del silabario cabécar
- maestros itinerantes en bribri y cabécar
- conferencias para los maestros
- capacitación para el Comité
- difusión del plan
- congreso de niños y niñas indígenas
- sistematización de las experiencias anteriores
- contextualización de los contenidos curriculares
- inicio de experiencias de contextualización en 7 escuelas
- preparación de materiales de historia y cultura
- participación de padres y madres en la enseñanza en el aula
- diseño del proyecto de alfabetización cabécar
- contacto con potenciales donantes
- coordinación con todos los proyectos de desarrollo
- coordinación con el Departamento de Educación Indígena.

FUNDAMENTOS CONCEPTUALES DEL PLAN UNA NUEVA EDUCACIÓN EN TALAMANCA

Contextualización: Originalmente el proyecto que se le presentó al MEP y a UNICEF se llamó Contextualización Curricular. Los maestros abandonaban el planteamiento de la adecuación curricular por estar seguros de que dicho concepto y práctica no resolvería los problemas de la educación. Para ellos adecuación es simplemente adaptar los contenidos curriculares nacionales a las condiciones particulares de Talamanca; por el contrario, deseaban una educación con contenidos propios en el currículo y que sirviera de vínculo para el fortalecimiento de la cultura autóctona. Fueron muchas las horas de discusión para que todos nos pusiéramos de acuerdo en el nuevo concepto que había sido puesto en la mesa por uno de los maestros más inconformes con la educación y que, a la vez, es uno de los principales líderes políticos de Talamanca. Aún existen maestros y funcionarios del MEP que no comprenden o aceptan el concepto y prefieren que contextualización sea lo mismo que adecuación.

Integralidad de la educación: Para todos los involucrados el resultado del trabajo sería la formulación de un nuevo currículo de las materias que se imparten en la enseñanza primaria (primer y segundo ciclo). Pero el diagnóstico demostró que la gente lo que deseaba era una reforma integral de la educación en Talamanca, que iba mucho más allá del currículo. Deseaban una educación que tocara y beneficiara a todos los sectores de población y no sólo a los niños que van a la escuela; que se fundamentara en los contenidos culturales autóctonos; que les permitiera a la vez conocer las otras culturas y en especial la del *sikwa*; que fuera apoyo para su vida económica y tuviera una alta calidad académica. El plan tiene como población meta a toda la población talamanqueña.

Fortalecimiento de la cultura: Los talamanqueños valoran su cultura tal cual es, cambiante y dinámica. Fundamentan sus propuestas en su pasado cultural; mas no gustan hablar de "rescate cultural" sino de fortalecimiento de la cultura. Proponen que ellos tienen que apropiarse de lo mejor que haya producido la cultura universal en beneficio del bienestar de la sociedad pero tamizándola en su filtro cultural. Desean vivir mejor, pero seguir siendo indios bribris y cabécares. Para ello consideran vital que ellos tengan el poder político para decidir qué hacen y qué no (Borge y Villalobos: 1994).

En el vital proceso de reencontrarse culturalmente la revuelta no es hacia el pasado como un todo. Ellos no desean devolverse en la historia, los giros han sido demasiados y violentos como para conservar registros memoriales de qué hacían y cómo lo hacían en tiempos pretéritos. Lo que buscan es remozarse en esas fuentes originales como la estructura familiar clánica, el idioma autóctono, la armoniosa relación de ellos con la naturaleza, la economía de autosuficiencia, las artes, las diversiones, las formas de trabajo en chichada, la estructura de poder y el dominio sobre un territorio. Al mismo tiempo desean aprovechar y dominar lo mejor que la cultura universal ha creado, quieren conocer del mundo, necesitan estar informados del acontecer de las otras culturas del orbe (Borge:1995).

Educación endoculturadora y universal: Para ellos el papel de la educación es el de participar y ser garante del fortalecimiento de su propia cultura. En su construcción cultural están las claves para un desarrollo sostenible y que tenga como fin el bienestar de toda la sociedad. Los dos pilares temáticos de esa educación endoculturadora los identifican en el *Siwa* y en los Sistemas de uso y manejo de los recursos naturales. El *Siwa* es un código normativo y ético de las relaciones al interior de la sociedad y de ésta con el entorno natural. Contiene la historia de creación del universo, del nacimiento de los indios, de la estructura social y política. El sistema de uso y manejo de los recursos naturales es el máximo productor de expresiones culturales particulares de esa sociedad, mucho de su construcción cultural está diseñada para aprovechar de la mejor forma los recursos naturales del bosque tropical húmedo.

Para ellos en el *Siwa* y en el uso y manejo de los recursos naturales se evidencia que los bribris y cabécares tienen un orden civilizatorio propio y auténtico. Por ello deben ser los pilares de la educación.

Pero al mismo tiempo insisten que Talamanca no es una isla cultural y económica. Que están insertos en una economía de mercado capitalista, en un país en donde conviven con otras culturas y en un momento del mundo en que la informática se ha convertido en una herramienta necesaria. Por ello plantean que la educación también debe ser universal para no quedar ellos en estado de indefensión ante dichas realidades. Por tanto, la educación debe permitir que ellos logren ganar en el intercambio comercial, que vendan más excedentes, que diversifiquen la oferta comercial, que controlen los mercados internos, que comprendan las razones y secretos de los "otros culturales" y que la informática les permita estar enterados de lo que sucede en el mundo (pronto estarán comunicados al sistema internet). Dicen que la ciencia universal ha creado demasiadas maravillas como para que ellos se sustraigan de su disfrute y provecho.

Fortalecimiento del uso de las lenguas autóctonas: Como la educación estatal lo que les prohibió fue el uso de la lengua materna en la escuela, lo primero que debe hacerse en este plan (para que sea creíble) es enseñar en las lenguas autóctonas y que el español quede como segunda lengua. Según su criterio no sólo se trata de enseñar la lectoescritura del bribri y el cabécar sino se enseña los otros contenidos de las materias básicas en dichas lenguas. El español se debe enseñar con la metodología de cualquier otra lengua y en los años superiores pueden brindarse contenidos en dicha lengua.

La lengua es más que un medio de comunicación, en ella están inscritos todos los códigos culturales de un pueblo. Contundente es la expresión del líder político bribri Lisandro Díaz, quien ha sido uno de los padres de familia que imparte clases de bribri e historia en las escuelas:

> Hacer que el idioma no sea únicamente medio de expresión e identificación de nuestras comunidades, sino arma de lucha para hacer valer nuestro derecho originario y como medio de educación a las futuras generaciones. Da estímulo para que las diferentes comunidades indígenas expresen y manifiesten sus conocimientos (Díaz:1995).

En el trabajo de enseñanza de las lenguas autóctonas, éstas se fortalecen, entre otras cosas porque exige de constante investigación de aquellos que diseñan los cursos. En el poco tiempo que se tiene de trabajar los especialistas locales han encontrado nuevos sinónimos, antónimos, verbos y adjetivos.

Para los dirigentes políticos la forma de asegurar la permanencia de sus lenguas es mediante un mayor uso social, por ejemplo poniéndola de moda entre los jóvenes como si fuera la última balada rock, mediante las emisiones radiofónicas, nombres de la gente y los lugares y usándola permanentemente como medida de seguridad frente a los extraños.

Educación inscrita en estrategia de desarrollo autónomo. Dentro de este particular contexto sociocultural, la dirigencia ha sentido que la educación debe cambiar su tradicional papel deculturador y asimilacionista desde que se fundó en 1957 la primera escuela. Por el contrario, ellos piensan que es necesaria una nueva educación que actúe como pilar importante de esa estrategia de desarrollo autónomo que están construyendo (Borge: 1995).

Todos los cambios que desean de la educación apuntan a que ésta juegue un papel determinante en los nuevos tiempos de un pueblo que quiere seguir siendo indio y que quiere alcanzar un alto grado de bienestar general sin que medie la explotación. Este Plan Una Nueva Educación en Talamanca responde, desde que se originó, a una estrategia política local y en ningún momento a agentes externos.

Educación diseñada con poder local: Desde el diagnóstico, el diseño y la ejecución la estructura de poder local ha decidido qué se hace y qué no. A esto ha contribuido que algunos de los maestros son al mismo tiempo dirigentes. El hecho de que la estructura de poder local sienta y piense que objetivamente el plan responde a sus reivindicaciones políticas es la máxima garantía de una sostenibilidad de la iniciativa, aunque cambien gobiernos de la República y ministros de educación.

Según los maestros, lo que se haga "demanda una constante relación entre docentes, padres de familia y la comunidad, a medida que avanza el proceso" (Blanco et al:1993). Desde el inicio la condición de partida de todo este proceso ha estado orientada por ese pensamiento y no creemos que el asunto sea la moda de la participación comunitaria, sino el poder de la comunidad para que se haga lo que ellos desean y no lo que agentes externos podamos pensar que es lo mejor para ellos.

En la educación no existen modelos: Se parte del reconocimiento que en el interior del territorio indígena de Talamanca existen dos grandes grupos culturales y otras culturas minoritarias y que en cada una de las 30 localidades se dan procesos sociales y económicos diferenciados. Por tanto, el Plan no puede sustraerse de dicha realidad y cada programa deberá ajustarse, en su ejecución, a las condiciones particulares de las comunidades.

Lo que resulte en una comunidad no necesariamente puede ser positivo en otra y hay que estar alerta para saber detectar las diferencias y convergencias.

Aprovechamiento de los conocimientos y materiales creados:

Desde hace muchos años la Sección de Lingüística de la UCR realiza serios y sistemáticos estudios sobre las lenguas bribri y cabécar. Producto de su trabajo, además de los necesarios trabajos teóricos, ellos han publicado diccionarios, abecedarios, silabarios y cartillas para la enseñanza de esos idiomas. En este plan se aprovechará todo ese material y tratarán de enriquecerlo con las observaciones que salgan de su puesta en práctica.

Hace años viven en Talamanca dos lingüistas de la Iglesia Menonita y que pertenecen al Instituto Lingüístico de Verano, conocido por todos. Ellos allá son gente de respeto y que nunca han pasado los límites que los talamanqueños ponen. Su trabajo también será aprovechado y ya se les invitó a varias reuniones.

Diversas investigaciones sobre Talamanca han sido publicadas desde el siglo pasado. Más de 200 publicaciones se han recopilado y puesto al servicio de los maestros y público en general en un humilde centro de documentación. Toda la investigación que se ha hecho o hará sobre diversos tópicos de la vida indígena debe ser aprovechada en la ejecución del plan. Este plan no va a inventar lo que está inventado.

El plan es un proceso y no un proyecto: Se definió que los resultados definitivos se podrán evaluar en toda su dimensión dentro de 20 años. Para ellos es un largo proceso de experimentación, discusión constante, prueba y aprendizaje. El plan se definió para 6 años porque es el ciclo completo que garantiza formar una generación en este nuevo tipo de educación.

El proceso no lo ven lineal ni ascendente sino que constantemente puede sufrir reveses, pueden cambiar las tácticas de ejecución y hasta los conceptos que sustentan la propuesta. Es un ir y venir entre los conceptos y la práctica lo que le dará vida e identidad al plan.

El seguimiento y la evaluación serán únicamente instrumentos para el replanteamiento de los caminos a seguir y se aplicarán cada vez que la coyuntura lo exija y no cuando los potenciales donantes lo pidan.

CONCLUSIONES

En relación con este tipo de iniciativas, con autoridad nos asevera Massimo Amadio:

> ...sería difícil admitir que la educación bilingüe se haya venido aplicando e impulsando a raíz de una reivindicación consciente y organizada de los indígenas, o de sus preocupaciones acerca de los métodos y contenidos de la educación formal (Amadio: 1987).

En retrospectiva, y siendo justos con los que se han esforzado en estos proyectos, creemos que precisamente el que no hayan partido de una demanda organizada ha sido su peor defecto y su falta de sostenibilidad económica y política.

En Talamanca, sí existe la confianza en que estamos ante una iniciativa perdurable y sólida porque desde el inicio las estructuras de poder local y toda la comunidad han estado involucradas en el proceso, llegando incluso a niveles de discusión y desacuerdo importantes. Ellos han definido, incluso, quiénes de afuera contribuiríamos en la construcción de este largo sueño.

Debemos resaltar que este plan no es el producto de la feliz y acertada decisión del Ministro de Educación de dar el respaldo político, ni del apoyo incondicional de la UNICEF, ni de la intervención técnica y científica de actores externos. Es el producto de una semilla sembrada un día por don Guido Barrientos y sus amigos, de años de discusión y experiencias concretas, de la pasión de los educadores por hacer que las cosas cambien y de una férrea voluntad política de las organizaciones indígenas locales.

Otra virtud digna de destacar es que la reivindicación no surge aislada sino como el producto de un conjunto de reivindicaciones, propuestas e ideas que apuntan hacia la construcción de la Autonomía Territorial de Talamanca. Que es la estrategia global de desarrollo de esos pueblos.

El plan ha servido, incluso, como medio de convergencia de distintas iniciativas de desarrollo, de distintos grupos organizados, de distintas iglesias y de diferentes concepciones sobre el desarrollo y futuro de la zona. La educación los ha unido un poco más y los ha puesto a reflexionar sobre sus divergencias.

La principal limitante hasta ahora, ha sido que no hemos podido aprender in situ de experiencias similares en otros países. Todos estamos seguros que nos ahorraríamos muchos errores si esto fuese posible en algún momento. Igualmente, si pudiésemos invitar a gente que ha asesorado y dirigido este tipo de iniciativas, para que nos examinen en nuestro propio escenario.

Aunque sea difícil de admitir, en este caso sí estamos ante un ejemplo de educación indígena que ha nacido desde lo más profundo de la cultura talamanqueña y que estamos seguros será un éxito. Todos los involucrados compartimos el mismo optimismo y ello nos da fuerza para continuar. La aseveración de los *Awapa* en el sentido que los indios que van a la escuela pierden su cultura debe ser revertida en la práctica y significar en cambio, su fortalecimiento.

De todas las enseñanzas que aquí se desprenden cabe resaltar una que se convierte en vital para este tipo de procesos. La cultura indígena bribri-cabécar está viva y su cuerpo social pasa por un gran momento en cuanto al desarrollo de las ideas, el pensamiento y la práctica de una estrategia propia de desarrollo. Las organizaciones comunitarias y sus dirigentes están capacitados y maduros para acometer empresas de sueño como la de este plan de educación, la comunidad entera estaba preparando y preparándose para el cambio.

Por tanto, no está demás plantear que este tipo de iniciativas requieren dos premisas básicas: primero que esté inserta dentro de la lógica de desarrollo local y, segundo, que la comunidad debe tener altos grados de organización, unidad política y mucha esperanza en el mañana. Talamanca siempre ha creído en la fortaleza de su pasado y cree en un buen futuro para sus nietos. Creen en la educación como uno de los medios fundamentales para realizar sus sueños.

BIBLIOGRAFÍA

AMADIO, Massimo. (1987). "Caracterización de la Educación Bilingüe Intercultural", en *Educación y Pueblos Indígenas en Centroamérica: un balance crítico.* UNESCO, Santiago de Chile.

BLANCO, Minor; CORDERO Melvin y VELAZQUEZ. (1993). *Ideas Curriculares sobre Educación Bilingüe Pluricultural.* CIDE, Universidad Nacional, Heredia, Costa Rica.

BORGE Carvajal, Carlos; LEON, Paula; ROJAS Carmen; HERNANDEZ, Gerardo; TORRES, Abelino; FERNANDEZ, Severiano; y ROJAS, Grace. (1994). *La Educación en el Territorio Indígena Bribri Cabécar de Talamanca: ¿Etnocidio o el fortalecimiento de la cultura?* UNICEF-MEP-Circuito Escolar 07.

BORGE Carvajal, Carlos. (1995). *Plan una Nueva Educación en Talamanca.* UNICEF-MEP-Circuito 07.

BORGE Carvajal, Carlos y VILLALOBOS Rodríguez, Victoria. (1994). *Talamanca en la encrucijada.* Editorial de la Universidad Estatal a Distancia. San José.

COMISIÓN PARA LA DEFENSA DE LOS DERECHOS INDÍGENAS DE TALAMANCA (CODEBRIWAK). (1992). Programa de Desarrollo Organizativo e Institucional. Talamanca, Costa Rica.

DIAZ Díaz, Lizandro. (1995). "Carta dirigida a la Escuela de Coroma, Talamanca". Talamanca, Costa Rica.

MINISTERIO DE EDUCACIÓN PÚBLICA (MEP). (1994). *Política Educativa Hacia el Siglo XXI.* San José, Costa Rica.

OLIVER Blanco, Mayra (1993). *Yo leo y escribo en mi lengua.* Proyecto de Lectoescritura de la lengua Bribri. Talamanca, Costa Rica.

EL PROGRAMA NACIONAL DE EDUCACIÓN PARA LAS ETNIAS AUTÓCTONAS DE HONDURAS: EL RETO DE UNA EDUCACIÓN BILINGÜE Y CULTURALMENTE DIFERENCIADA

*Julio Navarro**

*Resumen***

Con el programa de educación bilingüe se busca rescatar la "deuda histórica" que el Estado tiene con las etnias.

Desde los años cuarenta en La Mosquitia se viene desarrollando, en forma intermitente, un proyecto de educación bilingüe. En la década de los ochenta se dieron esfuerzos, también aislados, en la Montaña de la Flor.

---

* Director del Programa Mejoramiento de la Calidad de la Educación Básica. SEP Honduras.

** Los editores lamentamos profundamente la negativa del MEP, en especial del director del Programa de Mejoramiento de la Calidad Educativa, Julio Navarro Posse, adscrito administrativamente al PRONEEAH, en proporcionar la copia de la ponencia oficial del Ministerio de Educación que leyó el citado director en la sesión de inauguración del simposium. Esta nota es una constancia histórica de su irresponsabilidad.

No es casual que en el departamento de Gracias a Dios, uno de los que más necesita de este tipo de proyectos, se den los mayores índices de ausentismo y deserción escolares.

Contrarrestar este tipo de problemas es uno de los principales objetivos de la Escuela Morazánica.

Por primera vez se definen en Honduras lineamientos curriculares en lo que respecta a la educación bilingüe. Desde luego no es sencillo desarrollar estos esfuerzos, sobre todo si se toma en cuenta que vivimos en una sociedad mestiza que discrimina otras lenguas que no son la oficial, a tal grado que lo que se ha impuesto tradicionalmente es una educación monolingüe.

En todo caso, de lo que se trata es de tomar como punto de partida la cultura propia de cada pueblo, lo que significa, entre otras cosas, dar preferencia a la lengua materna.

Los ejes fundamentales son la incorporación pluralista en un Estado Nacional, la educación integral y la defensa y rescate de las comunidades étnicas.

Lo ideal es que el proyecto de educación bilingüe, aun con sus limitaciones, tenga continuidad independientemente del gobierno que se establezca. En otras palabras debe ser parte, más bien, de una política de Estado con fuertes compromisos por parte de la sociedad civil.

POLÍTICA LINGÜÍSTICA, INTERCULTURALIDAD Y CURRÍCULO: EL CASO DE LOS LENCAS DE HONDURAS

*Atanasio Herranz**

INTRODUCCIÓN

En Honduras actualmente existen como grupos étnicos claramente diferenciados por su lengua: los payas o pech, los jicaques o tolupanes, los sumo-tawahkas, los misquitos y los negros caribes o garífunas. Además, se diferencian por su lengua los habitantes de Islas de la Bahía, con un inglés cercano al estándar y con algunos rasgos arcaizantes propios del sur de Inglaterra de finales de siglo y hablantes del inglés criollo asentados en ciudades a lo largo de la Costa Atlántica como Puerto Cortés, El Progreso, San Pedro Sula, Tela, Ceiba y Trujillo que vinieron a principios del presente siglo a Honduras, traídos como capataces y maquinistas por las compañías bananeras desde

* Universidad Nacional Autónoma de Honduras. Proyecto de Educación Bilingüe Intercultural Tawahka.

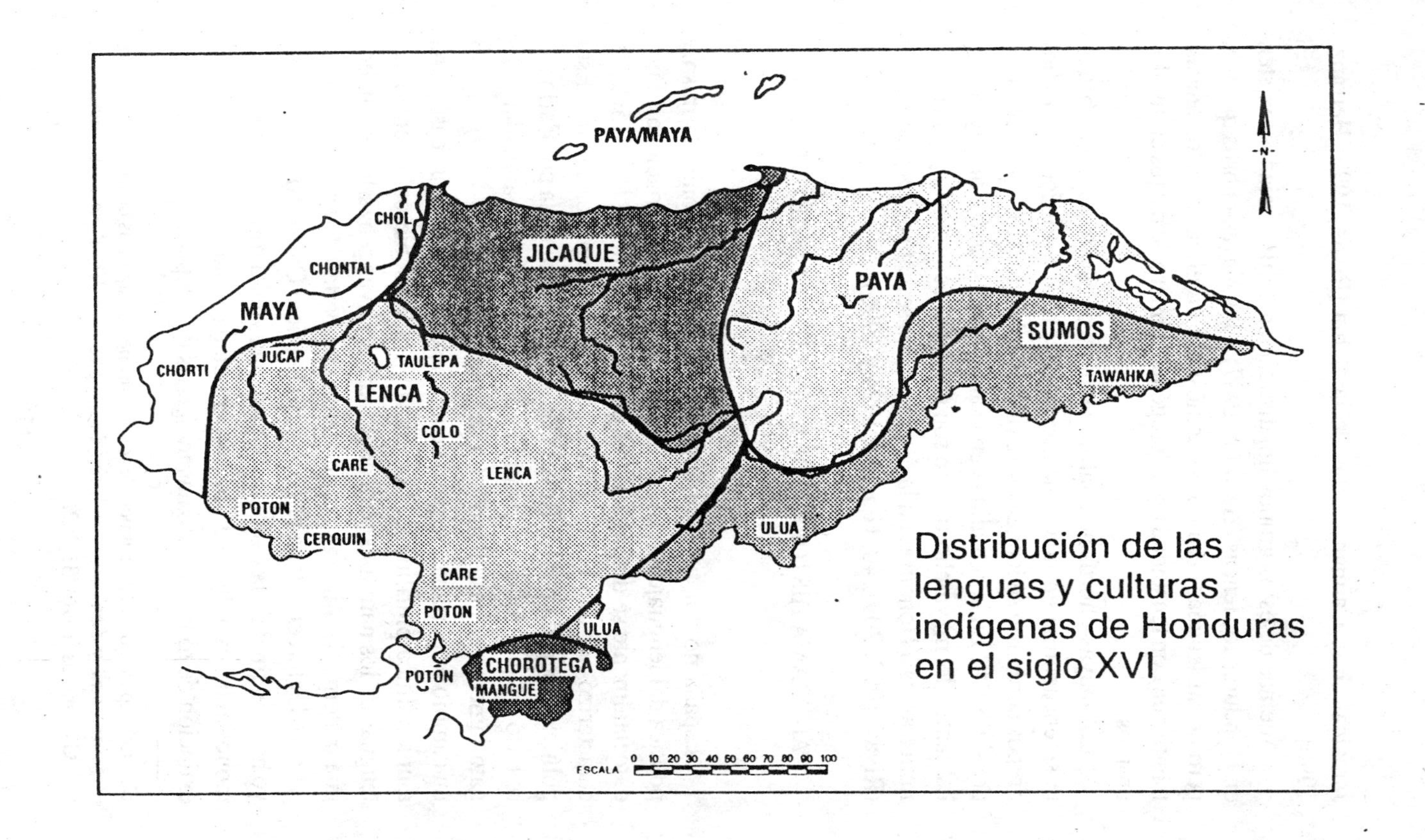

Distribución de las lenguas y culturas indígenas de Honduras en el siglo XVI

Jamaica, Gran Caimán e Islas de la Bahía (Rivas, 1993; Herranz, 1996).

Además de estos grupos lingüísticamente diferenciados, existen en Honduras los lencas (Herranz, 1987) y los mayas-chortís que han perdido su lengua, pero como demostraré en el caso de los lencas, mantienen con tenacidad un heterogéneo número de rasgos culturales propios.

Los mayas-chortís no conforman parte de este trabajo, no obstante se encuentran en una situación muy similar a los lencas: ambos grupos perdieron su lengua entre finales del siglo XIX y primer tercio del siglo XX. En la actualidad en la aldea de El Carrizalón hay cuatro hablantes del maya-chortí, pero son guatemaltecos que llegaron como inmigrantes a Honduras en la década de los sesenta del presente siglo (Rivas, 1993: 209-240; Herranz, 1994 y 1996).

PANORAMA HISTÓRICO DE LA POLÍTICA LINGÜÍSTICA EN HONDURAS[1]

España no mantuvo durante todo el período colonial la misma política del lenguaje en América, sino que tuvo sus variaciones. Fundamentalmente se distinguen tres etapas. La primera (1502-1569) se caracterizó por una política claramente monolingüe castellana. Esta política, diseñada por los Reyes Católicos y continuada por Carlos V, se basó en que "todos los naturales de América debían aprender obligatoriamente el castellano". La segunda etapa (1570-1769) supuso un cambio importante, se pasó de una política monolingüe castellana a una política plurilingüe. Los curas y frailes debieron aprender las lenguas de los naturales para doctrinarlos y evangelizarlos en su lengua materna. Los indígenas quedaron en libertad de aprender el castellano. La tercera etapa (1770-1820) la inició Carlos III y se mantuvo hasta el final de la Colonia. Supuso una vuelta rotunda a la política monolingüe castellana de la primera etapa y, además, propugnó la extinción de todas las lenguas indígenas del Imperio.

---

1. Este apartado es un resumen de los dos primeros capítulos de mi libro *Estado, Sociedad y Lenguaje. Política Lingüística en Honduras*. (Tegucigalpa: Guaymuras, 1996): 31-262.

El establecimiento de una política monolingüe castellana (1502-1569)

Esta etapa, caracterizada por una conquista fulminante de las grandes culturas azteca y quechua, sorprende por la rápida decisión de los Reyes Católicos de aplicar un mínimo de Reales Cédulas y otros documentos en donde ya están diseñadas las grandes líneas de una política del lenguaje que se basó en el aprendizaje obligatorio del español de todos los naturales de las Indias. Esta temprana legislación lingüística sólo pudo darse por la larga experiencia que Castilla había tenido en las comunidades árabes reconquistadas.

El principal problema al que se enfrentaron los primeros conquistadores en América fue el de la comunicación con los naturales. Una lectura del diario de Colón nos muestra que "tomar lengua" y "haber lengua" de los indios era su preocupación constante. En el diario también se descubren los mecanismos utilizados por el Almirante para solucionar el problema.

Colón, en su primer viaje, llevó dos intérpretes: Rodrigo de Jerez, que había andado por Guinea, y el judío converso, Luis de Torres, que sabía, según él, hebreo, caldeo y un poco de árabe. Al no encontrar en América ninguna de estas lenguas, los españoles debieron ingeniárselas con la mímica para comunicarse con los naturales y conocer los principales accidentes geográficos y los asentamientos poblacionales costeros más importantes (Martinell, 1988).

Poco tiempo después, la práctica habitual de Colón en sus cuatro viajes fue apresar indios para que, en contacto con los españoles, aprendieran algunas palabras de castellano y, luego, éstos les sirvieran de lenguas, trujamanes o farautes. Colón llevó a España, a la vuelta de su primer viaje, unos diez indios para que, entre otras cosas, "deprendan nuestra fabla" y en los sucesivos viajes le sirvieran de intérpretes. La mayoría murieron y los que regresaron a América huyeron, a excepción de uno, de la isla Guanahaní, bautizado con el mismo nombre de uno de sus hijos, Diego de Colón (Rosenblat, 1964).

Según avanzaron los descubrimientos y las primeras conquistas, algunos españoles aprendieron las lenguas de los naturales, pero se continuó con la costumbre de hacer prisioneros a algunos indios para que aprendieran el castellano y sirvieran de intérpretes. Hernán Cortés contó con varios. Uno de ellos fue Melchor, de lengua materna maya, apresado por Hernández de Córdoba en 1517 en las costas de Yucatán. Otro fue Francisco, que hablaba el náhuatl, apresado por Juan de Grijalva en 1518 en las costas de Veracruz. Melchor traicionó a Cortés uniéndose a los naturales de Tabasco y, después, logró el levantamiento de los indios; cuando los naturales vieron que perdían la batalla, lo sacrificaron. La fortuna acompañó a Cortés, pues, cuando en Cozumel reparaba su barco, se acercó una canoa y un español, llamado Jerónimo de Aguilar, vestido como los indios de Yucatán, descendió y se le presentó. Jerónimo había sido uno de los dos españoles supervivientes de un naufragio ocurrido ocho años antes en las costas de Yucatán. Había aprendido el maya, trabajando para un cacique durante su cautiverio. Así logró Cortés un fiel traductor del maya (Bernal Díaz, I, 1984).

Cortés descubrió, también accidentalmente, al traductor más famoso de la Conquista: la Malinche o Doña Marina. Antes de abandonar sus costas, los de Tabasco colmaron a Cortés de obsequios, entre ellos veinte mujeres indias. Cuando Cortés tuvo problemas para comunicarse con los indios de la región de Culúa, se enteró que una de las mujeres obsequiadas hablaba náhuatl. La Malinche había nacido en las cercanías de Veracruz, pero los indios de Xilango la regalaron, cuando era joven, al pueblo de Tabasco, por tanto hablaba náhuatl y maya. Después, Cortés le enseñó el español, convirtiéndose así en el más ilustre intérprete de Nueva España.

Junto con la mímica y el latín, los religiosos utilizaron intérpretes o nagualtatos para cumplir la obligación religiosa de predicar y confesar a los naturales, lo que hacía embarazosa y poco eficaz su tarea. Además, faltaban intérpretes, pues la mayoría de ellos preferían trabajar como nagualtatos y escribanos en la Administración o como intérpretes y capataces de los encomenderos. Ante estos problemas, los religiosos comenzaron a aprender las lenguas de los naturales.

Según fueron expandiéndose las órdenes religiosas por México y las provincias de Centro América, se percataron de la existencia de un sinnúmero de lenguas y culturas diferentes. El caso de Honduras es un claro ejemplo de esta diversidad. En 1576, Diego García de

Palacio, en su Carta Relación a Felipe II, infórma, entre otras cosas, de las diferentes lenguas de la provincia de Guatemala:

> ...y en cada una de ellas (provincias) hay y hablan los naturales diferentes lenguas, que parece fue artificio más mañoso que el Demonio tuvo en estas partes para plantar discordia, confundiéndolos con tantas y tan diferentes lenguas como tienen, que son:
>
> A la de Chiapa: chiapaneca, zoque, mexicana, zozil, zeldalquelen.
>
> En la de Soconusco: la mexicana corrupta y la materna y vibeltlateca.
>
> En la de los Suchitepeques y Cuahutemala (Guatemala): mame (mam) y achi, cuahutemalteca, chicnauteca, hutateca, chirrichota.
>
> Los Yzalcos y costa de Guazacapán: la popoluca y pipil.
>
> La Verapaz: poconchi, cacchi, colchi.
>
> La de San Salvador: pipil y chontal.
>
> El valle de Accuastlan y el de Chiquimula de la Sierra: hacacuastleca y apay.
>
> En la de San Miguel: potón, ytaulepa, ulúa, la cholulteca, mangue y chontal.
>
> En Onduras: ulúa, chontal y pipil.
>
> Nicaragua: pipil corrupto, mangue, marivio, potón y chontal.
>
> En la Taguzgalpa: la materna y mexicana.
>
> En la de Costa Rica y Nicoya: la materna y mangue...

En la misma Carta-Relación, después de hacer la primera descripción histórica de las ruinas mayas de la ciudad de Copán, añade:

> ...porque por la memoria dicha parece que antiguamente gente de Yucatán conquistó y sujetó las provincias de Ayajal, Lacandón, Verapaz y la tierra de Chiquimula y ésta de Copán. Y así la lengua apay, que aquí hablan (Copán), corre y se entiende en Yucatán y las provincias dichas.

La Carta-Relación de García de Palacio presenta algunos problemas de interpretación para saber el tipo de lengua al que se refiere cuando utiliza los términos “materna” y “chontal”. Este problema se trató en el trabajo “Etnohistoria de la lengua lenca de Honduras”. Contrastando la información de García de Palacio con la de Antonio de Ciudad Real, se llegó a la conclusión (Herranz, en prensa) de que en el actual territorio de la República de Honduras hacia 1576, según García de Palacio, se hablaban las siguientes lenguas:

> ...en la Choluteca eran el mangue y la ulúa; en Honduras, la ulúa, el lenca-care o el lenca-cerquín, el lenca-taulepa (actual región de Taulabé) y el nahua o pipil; en la Taguzgalpa (departamentos actuales de Comayagua, Francisco Morazán, Yoro y Atlántida y una gran parte de los de Olancho y Colón), la mejicana y el lenca-lenca, además del paya y el jicaque; en el actual departamento de Copán y parte del de Ocotepeque (valle de Sensenti) el apay o maya-chortí.

En 1584, ocho años después de la Carta-Relación de García de Palacio, Antonio de Ciudad Real visitó Guatemala, El Salvador, Honduras y Nicaragua, dejándonos una maravillosa descripción etnográfica bajo el título de Relación Breve y Verdadera de algunas cosas de las muchas que le sucedieron al Padre Fray Alonso de Ponce en las Provincias de la Nueva España, siendo Comisario General de aquellas Partes. De Honduras, visitó únicamente el sur, donde están los actuales departamentos de Valle, Choluteca y las islas del Golfo de Fonseca. La relación de lenguas de los lugares visitados por el padre Ponce y el padre Ciudad Real en la zona sur, según el trabajo citado (Herranz, en prensa) son:

> En síntesis, según la Relación Breve... de Antonio de Ciudad Real, las lenguas que se hablaban en la Choluteca del siglo XVI eran: en Nicomongoya y Nacarahejo, el mangue; de Ola hasta Nicaragua, la lengua ulúa; en las islas de Meanguera y Conchagüita, en el Golfo de Fonseca, el potón. En Agalteca, valle de Agalta y Comayagua, el colo y en la ciudad de Comayagua, la mexicana.

Para terminar de mostrar el complejo mosaico de lenguas que se hablaban en la Provincia de Honduras en los actuales departamentos de Olancho, Yoro, Atlántida, Colón y Gracias a Dios se utilizarán unas citas de la Relación de las Reducciones de los Franciscanos en la Taguzgalpa y la Tologalpa de 1748. Esta relación es un resumen de la actividad evangelizadora de la Orden de San Francisco en estas tierras de 1603 a 1748. Después de delimitar la Taguzgalpa y la Tologalpa, el documento enumera así los grupos, lenguas y naciones que las pueblan:

> Las Reducciones de el Cargo desta Provincia son de la Talagalpa, y Taguzgalpa, en los Distritos de Honduras y Nicaragua, cuyo gentilismo que se compone de las Naciones Lencas, Tahuas, Alhatuynas, Xicaquez, Mexicanos, Payas, Jaras, Taupanes, Taos, Fantasmas, Gualas, Alaucas, Guanaes, Gaulaes, Limucas, Aguagualcas, Yguyales, Cuges, Bocayes, Tomayes, Bucataguacas, Quicamas, Panamacas, Yxziles, Guayaes, Motucas, Barucas, Apazinas, Nanaycas, y de otras muchas según noticias Historiales.

Más adelante la Relación señala que el número de indios que las habitan "son más que los pelos que tienen los venados" y, a nuestro criterio, generaliza equivocadamente que "tubieron su origen estas Naciones de los Yndios Mexicanos". De todos los nombres que aparecen en la Relación están identificados como lenguas diferentes: el lenca, el jicaque o tol (en el documento aparece como taupanes y los jicaques actuales se autodenominan tolupanes o torrupanes), el mexicano o náhuatl, el paya o pech y el sumo-tawahka. En la actualidad se conservan en esta área de Honduras: el tol o jicaque, el paya o pech, el sumo-tawahka y el misquito, que no aparece citado en la Relación (Herranz, 1996).

Como puede verse sólo la pequeña provincia de Honduras era una auténtica torre de Babel en el aspecto lingüístico. Piénsese en su gran diversidad, si a las lenguas habladas en Honduras les añadimos las del resto de las provincias del Reino de Nueva España. Al número de idiomas existentes en ese momento de la colonización debe añadirse las variantes dialectales de cada uno de ellos para poder imaginarse el enorme problema que enfrentaron los doctrineros encargados de la evangelización. La existencia de un gran número de hablantes de lengua náhuatl en el poblado valle de México y la existencia de numerosos enclaves nahuas en El Salvador, Honduras y Nicaragua les condujo a la creencia de que ésa era la lengua ideal de evangelización para todos los indios de la Nueva España.

Las presiones de los frailes, especialmente los franciscanos, de los obispos de México, Oaxaca y Guatemala a Carlos V para que modifique su política del lenguaje, haciendo que el náhuatl fuera la lengua de evangelización para la Nueva España, no tuvieron éxito, pero su pertinaz constancia logró finalmente que Felipe II les oyera y modificara la política del lenguaje de su padre.

La política plurilingüe de los Austrias (1570-1769)

Con la llegada al trono de Felipe II, los franciscanos insisten nuevamente en la conveniencia de que los predicadores aprendan las lenguas de los naturales para su mejor cristianización. La lengua ideal es el náhuatl. Felipe II envió en 1565 una ordenanza a los virreyes para que los predicadores aprendieran la lengua de cada grupo de indios a su cargo. En julio de 1570, promulgó la Real Cédula en la que declaró el náhuatl como lengua oficial para la cristianización de los indios de Nueva España y explica al virrey lo difícil que le ha resultado tomar esa decisión por ir en contra de la política de su padre. De hecho, esta Real Cédula inició la política plurilingüe de Felipe II al poner dos lenguas oficiales: el español para la administración y funcionarios y el náhuatl para la cristianización de los indios de esta vasta región de América.

La política lingüística de Felipe II queda resumida en la Real Cédula de 3 de julio de 1596, elaborada por el Consejo. En ella, por una parte, se mantiene el mandato de que los doctrineros aprendan la lengua de los pueblos que administran y, por otra, deja en libertad a los indios para que aprendan el castellano. Dice en su parte central:

> Porque se ha entendido que en la mejor y más perfecta lengua de los indios no se pueden explicar bien, ni con su propiedad, los misterios de la fe, sino con grandes abusiones e imperfecciones, y que aunque están fundadas cátedras donde sean enseñados los sa-

> cerdotes que hubieren de doctrinar a los indios, no es remedio bastante, por ser grande la variedad de las lenguas, y que lo que sería la castellana como más común y capaz, os mando que con la mejor orden que se pudiere y que a los indios sea de menos molestia, y sin costa suya, hagáis poner maestros para los que voluntariamente quisieren aprender la lengua castellana, que esto parece podrían hacer bien los sacristanes, así como en estos Reinos, en las aldeas, enseñan a leer y escribir y la doctrina. Y así mismo tendréis muy particular cuidado de procurarse guarde lo que está andado cerca de que no se provean los curatos si no fuere en personas que sepan muy bien la lengua de los indios que hubieren de enseñar; que ésta, como cosa de tanta obligación y escrúpulo, es la que principalmente os encargo, por lo que toca a la buena instrucción y cristiandad de los indios.

Con esta Real Cédula, Felipe II cambió la política del lenguaje de los Reyes Católicos y de Carlos V, creando una ambivalencia. El castellano queda como lengua oficial de los españoles y de la élite indígena. Las lenguas vernáculas, para la cristianización de los naturales y el uso cotidiano de los religiosos, especialmente mestizos, y de la población india. El castellano es la lengua de hispanización y las lenguas indígenas, de cristianización. En el fondo esta política propone un multilingüismo, que de hecho era real. El español sigue siendo la lengua oficial del Imperio, pero se considera que los indígenas progresiva y voluntariamente la irán aprendiendo. Esta política multilingüe se mantendrá hasta 1770, año en que Carlos III volverá a la monolingüe castellana. Los sucesores de Felipe II tratarán únicamente de solucionar los problemas diarios de su aplicación.

Felipe III emitió Reales Cédulas en 1599, 1603, 1618 y 1619, insistiendo en el aprendizaje obligatorio de las lenguas indígenas de los doctrineros que quieran regentar curatos de pueblos de indios, "en caso contrario no se les dé, y si los tuvieren sin saber la lengua, sean destituidos". En 1612, mandó fundar "casas de recogimiento" para aquellas doncellas que quieran ser educadas virtuosamente y, en contradicción con su propia legislación, ordenó que la única lengua que hablarán en el internado será el castellano.

Felipe IV recordó a la Universidad de México en 1647 que debía haber cursos de las lenguas indígenas más importantes para los empleados de provincias y, en 1634, insistió en que el aprendizaje del castellano por los naturales debía ir junto con la adquisición de "nuestra policía y buenas costumbres" y así los funcionarios reales los controlarían mejor.

Carlos II, impacientado por la renuencia de doctrineros y funcionarios en la enseñanza del castellano a los indios, emitió una ordenanza en 1686, que repitió en 1688 y 1691, en las que recordaba la obligación de enseñar el castellano a los naturales. Además, renovó la concepción y el funcionamiento de la escuela de primeras letras al crear escuelas exclusivas para niñas, lo que permitía, por lo menos a las hijas de caciques y principales, un mínimo acceso a la educación. La Cédula señalaba que en los pueblos grandes habrá dos escuelas, una para niños y otra para niñas, y en los pueblos pequeños a unas horas asistirán los niños y a otras las niñas. Los gastos de la escuela y de la congrua del maestro serán sufragados con dinero de las cajas de comunidades. Los maestros deberán conocer el castellano y la lengua de la comunidad. El indio que no hable la lengua castellana no podrá desempeñar puestos públicos.

Una valoración global de la política lingüística de este período en la provincia de Honduras muestra los siguientes extremos:

- Que la mayoría de frailes y curas doctrineros habían aprendido las lenguas de los naturales como el lenca, el jicaque y el paya y el ejercicio de su ministerio siempre lo hacían en la lengua de los naturales, en especial a partir de 1680 en que el obispo de Honduras había expedientado a varios frailes mercedarios por predicar en náhuatl o español.
- Que en las reducciones de pueblos de indios, las mujeres y los hombres menores de 21 años eran, en su mayoría, monolingües en su lengua indígena, pues los caciques, principales, maestros y doctrineros se comunicaban con ellos en su lengua materna.
- Que los hombres indígenas mayores de cuarenta años del centro y occidente de Honduras al finalizar el siglo XVII, la mayoría

eran trilingües: lengua indígena, náhuatl (aprendido de los doctrineros) y español.

- Que el control político, administrativo, religioso y lingüístico de los pueblos indios lo tenían los curas y frailes doctrineros y no les interesaba la expansión del español entre los indígenas, así mantenían el monopolio del control y su estatus.
- Los indígenas mayores de cuarenta años del sur, centro y occidente hablaban como segunda lengua el español que lo habían aprendido por el contacto con los criollos y los mestizos en los trabajos de la encomienda, la construcción de edificios públicos y el contacto comercial de la venta de sus pequeños excedentes de maíz, frijol, calabazas, aves y huevos.
- El náhuatl como segunda lengua dejó de hablarse en Honduras a mediados del siglo XVIII, quedando únicamente un gran número de palabras como substrato en el español de Honduras.
- Que las escuelas de primeras letras no tuvieron casi incidencia en la expansión del castellano entre los indígenas, a excepción de los caciques y principales, y los hijos de ambos grupos.

Carlos III o la vuelta a la política monolingüe castellana (1770-1820)

Carlos III emitió un Real Cédula en 1770 que supuso un cambio radical en la política lingüística aplicada por sus antecesores, los Austrias. Carlos III retomó la política iniciada por los Reyes Católicos y seguida por Carlos V: la única lengua del Imperio debe ser el castellano. En su parte ejecutiva, contundentemente ordena:

> Por tanto por la presente ordeno y mando a mis Virreyes del Perú, Nueva España y Nuevo Reino de Granada, a los Presidentes, Audiencias, Gobernadores y demás ministros, jueces y justicias de los mismos distritos y de las Islas Filipinas y demás adyacentes (...), que cada uno en la parte que respectivamente le tocare guarden, cumplan y ejecuten y hagan guardar, cumplir y ejecutar puntual y efectivamente la enunciada mi Real resolución (...), para que de una vez se llegue a conseguir el que se extingan los diferentes

idiomas de que se usa en los mis dominios, y sólo se hable el castellano.

La enumeración minuciosa de todos los cargos administrativos y políticos de la Corona, así como de la iglesia y los cabildos no es accidental, el rey quiere enumerar todos los cargos para que su mandato (guardar, cumplir y ejecutar) sea acatado fielmente por todos los que los ejercen, sin dilaciones. El mandato es claro y preciso: "el que se extingan los diferentes idiomas de que se usa en los mis dominios, y sólo se hable el castellano". No sólo propone que se hable el castellano, aspiración que también habían tenido los Austrias, sino que las lenguas de los naturales deben extinguirse. Por primera vez aparece en la legislación colonial un monolingüismo castellano tan radical y una persecución expresa a las lenguas indígenas.

Una valoración de la política lingüística de Carlos III en la provincia de Honduras muestra que la creación de escuelas, en número significativo, se produjo de 1804 a 1820. Que hubo alguna resistencia de curas doctrineros para crear escuelas en pueblos de indios, como fue el caso de Ojojona. Que la política monolingüe castellana implantada en 1770 aceleró el proceso de castellanización de los naturales, pero que en muchos pueblos de Honduras en el primer tercio y mitad del siglo XVIII, ya estaban totalmente castellanizados. Que más que la escuela, los factores que influyeron en Honduras para que los naturales de las regiones del sur, del centro y de occidente aprendieran el castellano fueron el mestizaje, el trabajo en encomiendas y en la construcción de edificios públicos, las relaciones de servidumbre y el comercio de pequeños excedentes de granos, verduras, frutas y aves.

La región norte, muy poco poblada por la insalubridad, apenas si fue castellanizada, a excepción de las ciudades de españoles como San Pedro Sula y los puertos de Omoa, Puerto Caballos, hoy Puerto Cortés, y Trujillo. La zona más oriental de los departamentos de Colón, Yoro y Olancho y toda La Mosquitia, los españoles no la colonizaron, sólo hubo reducciones temporales de los franciscanos. Esta es una de las principales causas por las que en la actualidad viven todavía en esta vasta región los jicaques, los payas, los sumos y los misquitos. El proceso de castellanización en esta región de Honduras es, al terminar el siglo XX, una labor inconclusa.

Organización del Estado Nacional (1821-1875)

La política del lenguaje en el período independiente no varió substancialmente de la aplicada por Carlos III: el idioma oficial de la República es el castellano y, por tanto, todos los hondureños deben hablarlo. El hecho de que todavía haya varios grupos como los negros garífunas, los jicaques de la Montaña de la Flor, los sumos, los payas y los misquitos que no hablan el español o que, si lo hablan, no han perdido su lengua materna, es interpretado por el gobierno y por algunos intelectuales conservadores como un ataque o una debilidad de la llamada "unidad nacional". Este menosprecio a estas lenguas y culturas minoritarias y marginales se refleja lingüísticamente. Tanto en la legislación hondureña vigente, como la mayoría de los hondureños, incluidas personas cultas, y muchos de los grupos indígenas, denominan a estas lenguas con el erróneo término lingüístico de dialecto. Sobreentienden que la única lengua con categoría de tal es el español, las demás sólo pueden ser dialectos.

En el período independiente la legislación hondureña diferencia entre dos grupos de indígenas: los indios del sur, centro y occidente conformados por lencas y mayas-chortíes y los indios denominados selváticos, situados en la costa norte y en los actuales departamentos de Yoro, Olancho, Colón y Gracias a Dios. Los primeros aparecen escasamente en la legislación del siglo XIX para desaparecer totalmente en el presente siglo, debido a la progresiva pérdida de sus lenguas indígenas y al acelerado proceso de ladinización, todavía no concluido. Esta absorción a la cultura mestiza provocó la ausencia de leyes protectoras de sus tierras, lenguas y culturas, sin que el trato y la explotación a que fueron sometidos decreciera. Las llamadas tribus selváticas en la legislación hondureña la componen los grupos indígenas que, o no fueron dominados por los españoles, o fueron reducidos por cortos e interrumpidos períodos. Estas tribus son los jicaques o tolupanes, los payas o pech, los sumos-tawahkas, los misquitos o zambos y los negros garífunas (Alvarado García, 1958).

Los efectos más importantes de la política monolingüe en este primer período de nación independiente pueden resumirse así:

- Que se acelera la castellanización de hombres, y sobre todo de mujeres y niños de pueblos indígenas de sur, centro, oriente y occidente de Honduras. La de los hombres por su participación masiva como soldados en las guerras de la Federación Centroamericana y, después, en las continuas guerras civiles de Honduras.
- Que la escuela comienza a tener éxito en la enseñanza del español a finales de este período en pueblos indígenas con los niños, pero es muy escasa su influencia en las niñas, y nula en las mujeres.
- Que el inglés de las Islas de la Bahía queda definitivamente asentado como lengua materna de los isleños por el tratado Wike-Cruz de 1859 al permitir al Estado respetar la religión protestante de sus habitantes, pues todos sus ritos son en inglés y crearon sus propias escuelas y colegios con el inglés como primera lengua.
- Que por primera vez el Estado logra reducir a pueblos y cristianizar a los jicaques, payas, tawahkas y garífunas a través del trabajo evangelizador del jesuita español Manuel de Jesús Subirana (1856-1864). Sin embargo, su castellanización todavía está muy lejos de lograrse.

El período de Consolidación del Estado Nacional (1876-1910)

Se inicia esta fase con el triunfo de la Reforma Liberal, liderada por Marco Aurelio Soto y Ramón Rosa. La Reforma Liberal de Honduras se centró en la consolidación del Estado Nacional a través de la planificación y reformas de cinco aspectos fundamentales: hacienda, política agraria, minería, comunicaciones y educación. En la Hacienda Pública, Soto puso un férreo control estatal, inició la acuñación de moneda nacional y centralizó los impuestos del alcohol y el tabaco. La política agraria logró que Honduras fuera un país agroexportador, vinculándolo a los mercados internacionales; como consecuencia se extendió el cultivo del café y la exportación de banano. Revitalizó la minería y el propio Soto fue accionista de una de las compañías mineras norteamericanas que invirtieron en Honduras. El desarrollo y las inversiones extranjeras conllevaron la construcción de una costosa red de caminos, la ampliación de la red ferroviaria, el establecimiento de un transporte marítimo para la fruta y la creación del correo nacional y del servicio telegráfico y cablegráfico (Argueta, Mario y J. Reina Valenzuela, 1978; Molina Chocano, 1982).

Los efectos lingüísticos de la política monolingüe del Estado en este período puede resumirse así:

- La modernización y organización del sistema educativo, en especial el gran incremento de escuelas de educación primaria, en pueblos de indios del sur, centro, occidente y oriente de Honduras provocó el gran prestigio del español como "lengua nacional", su aprendizaje por parte de un gran número de niños y de un menor número de niñas, y un notable retroceso de la lengua lenca con todas sus variantes dialectales y del maya-chortí.
- El desarrollo de las comunicaciones a nivel nacional y el hecho de insertarse Honduras en el mercado internacional de la minería y del café provocó que las comunidades indígenas fueran las principales aportantes de mano de obra barata y, como consecuencia, todos los hombres mayores de 20 años iniciaran un proceso irreversible de monolingüismo castellano.
- Que en este período se da la pérdida de transmisión del lenca y del maya-chortí como lenguas maternas a los niños, debido a la fuerte presión de los mestizos y criollos. En esencia, la Reforma Liberal culpaba a los indios y a sus lenguas del atraso económico, social y cultural de Honduras.
- Que la mujer indígena, por presiones de los maridos, ancianos y de sus propios hijos, deja de ser el pilar del monolingüismo de sus lenguas indígenas maternas y "aceptan" el paso de las nuevas generaciones al monolingüismo castellano.
- La pérdida de las lenguas indígenas (lenca y chortí) corre a la par de la expropiación que el mestizo hace de sus tierras ejidales y comunales, de la posibilidad de elegir alcaldes y autoridades in-

dígenas y de iniciarse al interior de las comunidades indígenas un automenosprecio por sus lenguas y sus culturas ancestrales.

- En el norte, a lo largo de la Costa Atlántica de Honduras, se asientan a partir de 1906 las compañías bananeras norteamericanas, lo que supondrá en el siguiente período cambios poblacionales, lingüísticos y de territorios muy drásticos para los jicaques, payas, garífunas y hablantes de inglés creole.

El establecimiento del Enclave Bananero (1911-1945)

Este período se caracteriza por continuas guerras civiles hasta el ascenso al poder del dictador Tiburcio Carías Andino, por la donación del Estado de infinidad de tierras selváticas a las bananeras, por una dictadura férrea por más de treinta años y por la colonización, en sentido estricto, de la Costa Norte (Argueta y Quiñones, 1979; M. Posas, 1981).

Los efectos lingüísticos fueron muchos e importantes para Honduras:

- Un gran número de mestizos de los departamentos de Yoro, Francisco Morazán, Santa Bárbara, Copán y Comayagua se asentaron en las tierras de la costa norte, como trabajadores asalariados de las compañías bananeras. El efecto lingüístico fue la total castellanización de la región.
- Los jicaques de las cercanías de San Pedro Sula fueron totalmente absorbidos lingüística y culturalmente por los mestizos recien llegados. Los jicaques de las inmediaciones de Tela y ríos León y Mulia, perdieron su hábitat de bosque tropical y debieron emigrar a las montañas del departamento de Yoro, donde algunos jicaques se habían establecido a mediados del siglo XIX.
- Los garífunas, asentados a lo largo de la costa, perdieron parte de sus tierras, crearon nuevos asentamientos alrededor de los pueblos-sede de las bananeras como San Pedro, Tela, Ceiba y Trujillo, y participaron masivamente como obreros asalariados de las compañías bananeras. Lingüísticamente los efectos fueron de un

fuerte bilingüismo (garífuna-español) desde Masca hasta Trujillo.

- Los payas debieron abandonar las pocas tierras costeras que tenían en el Bajo Aguán y se concentraron en el interior del departamento de Olancho, alrededor de Santa María del Carbón, pero poco después los hatos ganaderos y los cultivos de café, también llegaron allí, por lo que hasta la fecha provocan continuas emigraciones a las tierras que colindan con el departamento de Gracias a Dios.
- La necesidad de las compañías bananeras norteamericanas de tener empleados de confianza que hablaran inglés provocó la inmigración masiva (17,000 había en 1917) de hablantes de inglés "creole", en su mayoría negros, traídos de Jamaica, Gran Caimán e Islas de la Bahía.
- El Estado, debido al Laudo favorable para la recuperación de tierras de La Mosquitia en litigio con Nicaragua, creó intermitentemente las llamadas "misiones escolares" con el fin de castellanizar y "nacionalizar" a los sumo-tawahkas, los misquitos y los payas. Sus efectos lingüísticos fueron escasos, pero se sentaron las bases para abrir, a partir de 1950, escuelas permanentes.

La modernización del Estado (1954-1992)

Este período se caracteriza por la alternancia en el poder de presidentes electos democráticamente, por continuos golpes de Estado de las Fuerzas Armadas, por la guerra con El Salvador (1969) y, finalmente, por el afianzamiento de la democracia.

La castellanización obligada a través de la escuela primaria y la presencia del Estado en los territorios de misquitos, tawahkas y payas con carácter permanente comienza a dar sus frutos. La escuela es el medio ideal para castellanizar a estos grupos. Por vez primera se diseña una política para "hacer hondureños" a estos grupos étnicos.

En las comunidades garífunas, de Masca a Trujillo, prácticamente se establece una escuela primaria en cada comunidad, lo que ha supuesto un acelerado proceso de castellanización, provocando en algunas comunidades un monolingüismo castellano y en la mayoría un bilingüismo.

Los payas de Santa María del Carbón y Subirana, también han sido absorbidos por el castellano y los monolingües pech emigraron a otras comunidades del interior de Olancho, e incluso, de Gracias a Dios.

Los jicaques de Yoro, integrados en 24 comunidades y con unos 20.000 miembros, prácticamente han perdido su lengua materna y han sufrido un proceso irreversible de ladinización. Sólo quedan cerca de cuatrocientos jicaques que viven en una especie de reducción en la Montaña de la Flor, al norte del departamento de Francisco Morazán que conservan con insistencia su lengua y su cultura tolupán.

Los misquitos mantienen con orgullo su lengua, pero la masiva instalación de escuelas de educación primaria ha provocado un bilingüismo (misquito-español) generalizado en personas menores de 30 años.

Los tawahkas reducidos a cinco comunidades, en el curso medio del río Patuca, debieron abandonar sus asentamientos del interior del departamento de Olancho y, por el comercio y el asentamiento de ganaderos ladinos, se ha generalizado un trilingüismo (tawahka, misquito y español). La lengua tawahka sufre un fuerte embate del español en la comunidad de Kamakasna y del misquito en Krausirpe y Krautara.

LA OFICIALIZACIÓN DE LA POLÍTICA BILINGÜE E INTERCULTURAL EN HONDURAS (1993-1995)

El tres de agosto de 1994 se aprobó el Acuerdo Presidencial N° 0719-EP que supone un cambio radical en la política lingüística monolingüe castellana vigente en Honduras desde 1770. En el acuerdo, el Estado hondureño reconoce "el carácter pluricultural y plurilingüístico de la sociedad" y propone para todas las etnias del país una "educación primaria bilingüe e intercultural".

Antecedentes

Este giro copernicano en la política lingüística tiene múltiples antecedentes. Los grupos indígenas y afro-caribe de Honduras se organizaron en federaciones para defender originalmente su derecho a retener o recuperar las tierras que históricamente les pertenecen, pero que, como se ha analizado, les fueron arrebatadas durante los dos últimos siglos. Al finalizar la década de los ochenta, ampliaron sus peticiones en defensa de sus culturas y de sus lenguas. Se formaron así, con reconocimiento legal, la organización Mosquitia Asla Takanka, Unidad de La Mosquitia, MASTA, (1976); la Organización Fraternal Negra de Honduras, OFRANEH, (1979); la Federación de Tribus Xicaques de Yoro, FETRIXY, (se inicia en 1977 y se consolida en 1985); la Federación de Tribus Pech, FETRIP, (1985); la Federación de Indígenas Tawahka de Honduras, FITH, (1987); la Organización Nacional Indígena Lenca de Honduras, ONILH, (1989) y el Consejo Nacional del Pueblo Chortí (1995). Todas estas federaciones conformaron la Confederación de Pueblos Autóctonos de Honduras, CONPAH, que se consolida en 1992, y el Comité Asesor Hondureño para el Desarrollo de las Etnias Autóctonas (CAHDEA).

Las tres marchas realizadas por los indígenas lencas a Tegucigalpa en los años de 1994 y 1995 lograron llamar la atención del pueblo hondureño sobre sus problemas y la iniciación de una concertación con el gobierno liberal del presidente Carlos Roberto Reina para satisfacer un cúmulo histórico de necesidades de infraestructura, tierras, salud, educación y cultura.

Otro aspecto importante que impulsó la aprobación de la política bilingüe e intercultural para las etnias hondureñas se debió al desarrollo y modernización de la educación iniciada por el gobierno de Rafael Leonardo Callejas, por presión de los organismos financieros internacionales como el Banco Mundial y el Fondo Monetario Internacional. Estos entes condicionaron sus préstamos a Honduras, exigiendo programas neoliberales como el ajuste estructural de la economía, la modernización y reducción del aparato burocrático estatal y el mejoramiento de la calidad educativa, sobre todo en el nivel primario. A estos compromisos internacionales hay que añadir en el campo educativo, las conclusiones y recomendaciones de la Conferencia Mundial "Educación para todos", realizada en Tailandia en 1990, la Cumbre de la Infancia en el mismo año en Nueva York, y las reuniones de Guadalajara (México), Madrid y Cartagena de Indias de los presidentes de España y las naciones de América Hispánica.

La propuesta de educación bilingüe se concreta en el Plan de Operacionalización de Modernización de la Educación en el que se proponía que las unidades ejecutoras serían la SEP, a través de la Dirección de Planificación Educativa y la Unidad de Educación de Adultos, y el Instituto Hondureño de Antropología e Historia. Como instituciones "asociadas": el INA, el FHIS, el COHEP, la ANDI, el PRAF y las municipalidades. De 1994 a 1998 este plan operativo aspiraba a atender en educación bilingüe a 150,000 niños, cuando la población total de hablantes de lenguas indígenas, según el censo de 1988, sólo era de 48,989 monolingües. Este plan operativo nunca lo inició directamente el Ministerio de Educación, limitándose a avalar las experiencias piloto de educación bilingüe que algunas organizaciones habían iniciado en las lenguas misquito, garífuna, pech, tol o jicaque e inglés de Islas de la Bahía.

La experiencia bilingüe (misquito-español) en el departamento de Gracias a Dios es la primera y más prolongada de Honduras. Se inició en 1915 con las misiones escolares y culturales que envió el presidente Francisco Bertrand y, después, en la década de los cincuenta el doctor Juan Manuel Gálvez; más con una visión de integración y de castellanización que de bilingüismo. La iglesia morava desde 1940 había comenzado una política bilingüe como estrategia de evangelización y ha publicado un diccionario, una Biblia y otros materiales religiosos en lengua misquita. Después fomentó en sus escuelas y colegios la escritura de esta lengua. La organización privada Mosquitia Pawisa (MOPAWI) apoyó en 1990 el surgimiento del Comité de Educación Bilingüe Intercultural para la Mosquitia Hondureña (CEBIMH) dirigido por Scott Wood y apoyado por los expertos Amílcar González, Paul Stephenson y el lingüista Thomas Keogs. Han involucrado en el proyecto a 60 maestros misquitos e iniciaron en 12 escuelas un proyecto piloto de EBI en el que están experimentando materiales educativos, metodologías, elaboración de un currículum diferenciado y la enseñanza del español como segunda lengua. CEBIMH mantiene estrechas relaciones con los misquitos y el personal técnico nicaragüense que trabaja en esta lengua y están próximos a unificar y normalizar la escritura del misquito para ambos países. Además, CEBIMH está recibiendo el apoyo de la SEP, a través del Programa Nacional de Educación para las Etnias Autóctonas de Honduras (PRONEEAH).

La experiencia de educación bilingüe garífuna es mucho más reciente. Se han publicado algunos textos religiosos en garífuna y ha sido el profesor Faustino Miguel Álvarez quien iniciara en julio de 1993 una experiencia piloto de la EBI en 10 escuelas primarias y 10 jardines de niños, con el apoyo del Ministerio de Educación. La primera evaluación de este proyecto muestra esperanzadores avances, pero no está perfeccionada ni la metodología de enseñanza del garífuna ni la del español como segunda lengua. El MEP apoyó parcialmente una nueva experiencia del Proyecto de Educación Bilingüe Intercultural garífuna-español para 35 comunidades garífunas de la costa norte de Honduras que debió ejecutarse de los años 1993 a 1995.

La experiencia bilingüe de los pech es muy reciente y limitada. Los esfuerzos surgieron a partir de 1986 en el Primer Congreso "Leandro Duarte" en el que reclamaron el derecho a sus tierras y a conservar su cultura y su lengua. La Federación de Tribus Pech (FETRIP) ha hecho múltiples esfuerzos por formar los siete maestros pech que tiene actualmente y la Universidad Pedagógica Nacional (UPN) ha estudiado y presentado algunos proyectos de educación para apoyar a esta etnia. La FETRIP ve con mucha preocupación que comunidades importantes como Santa María, departamento de Gracias, y Silín, departamento de Colón, no tengan maestros pech.

Los tolupanes o jicaques de la Montaña de la Flor tienen algunas experiencias bilingües, pero sin continuidad y realizadas por misioneros. De 1960 a 1967 permanecieron David F. Oltrogge y su esposa Judith Anderson y desarrollaron un bilingüismo de transición y un programa de alfabetización básica en tol. A partir de 1970 continuaron la labor educativa del Instituto Lingüístico de Verano (ILV) Ronald Dennis y Margaret Royce hasta 1987. Durante este período prepararon una serie de materiales, especialmente cartillas, para la alfabetización de los jicaques de la Montaña de la Flor, pero sólo en la tribu del cacique Cipriano. El programa de alfabetización era transicional al español y tuvo como resultado que cinco tolupanes aprendieran a escribir y leer el tol y el español.

Los casi 20,000 jicaques de las tribus del departamento de Yoro no han tenido ninguna experiencia de EBI, están muy ladinizados y sólo unas diez personas hablan la lengua tol. La Federación de Tribus Xicaques de Yoro (FETRIXY) está interesada en recuperar la lengua y cultura jicaque de Yoro.

Los sumo-tawahkas viven en la región selvática del río Patuca y conforman cinco comunidades: Krausirpe y Krautara, en el departamento de Gracias a Dios, y Yapuwas, Kamakasna y Parawas, en el de Olancho. La mayoría de los tawahkas son trilingües (tawahka-misquito-español), pero hay un cuarenta por ciento monolingües en misquito y en español.

La Federación Indígena Tawahka de Honduras (FITH) ha hecho grandes esfuerzos por iniciar una educación bilingüe. En 1992 empezó por su propia cuenta un programa empírico de educación bilingüe en las cinco comunidades tawahkas, contratando a siete maestros que apenas habían terminado los seis años de educación primaria. Desde esta fecha han trabajado sin ser reconocidos ni pagados por el Ministerio de Educación en cinco escuelas de primaria y una de preescolar. Su trabajo docente lo han dirigido, sobre todo, a los niños de los tres primeros años de educación primaria, reforzando la lecto-escritura del tawahka y del español.

En 1994 se creó oficialmente el Comité de Educación Bilingüe Intercultural Tawahka (CEBICUT) y se puso en contacto con varias instituciones; como producto de ello está próximo a firmarse un convenio interinstitucional (UNAH, Ministerios de Educación y de Cultura, FHIS, IHAH y FITH) para que la Carrera de Lingüística de la UNAH se encargue de la formación de 20 maestros tawahkas en los próximos cuatro años.

La oficialización de la política bilingüe

En enero de 1993 la SEP, el PNUD y Alemania financiaron la consultoría de la ecuatoriana Ruth Moya, consultora del Servicio de

Cooperación Alemana (GTZ), y que culminó con la elaboración de un documento en el que se sientan las políticas nacionales y estrategias lingüísticas para una política bilingüe intercultural de todos los grupos étnicos de Honduras. La actual ministra de Educación, Zenobia Rodas de León Gómez y la Presidencia de la República, basándose en el documento citado, presentaron y aprobaron en el poder ejecutivo el acuerdo Nº 0719-EP que oficializa la política bilingüe intercultural para las etnias de Honduras. Transcribimos los artículos y apartados más importantes de este acuerdo:

PRIMERO a) El Estado hondureño reconoce el carácter pluricultural y plurilingüístico de la sociedad hondureña y asume dicha diversidad como recurso para el desarrollo interno, en particular para el desarrollo integral de las comunidades étnicas nacionales.

c) La Educación Bilingüe Intercultural propiciará el rescate, potenciación y desarrollo de las lenguas y culturas indígenas; al mismo tiempo, permitirá a los estudiantes indígenas, el adecuado manejo de la lengua oficial, así como el de los elementos estratégicos de la cultura nacional y universal, en tanto éstos contribuyen al desarrollo integral de dichas etnias y de toda la sociedad.

d) La Educación Bilingüe Intercultural promoverá un bilingüismo de mantenimiento para rescatar, conservar y desarrollar las lenguas vernáculas.

h) Para las etnias que poseen una lengua a punto de extinguirse o que han perdido definitivamente su lengua vernácula y ahora son monolingües en español, la educación partirá de la cultura ancestral, sin desmedro de facilitar el acceso y manejo de la cultura nacional y universal.

j) Para la modalidad de la Educación Bilingüe Intercultural y en vista de la prioridad estatal en favor de una población cuya lengua dominante es la lengua vernácula, la política de educación será de bilingüismo en lenguas vernáculas maternas, como medio principal de comunicación pedagógica y de rescate y desarrollo de estas mismas lenguas.

SEGUNDO Institucionalizar la Educación Bilingüe Intercultural mediante la creación del Programa Nacional de Educación para las Etnias Autóctonas de Honduras, PRONEEAH, en sus modalidades Bilingüe e Intercultural, que dependerá de la Secretaría de Educación Pública.

c) El PRONEEAH tendrá a cargo la planificación, organización, desarrollo, supervisión y evaluación de los recursos educativos que faciliten y tecnifiquen la educación de las poblaciones indígenas y afroantillanas del país.

Las bases teórico-prácticas de este acuerdo son un claro avance frente a las leyes anteriores. Las experiencias que hemos descrito, así como el anteproyecto de "Ley de Protección de las Etnias" proponían un bilingüismo transicional mientras que ahora se trata de un bilingüismo de mantenimiento que "generalizará el uso fluido de las dos lenguas, la lengua vernácula y la oficial y en los niveles oral y escrito, excluyéndose por tanto el uso de la lengua vernácula como nuevo puente para la castellanización". El currículum debe ser consecuente con este bilingüismo de mantenimiento, la lengua materna indígena debe utilizarse en todas las asignaturas del currículum y el español debe enseñarse como segunda lengua. Esto obliga a la planificación y normalización de las lenguas: unificación de su alfabeto, estrategias de préstamos léxicos, reforma de la legislación, etc.

Otro gran acierto del acuerdo es que tiene como prioridad el rescate y recuperación de aquellas lenguas y culturas en peligro de desaparecer (tawahka, pech y tol), bien por el escaso número de hablantes, bien por el acelerado proceso de transculturación. También presenta para aquellas lenguas, prácticamente extinguidas, como el lenca y el maya-chortí, la posibilidad de realizar currículos diferenciados para partir de la cultura vernácula, afianzarla y conocer la "cultura nacional". En este sentido debe entenderse el término de interculturalidad que ha sustituido en la legislación hondureña al de bicultural.

La última gran aportación de este acuerdo es que cada grupo étnico debe tener su currículo diferenciado y no, como se proponía en el anteproyecto de Ley de Protección de los Indígenas, insertar en el currículum regular algunos elementos y valores de cada etnia.

En palabras de Ruth Moya (1995) y como síntesis:

> A nivel de políticas, Honduras propone la educación intercultural bilingüe para la educación de los grupos étnicos bilingües y la educación monolingüe intercultural con dos submodalidades: una educación monolingüe intercultural centrada en la cultura indígena para los indígenas que han perdido su lengua ancestral y una educación intercultural con elementos que abonen en favor del reconocimiento de la diversidad cultural para la población monolingüe no indígena (Cfr. en este volumen Cultura y currículum).

Desde el punto de vista legal, creo que es insuficiente el Acuerdo Presidencial para establecer con carácter permanente y con obligación continuada del Estado la enseñanza bilingüe intercultural para los grupos étnicos que conservan su lengua e intercultural para los que la han perdido. Es necesario que se presente al Congreso Nacional una Ley que consagre el pluriculturalismo y multilingüismo de la República de Honduras y el derecho de los pueblos étnicos a recibir su educación primaria en su lengua indígena o caribe. Lo ideal sería que se hiciera una Ley de los "Derechos de los pueblos indígenas y caribes de Honduras" que plasmara tanto la política cultural y lingüística como los derechos de organización, de tierras, de derecho consuetudinario, etc. que se contempla en el Convenio Nº 169 Sobre pueblos indígenas y Tribales en Países Independientes, ratificado por el Estado de Honduras en 1995.

La experiencia de Honduras me indica que esta Ley de Derechos de los grupos étnicos tardaría demasiado en redactarse y consensuarse, por lo que, tal vez, pudiera consensuarse más fácilmente la que sólo contemple los derechos lingüísticos en la educación primaria.

En América Latina hay muchos modelos de este tipo de leyes, pero dadas las notables diferencias en cultura, estado de la lengua, población, organización, etc. que se dan entre los grupos étnicos hondureños el mejor modelo podría ser el de Chile. Es decir, una serie de apartados comunes aceptados por todos los grupos y un apartado para cada etnia en el que se contemple sus propias particularidades y necesidades.

La lengua

Después de más de quince años de búsqueda e investigación de la posible existencia de hablantes de la lengua lenca, en alguna de sus variantes en Honduras, puedo afirmar con seguridad que esta lengua indígena ha muerto, quedando únicamente un escaso número de palabras que funcionan como substrato del español en zonas del interior de los departamentos de La Paz, Intibucá y Lempira (Herranz, 1987; Büther, Herranz y González 1995).

El estudio del proceso de pérdida de la lengua lenca de Honduras (Herranz, 1996: 200-201) lo he dividido en las siguientes fases:

> Primera: Se caracteriza por el contacto del lenca durante varios siglos con el náhuatl (antes y durante la conquista) y con el español; ambas lenguas de prestigio e impuestas por el dominio político y el comercial. El resultado del contacto fue un incipiente bilingüismo que comenzó por los caciques y principales.
>
> Segunda: Hacia 1683, se tipifica esta fase por el total bilingüismo de los hombres (lenca-español) y algunos trilingües (lenca-español-náhuatl) entre los hombres mayores de cuarenta años. Las mujeres y los niños en estas dos fases eran monolingües del lenca.
>
> Tercera: Se caracteriza por la penetración de los códigos lingüísticos del español al lenca hablado por las mujeres a través de los patrones adaptados por el hombre y por el acceso progresivo de la mujer indígena a la educación primaria a partir de 1770, en especial después de 1812.
>
> Cuarta: Se caracteriza por el bilingüismo real de la mujer en las situaciones oficiales y formales de la comunidad (1860-1880) pero, todavía hablaba el lenca en la casa con el marido y las amistades. Algunas mujeres de caciques y principales, de común acuerdo con el marido, debieron comenzar a no enseñar la lengua lenca a sus hijos.
>
> Quinta: Abarca de 1881 a 1920. Supone la ruptura consciente y generalizada de la enseñanza del lenca a los hijos en el núcleo

Areas y comunidades actuales de Honduras de tradición lenca

familiar y, por tanto, la pérdida de la lengua en cuanto murieron las generaciones de abuelos y padres (1881-1970). Esta ruptura sólo pudo darse cuando la comunidad, a lo largo de muchos años, se dio cuenta que su lengua ya no era el mejor medio de comunicación y la sustituyeron por el español. Además, el utilizar en público o en las transacciones comerciales el lenca suponía un desprecio del interlocutor y el hecho real de que el indígena lenca fuera engañado, obteniendo menores precios por sus productos.

Sexta: Se caracteriza por un total monolingüismo castellano con posibilidad de encontrar en las aldeas más alejadas e incomunicadas ancianos de más de setenta años con algún conocimiento pasivo del vocabulario lenca y algunas palabras lencas (substratos) incorporados al léxico del español de la comunidad.

La cultura

Afortunadamente, la cultura lenca no ha seguido los mismos pasos de la pérdida de la lengua. No obstante, hay que señalar que el largo proceso de aculturación, sincretismo y mestizaje iniciado en 1510, todavía no ha concluido. El sincretismo cultural ha influido en su estructura político-religiosa y, curiosamente en la actualidad, la "tradición lenca" se sustenta en instituciones y organizaciones traídas por los españoles como las cofradías de santos, las alcaldías de la Vara Alta y la realización de encuentros de santos en la guardarraya de los pueblos limítrofes que no tienen pleitos de tierras, llamados guancascos.

Los rezos, composturas o pagos también son rituales sincréticos. Bajo una estructura y texto básicamente católico (rezar el rosario, novenas a los santos y oraciones para buenas cosechas), subyace la cosmovisión de que hay que hacer rituales a la madre tierra, a los duendes y dueños de montes y cerros en los que se sacrifican animales y se riega la tierra con su sangre para una mayor fertilidad de la "madre tierra" o como pago por la buena cosecha (Chapman: 1985).

Este proceso de aculturización, o como prefieren llamarlo otros "de mestizaje", hace que actualmente no hablemos tanto de cultura lenca, sino de "campesinos pobres de tradición lenca", expresión que resume con mayor precisión la situación actual (Chapman: 1978: Rivas, 1993; Herranz: 1996).

Recientemente realizamos un trabajo de investigación de campo en algunas comunidades lencas de los departamentos de Lempira e Intibucá para el proyecto de Fomento de la Educación Básica en Lempira e Intibucá (FEBLI) de la Cooperación Alemana (GTZ) junto con los lingüistas el alemán Thomas Büttner y Aura González. En este trabajo se trató, entre otras cosas, de caracterizar los rasgos culturales de estas comunidades de tradición lenca que todavía perviven.

Los más destacados fueron estos:

- Participar o haber participado en rituales o composturas agrícolas, de casa, de alfarería, de lavandero, lagunas, cerros, lluvias, ciclo de la vida y de la muerte (Chapman, 1985, I:87-196).
- Conservar leyendas, relatos y mitos del origen del mundo, de los cuatro horcones que soportan el universo, de duendes que son dueños de cerros y de serpientes que mueven montañas y provocan inundaciones.
- Creencia por la que un hombre puede convertirse en un animal (nagualtismo) y que la suerte que corra el nagual es la que correrá el hombre. (Herranz, 1983:127-128).
- La participación, casi constante, de la mujer en las tareas de siembra, limpia y recolección de maíz y del frijol.
- La manufactura de canastas de carrizo y de alfarería de vasijas y utensilios caseros de color rojizo con cruces blancas y otros dibujos sencillos de plantas, incisos en el barro (Castegnaro, 1989: 267)
- Las mujeres se caracterizan por llevar vestidos de algodón de colores muy vivos (rojo, azul, amarillo), y se cubren la cabeza con pañuelos de colores vivos o con toallas estampadas de colores chillantes.
- Las mujeres acostumbran a utilizar pendientes muy largos y cargan a los niños a la espalda, sujetados con una colcha de tela de manta, amarrada al hombro derecho.
- Las mujeres paren de pie o en cuclillas amarrándose o sujetándose las manos en un poste.

- Los hombres transportan grandes cargas utilizando el mecapal en la frente y, muchas veces, se tapan la cabeza y las orejas, dejando libre la cara, con una pieza de tela gruesa o de lana.
- Son fervientes devotos de la chicha, llamada fresquito, los cohetes en las celebraciones, el copal y el chilate con cacao. Algunos tienen en la casa un altarcito o "cultito" con imágenes de vírgenes y santos, adornado con hojas de palmera (palmito) y zomos o gallinazos.
- Participan en los guancascos o encuentros de santos entre dos pueblos que tienen límites de tierra. A mayor grado de participación (mayordomo, auxiliar, danzante, músico, gracejo, guanco), más integrado a la tradición lenca.
- Participan en la elección y ocupan cargos anuales en la Alcaldía de la Vara Alta o en los rituales del maíz común.
- El día de difuntos (utilizan el arcaísmo de finados) adornan la tumba con flores amarillas y la cubren con pétalos. Es frecuente que ese día lleven comida y ropa al difunto.
- Utilizan la medicina tradicional basada en plantas y partes de animales. Antes de ir a un médico, han recibido tratamiento de alguno de estos especialistas: comadronas, rezador, sobador, curandero y tamatino o sahurino, (Herranz 1983: 134).
- Ser miembro activo de una cofradía y pasar por todos sus puestos hasta llegar a ser mayordomo del santo, es una tradición católica de los lencas.
- Su forma de hablar el español es muy particular. Popularmente, y con cierto matiz despectivo, la denominan como el "habla de indito". Se caracteriza por los siguientes rasgos:

fonéticos:

- Alargamiento de vocales con pequeñas inflexiones que dan la sensación de "cantadito", un tanto monótono.
- Pronunciación cortada (glotalizada o herida) de las consonantes oclusivas sordas p', t', k' y de las sonoras b', d', g', aunque estas últimas con menor frecuencia.

- Posición muy alta, casi apicoalveolar, de las consonantes /ṣ/ y /θ/ que dan la sensación de un constante silbadito, más intenso en las mujeres que en los hombres.
- Inclusión constante de la palatal /y/ en palabras como seya, veya, diya, etc. y descensos de tono, muy inferiores al del español estándar.
- Terminan las oraciones con un tono elevado y sostenido, contrario al español general.

morfosintácticos:

- Abundan las discordancias de género entre el modificador (artículo y adjetivo) y el sustantivo núcleo: las bueyes, toda árbol, etc.
- Discordancias de número frecuentes entre modificadores y núcleo sustantivo y entre el antecedente y el pronominal.
- Presencia o ausencia innecesaria de los artículos.
- Discordancias frecuentes entre el sujeto y el verbo.
- Cambios del orden oracional posponiendo el verbo, adelantando el objeto directo o poniendo al final el sujeto.

léxicos:

- Constante uso de arcaísmos: vide, truje, pagamento, etc.
- Uso de ciertas palabras de procedencia lenca, aunque ellos no son conscientes ni las reconocen.
- Abundantísimo léxico de procedencia náhuatl.
- Uso de arcaísmos semánticos; p. ej. prieto en el español actual significa "persona de carnes duras y musculosas" y aquí conserva el significado antiguo de "tez obscura, color negro claro".

Hay otros rasgos que, aunque los comparten otros grupos y campesinos ladinos empobrecidos, pueden ayudar a determinar si es un campesino de tradición lenca. Estos son:

- Cultivo del maíz, del frijol, especialmente la variedad grande llamada chinapopo, y de varios tipos de calabazas en un mismo terreno (milpa) que rodea la casa.
- Utilización para la siembra del maíz de la macana, pujaguante, huizote o coa. Siembran cuatro granos de maíz y uno de frijoles chinapopos en cada hoyo.
- Tener como base de su alimentación diaria el maíz, comiendo tortillas, tamales (ticuco o tamal de viaje) y beber chicha.
- Criar guajolotes, patos y gallinas guinea negra "canechita" que se utilizarán en los rituales y composturas para curar enfermedades o pagos a la tierra.
- Vivir en una casa de techo de zacate o capuca, de cuatro aguas, soportado por cuatro horcones y paredes de troncos o de bahareque, sin divisiones internas, fuego a ras del suelo o sobre una hornilla.
- Utilizar para la caza el arco y la flecha.
- Tipo de asentamiento disperso (casa y milpa) ubicadas en alturas superiores a los 1,200 metros sobre el nivel del mar.
- Tener pueblos "vacantes" durante el período de verano, pues los hombres y, a veces, toda la familia se trasladan a las zonas más altas y frescas de la montaña para cuidar el ganado vacuno, hacer quesos y abrir brechas en el bosque para tener nuevas milpas o "trabajaderos".
- Concurrir con cierta asiduidad a las romerías de San Gaspar (Taulabé), Cristo de Tololá, Virgen de Suyapa y el Cristo de Esquipulas.

La combinación de todos estos rasgos o de algunos de ellos hace que el investigador hable de comunidades o individuos que tienen una "tradición lenca" más acentuada que otros o que determinado individuo o comunidad esté más "ladinizado" que otro.

Un aspecto importante para afianzar la cultura vernácula en las comunidades lencas es conocer sus formas y mecanismos de transmisión de los saberes ancestrales.

La transmisión de la cultura lenca: oralidad y secretismo

Para diseñar un currículo intercultural diferenciado para las comunidades lencas de Honduras y, sobre todo, para la investigación, la elaboración de textos para la escuela primaria y para la creación de una metodología propia de enseñanza-aprendizaje es necesario conocer las claves y las formas de transmisión de la cultura en las comunidades de "tradición lenca". Si se desconocen estos mecanismos, pudiera ocurrir que una educación que pretende afianzar los rasgos culturales propios, se convierta contradictoriamente en un programa transicional de la "tradición lenca" a la llamada "cultura nacional" de profundas raíces ladinas.

Dos aspectos, a mi modo de ver, caracterizan la trasmisión de la tradición lenca: La oralidad como estrategia permanente de comunicación y la secretividad entendida como la existencia de "expertos culturales" depositarios de la tradición que la transmitirán sólo a una persona allegada y no a toda la comunidad.

El medio de transmisión de la cultura lenca es a través de relatos orales y de la participación de los jóvenes en rituales y tradiciones. La transmisión por vía escrita es insignificante en el área lenca, debido a los altos índices de analfabetismo, a la extrema pobreza y a la falta de tradición escrita de las comunidades. No obstante, los lencas tienen una creencia ciega y una gran veneración por todo lo escrito, y las cosas y acuerdos importantes siempre se hacen por este medio.

La oralidad se practica en todas las actividades comunales, pero en especial en el núcleo familiar. Como en todas las sociedades poco desarrolladas de tipo agrario, es el núcleo familiar en donde el niño aprende y valora la cultura y la tradición de sus padres. La sociedad campesina lenca mantiene una estructura organizativa muy jerarquizada, en la que cada miembro juega un papel, dependiendo de su edad y su sexo. Tienen un concepto de "familia amplia", y es frecuente que en la misma casa viva la familia, los abuelos y los hijos que llevan uno o dos años de casados. Lo usual es que, si vive el abuelo, él sea la autoridad máxima de la familia, aunque no viva en la misma casa. Los hijos siempre piden y acatan los consejos y deseos de los padres. Si el "tata" no vive, será el padre el que tome las decisiones de la familia. El respeto a los ancianos es muy elevado entre los lencas. Si muere el padre, la autoridad máxima será el hermano mayor, pues rara vez toma el papel de jefe de familia la mujer.

La mujer lenca es, por lo general, la que conoce y practica entre los miembros de la familia la medicina tradicional, basada en hierbas, plantas y animales. Todo miembro de la familia que se sienta enfermo será tratado por ella; si no surte efecto, recurrirá al especialista de la comunidad (comadrona, sobador, tamatino) y, sólo si la enfermedad persiste, irá al centro de salud más próximo.

En las comunidades lencas son pocas las personas que conocen a fondo el simbolismo y la interpretación de los rituales y mitos lencas. En cada comunidad (una o varias aldeas) existe un tipo de personas de edad avanzada que los llaman "tatas", "personistas", "inteligentes" o "auctores". Generalmente son hombres, aunque en algunas comunidades, como Yamaranguila y Guajiquiro, he encontrado mujeres. Estos personajes tienen el respeto de toda la comunidad y, por lo general, son reacios a hablar con desconocidos. Conocen palabras lencas, que ellos dicen "dialecto", relatan mitos y leyendas y conocen su significado y simbolismo. Procuran en los rituales que estén listos todos los elementos (chicha, cacao, olominas, candelas, etc.) y que sean colocados en el orden y sitio que les corresponde según la tradición. En las ceremonias siempre tienen un sitio preferencial y se les da de comer ciertas partes del animal sacrificado (cabeza, molleja, pechuga, etc.), preestablecidas en el ritual. Todos los que he conocido y conozco tienen una memoria privilegiada.

Los segundos atesoradores de la tradición lenca son los "rezadores". En muchos casos la "personita" o "inteligente" y el "rezador" recaen en la misma persona, otras veces, no. El oficio de rezador lo ejercen tanto las mujeres como los hombres. Conocen de memoria los rezos de las composturas y veneraciones de cualquier tipo, el rosario de tres, cinco y diez misterios, los cánticos religiosos, las novenas, las rogativas y ciertos exorcismos. Su memoria es privilegiada, pues por lo común son analfabetos. Siempre tienen en su casa un "altarcito" o "cultito" con infinidad de imágenes de santos o fotografías, agua bendita, palma bendecida el Domingo de Ramos, cruces de romerías, etc.

El tercer atesorador de conocimientos es el "tamatino" o "sahurino". Este personaje, que a veces recae en la misma persona que el "inteligente" y el "rezador" de la comunidad, es el más especializado en curaciones, augurios y maleficios; diagnostica las enfermedades, generalmente, ahumando o sahumeriando el cuerpo del enfermo; prepara la medicina con hierbas, raíces, plantas y animales y receta las dosis y el tiempo en que debe tomarse. Algunos tamatinos utilizan como alucinógenos la floricundia, varias variedades de hongos y ciertos bejucos.

En algunas comunidades lencas, como Jesús de Otoro, pueden encontrarse brujos y brujas, pero estos utilizan algunos elementos de magia negra como hacer la señal de la cruz al revés, la tierra de muerto y el polvo del ara del altar mayor de la iglesia, invocan al demonio, etc. Estos recursos que profanan cosas sagradas son rechazados por los catoliquísimos lencas.

Otros especialistas menores en el tratamiento de enfermedades son las comadronas o pepenas, los sobadores y los curanderos (Herranz 1983; 134-135).

La transmisión de estos conocimientos tiene una serie de constantes en los dos casos que investigué en Intibucá. Don Marcelino, de Santa Cruz de Río Negro, tiene 60 años y ya tiene elegida la persona a la que le va a transmitir todos sus conocimientos. Ha elegido a su nieto, Nelson, de 10 años de edad y uno de los alumnos más inteligentes de la escuela. El entrenamiento consiste en que lo acompañe a todas las romerías, composturas y rezos. Don Marcelino señalaba con alegría que ya le ha dado "a probar la chicha"; pues "un rezador tiene que saber beber la bebida sagrada".

Doña Beatriz Reyes, de Yamaranguila, hizo lo mismo con su hijo mayor, Chemita, cuando era pequeño. Si presagian que ya les queda poco tiempo de vida, acompañan a sus aprendices a los rezos, composturas y curaciones y dejan que ellos los realicen; después, a solas, les indican los errores y omisiones que tuvieron. Por lo general, estos discípulos seleccionados viven en la misma casa y cuidan a su maestro, manteniendo un intenso proceso de aprendizaje e identificación de plantas curativas.

Áreas y número de personas de tradición lenca

A la llegada de los españoles el grupo vernáculo más numeroso y que ocupaba el área más extensa de Honduras era el lenca. Según A. Chapman, en el siglo XVI los lencas poblaban el territorio de los actuales departamentos de Lempira, Intibucá y La Paz; gran parte de Valle, Comayagua y Francisco Morazán, incluyendo Tegucigalpa; el sur y el este de Santa Bárbara y el noroeste de Choluteca. En el siglo XVII, pequeños grupos lencas emigraron a los departamentos de Olancho y El Paraíso (Chapman, 1978: 21). Es muy posible que el área de Taulabé, en las márgenes del lago de Yojoa, estuviera habitado por lencas-taulepas, que señala García de Palacio en su Carta-Relación a Felipe II.

En la documentación colonial el término lenca aparece, por lo general, utilizado como nombre de partido, de lengua y de gente. La mayoría de documentos coloniales reservan el término lenca para el partido de Aguanqueterique, del departamento de La Paz. La Relación de los franciscanos y Fray Francisco Vázquez lo utilizan para denominar a una tribu que habitaba en el siglo XVII las márgenes del río Guayape y que fueron reducidos en un mismo pueblo con indios sumos-tawahkas y nahuas. Además, deben considerarse como lencas en la documentación colonial todos los indios que aparecen bajo los términos care, cerquín, putum o potón, según Chapman y los términos taulepa y pupuluca. El término lenca se generalizó a partir de 1855 en que Squier (1897: 217) lo utilizó para denominar la lengua y el grupo de indígenas que habitaban el distrito de Guajiquiro. A partir de Squier, todos los lingüistas y antropólogos lo han utilizado para denominar a la lengua lenca con todas sus variantes (care, cerquín, potón, taulepa y pupuluca) y al grupo de campesinos de tradición lenca que habitan la parte central y occidental de Honduras. No obstante, para la mayoría de los campesinos del sur, centro y occidente de Honduras, este término no significa nada para ellos, pues desde la década de los cuarenta hasta la década de los setenta (Lunardi, 1948) la idea generalizada en el Estado, los intelectuales y los pobladores era que todos descendían de los mayas. El término lenca sólo era conocido y usado por los investigadores. Es hasta la década de los setenta que las minorías cultas hablan del lenca y se empieza a generalizar en las dirigencias de campesinos a mediados de los ochenta. Todavía, actualmente, muchos campesinos de tradición lenca se identifican simplemente como "hondureños". A pesar del trabajo de concienciación realizado por la dirigencia del movimiento lenca y por instituciones y ONGs, queda mucho camino por recorrer en la autoafirmación de los miembros campesinos de tradición lenca. No cabe duda que iniciar un programa de educación intercultural generalizado en el área lenca de Honduras es, hoy por hoy, irrealizable, pues en amplias regiones y un buen número de comunidades no son conscientes de su diversidad cultural.

La complejidad de estos factores hace que los autores no se pongan de acuerdo en cuanto al número actual de campesinos hondureños de tradición lenca. Johnson (1948) calculó en 1948 la población lenca de Honduras en 57.000 individuos. Richard Adams (1957:629) estimó que en 1950 había 50.000 personas cuya cultura él la llamó "lenca modificada" y 28.400 individuos que podrían llamarse lencas "ladinizados". El Consejo Asesor Hondureño para el Desarrollo de las Etnias Autóctonas (CAHDEA) y Ramón Rivas (1993:56) manejan un total de 100.000 individuos de tradición lenca, distribuidos básicamente en los departamentos de La Paz, Lempira, Intibucá y una parte de Santa Bárbara (Rivas 1993:62-63). Considero excesivo el total de "campesinos de tradición lenca" de CAHDEA y Rivas. En sentido estricto, si aplicamos al menos el 50% de los rasgos culturales lencas que he descrito, creo que en la actualidad su número no excede a 20.000, coincidiendo con los datos no publicados de Chapman (conferencia en 1982 en la UNAH).

Creo que actualmente el proceso histórico de pérdida sistemática de miembros de la cultura lenca por la aculturación se ha detenido, e incluso, puede haberse revertido. La creación de la Organización Indígena Lenca de Honduras (ONILH) en 1989 por CAHDEA, la lucha por la reciente creación de los municipios de San Francisco Opalaca (Intibucá) y Caiquín (Lempira) ha obligado a los habitantes de estas regiones a organizarse en comités, como COPIN en la región norte de Yamaranguila, y a hacer peregrinaciones a Tegucigalpa, exigiendo sus derechos. Este proceso ha supuesto una autovaloración de su tradición lenca.

El concepto de cultura se vincula con los derechos del grupo, y es la cultura que hace identificable a un grupo. En este sentido, un discurso político-reivindicativo que proviene de un grupo étnico reconocible por claros rasgos culturales, es percibido como más representativo para fuera. Un comunero de tradición lenca del norte de Yamaranguila, relata la situación actual y los esfuerzos que hacen para no perder su tradición (Büttner, Herranz y González, 1995):

> Yo creo de que realmente hace falta alguna de los [antiguos / ancianos] donde nosotros por ejemplo queremos olvidarla ¿verdad? pero a través de la mentalidad tiene que haber alguna referencia entre nosotros mismos como - como lenca ¿verdad? para como dicen para no perder la cultura que nosotros tenemos, porque a través de hoy, de la organización COPIN, hay un comité de ancianos que a esos comité de ancianos se están haciendo por ejemplo talleres en San Francisco y se están dando las motivaciones como se hacía en aquel tiempo, si es una compostura.

Limitándome a los dos departamentos en los que funciona el "Proyecto Fomento de la Educación Básica en Lempira e Intibucá" (FEBLI) pueden diferenciarse claramente dos zonas: tierras bajas de clima cálido y tierras altas de montaña de clima fresco (17 a 21 de promedio). Las tierras bajas, que en ambos departamentos coinciden con su región sur, son las fronterizas con El Salvador. Aquí la mayoría de la población está muy mestizada y ha perdido muchos de los rasgos de la "tradición lenca". Conservan únicamente ciertos mitos y creencias y la medicina tradicional. Las tierras altas ocupan el centro y el norte de ambos departamentos. En el caso de Lempira hay que excluir la región de la ciudad de Gracias, pues desde la colonia fue "villa de españoles". Un estudio más detallado mostraría con claridad las grandes diferencias culturales existentes entre los habitantes de las "tierras bajas" y los de las "tierras altas".

En el departamento de Lempira los municipios donde se mantiene más fuerte la "tradición lenca" son: Talgua, Lepaera, La Unión, La Iguala, Belén Gracias, Santa Cruz, La Campa, San Manuel de Colo-

hete, San Sebastián, Erandique y el norte de Cololaca, San Andrés, Gualcince, Piraera y San Francisco.

En el departamento de Intibucá: San Francisco Opalaca y sus aldeas, Yamaranguila, Semane, Chogola, Malguapa, Guascotoro, Monquecagua, Quiaterique, Misiure, Olos, Siquire, Yace, Segua, Congual, Talgua, Quiragüira, Guatalteca, Cosongra, Cirisma y Dolores, antiguo Yolula.

En el departamento de La Paz los municipios, en los que deben incluirse sus aldeas y caseríos, donde se conservan con mayor vitalidad rasgos de la "tradición lenca" son: Guajiquiro, Santa Ana de Cacauterique, Opatoro, Chinacla, Santa Elena, Cabañas, Aguanqueterique y Yarula.

En el apartado siguiente trataré con mayor profundidad y con más elementos de juicio los problemas que se derivan de estas consideraciones: la amplia y extensa zona de tradición lenca, el desequilibrio de intensidad de los rasgos culturales, el problema exógeno y endógeno de definición y autodefinición de campesinos de tradición lenca y, en consecuencia, el número de miembros que integran esta etnia.

CURRÍCULUM E INTERCULTURALIDAD

En este apartado pretendo mostrar los principios que se asientan en el Acuerdo Presidencial, el grado de ejecución del Programa Nacional de Educación para las Etnias Autóctonas de Honduras (PRONEEAH) para los campesinos de "tradición lenca", las áreas, comunidades y número de campesinos lencas, el diseño curricular y el grado de conciencia de las organizaciones y comunidades lencas para exigir e impulsar una educación intercultural.

El Acuerdo Presidencial 0719-EP-94 reconoce que el Estado debe iniciar la recuperación de las lenguas y culturas en grave riesgo de extinción. El apartado g) textualmente señala: «Se recuperarán y rescatarán las lenguas y manifestaciones que actualmente afrontan riesgo de extinción».

En el apartado La lengua y la cultura lencas de Honduras, claramente se mostró, con datos actuales, la pérdida de la lengua y la per-

vivencia de los rasgos culturales fuertes en unas zonas y débiles en otras.

El numeral siguiente del mismo acuerdo, especifica con mayor precisión qué tipo de educación debe impartirse en las comunidades que han perdido la lengua autóctona, como es el caso de los lencas, pero se mantienen rasgos culturales y una cosmovisión propios. Dice textualmente el apartado h:

> Para las etnias que poseen una lengua a punto de extinguirse o que han perdido definitivamente su lengua vernácula y ahora son monolingües en español, la educación partirá de la cultura ancestral, sin desmedro de facilitar el acceso y manejo de la cultura nacional y universal.

Como se ha visto, la "cultura lenca" es una cultura sincrética, en la que muchos rasgos, valores, tradiciones y parte de la cosmovisión se adoptaron y adaptaron de la cultura occidental católica traída por los españoles. Este hecho hace pensar que la llamada "tradición lenca" y la "cultura nacional mestiza" comparten un gran número de rasgos, tradiciones, valores y creencias. Pero también es notorio que hay otros muchos elementos culturales, mitológicos, organizativos y creencias que las diferencian. Tener en cuenta estas diferencias a la hora del diseño curricular es fundamental, de no ser así se puede llegar a plantear y ejecutar una educación intercultural en la que los rasgos de la cultura lenca sólo sean transicionales a la "cultura nacional mestiza". Como he mostrado ésta ha sido la posición del Estado hasta 1994 por lo que los campesinos del sur, centro y occidente de Honduras han perdido sus señas de identidad. En la práctica actual los lencas reciben el mismo tipo de educación, con el mismo currículum, y los mismos contenidos y libros de texto que el resto de los hondureños. Para confirmar esto, basta con analizar los programas vigentes y los libros de texto oficiales del Ministerio de Educación de la serie «Mi Honduras» (Büttner et al. 1995). Si queremos desarrollar la cultura lenca el Estado y los interesados deben diseñar y aplicar una educación monolingüe intercultural en español, centrada en los rasgos culturales y la cosmovisión que todavía conservan los campe-

sinós de "tradición lenca" y debe ser complementada con la llamada cultura nacional mestiza.

Para ejecutar las políticas lingüísticas del Acuerdo hace falta que se den condiciones en varios sectores y en distintos niveles como el Ministerio de Educación, las organizaciones indígenas y las propias comunidades.

Programa Nacional de Educación de las Etnias Autóctonas de Honduras (PRONEEAH), sus debilidades y estrategias

En 1994 se creó el PRONEEAH como un componente del Proyecto de Mejoramiento de la Calidad Educativa dentro de las estructuras de la Secretaría de Educación Pública. El PRONEEAH surgió al amparo de un decreto de la presidencia de la República (Acuerdo Nº 0719 EP94) que oficializó la posibilidad de desarrollar programas educativos diferenciados para las etnias del país, incluida la educación bilingüe e intercultural. A su vez, el decreto encajaba con los propósitos del Convenio 169 de la OIT suscrito por Honduras y en el que el gobierno se había comprometido a promover el desarrollo de este tipo de programas educativos.

El PRONEEAH recibió cuantiosos fondos provenientes del Banco Mundial, los que fueron canalizados a través del Programa de Mejoramiento de la Calidad Educativa. Con estos fondos se contrató un equipo técnico nacional y se pagaron consultorías internacionales con el propósito de dar forma a la iniciativa. Particularmente importante fue el documento presentado por Ruth Moya en el que se plantearon las líneas generales que, a juicio de esta consultora, debían seguirse en Honduras para la educación bilingüe e intercultural (EBI).

Con base en este y otros documentos el PRONEEAH se trazó un amplio plan de trabajo, dentro del que figuró como uno de los primeros puntos la integración de representantes de las etnias en el programa. Estos representantes debían cumplir la función de enlace con sus etnias y, a la vez, servir de informantes lingüísticos y culturales al equipo técnico del PRONEEAH.

En un primer momento, el PRONEEAH determinó como prioridad desarrollar la educación bilingüe e intercultural (EBI) en las etnias mayoritarias del país, es decir, en los pueblos garífuna y misquito. Esto provocó que las etnias minoritarias como la tawahka salieran del PRONEEAH. Los tawahkas encontraron apoyo en la Universidad Nacional Autónoma de Honduras, particularmente en la Carrera de Letras, para sacar adelante su propio proyecto EBI. Así, en diciembre de 1995 mediante un convenio interinstitucional el gobierno se comprometió a desarrollar un proyecto EBI especial para la etnia tawahka fuera del marco del PRONEEAH. El convenio interinstitucional fue suscrito por la Secretaría de Educación Pública, la Universidad Nacional Autónoma de Honduras, la Secretaría de Cultura y las Artes, el Instituto de Antropología e Historia, el Fondo Hondureño de Inversión Social y la Federación Indígena Tawahka.

Frente a esta circunstancia el PRONEEAH se replanteó su propósito original y, en lugar de desarrollar la EBI sólo en las etnias mayoritarias, decidió hacerlo en todas. El PRONEEAH buscaba legitimarse mediante el recurso de intentar abarcar todas las etnias y todas las iniciativas posibles de educación bilingüe e intercultural en el país. Si antes su propuesta marginaba a los grupos minoritarios con mayor peligro de extinción, ahora se puso en precario el programa en conjunto al volverse en contra de los principios de factibilidad con que originalmente fuera concebido.

Por problemas internos lo que originalmente era PRONEEAH se ha dividido en dos, por un lado han quedado los representantes étnicos y, por otro, el equipo técnico. Ocupan sedes diferentes y no tienen mayor contacto entre sí. El equipo técnico controla los fondos del Programa, mientras que los representantes étnicos enfrentan graves problemas económicos y no han podido configurar los equipos multidisciplinarios para cada etnia.

Los representantes étnicos se encuentran desorientados y no saben con qué propósito permanecen en Tegucigalpa. Estos representantes no reciben paga o la reciben con muchas dificultades entre otras razones porque al no existir ley que ampare la EBI, el Ministerio de Hacienda no aprueba sus salarios. Por otra parte, han comenzado a generarse conflictos entre estos representantes étnicos y sus comunidades debido a que, a pesar del tiempo transcurrido, los proyectos EBI no comienzan ni tienen visos de comenzar en las comunidades.

El equipo técnico no ha sido capaz de orientar ni promover la EBI de una forma coherente y sostenida. Sus actividades han sido aisladas, descoordinadas y onerosas. La idea de los técnicos ha sido procurar cartillas de lecto-escritura y libros de texto para que sean utilizados en las escuelas de las comunidades étnicas. Estos materiales educativos no sólo no han sido elaborados con el rigor científico requerido sino que tampoco podrán por sí mismos llevar la EBI a las comunidades. Para que esto sea posible hace falta tener maestros capacitados que puedan hacer uso de los materiales y dar vida a la concepción y los propósitos de un currículum diferenciado para cada etnia. PRONEEAH no contempla la formación de maestros como un componente prioritario. Su idea es convertir a mediano plazo la Escuela Normal de Trujillo en un centro de formación especial de maestros de nivel primario EBI y, a largo plazo, abrir una carrera dentro de la Universidad Pedagógica Nacional de formación de maestros de nivel secundario con la misma especialidad EBI. Estos planes son, de momento, irrealizables pues nada o muy poco se ha hecho por ellos. Las debilidades de la EBI y la falta de estrategias para reunir personal capacitado en torno a sus proyectos hace pensar que estos planes sean una quimera.

A mi modo de ver, PRONEEAH debe transformarse en una unidad coordinadora, supervisora y gestora de los proyectos EBI del país. Debe trazar las políticas educativas generales, promover los cambios institucionales necesarios dentro del Ministerio de Educación y de las demás instancias gubernamentales, obtener los fondos necesarios y, sobre todo, promover la formación de equipos multidisciplinarios en cada etnia para que esta formule y desarrolle sus propios proyectos EBI. Es impostergable generar una dinámica al interior de los propios grupos étnicos para que sean éstos los que generen sus propios proyectos EBI. No es posible realizarlos desde las esferas gubernamentales si antes no hay una suficiente conciencia y movilización de las etnias en torno a sus objetivos en materia de educación. PRONEEAH debe estimular estos procesos, poniendo a disposición de las etnias todos los recursos posibles y, sobre todo, apoyar a aquéllas más débiles en términos políticos y organizativos. Es evidente que los proyectos EBI tendrán más posibilidad de desarrollarse si las propias etnias presionan por su existencia.

Al fomentarse que cada etnia desarrolle su propio proyecto EBI, será posible diseñar, con la participación de las comunidades, las metas concretas e integrar equipos técnicos con la inclusión de profesionales especializados radicados en el país. La experiencia del proyecto tawahka puede servir de modelo en cuanto a la posibilidad de reunir recursos técnicos nacionales y extranjeros, altamente capacitados.

Organizaciones y comunidades lencas de Honduras

Los campesinos de tradición lenca cuentan con la Organización Nacional Indígena Lenca de Honduras (ONILH), creada en 1992 a instancias del Comité Asesor Hondureño para el Desarrollo de las Etnias Autóctonas (CAHDEA) y forma parte de la Confederación de Pueblos Autóctonos de Honduras (CONPAH) que aglutina en teoría, a todas las federaciones. Además, ONILH tiene dos representantes en PRONEEAH, responsables de impulsar la educación monolingüe intercultural para su grupo étnico. Después de algunos fallos estratégicos para aglutinar a los lencas, hoy es una organización fortalecida que ha sido capaz de generar un buen número de comités locales. Hoy por hoy se ha limitado dentro del programa de educación a tener dos representantes en PRONEEAH, con más voluntad que preparación. Pero la propia ONILH debe estructurar, presentar y luchar por claros planteamientos educativos, pues hasta la fecha sus exigencias al gobierno se han dirigido más a titulación de tierras, infraestructura de comunicaciones y educativa (que cada pueblo, aldea tenga una escuela), salud y proyectos de desarrollo. Todavía, y ojalá que esté equivocado, no reivindican una educación intercultural basada en la cultura lenca.

Es necesario que ONILH, a través de sus representantes en PRONEEAH aglutine un equipo EBI propio que pueda diseñar y ejecutar un programa experimental en una o varias comunidades de educación monolingüe intercultural. Hay un buen número de expertos nacionales y extranjeros en la lengua y la cultura lenca (antropólogos, lingüistas, etnólogos, literatura oral, etnobotánicos, etc.) que podrían asesorar y, tal vez, integrar el equipo dirigido por los lencas.

Otra organización dentro de los lencas que ha demostrado tener una excelente estructura, estrategias de lucha adecuadas y ha logrado liderar las reivindicaciones ante el gobierno, es COPIN. Su surgimiento se debió al fuerte trabajo de desarrollo integral (hoy desarrollo sostenible) realizado por la iglesia católica a través de los celebradores de la palabra, los servicios de cooperación internacional, OPDs, ONGs e instituciones del Estado como Recursos Naturales, Salud Pública, AHPROCAFE, UNAH, etc. Después de tres años de lucha y "peregrinaciones" a Tegucigalpa exigiendo salud, carreteras, escuelas y educación, han logrado muchas de sus peticiones. El gobierno creó los nuevos municipios de San Francisco de Opalaca y de Caiquín. El alto grado de concienciación de los comuneros de las aldeas y caseríos de este municipio, unidos a la asignación de maestros con una gran conciencia intercultural y el hecho de ser escuelas atendidas por el proyecto FEBLI, hacen que esta zona norte de Yamaranguila sea la región ideal para iniciar en forma experimental el proyecto de educación monolingüe intercultural para los lencas.

Debido a los problemas de gran extensión que tiene la zona lenca, la gran variación de niveles de pervivencia de la cultura y los substratos léxicos lencas, y de autovaloración de las comunidades y de la variable fortaleza de ONILH, creo que las comunidades más adecuadas para iniciar el proyecto experimental de educación intercultural lenca en el departamento de La Paz son Guajiquiro y Santa Elena. Estos dos municipios, en especial Guajiquiro, cuentan con una buena infraestructura de educación primaria y la mayoría de maestros que trabajan en la escuela "Espíritu de Lempira" son nacidos en ese municipio.

El currículum diferenciado para los lencas de Honduras

El Acuerdo Presidencial que instaura y regula la política educativa bilingüe intercultural deja claro dos cosas a nivel de diseño curricular. La primera es que para los grupos que han perdido su lengua propone una educación monolingüe intercultural, centrada en la cultura indígena; es decir, en este caso, en la cultura de "tradición lenca". La segunda es que cada grupo étnico debe tener una educación primaria diferenciada, no sólo con los mestizos monolingües, sino también, con los demás grupos étnicos.

El hecho de que el currículum escolar se base en la cultura lenca deja por fuera la posibilidad de utilizar el currículum, metodologías, contenidos y libros de texto actuales del Ministerio de Educación, y exige un diseño totalmente nuevo. Es decir, no pueden continuar las escuelas unidocentes y bidocentes del área lenca con su misma dinámica y tratar de introducir refuerzos en los contenidos de la cultura lenca, pues el punto de partida y de llegada de esta educación es la cultura nacional mestiza.

Otro aspecto importante es el diseño curricular, el número de asignaturas, los ejes temáticos, los contenidos, las metodologías y los materiales escolares. La estrategia para este diseño curricular debe hacerse experimentalmente y en ella deben participar de lleno varios actores. Los expertos del ME en educación intercultural y tradición lenca, los representantes indígenas lencas de PRONEEAH y las organizaciones lencas, los miembros de la comunidad o comunidades en las que se aplicará experimentalmente el programa, los ancianos y tamatinos de la comunidad, los maestros que desarrollarán en la comunidad el programa educativo y los expertos (antropólogos, lingüistas, etnohistoriadores, etnobotánicos, etc.) que por años y décadas han investigado la cultura lenca de Honduras. Puede verse que este diseño curricular exige un gran equipo en el que participan muchos actores, bajo la dirección de los lencas. Los intentos frustrados de PRONEEAH para diseñar un currículum a tráves de los dos representantes lencas en este organismo y con el escaso apoyo de tres técnicos de PRONEEAH afianzan la necesidad de esta nueva estrategia y del equipo interdisciplinario.

Los principios y fines en que debe basarse la educación monolingüe intercultural para los lencas, también debe modificarse radicalmente. Entre los más importantes cambios deberían considerarse:

Afianzamiento y desarrollo de la cultura de tradición lenca que acarreará una mayor identidad cultural y social y una revalorización individual y colectiva.

Orientación educativa al trabajo productivo en función de sus propias tecnologías y la adaptación de nuevas, exigidas por el desarrollo de las propias comunidades de forma integral y humanista.

Participación decisiva de los lencas en la gestión educativa. La escuela debe concebirse como el eje donde convergen y participan todos los miembros de una comunidad.

Protección, uso racional y aprovechamiento de los recursos naturales (bosque, minerales, agua, madera) que permitan un desarrollo humano integral y sostenido de las actuales y futuras generaciones de tradición lenca.

Revitalizar y utilizar en el sistema educativo formas tradicionales de las comunidades en organización social, transmisión de cultura, tecnologías agrarias y artesanal, medicina natural, cosmovisión, rituales y mitos y leyendas.

Tanto los ejes curriculares como el número de asignaturas y contenidos actuales de la educación primaria que ejecuta el ME debe ser totalmente renovada. Actualmente la educación primaria a nivel nacional consta de seis cursos, divididos en dos ciclos: educación básica de 1er curso a tercero y, segundo, de 4º a 6º. Las asignaturas que lo integran se dividen en dos tipos: fundamentales y complementarias. Las primeras están integradas por Matemáticas (5 horas semanales), Lenguaje (5 horas semanales), Estudios Sociales (3 horas semanales) y Ciencias Naturales (3 horas semanales). Como complementarias de primero a sexto grado aparecen: Caligrafía, Dibujo y Decorado, Música y Canto, Educación Técnica, que se divide en Artes Industriales para niños y Educación para el Hogar, para niñas, y Orientación (sólo para quinto y sexto grados). Ruth Moya (1994: 107-108) propone para la EBI dos alternativas curriculares. La alternativa A tendría las siguientes asignaturas: Lenguaje, Matemática, Hombre y Naturaleza, Recreación, Arte y Trabajo. La opción B: Lenguaje, Matemática, Hombre y Naturaleza, Recreación y Arte, y Trabajo y Tecnología. Esta misma propuesta es la de PRONEEAH en sus Lineamientos de Diseño Curricular para las etnias (1996). En general, la primera alternativa me parece más adecuada que la segunda, pero tengo algunas divergencias que deseo comentar.

En los tres primeros cursos la Matemática y Lenguaje, es decir el proceso de lecto-escritura deben tener el peso fundamental. En el tercer curso, deben incluirse Hombre y Sociedad y Hombre y Naturaleza.

Teórica y prácticamente deben separarse Hombre y Naturaleza y Hombre y Sociedad, que en la propuesta de Moya y PRONEEAH están incluidas como un todo en Hombre y Naturaleza. Esta propuesta supone que asignaturas como Recreación, Arte y Trabajo (opción A) o Recreación y Arte y Trabajo y Tecnologías (opción B) no deben considerarse como entes autónomos sino como parte, unas de Hombre y Sociedad y otras, de Hombre y Naturaleza. Por ejemplo, todo lo referente a medicina tradicional, ecosistema, salud, actividades y tecnologías agrarias, artes industriales, etc. deben formar parte integral de Hombre y Naturaleza y canto, música, teatro, artesanías (en especial las de barro, tusa, pita y cuero) deben formar parte de Hombre y Sociedad. De esta manera se evita que los conocimientos sean abstractos y teóricos y no se desliguen de las actividades prácticas y productivas; es más, el alumno le encontrará sentido y aumentará sus conocimientos sólo en aquellos que puede aplicarlos a su entorno con tecnologías tradicionales y con nuevas ya adaptadas.

El lenguaje, monolingüismo en español, debe cubrir con mayor intensidad que en la actualidad la comprensión auditiva y la expresión oral. El teatro, los mitos, los rituales, la música y el canto se convierten así, no en un elemento aislado que hay que desarrollar, sino en elementos metodológicos participativos que refuerzan, por un lado, el uso del español y, por otro, son facilitadores y reforzadores del proceso de apropiación de la lecto-escritura. Es importante también concebir las grandes vasos comunicantes que se dan entre Lenguaje, Hombre y Naturaleza y Hombre y Sociedad a nivel semántico y léxico. El lenca se ha perdido como idioma, pero perviven un buen número de términos botánicos, zoológicos, medicina natural, utensilios, técnicas, productos agrarios, rituales, etc., nada despreciables, que se conservan como substratos del español, pero que los usuarios desconocen su procedencia. Reforzar estos términos locales, profundizar en su significado y conocer sus términos sinónimos de uso general en el español de Honduras no sólo ayuda a la asignatura del lenguaje, sino a las de Hombre y Naturaleza y Hombre y Sociedad.

Mis investigaciones lingüísticas del área lenca de Honduras demuestran la pervivencia de un gran número de términos de procedencia nahuatl (Herranz 1996: 265-279) que tienen una gran vitalidad, y que cubren los mismos campos léxicos que los lenquismos. No cabe duda que su incorporación en Lenguaje y en el Hombre y la Naturaleza, complementarían la base sincrética de la tradición cultural lenca.

La Matemática debe cambiarse desde la visión del lenca. El estudio de la numeración, ya perdida, del lenca demuestra que su base de cómputo es cinco y no diez como en la cultura occidental. Su concepción del espacio y sus mecanismos de asociación y deducción son también diferentes. Estos son indicadores, a la par del gran fracaso escolar en esta asignatura, que debe reformularse, aplicarse a la naturaleza y la sociedad y cambiar radicalmente su metodología de enseñanza. Las experiencias parciales que hemos iniciado con los sumo-tawahkas nos demuestra que teóricamente es posible y sus rendimientos son excelentes.

Si los contenidos de las asignaturas, las metodologías y las aplicaciones no se dirigen al trabajo y la productividad en el área lenca será difícil que mejoren sus actuales condiciones de pobreza extrema, su emigración a zonas urbanas y sea el área de mayor desempleo y menor renta per cápita de Honduras.

Ahora bien, si el Estado a través del ME no entiende que este tipo de educación intercultural necesita de grandes recursos económicos, infraestructura educativa adecuada e integración de equipos multidisciplinarios, poco se podrá hacer, a pesar de las luchas y exigencias de las organizaciones y federaciones lencas y de sus propias comunidades.

CONCLUSIONES

1. Son demasiados siglos de una política monolingüe castellana en Honduras como para creer que el Estado, a través del Ministerio de Educación, ejecute una política bilingüe intercultural de man-

tenimiento plasmada en el Acuerdo Presidencial 0719-EP-94 para todos los grupos étnicos. Muchos técnicos de educación, miembros de partidos políticos, diputados e intelectuales todavía creen que la ejecución de este tipo de programas desmembra a la familia hondureña, pone en peligro la "unidad nacional republicana" y violenta la cultura nacional mestiza basada en el español como única lengua. Las comunidades étnicas, las federaciones y los intelectuales deben redoblar esfuerzos y mantener una unidad, hoy muy resquebrajada, para presionar al Estado y a la sociedad de la necesidad de respetar los derechos culturales y lingüísticos de los grupos étnicos hondureños, pisoteados históricamente. Es necesaria la elaboración y aprobación de una Ley para las etnias por el Congreso Nacional en la que se refleje las políticas permanentes del Estado en beneficio de los grupos étnicos, acorde con el Convenio 169 de la OIT y la Declaración Universal de los Derechos Humanos, ambos ratificados por Honduras.

2. Actualmente no es posible en Honduras lograr que el Ministerio de Educación ejecute un proyecto único de educación bilingüe e intercultural para todas las etnias, pues las condiciones de estas lenguas, de sus culturas, y de su desarrollo son diferentes en cada grupo. Es urgente que cada grupo étnico seleccione de sus miembros las personas que conformarán el equipo permanente de trabajo, seleccionen el equipo multidisciplinario de especialistas (lingüistas, historiadores, biólogos, antropólogos, pedagogos, etc.) que les apoyarán, elaboren el plan de trabajo y lo ejecuten. El ME, que carece de personal capacitado en educación bilingüe, únicamente debería tener las funciones de aprobación de los planes, de supervisión y de financiamiento. A diferencia de lo que ocurre actualmente que la EBI se ha dedicado exclusivamente a trabajar con onerosos consultores internacionales para la elaboración de cartillas, gramáticas y diccionarios de las lenguas indígenas, estos equipos de cada etnia deberían conformarse con expertos nacionales o extranjeros que vivan en el país y trabajen a tiempo completo en el proyecto bilingüe, siendo elegidos libremente por cada etnia y cumpliendo con los requisitos exigidos para cumplir con las funciones asignadas.

3. La elaboración de cartillas de lectoescritura, libros de texto y demás materiales educativos para cada grupo étnico deben realizarla los maestros o personas elegidas por la etnia y orientadas por los expertos del equipo multidisciplinario. PRONEEAH y EBI, hoy separadas, deben unirse y cambiar radicalmente su estrategia y metodología. La formación de maestros bilingües para cada grupo y la elaboración de textos no deben ser procesos separados sino que deben realizarse unidos y simultaneamente. Los conocimientos lingüísticos y metodológicos de su lengua indígena (L1) y del español como segunda lengua de los maestros bilingües tienen como producto inmediato y concreto la elaboración de cartillas de lectoescritura, gramáticas y diccionarios escolares. El equipo que los elabora es el mismo que el que los va a aplicar en la escuela, así contenidos y metodología de enseñanza van indisolublemente unidos. El lema debe ser "Aprender haciendo". Además se evitarían los problemas de rechazo de los grupos étnicos y de sus maestros de los materiales elaborados en dos meses por expertos internacionales contratados por la EBI, por no estar de acuerdo ni en sus contenidos, ni en su metodología, ni en su validación como ocurre actualmente con las cartillas de lectura elaboradas por la EBI para la lengua garífuna y la tawahka.
4. En el caso de los lencas de Honduras que han perdido su lengua ancestral pero que conservan una cultura de "tradición lenca", es urgente que esta etnia conforme su equipo de EBI, elabore el proyecto de educación intercultural, diseñe un currículum escolar diferenciado y forme a sus maestros interculturales, pues en la actualidad se está aplicando el modelo curricular nacional y los libros de texto de la serie "Mi Honduras" que son claramente aculturalistas y asimilacionistas a la cultura nacional mestiza. De no hacerlo con urgencia, asistiremos impávidos a la pérdida de la "tradición lenca", al igual que hemos asistido a la pérdida irremediable de su lengua en el presente siglo. Afortunadamente en Honduras hay antropólogos, lingüistas, historiadores, biólogos, etc. nacionales que por más de dos décadas han investigado la lengua y la cultura de este grupo étnico y pueden conformar un

excelente equipo multidisciplinario, sólo tenemos que aprovechar estos recursos humanos, tan escasos en nuestro país.

5. Dadas las dificultades del número de miembros de la "tradicción lenca", de la vasta región que ocupan, de los distintos grados de conservación de su cultura y de la carencia de lineamientos claros para el diseño de currículos interculturales, se sugiere empezar la EBI para los lencas con carácter experimental, en tres comunidades que lo soliciten y, a ser posible, que cada una de ellas esté ubicada en un departamento diferente: La Paz, Intibucá y Lempira.

BIBLIOGRAFÍA

ADAMS, Richard.

1957 *Cultural Surveys of Panamá, Nicaragua, Guatemala. El Salvador and Honduras.* (Washington: Panamerican Sanitary Bureau): 532-669.

ALVARADO García, Ernesto.

1958 *Legislación Indigenista de Honduras* (México: Instituto Indigenista Interamericano).

ARGUETA, Mario y J. Reina Valenzuela.

1978 *Marco Aurelio Soto y la Reforma Liberal de 1876.* (Tegucigalpa: Banco Central de Honduras).

ARGUETA, Mario y E. Quiñonez.

1979 *Historia de Honduras.* (Tegucigalpa: E.S.P.F.M.).

CASTEGNARO de Foletti, Alessandra.

1989 *Alfarería lenca contemporánea de Honduras* (Tegucigalpa: COSUDE).

CHAPMAN, Anne.

1978 *Los lencas de Honduras en el siglo XVI.* (Tegucigalpa IHAH).

1985 *Los hijos del copal y la candela.* Universo mítico de los lencas de Honduras. 2 tomos (México: UNAM).

DÍAZ del Castillo, Bernal.

1984 *Historia verdadera de la Conquista de la Nueva España*, 2 vol. 1984 (Madrid: Historia 16).

HERRANZ Atanasio.

1987 "El lenca de Honduras: una lengua moribunda", *Mesoamérica* 14: 429-466.

1994 Los mayas-chortíes de Honduras". En *Mayab* (Universidad Complutense de Madrid) 9: 87-92.

1996 *Estado, Sociedad y Lenguaje. La Política Lingüística en Honduras*, (Tegucigalpa, Guaymuras-IHAH-GTZ).

______"Etnohistoria de la lengua lenca de Honduras", (en prensa).

LUNARDI, Federico.

1948. *Honduras maya* (Tegucigalpa, Imprenta Calderón)

MARTINELL Gife, Emma.

1988 *Aspectos lingüísticos del descubrimiento y de la Conquista.* (Madrid: CSIC).

MOLINA Chocano, Guillermo.

1982 *Estado liberal y desarrollo capitalista en Honduras,* 2ª ed. (Tegucigalpa: Edit. Universitaria).

MOYA, Ruth.

1994 *Políticas nacionales, lineamientos curriculares y estrategias lingüísticas para el desarrollo e institucionalización de la educación bilingüe intercultural en Honduras* (Tegucigalpa: SEP-UNESCO-Alemania).

POSAS, Mario.

1981 *El movimiento campesino hondureño* (Tegucigalpa: Guaymuras).

ROSEMBLAT, Angel.

1964 "La hispanización de América. El castellano y las lenguas indígenas desde 1942". En *Presente y Futuro de la Lengua Española, Actas de la Asamblea de Filología del I Congreso de Instituciones Hispánicas,* 2 vols. (Madrid: Cultura Hispánica).

RIVAS, Ramón.

1993 *Pueblos indígenas y garífuna de Honduras, Una caracterización.* (Tegucigalpa: Guaymuras-SNV) 492 págs.

SQUIER, Ephraim G.

1897 *Apuntaciones sobre Centroamérica, particularmente sobre los estados de Honduras y El Salvador.* (París: Gratiot).

Capítulo II

Investigaciones Lingüísticas y Materiales Educativos

LA INVESTIGACIÓN LINGÜÍSTICA Y LA EDUCACIÓN BILINGÜE EN NICARAGUA: BALANCE DE UNA DÉCADA

*Danilo Salamanca**

INTRODUCCIÓN

Los conocimientos acumulados sobre las diferentes lenguas indígenas, que todavía se hablan en Nicaragua, han recibido a partir de mediados de la década pasada un impulso relativamente importante. En esta exposición voy a presentar brevemente la labor que se ha realizado para interrogarme después sobre las causas que dieron origen a este repentino florecimiento. Posteriormente abordaré las perspectivas actuales de continuar y mantener viva esta tradición investigativa y las posibles conexiones del trabajo realizado en Nicaragua con el que se está desarrollando en Honduras.

DATOS BÁSICOS DE TRASFONDO

Para hacer un poco más comprensible lo que vamos a decir en relación a la investigación sobre los idiomas indígenas de Nicaragua,

* Centro de Investigaciones y Documentación de la Costa Atlántica, Nicaragua.

voy a comenzar por hacer un breve recuento de los grupos indígenas existentes y su situación lingüística.

Los indígenas de Nicaragua que han conservado mejor sus lenguas y sus culturas viven en la vertiente Atlántica o mitad este del país; el cual está dividido en el centro por una cadena montañosa. En el Pacífico y en el centro, los indígenas fueron aculturados y perdieron sus lenguas relativamente temprano y, en todo caso, desde mediados del siglo pasado. En los últimos años, en parte originado por un movimiento continental de reivindicación indigenista, en parte ligado a reclamos de tierra basados en derechos ancestrales, en diferentes partes del Pacífico de Nicaragua una serie de comunidades se han unido a las tradicionales Monimbó y Sutiava en reivindicar su identidad indígena (para mayores detalles sobre esto ver, por ejemplo, varias contribuciones al libro *Persistencia Indígena...*, publicado por el CIDCA en 1993, bajo la coordinación de German Romero).

En la Costa Caribe (vertiente este del país) existen seis grupos étnicos diferenciados: los mestizos, que son la mayoría (183,000); los miskitos (85,000); los criollos o afro-caribeños (26, 000); los sumus (6,000); los ramas (700) y los garífonos (1,500)[1]. Conviene distinguir en el caso de los sumos por lo menos dos grupos lingüísticamente diferenciados: los twahka-panamahka (que viven en el norte) y son la mayoría y los ulwas (que viven en la comunidad de Karawala) y que son unos 700, pero de éstos sólo una parte habla ulwa (ver la contribución de Tom Green en este mismo libro).

Los mestizos hablan, por lo general, únicamente español; los indígenas miskitos y sumus han conservado, en gran medida, sus lenguas autóctonas. Los miskitos y sumos que habitan en el norte (RAAN) tienden a ser bilingües con el español, el grado de bilingüismo depen-

1 Los datos demográficos relativos a los miskitos y los sumos están basados en el trabajo reciente de los esposos Buvollen y los técnicos de los programas bilingües correspondientes en la Región Autónoma del Atlantico Norte, Buvollen y Buvollen (1994) «Demografía de la RAAN», publicado en *Wani* no.15; la mayoría de los indígenas miskitos y sumos viven en la RAAN. Los otros datos demográficos corresponden a Hale y Gordon (1987) los cuales, a su vez, se basan en las investigaciones demográficas promovidas por el CIDCA a comienzos de la década de los 80.

de de la mayor o menor proximidad e interacción con poblados de habla hispana. En los poblados sumos, cuyos habitantes usualmente hablan también miskito, es frecuente que el miskito tenga una posición preponderante. Una excepción de marca a este fenómeno es la importante comunidad panamahka de Musawas, considerada tradicionalmente la capital de los sumos. Los ramas y los garífonas, que viven en la Región Autónoma del Atlántico Sur (RAAS), han perdido casi por completo sus lenguas originales y hablan una variedad de inglés criollo parecido al de la población afro-caribeña. Sólo unos 35 ramas y unos cuantos garífonas de Nicaragua conservan sus respectivas lenguas en algún grado; como se sabe, el garífona es hablado por numerosas personas en Honduras, Guatemala y Belice. En varias comunidades miskitas situadas en la RAAS, alrededor de la laguna de Perlas (Tasbapauni, Kakabila y Raitipura) se habla también el inglés criollo, y la tendencia ha sido darle cada vez mayor importancia a esta lengua; en Tasbapauni el proceso está muy avanzado.

La clasificación genética de las lenguas indígenas de Nicaragua no se ha podido establecer todavía con suficiente rigor. Desde comienzos de siglo, se ha asumido, sin embargo, que el sumo y el miskito forman con el matagalpa (que también se habló en Honduras) una subfamilia denominada MISUMALPA, de la gran familia Macrochibcha. La familia Macrochibcha englobaría, además de la subfamilia Misumalpa, la subfamilia chibcha, a la cual pertenece el rama. De los diferentes grupos étnico-lingüísticos que viven en Nicaragua sólo los ramas no están representados en Honduras. La mayoría de los miskitos y sumos viven en Nicaragua, los garífunas son más numerosos en Honduras y en ambos países hay una minoría criolla de habla inglesa.

INVESTIGACIONES LINGÜÍSTICAS Y EDUCACIÓN BILINGÜE

Las investigaciones lingüísticas, de cuyo origen y alcance vamos a tratar, fueron promovidas por el Centro de Investigaciones y Documentación de la Costa Atlántica (CIDCA), organismo autónomo creado por el Estado en 1982 para investigar la realidad de la Costa Atlántica en sus diferentes aspectos: antropológico, económico, ecológico, histórico y lingüístico. A partir de 1990, el CIDCA ha estado adscrito a la Universidad Centroamericana de Managua (UCA).

Los programas de educación bilingüe se inicia ron de manera experimental a mediados de los 80: primero para el miskito (1984) (en los primeros años el programa fue dirigido desde CIDCA) y, después, para el inglés criollo y el sumu (1985). Aunque un decreto aprobado por el Consejo de Estado[2], había reconocido este derecho desde 1980; hubo que vencer numerosos obstáculos prácticos y administrativos, así como temores y dudas de los funcionarios del Ministerio de Educación, antes de comenzar su implementación a través de los programas educativos correspondientes.

Miskito

En el proceso de formulación de los programas bilingües en particular del programa miskito, se vio la necesidad de buscar asesoramiento lingüístico para realizar estudios sobre las lenguas y brindar apoyo a las personas encargadas de impulsar estos programas educativos. La investigación lingüística o asesoría al programa miskito se inició en 1982. Un primer resultado de esas investigaciones fue la publicación de una gramática del miskito en 1985 (CIDCA 85). Posteriormente se publicaron una serie de artículos en la revista *Wani* (ver diferentes números de *Wani* y Salamanca 95) un diccionario elemental (CIDCA 86), se elaboró una tesis doctoral (Salamanca 88) y también se publicaron dos colecciones de relatos tradicionales: *Miskitu kisi nani* y *Yu kum kan*. El último resultado de esta tradición investigativa ha sido un diccionario del miskito, actualmente ya terminado, que cuando sea publicado será el más completo que exista sobre la lengua (Matamoros y Salamanca 95); un diccionario escolar está siendo preparado actualmente por Jorge Matamoros.

Las investigaciones sobre el miskito estuvieron a mi cargo, apoyado por una serie de colaboradores hablantes de la lengua. Entre estos colaboradores destacan: Ernesto Scott, coautor de la gramática

---

2 Decreto 571, titulado «Ley sobre Educación en Lenguas de la Costa Atlántica» (*La Gaceta*, no. 279, 3 de diciembre de 1980).

publicada por el CIDCA en 1985; Alejandro Avilés, quien estuvo trabajando durante un año en el Instituto Tecnológico de Massachusetts y Jorge Matamoros, principal autor del diccionario recientemente terminado. Existía, además, para este idioma una excelente y considerable literatura lingüística producida por los misioneros moravos, en particular por George Reinke Heath, autor de una gramática (Heath 1927) y coautor de un diccionario (Heath y Marx 1961). Naturalmente nuestro trabajo en el CIDCA se benefició mucho de la existencia de estos ilustres predecesores. En el momento de realizar esta charla en el actual simposio, me encuentro en Honduras para realizar una consultoría para el PRONEEAH, cuyo principal objetivo es el de llegar a acuerdos sobre la normalización de la escritura del miskito que pueda ser implementado por los programas de educación bilingüe existentes tanto en Nicaragua como en Honduras.

Sumo

El programa bilingüe sumo surgió como una continuación del programa miskito, y paralelo a la implementación de este programa educativo se dio inicio también a estudios sobre la gramática de esta lengua. Cuando este desarrollo educativo necesitaba del apoyo de estudios lingüísticos, a mediados de los años 80, la lingüista norteamericana Susan Norwood se integró al CIDCA como investigadora asociada, con una beca de la National Science Foundation para hacer una gramática del sumo. Esta gramática del sumo (hasta ahora el mejor esfuerzo sistemático y serio a nuestro entender) estuvo terminada en 1987 (Norwood 87), pero todavía no se ha publicado. La investigación, que también significó un acompañamiento de esta lingüista con los técnicos encargados de la educación bilingüe en la RAAN, generó también una serie de textos, por ejemplo, la autobiografía de Ronas Dolores de la cual sólo se han publicado fragmentos. A propósito de esta lengua y a diferencia del miskito, los misioneros moravos y otros investigadores activos en el área a comienzos de siglo no habían realizado trabajos detallados, entre otros, diversos escritos de Lehmann (1917 y 1920; Conzemius 1929a) y el mismo Heath (1910). Para el momento de la cruzada nacional de alfabetización, en 1980, el Ministerio de Educación publicó un diccionario bajo la coordinación del investigador alemán Gotz von Howald (von Houwald 1980); este investigador ha publicado también una serie de textos en sumo y un estudio histórico y etno-descriptivo (von Houwald 1990).

A partir del trabajo de Susan Norwood, cuya descripción del twahka-panamahka de Nicaragua es utilizada para comparar, la lingüista catalana Elena Benedicto acaba de realizar un estudio exploratorio del sumo tawahka hablado en Honduras, como parte de una consultoría realizada para el PRONEEAH (Benedicto 95). Esta lingüista ha realizado ya dos visitas a Nicaragua para colaborar con el programa bilingüe sumo y realizar estudios de la lengua. Otra prolongación del trabajo descriptivo realizado por Susan Norwood se está dando en los trabajos, actualmente en curso, sobre el idioma ulwa, llevados a cabo por los lingüistas Ken Hale y Tom Green (ver adelante y más específicamente el artículo de Tom Green en este mismo volumen).

Inglés criollo

El programa bilingüe criollo, iniciado al igual que el sumo en 1985, se benefició prontamente de la colaboración de lingüistas solidarios con los procesos políticos en curso en Nicaragua. Sobre la variedad de inglés hablado en Nicaragua existía una tesis doctoral de Holm (1978), mayormente orientada hacia aspectos sociolingüísticos e históricos de la lengua. Bajo la coordinación de Wayne O'Neil y Maya Honda, una serie de lingüistas y pedagogos, agrupados en la asociación «Linguists for Nicaragua» realizó una serie de talleres a lo largo de los años 80 en la ciudad de Bluefields con el objetivo de brindar apoyo al programa educativo en inglés para la población criolla. En esos talleres, orientados sobre todo hacia la producción de textos de lectura para ser utilizados en la escuela, se abordó una variedad de temas, incluyendo las características del inglés criollo. Como resultado de este trabajo se han realizado una serie de publicaciones sobre la lengua, entre las que destacan: O'Neil (1987,1988 1992) y O'Neil y Honda (1987). En su conjunto estos trabajos constituyen un buen inicio de la descripción sistemática de las particularidades del inglés hablado en Nicaragua y son, por el momento, el principal esfuerzo existente en esta lengua.

Es de señalar que el apoyo para este programa educativo realizado por la asociación «Linguists for Nicaragua» no estuvo orientado principalmente hacia el estudio de las características o particularidades del inglés hablado en Nicaragua, porque ésta no era una prioridad para los organizadores. En efecto, el programa educativo estaba, y continua estando, orientado hacia la enseñanza del inglés estándard o internacional; y aunque el inglés criollo o nicaragüense es utilizado tanto por los niños como por los maestros en su interacción en la escuela, el estudio de sus características no es parte del programa educativo. Al contrario, el modelo es el inglés internacional y, en ese sentido, las particularidades del inglés nicaragüense son percibidas como dificultades o deficiencias a superar. Naturalmente, los organizadores de este programa educativo están conscientes de las dificultades y problemas que esta situación acarrea, pero hasta el momento no se ha encontrado una solución satisfactoria.

El rama

Conforme se comenzó a desarrollar de manera sistemática la reflexión sobre el Estatuto de Autonomía (la legislación aprobada en 1987, que atribuye un estatus especial a la región tradicionalmente llamada Costa Atlántica, ahora dividida en dos Regiones Autónomas: Norte y Sur), apareció también la necesidad de hacer algo en relación a las lenguas minoritarias al interior de las regiones autónomas, ya que se trataba de garantizar una igualdad de trato para todos los grupos étnicos.

El idioma rama en particular, como señalamos anteriormente, no podía ser objeto de un programa de educación bilingüe ya que en la isla de Rama Cay, donde viven la mayoría de los ramas, sólo quedaban algunos hablantes de la lengua. La mayor parte de los 35 hablantes que subsisten, viven en caseríos desperdigados sobre el continente.

El proyecto de rescate de la lengua y la cultura rama comienza y se desarrolla en ese contexto, a partir de 1985. Antes de eso había habido algún trabajo descriptivo muy sumario por parte de Lehmann

(1920) quien también había publicado un vocabulario (Lehmann 1914). El trabajo del antropólogo alemán Robin Schenider, a comienzos de los años 80, no dio aparentemente resultados muy satisfactorios (Craig 1990). De manera que se sabía muy poco sobre esta lengua al inicio del proyecto.

Los principales actores son la lingüista Colette Craig, de la Universidad de Oregon y la señora Miss Nora Rigby, una hablante de la lengua que había participado ya en varios intentos de estudio y promoción de la lengua. Gracias a los ingentes esfuerzos de estas dos personas y de sus colaboradores y al impulso dado por las discusiones en torno a la Autonomía de los derechos de los indígenas y el valor de sus culturas, se han venido realizando a lo largo de los años que el proyecto tiene de existir una serie de medidas tendientes a cambiar la actitud de desprecio por parte de la mayoría de ramas hacia su lengua materna. Se hizo un censo de los hablantes, se creó conciencia entre ellos y entre los no-hablantes del peligro de desaparición en el que se encuentra la lengua y se comenzó a enseñar algunos elementos a los niños en la escuela de Rama Cay con auxilio de los numerosos materiales producidos por el proyecto. Dentro de esos materiales se incluyen calendarios, textos con imágenes para la escuela, un diccionario y una gramática escolar, diálogos para aprender rama, etc.

Los resultados de esos esfuerzos son tangibles ahora, tanto en la comunidad como en relación a los conocimientos acumulados sobre la lengua. Colette Craig ha preparado una descripción bastante completa de la gramática de la lengua, la única existente hasta ahora. También está completando, en la última fase de este proyecto, un inventario muy completo del léxico. Para realizar los últimos retoques en la gramática y el diccionario que serán los productos académicos definitivos de estas investigaciones varios hablantes rama, incluyendo a Miss Nora, fueron invitados para ir a trabajar a la Universidad de Oregon en 1994.

Independientemente de lo que pueda pasar en el futuro con el idioma rama, al menos se habrá hecho en esta década de trabajo investigativo que estamos resumiendo aquí, un esfuerzo serio de documentar este idioma que claramente está en peligro de extinción. Dentro de los trabajos de Colette Craig pueden consultarse (1987 y 1992).

El ulwa

Un segundo proyecto de estudio y rescate de un idioma que aparece como minoritario dentro de las regiones autónomas es el del idioma ulwa o sumo meridional. Como señalamos anteriormente, el ulwa es una variedad del sumo hablado en la comunidad de Karawala, cerca de la desembocadura del río Grande de Matagalpa, el cual sirve de límite a las dos Regiones Autónomas (RAAN Y RAAS). Este proyecto que han venido impulsando los lingüistas Ken Hale y Tom Green del Instituto Tecnológico de Massachusetts, en conjunto con un comité de hablantes nativos, surgió a solicitud de la comunidad misma, inspirado en el trabajo que Colette Craig estaba realizando sobre el rama. Los inicios del proyecto han sido descritos por el propio Ken Hale (1991), y como hay en este mismo volumen una contribución de Tom Green sobre la situación actual del trabajo en curso, al cual referimos al lector, no vamos a entrar en detalles sobre este trabajo. Baste decir que actualmente existe un considerable trabajo lexicográfico y se está elaborando una gramática descriptiva.

CONCLUSIÓN[3]

Resumiendo entonces, durante la última década se ha hecho un gran progreso en el estudio de las lenguas indígenas de Nicaragua. Prácticamente todas las lenguas habladas se han beneficiado de estudios serios (gramáticas y diccionarios para el miskito, sumo septentrional, sumo meridional y rama). Los estudios existentes fundamentarían ahora investigaciones más detalladas sobre puntos específicos de particular complejidad e interés. En todo caso, estos estudios permiten acceder desde ahora a las principales propiedades o caracte-

---

3 Esta sección está inspirada en la introducción al libro, todavía sin publicar, *Los otros idiomas de Nicaragua* (Salamanca (editor) 95), que recoge una serie de artículos de diferentes autores sobre las lenguas de Nicaragua, la mayoría de ellos publicados en la revista *Wani* en los últimos años.

rísticas de estas lenguas. Debido al hecho de que prácticamente no hay hablantes nativos del garífuna en Nicaragua, no fue necesario ni posible desarrollar estudios descriptivos sobre esta lengua. El inglés criollo, como explicamos en su momento, aunque ha sido estudiado tanto fonológica como sintácticamente, no recibió tanta atención como las lenguas indígenas, debido a la orientación hacia el inglés estándard o internacional del programa educativo bilingüe correspondiente.

Los avances investigativos que acabamos de mencionar ocurrieron principalmente en la segunda mitad de los años 80. Si comparamos este período con los años anteriores, o incluso con las circunstancias y perspectivas actuales, podemos notar que fueron años excepcionales. ¿Por qué? ¿Cuáles fueron las condiciones que propiciaron estas investigaciones lingüísticas? ¿En qué medida persisten y qué se puede hacer para continuar y perpetuar esa tradición?

Para entender el hilo conductor que une las diferentes trabajos reseñados anteriormente, quisiéramos referirnos a estos estudios, profundizando un poco sobre su origen común en términos de dos perspectivas: los temas escogidos y el período en que las investigaciones en ellos reflejadas se desarrollaron. Una vez establecidos estos rasgos unificadores, las perspectivas actuales de la empresa investigativa de la cual estos estudios han sido los componentes podrán ser apreciadas mejor.

La escogencia de los temas

Aunque en buena medida realizadas por investigadores extranjeros, los estudios lingüísticos, al igual que las investigaciones en otras áreas (antropología, historia, socio-economía y ecología, en particular) que el Centro de Investigaciones y Documentación de la Costa Atlántica (CIDCA) ha promovido, han estado orientadas a responder a preocupaciones o a necesidades prácticas que han venido surgiendo en el desarrollo de la vida regional y nacional. El marco general de estas preocupaciones ha sido lo que se ha denominado, desde la década pasada, el proceso de Autonomía de la Costa Atlántica, y la gradual toma de conciencia de las características, necesidades y derechos de los habitantes de las regiones autónomas que lo ha acompañado tanto a nivel nacional como, y sobre todo, regional.

En lo que concierne a los estudios sobre las lenguas, las necesidades prácticas que han orientado la dirección de las investigaciones, han sido principalmente de dos tipos.

Por una parte, las preocupaciones que se originan en la implementación de los programas de educación bilingüe para los miskitos, sumos y criollos. Estos programas educativos, iniciados en los años 80 como respuesta a una reivindicación de los grupos étnicos afectados, son una de las medidas concretas implicadas por el proceso de Autonomía que ya están en aplicación; aunque sea de manera frágil y embrionaria. Se trata simplemente de respetar aquí el derecho de los grupos étnicos a la educación en sus propias lenguas. Las investigaciones sobre el miskito, el sumo (twahka-panamahka o sumo septentrional) y el inglés criollo, tuvieron un origen explícito en las necesidades estratégicas de la implementación de los programas educativos bilingües.

Un segundo tipo de preocupaciones, paralelas y complementarias a las que se originan en los programas educativos bilingües, tienen que ver con el estatus de las lenguas minoritarias al interior de las regiones autónomas: el rama y el ulwa (sumo meridional). Estos grupos étnico-lingüísticos constituyen minorías al interior de las regiones autónomas y las lenguas están en peligro de extinción.

El período en que fueron iniciadas las investigaciones

Una de las características más intrigantes de la tradición investigativa sobre las lenguas de la Costa Atlántica de Nicaragua es su relativa intermitencia. Las investigaciones reseñadas anteriormente, iniciadas de manera más o menos simultánea, surgen después de grandes espacios de relativa inactividad. ¿Cuál es su explicación?

La vida material de la Costa Atlántica ha sido marcada en los últimos siglos por la lógica de la economía de enclave. Bajo esa lógica, las actividades de explotación y las instalaciones infraestructurales correspondientes surgen y desaparecen en la región, según criterios de rentabilidad que se deciden en otro lugar. Las marcas de ese desarrollo son aparentes para el visitante inadvertido que se pasea por un poblado como Puerto Cabezas; restos inexplicables de maquinaria abandonada surgen por todas partes como fósiles, todavía recientes, en el paisaje urbano.

Existe un paralelo aproximativo (aunque no totalmente sistemático) entre el desarrollo esporádico de las actividades económicas en la Costa y la producción de trabajos académicos que tratan de diferentes aspectos de la región. No es difícil encontrar vínculos explicativos entre las dos cosas. La presencia, actividades investigativas y otras de los misioneros moravos en la Costa Atlántica de Nicaragua acompañó a la implantación de compañías de extracción de recursos naturales. Edouard Conzemius, uno de los más prolíficos investigadores de los grupos étnicos de la región, se desempeñaba como funcionario de una compañía maderera. Esta correlación aproximativa entre las actividades económicas esporádicas y las investigaciones académicas permitiría, en parte, entender la intermitencia con la que los estudios sobre las lenguas indígenas aparecen representados en las bibliografías de los estudios sobre estas lenguas o en los anaqueles de las grandes bibliotecas del mundo, por ejemplo, la biblioteca de la Universidad de Harvard.

Otro paralelo se superpone a éste; la atención que Nicaragua ha merecido, en términos de estudios publicados sobre diferentes aspectos del país, está ligada a los acontecimientos políticos o de importancia internacional que ahí se desarrollan. Dos eventos generadores de interés a nivel internacional se han dado en este siglo: la gesta de Sandino y la revolución popular sandinista.

Aunque muchas de las publicaciones que han resultado de los trabajos mencionados han ocurrido al inicio de los años 90, el trabajo investigativo que reflejan fue iniciado y desarrollado principalmente en la década anterior. Si la dirección específica que las investigaciones estaban determinadas por necesidades inmediatas que iban surgiendo al ritmo del desarrollo del proceso de autonomía para la Costa Atlántica; el marco más amplio en que este trabajo se desarrollaba es el de la revolución popular sandinista. La principal motivación de los diferentes lingüistas que han participado en estos últimos años en el estudio de las lenguas indígenas de la Costa Atlántica de Nicaragua ha sido, sin lugar a dudas, contribuir con su trabajo a la lucha del pueblo nicaragüense para tomar en mano su destino. Esa lucha, que ha tenido otros esporádicos destellos, tuvo en los años ochenta un momento de particular luminosidad.

Perspectivas actuales

Los avances investigativos sobre las lenguas de la Costa Atlántica, todavía en gran parte inéditos, tienen su origen entonces en las transfomaciones socio-políticas de la década pasada y se beneficiaron del impulso y entusiasmo interno y externo que la revolución encauzó en Nicaragua. En la presente década, la avalancha neoliberal ha sepultado, en gran medida, las ilusiones que nos electrizaban hace unos años y Nicaragua ha dejado, en buena medida, de ser una excepción dentro del cuadro general de Centroamérica. La contribución de Mario Rizo al presente volumen da una idea de cómo los cambios políticos e ideológicos ocurridos en la dirección del país han afectado los programas educativos bilingües.

Considerando que estas investigaciones, realizadas por personas venidas de varios horizontes, no son más que un reflejo o consecuencia del proceso de transformación de la Costa Atlántica, encarnado en el proyecto de Autonomía, es el destino de ese proyecto que determinará si estos esfuerzos se convertirán en fósiles intelectuales o si podrán prolongarse como una llama viva hasta dar inicio finalmente a una tradición académica local en la Costa Atlántica.

Antes de terminar, quisiéramos mencionar dos desarrollos recientes en relación a las perspectivas de dar continuidad a las investigaciones lingüísticas que hemos reseñado: los proyectos de universidades para la Costa Atlántica en Nicaragua y el impulso de la educación bilingüe en Honduras para miskitos, sumos y criollos.

Dentro del espíritu de la implementación del estatuto de Autonomía para la Costa Atlántica, el viejo sueño de implantar una universidad en las Regiones Autónomas ha recibido nuevos impulsos. Actualmente hay, por lo menos, dos esfuerzos en curso para instaurar universidades: la British Island and Caribbean University (BICU) y la Universidad de las Regiones Autónomas de la Costa Atlántica de Nicaragua (URACAN). Estos dos proyectos han concentrado sus esfuerzos en Bluefields, en donde ambas universidades han iniciado algunas actividades organizativas y docentes. BICU es promovida por el grupo de políticos e intelectuales costeños, agrupados en el organismo gubernamental INDERA (Instituto de Desarrollo de las Regiones Autónomas), que dirige Brooklyn Rivera y que corresponde a una de las tendencias políticas que surgieron de la oposición al gobierno sandinista. El proyecto URACAN, por su parte, es promovido por el organismo no gubernamental FADCANIC (Fundación para el Desarrollo de la Costa Atlántica de Nicaragua) que dirige Ray Hooker, uno de los principales líderes sandinistas en la Costa Atlántica, ahora miembro del movimiento denominado «renovador» del sandinismo, actualmente lidereado por el ex-vice presidente Sergio Ramírez.

Los dos proyectos recibieron, no sin dificultad, la indispensable aprobación del Consejo de Universidades para iniciar sus labores, hace ya varios años, en un primer momento, el Consejo de universidades intentó presionar a los organizadores para que unieran sus esfuerzos, pero las diferencias políticas y de concepción impidieron tal unión. No cabe duda que la verdadera implementación de una universidad en la Costa Atlántica sería extremadamente beneficiosa para la región y podría, incluso, atraer estudiantes de regiones como La Mosquitia hondureña y otras zonas vecinas.

En los planes que conocemos para URACAN, está contemplado crear carreras o unidades de estudio orientadas hacia lenguas de la Costa Atlántica; el estudio del inglés propio de la región, el miskito, el sumo y las otras lenguas existentes en la zona, al igual que la educación bilingüe, serían necesariamente objeto de reflexión en esta Universidad. Los planes específicos de BICU nos son menos conocidos. En cualquier caso, la existencia de por lo menos una universidad en la región permitiría el desarrollo de la reflexión y el estudio sobre una serie de temas locales. Sólo cuando una tradición local en la que participen hablantes nativos que viven en la zona podremos estar seguros de que los esfuerzos investigativos iniciados van a tener una continuidad asegurada.

Nuestra presencia en Honduras, invitados por PRONEEAH, para trabajar en la estandarización de la escritura del miskito; la participación en este simposio de los compañeros Tom Green, Mario Rizo y Ethelvina Martínez, todos colaboradores del CIDCA y activos en el trabajo sobre las lenguas y la educación bilingüe en Nicaragua; al igual que otros contactos anteriores como la consultoría recientemente realizada para PRONEEAH sobre el tawahka por la lingüista Elena Benedicto, que se inició en Nicaragua al estudio del sumo, son muestras de una interesante y potencialmente fértil interacción entre los investigadores activos en Nicaragua y los impulsores de la educación bilingüe en Honduras.

Los compañeros del Comité para la Educación Bilingüe en la Mosquitia Hondureña (CEBIMH), apoyados por la organización MOPAWI, también han venido desde hace varios años realizando una serie de interacciones con los técnicos del programa educativo bilingüe miskito en Nicaragua: la participación durante un mes de un compañero hondureño, Amílcar González Mitchel, en la confección del texto de primer grado (*Wan Inwanka 1*); la realización de visitas de técnicos nicaragüenses a Puerto Lempira para sostener reuniones con sus homólogos de CEBIMH, la participación de personas involucradas en la educación bilingüe en Honduras en los talleres sobre este tema organizados en Nicaragua; son ejemplos de un intercambio muy positivo que convendría ampliar en el futuro.

Durante toda la década de los años 80 y mientras duraba la guerra orquestada por los EE.UU. contra Nicaragua, la interacción entre hondureños y nicaragüenses en actividades de beneficio para la población fue muy dificultosa y prácticamente imposible. Ahora, con la paz reestablecida, nos vamos acostumbrando poco a poco a aprovechar las nuevas oportunidades de colaboración que se abren.

En Nicaragua la agenda política del actual gobierno ha dejado de lado (como aparece explicado en la ponencia de Mario Rizo en este mismo volumen) la educación bilingüe. Este desinterés por parte del gobierno ha creado condiciones adversas para continuar el apoyo externo a los programas bilingües, en la misma medida que se dio en la década de los 80. El hecho de que Nicaragua haya dejado de ser un país inmerso en una lucha, de redención y de supervivencia contra un enemigo mucho más poderoso ha hecho cesar naturalmente el interés que Nicaragua generó en el mundo entero en la década de los 80. Tanto el apoyo de los colaboradores lingüistas, como el apoyo material a los diferentes proyectos emprendidos, tiende a cesar. En otras palabras, hay un receso o un retroceso en Nicaragua en estos momentos en lo que concierne a la promoción de las lenguas indígenas.

En Honduras, al contrario, se están dando aperturas y hay interés e iniciativas para promover el estudio de las lenguas indígenas y programas educativos en las lenguas que sobreviven. Como vimos, aparte del rama, todas las lenguas minoritarias existentes en Nicaragua tienen en Honduras una contraparte. Esta circunstancia está permitiendo, por el momento, una interacción que, de poderse mantener y ampliar, podría llegar a ser productiva y contribuir a salvar y ampliar los conocimientos acumulados en los últimos años sobre las lenguas autóctonas que están representadas en los dos países. En la agenda de estos pueblos, este punto sigue siendo un punto importante y prioritario en los dos países.

BIBLIOGRAFÍA

BENEDICTO, Elena

1995 «Informe de Consultoría para el PRONEEAH». ms.

CIDCA

1985 *Miskitu Bila Aisanka-Gramática Miskita.* (Managua: CIDCA).

CIDCA

1986 *Diccionario Elemental Miskito-Español/Español-Miskito.* Managua.

CONZEMIUS, E.

1929a. «Notes on the Miskito and Sumu languages of Eastern Nicaragua and Honduras.» En, *International Journal of American Linguistics*, Nº 5, 1929, pp. 57-115.

1929b «Die Rama Indianer von Nicaragua». *Zeitschrift fur Ethnologie*, Nº 59, 1929, pp. 291-362.

CRAIG, Colette.

1987 «Una lengua rama para los ramas». *Wani*, Nº 6, Managua, octubre-diciembre de 1987.

1989 «A Grammar of Rama. First Draft». Ms., sin fecha. Rigby, Nora y Benjamins, Cristina (1989) *Rama Lessons, Birds and Beasts*. CIDCA-Universidad de Oregon, Eugene.

1989 «Dictionary of the Rama Language: Rama-English-Rama Creole-Spanish/ English-Rama». *Speaking with the Tiger*, vol 2. By Nora Rigby and Robin Schneider. Berlin. Dietrich Reimer Verlag, 1989. 189 p.». En, *International Journal of American Linguistics*, vol 56, Nº 2, pp. 293-304.

1991 «A constitutional Response to Language Endangerment; The Case of Nicaragua». Ms.

1992 «El proyecto Lengua y Cultura Rama»: Notas para un Balance. *Wani* Nº 12. Hale, Ken (1992) «El ulwa, sumo meridional: ¿Un idioma distinto?». *Wani* Nº 11.

HEATH, G. R.

1913 «Notes on Miskito Grammar and other Indian Languages of Eastern Nicaragua». En, *American Anthropologist*, vol XV, pp. 48-62.

HEATH, G.R

1927 Grammar ot the Miskito Language. Herrnhut (Alemania): F. Lindenbein.

HEATH, George Reinke.

1950 «Miskito Glossary, with Ethnographic Commentary». En, *International Journal of American Linguistics.* Vol. 16.

HEATH, G.R. & Marx, W. G.

1961 *Diccionario Miskito-Español, Español- Miskito* (Tegucigalpa: Imprenta Calderón). Tercera impresión (1983) (Winston-Salem:Hunter Publishing Co.)

HOLM, J. A.

1978 «The Creole English of Nicaragua's Miskito Coast» (ms.). Tesis de Doctorado, Universidad de Londres.

LEHMANN, W.

1910 «Ergebnisse einer Forschungreise in Mittelamerika und Mexico 1907-1909". En, *Zeitschtift fur Ethnologie*, Jahrg. 1910, Heft 5, pp. 687-749.

1914 *Vokabular der Rama-Sprache. Abhandlungen der Koniglisch Bayerischen Akademie der Wissenchaften*, Munich.

1920 *Zentral-Amerika*, Teil I, «Die Sprache Zentral-Amerika in ihren Beziehungen zueinander sowie zu Sud-Amerika und Mexiko». Berlín, Verlag Dietrich Reimer.

MATAMOROS, Jorge y Danilo Salamanca

1995 *Diccionario Miskito* (con glosas al español). Ms. a ser publicado próximamente por el CIDCA.

NORWOOD, S.

1987 «Gramática de la lengua Sumu». Ms.

O'NEIL, Wayne.

1987 «Null expletives in Nicaraguan English». En, *Actas de la 18ava. Conferencia de Lingüística Africana*, Universidad de Quebec, Montreal.

1988 «Working with Nicaragua English». Ms.

1992 «El inglés Nicaragüense II». *Wani* N° 11. Honda, Maya (1987) «El inglés nicaragüense». *Wani*, N° 6, Managua.

ROMERO, Germán (coordinador).

1993 *Persistencia Indígena en la Nicaragua de hoy*. Ediciones Hispamer. Managua.

SALAMANCA, Danilo.

1988 «Elementos de gramática del miskito». PhD Dissertation. Massachusetts Institute of Technology.

1995 «Los otros idiomas de Nicaragua». Ms. a ser publicado proximamente por el CIDCA.

VON HOUWALD, Gots Freiherr

1980. *Diccionario Español-Sumo y Sumo-Español*. Ministerio de Educación, Managua.

1990 *Mayangna=Wir, Zur Gechichte der Sumu-Indianer in Mittelamerika*. Hamburgisches Museum for Volkerkunde, Hamburg.

ASPECTOS FONOLÓGICOS Y MORFOLÓGICOS DEL PECH IMPORTANTES EN EL DESARROLLO DE UNA ORTOGRAFÍA PRÁCTICA

*Dennis Holt**

INTRODUCCIÓN

Primero, permítanme expresar mis gracias a los organizadores de este simposio por haberme incluido entre los invitados a este evento tan histórico y tan importante para Honduras y sus pueblos indígenas. Me parece que los esfuerzos actuales en el campo de la educación bilingüe e intercultural constituyen otra etapa del progreso de la justicia social que se ha buscado desde los tiempos de la conquista y la colonización y que ya va realizándose más plenamente durante nuestro tiempo. Para mí es un gran honor ser participante aquí en una de las operaciones principales de esta lucha tan noble.

Me agradó mucho que durante las dos décadas pasadas haya habido tantos esfuerzos sociológicos y etnográficos en el campo de la cultura pech. Por mi parte, he tratado de incluirme en éstos desde el

---

* Southern Connecticut. State University, USA.

Comunidades pech o payas actuales
Océano Atlántico
Silín
Departamento
de Colón
Las Marías
Pujulak
Batilkuk
Santa María del Carbón
El Cumbo
La Laguna
El Payaca
Agua Amarilla
Pisijire
Jocomico
Vallecito
Pueblo Nuevo Subirana
El Zopilote
Culuco
El Coyolito
El Naranjo
Agua Zarca
La Campana
Departamento
de Gracias a Dios
Departamento
de Olancho
Nicaragua
Bel.
Guat.
Honduras
El Sal.
Nicaragua

punto de vista lingüístico, pero debido a la dificultad de conseguir el apoyo financiero para volver a continuar mis estudios entre los pech en Honduras, he tenido que estar satisfecho con proyectos basados en los datos que recogí hace más de veinte años. Sin embargo, creo que he producido algo de valor que ha servido y que servirá en el desarrollo de una ortografía práctica para el idioma y de algunos materiales didácticos útiles.

Aquí quiero hablarles de algunas de mis observaciones sobre las relaciones entre los sonidos distintivos del pech, o sea sus fonemas, y las maneras grafemáticas que se han empleado para indicarlos. Además, tendré algo que decir acerca de ciertos aspectos morfológicos que deben considerarse como una parte del problema de crear y emplear un sistema ortográfico práctico así como verídico para el pech.

Tengo conciencia de que ya se ha establecido una ortografía normal u «oficial» para el idioma, pero quisiera sugerir que tal vez no sea la más justa con relación a los hechos lingüísticos y los requisitos didácticos. Además, hasta ahora ninguno de los textos sociológicos y etnográficos que he visto emplea la ortografía «oficial», sino que se nos presentan con una variedad de aproximaciones que no son ni muy consistentes en sí, ni totalmente correctos con relación a los hechos conocidos. Me parece que debe existir un solo sistema ortográfico para los propósitos didácticos, así como para los usos de los investigadores, sean hispanos o sean pech.

ASPECTOS FONOLÓGICOS

Después de revisar algunas publicaciones recientes sobre los pech y su cultura, me es obvio que algunos de los hechos fonéticos y fonológicos del idioma pech todavía no han entrado completamente en el conocimiento y el uso de los varios investigadores de la cultura que le corresponde. En el idioma pech actual, ocurren algunos fenómenos de importancia fonémica que, según los datos que me han sido accesibles, todavía no se están marcando de una manera consistente en el uso actual. Me parece probable que en algunos casos esto provenga de la falta de un análisis fonológico correcto y no sólo se deba a la aplicación errónea de las convenciones grafemáticas. Me refiero a los siguientes aspectos fonológicos, que trataré uno por uno: las vocales nasales, las vocales largas, los dos niveles de tono, la oclusiva glotal y el estado fonológico de las semivocales nasales.

Vocales nasales

El inventario fonémico del pech incluye una serie completa de cinco vocales nasales que corresponden sistemáticamente a las cinco vocales orales. El estado fonémico de las vocales nasales se refleja en pares mínimos como los siguientes:

/tapà~yhá~/ ‘mi árbol’ ≠ /tapàyhá/ ‘la hermana de mi esposo’
/ò~h̀a~wá~/ ‘lo huelo’ ≠ /òhawá/ ‘lo muelo’

Obviamente, es necesario que una ortografía práctica indique estos contrastes de una manera directa y sencilla. Varios modos de marcar la nasalidad vocálica se han usado para otras lenguas. En el portugués, por ejemplo, se utiliza una tilde encima de la vocal; en el francés, por causas históricas, en ciertas sílabas una n señala la nasalidad de la vocal que la precede; y para ciertas lenguas africanas, como por ejemplo el ibo, se utiliza una cedilla debajo de la vocal. Este último método se ha sugerido para el pech, pero no se ha implementado con consistencia en las obras textuales que se han publicado durante los años recientes.

Tal vez el método más práctico de indicar la nasalidad sea el de marcar la vocal con uno de los signos diacríticos accesibles mediante cualquier máquina de escribir, que incluyen la raya inferior, la diéresis y el circunflejo. En la ortografía normal, la nasalidad se marca con una diéresis encima de la vocal, o, en casos de vocales al mismo tiempo nasales y con tono alto, con un circunflejo:

<tapäyhâ> ≠ <tapayhá>
<öhawâ> ≠ <ohawá>

A pesar de que esto parezca ser una manera bastante eficaz de indicar la nasalidad, la existencia de otros factores importantes me sugiere que tal vez no sea el método más justo, como se explicará en lo que sigue.

Otro aspecto del problema de las vocales nasales es la tendencia de algunos transcriptores de oír y así escribir la consonante n al final de palabras que terminan con una vocal nasal, a veces sin marcar esta nasalidad directamente en el grafema vocálico. Por ejemplo, /aʔù~/ 'maíz' se ha escrito <aun> (aquí están omitidos también la oclusiva glotal y el tono alto). En ciertos casos, esto parece haber sido promovido por la presencia de la oclusiva t al principio de la palabra siguiente, fenómeno que puede causar la aparición de una [n] epentética entre las dos palabras, pero ésta no debe considerarse como un fonema adicional. En efecto, esto es similar al método francés de indicar la nasalidad, y tal vez no constituya problema para los hablantes nativos, pero puede darle al lector que no es un hablante fluido un sentido incorrecto de los sonidos presentes.

Vocales largas

El pech también ostenta una serie de contrastes fonémicos entre vocales cortas (o no largas) y vocales largas. Algunos ejemplos son los siguientes pares mínimos:

> /à~:ská/ 'maizal' = /à~ská/ 'patacón (una especie de garrapata)'
> /tì:škwâ/ 'lo siembra' = /tìškwá/ 'llega a ser'
> /tò:kkwá/ 'entra' = /tòkkwá/ 'lo bebe'

Es evidente, en este caso también, que el sistema ortográfico debe poder indicar estas diferencias mediante símbolos o signos diacríticos apropiados. Normalmente en tales casos las vocales largas se marcan de una manera especial. Algunas soluciones de problemas semejantes en otros idiomas ha sido el uso de dos vocales idénticas, como en el finlandés; el uso de lo que llamamos en inglés el «macron», una rayita encima de la vocal larga, como se hace en la ortografía romanizada del japonés; el uso de uno o dos puntos elevados inmediatamente después de la vocal, como se hace en el Alfabeto

Fonético Internacional que emplean los lingüistas; y el uso de símbolos distintos para vocales cortas y vocales largas, como en el sánscrito, idioma que usa un sistema ortográfico no puramente alfabético.

A mi parecer, el más práctico de estas posibilidades es el método de emplear dos puntos después de la vocal, el método que actualmente se ha escogido para la ortografía normal. Esto es fácil de aprender y directamente aplicable con una máquina de escribir. Así tenemos para las palabras previamente mencionadas:

<ti:chkwá> ≠ <tichkwá>
<to:kkwá> ≠ <tokkwá>
<ä:ská> ≠ <äská>

Los dos niveles de tono

Existen en el pech dos niveles de tono fonémicos, el tono alto y el tono bajo. Esto puede mostrarse mediante los siguientes pares mínimos (en los cuales el tono alto es indicado con un acento agudo y el tono bajo con un acento grave):

/kàskù:rí/ 'pataleaba' ≠ /káskù:rí/ 'él pescaba'
/nàstarí/ 'yo salté' ≠ /nástárí/ 'yo no salté'
/pàskawá/ 'lo saco' ≠ /páskawá/ 'lo encuentro'

Es necesario que una ortografía práctica también indique estas distinciones. Para la ortografía normal se ha decidido marcar solamente la sílabas de tono alto (con un acento agudo), dejando las sílabas de tono bajo a interpretarse así implícitamente. Esto no presenta problema alguna a los hablantes fluidos, ya que ellos saben dónde poner los varios énfasis de las palabras y de la frases, pero para un estudiante que tenga muy poco conocimiento de estos aspectos suprasegmentales, le da sólo información parcial.

A mí me parece buena idea instituir el uso del acento grave para marcar el tono bajo en todos los materiales didácticos, si no en todos los textos escritos, ya que éste puede servir para indicar no sólo el tono sino también el énfasis primario en muchas palabras. Me parece claro que los aprendices necesitan todas las señales posibles para aprender y producir los sonidos que están incorporados en los textos y que son revelados por medio de ellos.

Se puede ver que el uso del acento grave causaría un problema en conexión con la presencia simultánea de la nasalidad, problema que fue resuelto con el circunflejo para los casos del tono alto. O necesitaríamos entonces otro signo diacrítico de valor doble o tendríamos que emplear otro modo de marcar la nasalidad para que no haya demasiada complejidad diacrítica encima de tales vocales. Así que desde este punto de vista, la idea de usar la raya inferior para marcar la nasalidad llega a tener un valor más apreciable. Entonces, por ejemplo, en vez de <ä:ská> 'maizal' tendríamos <à̱:ská>; y en vez de <tapäyhâ> 'mi árbol' tendríamos <tapà̱yhá̱>.

La oclusiva glotal

Tal vez uno de los sonidos más difíciles de distinguir como sonido lingüístico es el oclusivo glotal, ya que este fono consiste solamente en la cerrazón y la abertura repentinas de la glotis, o sea, una interrupción temporal de la voz, fenómeno que a veces ocurre «automáticamente» entre palabras o frases y sirve para demarcarlas. Sin embargo, en el pech la oclusiva glotal tiene estado fonémico con papel y comportamiento semejantes a los de la h. A veces, la presencia de la oclusiva glotal no es muy obvia debido al hecho de que, en ciertas palabras pronunciadas a paso normal, la oclusiva glotal se combina con las vocales adyacentes y juntas forman una vocal fonéticamente larga, acompañada de una estrictura glotal, fenómeno que en inglés se llama «creaky voice», equivalente a «voz rechinadora». Esto podemos notar en muchas palabras del pech, por ejemplo, en todos los participios pasivos del pasado como /tì:škaʔa/ [tì:ška:] 'sembrado'.

En la ortografía normal la oclusiva glotal se escribe con la letra x, una solución muy directa y práctica. Pero de todos modos, para mí, de alguna manera, este símbolo sugiere mucho más complejidad fonética que en la realidad ocurre al articular este fonema. Como dije antes, consiste solamente en una interrupción temporal de la voz. Para mí sería más justo el uso de un apóstrofo, un método que se ha empleado ya con muchos idiomas (por ejemplo, el hawaiano), y que, según mi parecer, tendría una relación más icónica con la sencillez y la brevedad del fono que representa. Entonces, por ejemplo, en vez de <araraxsáx> 'tela de araña' tendríamos <ararà'sá'>; y en vez de <paxchaxa> 'hembra, femenina', tendríamos <pà'chà'a>.

La falta de unicidad grafemática

Otra advertencia que quisiera mencionar aquí trata del problema de la falta de unicidad de ciertas relaciones grafemáticas en los textos recientemente publicados. Por ejemplo, a menudo en el mismo texto se ven ambas letras c y k usadas para indicar el fonema /k/; o bien, c y s para indicar el fonema /s/. Este tipo de dualidad no es muy problemático para el lector, ya que la asignación del símbolo al fonema apropiado es claro y directo; pero puede causar problemas para el escritor, que necesita más información para decidir cuál de los grafemas es el apropiado para uno de estos fonemas. De otra mano, la relación contraria, la que usa un solo símbolo para representar dos fonemas distintos, no produce problemas para el escritor, pero sí puede causar grandes problemas para el lector, que no puede saber cuál de los valores fonéticos se debe asignar a tal símbolo en ciertos casos de homógrafos.

Una fuente importante de la dualidad de relaciones grafemáticas en la escritura pech es la práctica actual de escribir las palabras que han sido prestadas del español en la ortografía española, manteniendo las dualidades entre /s/, /c/, /z/ y /k/ y que existen allí. Así tenemos, por ejemplo, <atención> en vez de <atensyón>, <política> en vez de <polítika>, y <organizaciones> en vez de <orgànisasyónes>.

La importancia de correspondencias únicas entre los grafemas y los fonemas es aún mayor cuando los lectores no son hablantes fluidos del idioma, como en el caso actual. Cualquier texto escrito debe servirles directamente como guía para la pronunciación, sin presentarles ninguna ambigüedad de interpretación fonética y, en consecuencia, semántica.

En ciertos casos, la falta de la indicación clara de la presencia de cierto aspecto fonémico en una palabra puede conducir al lector a un error de interpretación. Como se puede demostrar con unos ejemplos del español, hasta la falta de un signo diacrítico puede resultar en una interpretación de alta consecuencia: *canto ≠ cantó; cuna ≠ cuña.* Como ya se ha demostrado, en el pech hay varios casos semejantes.

El estado fonológico de las semivocales nasales: [w~], [ŋw~], [y ~], [ñy~]

La w nasal, [w~], a veces precedida por una breve cerrazón, [ŋw], ocurre en el pech con bastante frecuencia. Ciertos investigadores han analizado estos fenómenos como reflejos de la secuencia fonémica /mu/, que tal vez tenga cierta base histórica. De todos modos, mi propio análisis, basado solamente en los hechos sincrónicos del idioma, propone que estos fenómenos fonéticos no sean nada más que los resultados de la asimilación nasal del fonema /w/ antes de una vocal nasal. Por ejemplo, la palabra /wà~ri/ 'cerdo' se realiza fonéticamente como [w~à~ri] y, a veces, como [ŋw~à~ri].

Debe notarse que la /y/ también se porta así antes de una vocal nasal, resultando a veces en el fono [y~] o [ñy~]. Estos sonidos son muy parecidos al sonido [ñ], y, por mi parte, no estoy completamente seguro de que no sean reflejos del mismo fonema, ya que hasta ahora no he encontrado ningún par mínimo que indique lo contrario. Por eso sugiero que probablemente sea redundante el uso del grafema <ñ>, ya que parece que el sonido que representa es una variedad pronosticable, es decir, un alófono del fonema /y/.

El fonema /š/ (o /č/).

El fonema /š/ (o /č/), que consiste en los dos alófonos [š] (después de una vocal) y [č] (en otras posiciones), se escribe con el dígrafo <ch> en la ortografía normal, una solución basada en la práctica española de escribir un fonema semejante. Pero de cierto punto de vista esto es otra clase de violación del principio de unicidad de relaciones grafemáticas que fue discutido anteriormente. ¿No sería más justo y más eficiente emplear una sola letra para indicar el fonema /š/? La opción obvia para este propósito sería la c. Esto no causaría ninguna confusión si las palabras españolas se escribieran sin la letra c. Así tendríamos, por ejemplo, <pà'cà'a> 'hembra' (en vez de <pax-chaxa>) y <tì:ckwá> 'lo siembra' (en vez de <ti:chkwá>).

ASPECTOS MORFOLÓGICOS

Moviéndome a otro rincón del mismo campo, también hay algunos fenómenos morfológicos que deben considerarse en nuestra búsqueda de una ortografía óptima para el pech. Entre éstos, comentaré el estado clítico de los morfemas posesivos (que corresponden a los adjetivos posesivos del español). Principalmente debido a su naturaleza no enfática, los he analizado como prefijos en los sustantivos que modifican. Otro tipo de evidencia, que apoya el análisis prefijal, es el hecho de que en los casos de los sustantivos con a inicial es normal la coalescencia de la vocal del morfema de la primera persona singular ta- 'mi' y la vocal del sustantivo; por ejemplo, /ta-àrki/= /tàrki/ 'mi hermano'. O, desde otro punto de vista, podemos postular que hay un alomorfo del morfema ta- que consiste en una sola consonante t-. Dado que éste no puede tener estado léxico independiente por no satisfacer las condiciones estructurales del idioma, es lógico considerarlo como prefijo atado en tales casos; análisis que puede extenderse al alomorfo no reducido y, de allí, a los demás morfemas posesivos. Desde el punto de vista sintáctico, el hecho de que nunca aparece ningún otro morfema entre el morfema posesivo y el sustantivo es también evidencia de una relación muy íntima entre ellos, algo que debe reflejarse en la ortografía. Entonces mi sugerencia aquí es que se escriban tales secuencias de morfemas como palabras integradas. Por ejemplo, /ta-páʔša/ 'mi hermana' se escribiría <tapà'ca>

Otro de los aspectos morfológicos que quizás deben considerarse de importancia para la ortografía es la naturaleza integrada del complejo verbal. La palabra verbal en el pech puede consistir en los siguientes componentes, aquí presentados en el orden en que aparecen:

Posición 1: Prefijo pronominal de complemento
Posición 2: Morfemas de caso complementario
Posición 3: Base verbal
Posición 4: Sufijos de aspecto frecuentativo/duracional
Posición 5: Sufijo completivo
Posición 6: Sufijos de aspecto
Posición 7: Sufijos de sujeto
Posición 8: Sufijo negativo y otros sufijos modales
Posición 9: Sufijos de tiempo
Posición 10: Sufijos modales y aspectuales
Posición 11: Sufijo de la segunda persona plural

En algunos de los textos recientes, se nota, a veces, una tendencia a separar uno u otro de estos componentes, o una secuencia de ellos, de la palabra verbal, creando así una frase ortográfica en vez de una sola palabra integrada. Por ejemplo, se encuentra, <ahchuichkerch kwa> 'deben aprender' en vez de lo que yo escribiría <ahcuwì̱ckèrckwá>. Aquí la secuencia que incluye el morfema semelfactivo /-k-/ y el morfema del tiempo presente /-wá/ se ha escrito como una palabra suelta en vez de como una parte íntegra de la palabra verbal. También se encuentra <aka chaberchkwa> 'debemos considerar' en vez de lo que yo escribiría <akacà̱bèrckwá>; la secuencia <aka> en este caso parece ser el morfema intensificador que se usa para derivar bases verbales de bases sencillos, y así se puede ver que tiene una relación muy íntima con la palabra verbal, siendo una parte de la base verbal. (Se puede notar que en estos casos anteriores también se ha omitido los signos de la nasalidad y del tono alto). Cierto es que la integridad de la palabra verbal debe ser mantenida para no confundir a los estudiantes del idioma con respecto a su morfología.

Una comparación

Ahora, como gesto final, vamos a comparar algunas maneras distintas de transcribir la misma oración, en este caso la que quiere decir 'Mi hermana vive en Vallecito'.

En la ortografía fonémica del Alfabeto Fonético Internacional (con indicaciones de los morfemas constituyentes) tenemos:

/ta-páʔša-ma katàra ayé?-yá~ šù-wá/
(mi-hermana-enfático valle pequeño-en vive-presente).

En un texto de hace unos años esto aparece como: <Tapachama Katara ayeña chuwa>, con la omisión de bastante información importante para el lector, especialmente para un lector novicio.

En la actual ortografía normal esto sería: <Tapáxchama Katara Ayéxñâ chuwá>.

Y si incorporáramos todas mis sugerencias, tendríamos: <Tapà'cama Katàra Ayé'yá cuwá>.

Dejo estos ejemplos para considerarse.

CONCLUSIÓN

Debe darse cuenta de que he pensado en estas cuestiones no solamente como lingüista sino también como poeta, con las orientaciones que implica esto. Entonces hay criterios estéticos, quizá no todos fácilmente expresados, que apoyan mis sugerencias; no obstante, es una vista estética que está bien informada por los datos actuales y sus relaciones sistemáticas, y también por consideraciones de los sistemas semióticos, su eficacia y su eficiencia.

Además de contemplar mis propias ideas sobre todo esto, me pregunto si no sería interesante que los pech decidieran inventar su propio alfabeto (en este momento la idea de un silabario me parece no muy práctico, pero vamos a ver). Sinceramente creo que el sistema ortográfico más justo vendría del orgullo y de la imaginación propia del pueblo que lo va a utilizar. Les podría servir a sus poetas y a sus mitógrafos, a sus historiadores y a sus legisladores. Un alfabeto y un método de escribir no debe ser sólo una herramienta abstracta. Merece llegar a ser un gran medio que facilite la fluidez de pensar; un código sagrado que guarde y transmita el poder de la voz estelar; un juego de símbolos mágicos que le permita a un pueblo resoñar.

I. Aspectos fonológicos y morfológicos del pech importantes en el desarrollo de una ortografía práctica

1.	/tapàyhà/	'mi árbol'	/tapàyhà/	'la hermana de mi esposo'
	/òhãwã/	'lo huelo'	/òhawá/	'lo muelo'
2.	<tapäyhâ>		<tapayhá>	
	<öhawa>		<ohawa>	
3.	/ãiská/	'maizal'	/ãská/	'patacón'
	/tìiškwá/	'lo siembra'	/tìškwá/	'llega a ser'
	/tòikkwá/ 'entra'		/tòkkwá/	'lo bebe'
4.	<ti:chkwá>		<tichkwá>	
	<to:kkwá>		<tokkwá>	
	<ä:ská>		<äská>	
5.	/káskùiri/	'él pescaba'	/kàskùiri/	'pataleaba'
	/nàstari/	'yo salte'	/nàstàri/	'yo no salté'
	/pàskawá/	'lo saco'	/páskawá/	'lo encuentro'
6.	<ä:ská>	'maizal'	<à̱:ská>	
	<tapäyhâ>	'mi árbol'	<tapàyhá>	
7.	/tìiskaʔa/		[tìiškai]	'sembrado'
8.	<araraxsáx>	'tela de araña'	<ararà'sà'>	
	<paxchaxa>	'hembra, femenina'	<pà'chà'a>	
9.	/wàri/	'cerdo'	[wàri] o [ŋwàri]	
10.	<paxchaxa>	'hembra'	<pà'cà'a>	
	<ti:chkwà>	'lo siembra'	<tì:ckwá>	
11.	/ta-pàʔša/	'mi hermana'	<tapàca>	

12. a. /ta-pàča-ma katàra ayéʔ-yášù-wá/ (mi-hermana-ENFÁTICO valle pequeño-en vive-PRESENTE).
    b. <Tapachama Katara ayeña chuwa>,
    c. <Tapáxchama Katara Ayéxñâ chuwá>
    d. <Tapà'cama Katàra Ayè'yá cuwá>

II. Guía de referencia

I.A. Morfemas de personas de modo indicativo.

1.	Pte. Indefinido	/luk-is-na/	/lúk-is-ma/	/lúk-is-a/
2.	Pte. Absoluto	/lúk-u-na/	/lúk-u-ma/	/lúk-u-ia/
3.	Pto. Absoluto	/lúk-at-na/	/lúk-at-ma/	/lúk-at-a/
4.	Futuro	/lúk-am-na/	/lúk-ma/	/lúk-bi-a/
5.	Pdo. Indefinido	/lúk-r-i/	/lúk-r-am/	/lúk-an/
6.	/plík-pi/	«busquemos (nosotros)»		
7.	/plík-s/	«busca (tú)»		

B. El número verbal.

8.	yang lukisna	«yo pienso»
	yang nani lukisna	«nosotros pensamos»
9.	man lukisma	«tu piensas»
	man nanni lukisma	«vosotros pensais»
10.	witin lukisa	«él piensa»
	witin nani lukisna	«ellos piensan»

C. Morfemas de tiempo.

Tema: /——C/ y	/——u/	/——i/
Pte. Indef.	/-is-/	/-s-/
Pte. Absol.	/-u-/	/-s-u/
Pdo. Absol.	/-at-/	/-s-at-/
Pdo. Indef.	/-r-/	/-r-/
Futuro	/-m-/, /-bi-/	/-m-/, /-bi-/
Imperativo	/-s/, /-pi/	/-s/, /-pi/

D. Observaciones.

12.	Pte. Absol.	/brí-s-u-na/	«estoy teniendo»
13.	Pdo. Absol	/brí-s-at-na/	« (yo) había tenido»
14.	Pte. Indef.	/brí-(i)s-na/ /brí-s-na/	«tengo»

15. Pte. Absol. /prú-(u)-ma/ /prú-ma/ «mueres»
16. /prú-(m)-ma/ «morirás»
17. /brí-(m)-ma/ «tendrás»
18. /dáuk-(m)-ma/ «harás»
19. /dáuk-a-m-na/ «haré»
20. /wíp-a-m-na/ «azotaré»
21. /dáuk-u-i-a/ /dáuk-u-ia/
22. /prú-(u)-i-a/ /prú-ia/
23. /brí-s-u-i-a/ /brí-su-ia/

II. Fijación en el paradigma posesivo.

A. Sustantivos: /—C/, /—i/, /——u/
morfemas: /-ki/ /-kam/ /-ha/

24. /sláup/ «canoa»:

/sláup-ki/	/sláup-kam/	/ái-slaup-ka/
«mi canoa»	«tu canoa»	«su canoa»

25. /yapti/ «madre»:

/yápti-ki/	/yápti-kam/	/ái-yapti-ka/
«mi madre»	«tu madre»	«su madre»

26. /bútku/ «paloma»:

/bútku-ki/	/bútku-kam/	/ái-butku-ka/
«mi paloma»	«tu paloma»	«su paloma»

B. Sustantivos: /-í-a/ /-ú-a/
morfemas: /-í/, /-am/, /-a/

27. /bíl-a/ «boca»:

/bíl-i/	/bíla-m/	/ái-bíl-a/
«mi boca»	«tu boca»	«su boca»

28. /dús-a/ «hueso»:

/dús-i/	/dúsa-m/	/ái-dus-a/
«mi hueso»	«tu hueso»	«su hueso»

29. /mín(a)-i/ /mín-i/ «mi pie»
/ái-min(a)-a/ /ái-min-a/ «su pie»

30. /lúl(a)-i/ /lúl-i/ «mi rodilla»
/ái-lul(a)-a/ /ái-lul-a/ «su rodilla»

C. Sustantivos: /-a-a/
morfemas: /-i-/, /-m-/

31. /ná-i-pa/ /ná-m-pa/ /ái-nap-a/ o /ái-nap-i-ka/
«mi diente» «tu diente» «su diente»
32. /lákr-a/ «hermano»; /ái-lakr-a/ «su hermano»
33. /ái-lakr-i-ka/ «su hermano»
34. /ái-lakr-a-ka/ /ái-lakr-i-ka/

D. Préstamos.

35. /má-na/ «money»:
/má-i-na/ /má-m-na/ /ái-man-a/
«mi dinero» «tu dinero» «su dinero»
36. /plén/ «plane»:
/plen-ki/ /plen-kam/ ái-plen-ka/
«mi avión» «tu avión» «su avión»
37. /súmuru/ «sombrero»:
/súmuru-ki/ /súmuru-kam/ /ái-sumuru-ka/
«mi sombrero» «tu sombrero» «su sombrero»

EL IDIOMA ULWA (SUMU MERIDIONAL) DE NICARAGUA: SU ESTADO ACTUAL Y UN VISTAZO A SU FUTURO*

*Thomas Green***

INTRODUCCIÓN

El tema de esta ponencia es el idioma ulwa de Nicaragua y los esfuerzos que se están haciendo para salvaguardar su futuro. El ulwa está estrechamente emparentado con las lenguas sumu panamahka y twahka (o tawahka) de Nicaragua y Honduras. Sin embargo, representa una lengua distinta y lo clasificamos como el sumu meridional, o sea, la variante más al sur de la familia lingüística sumu.

Hoy en día, la gran mayoría de los ulwa viven en la comunidad de Karawala, cerca de la desembocadura del río Grande de Matagal-

---

* MIT y CIDCA

** No hubiera podido hacer esta investigación sin el apoyo del Centro de Investigación y Documentación de la Costa Atlántica (CIDCA) y el uso de sus archivos en Managua. Estoy en deuda con la gente de Karawala, sobre todo con los miembros del Cómite del Idioma Ulwa, por haberme involucrado en el proyecto de documentar y rescatar su lengua. Le doy gracias también a Ken Hale, quien ha sido mi mentor y colaborador durante todo el tiempo que he podido trabajar en el Proyecto del Idioma Ulwa. Esta investigación fue financiada por la Fundación Nacional de Ciencia (NSF), beca No. SBR-9308115.

NICARAGUA

MAKANTAKA

WANKL[illegible]A

MAR
CARIBE

RIO GRANDE
GRANDE
DE MATAGALPA

LA CRUZ DE
RIO GRANDE

RAINON LAYA

MUPI
TINGNI

SANDY BAY
SIRPI

KARAWALA

WALPA

BARRA DE RIO
GRANDE

KURINWAS

KARA

TOP
LOOCK
LAGOON

RIO

TORTUGUERO

Territorio ULWA

pa, en la costa Atlántica de Nicaragua. A primera vista, Karawala no es nada más que otra comunidad miskitu, igual que cualquiera de las demás de la región. La lengua dominante en la vida diaria de la comunidad, tanto entre los viejos como entre los jóvenes, es el miskitu. El miskitu es el idioma de la escuela, de la iglesia y de la mayoría de los hogares. Sin embargo, si se le pregunta a cualquier persona en el pueblo, es más que probable que dirá, a veces con orgullo, a veces con vergüenza, que no es miskitu, sino realmente ulwa. Y así se distingue Karawala de todas las comunidades de la región y del mundo.

El idioma de los ulwa hoy está dormido, pero no muerto ni olvidado. En tiempos antiguos, fue hablado por miles de personas, en un gran territorio de Nicaragua central y oriental. Hoy existe en la memoria de unos cuatrocientos habitantes de Karawala, la mayoría de edad avanzada, quienes lo aprendieron como lengua materna, pero que no lo han utilizado con frecuencia desde hace décadas. Sin embargo, en los últimos años, el idioma ha sido objeto de mucha preocupación por parte de la población de Karawala. La gente se dio cuenta de que estaba perdiendo su lengua, y con ella una gran parte de su patrimonio cultural y, en 1988, se formó el Comité del Idioma Ulwa (CODIUL), con seis miembros activos, para documentar y rescatar el idioma.

Con esta meta, se concibió el Proyecto del Idioma Ulwa, un esfuerzo conjunto entre el Comité en Karawala y dos lingüistas (Kenneth Hale y yo) del Instituto Tecnológico de Massachusetts (MIT, EE.UU.), con el apoyo y la coordinación del Centro de Investigaciones y Documentación de la Costa Atlántica (CIDCA) de Nicaragua. Haré un breve resumen del trabajo que hemos hecho en el Proyecto y mencionaré algunas de mis observaciones sobre los problemas que hemos encontrado y las lecciones que hemos aprendido.

TRASFONDO

Clasificación lingüística del ulwa

Aunque el ulwa es sin duda un pariente muy cercano de su vecino sumu al norte, la lengua mayangna, representada por los dos dialectos modernos, el panamahka y el twahka/tawahka (ver von Houwald 1980, Norwood 1987 y sin publicar), es cierto que es un idioma aparte. No es mutuamente inteligible con el mayangna. En conjunto, el grupo lingüístico sumu está emparentado con el miskitu, la lengua indígena que domina en las regiones caribeñas de Nicaragua y Honduras. El miskitu y el sumu, junto con el hoy extinto matagalpa-cacaopera, forman la pequeña familia lingüística Misumalpa que es considerada generalmente como ligada, por medio de una protolengua antigua, a la gran familia Chibcha.

Demografía actual

Cuando llegaron los conquistadores europeos, parece que los ulwa eran un pueblo de tierra adentro, esparcido a lo largo de los innumerables ríos y caños en la parte central del gran litoral Atlántico de Nicaragua. Ocuparon un territorio de unos 20.000 kilómetros cuadrados, y su población, tal vez, ascendía a diez mil personas (Green 1995). Hoy, como resultado de muchos factores históricos, quedan reducidos a menos de mil personas, casi todas viviendo en la comunidad pequeña de Karawala, muy cerca del mar y fuera de su antiguo territorio tradicional.

Según los resultados preliminares de un censo que hizo el CODIUL en 1995, Karawala tiene 935 habitantes, y el 85% de ellos tienen patrimonio o «sangre» ulwa[1].

Datos etnográficos de Karawala (población total: 935).

% de sangre ulwa	Habitantes	% de la población
100	55	6
50 o más	398	43
más de 0	796	85

1. Se usará el término «sangre» aquí como traducción directa de la palabra ulwa âwas y del miskitu tâla, que usaron los miembros del Comité cuando hicieron la encuesta. Por supuesto, se refiere a la identidad étnica de una persona como función de la etnicidad de sus padres, abuelos, etc.

Sin embargo, como puede verse en la tabla de abajo, sólo el 38% todavía habla el idioma, y este dato es más significativo si se toma en cuenta las edades de los hablantes. De las personas de 40 años y mayores, el 79% hablan el ulwa. En cambio, de los de menos de 20 años sólo el 18% lo hablan.

Lenguas principales y sus hablantes

Idioma	Hablantes	% del total
Ulwa	351	38
Miskitu	896	96
Criollo	215	23
Español	188	20
Panamahka	77	8

Hablantes del ulwa por edad

Edad	Hablantes del ulwa	% del total
< 20	100 (de 570)	18
20 - 30	141 (de 226)	62
40 +	110 (de 139)	79

Estas cifras reflejan el hecho de que el cambio hacia el miskitu ocurrió hace sólo unos 40 años, cuando se instaló en Karawala un aserrío grande que atrajo a cientos de trabajadores miskitus de afuera. Aunque duró menos de una década, este período de población flotante dejó su marca lingüística en la comunidad y, para 1960, ya no se oía el ulwa con mucha frecuencia, aún entre los ancianos de etnia puramente ulwa. Hasta hoy, la lengua de la vida diaria para todo el pueblo de Karawala es el miskitu y los habitantes, en vez de abrazar la tradición lingüística de sus padres y antepasados, se están concentrando en aprender el inglés criollo y el español. Los matrimonios mixtos, antes evitados, hoy son deseados, fomentando así el influjo de población de afuera.

Se puede ver entonces que el idioma ulwa está en peligro grave de extinción dentro de las próximas generaciones. Fue al comprender esta situación que en 1987 ciertos miembros de la comunidad ulwa de Karawala decidieron actuar para detener el deterioro de su tradición lingüística.

EL PROYECTO DEL IDIOMA ULWA

Como describe Hale (1991:28), el Proyecto del Idioma Ulwa fue concebido a la luz del movimiento de autonomía para la costa Atlántica de Nicaragua. El Estatuto de Autonomía fue ratificado por la Asamblea Nacional en 1987, dándoles a los varios grupos étnicos minoritarios de la región el derecho de preservar sus lenguas y culturas y de enseñarlas en las escuelas públicas, a través del Programa de Educación Bilingüe-Intercultural (PEBI) del Ministerio de Educación (MED). En ese año, la comunidad de Karawala pidió ayuda al gobierno para poner en marcha un plan para documentar y rescatar el idioma ulwa. En 1988, Kenneth Hale, un lingüista de MIT se involucró y colaboró con Abanel Lacayo (un hombre ulwa enviado de Karawala) para recopilar un diccionario preliminar de 500 palabras (Hale y Lacayo 1988). A fines del mismo año, se formó oficialmente el Comité del Idioma Ulwa (CODIUL/UYUTMUBAL) y todavía se compone de los seis miembros fundadores:

Comité del Idioma Ulwa (Karawala, RAAS, Nicaragua)

Leonzo Knight Julián	Presidente (maestro, consejal)
Lorinda Martínez Lacayo	Tesorera (maestra)
Francisco Santiago William	Secretario (maestro)

Abanel Lacayo Blanco	Anciano (aserrador)
Clementina A. Simón	Anciana (agricultora)
Kandler Santiago Simón	Anciano (agricultor)

Estrategias de Rescate

El objetivo final del Proyecto del Idioma Ulwa es restablecer el uso diario de la lengua y así asegurar su sobrevivencia para las generaciones futuras. Esta tarea tiene que abordarse con tantas estrategias como sea posible, con documentación lingüística, educación, propaganda o promoción, y aún con planes de incentivos. Concretamente, el Comité del Idioma Ulwa se propuso hacer lo siguiente:

- Documentar: Dotar al idioma con una gramática descriptiva y con un diccionario amplio y accesible, que será utilizable por hablantes de cualquiera de las tres otras lenguas de la región: miskitu, español e inglés. Coleccionar y escribir textos en el ulwa, como por ejemplo: leyendas tradicionales, historias, relatos personales, fábulas y ensayos etnográficos.
- Promover: Hacer saber a la población de Karawala que el ulwa es una lengua igual que cualquier otra, que tiene que ser una fuente de orgullo y no de vergüenza. Fomentar su uso diario por medio de programas de incentivos. Despertar interés y orgullo entre los niños acerca del idioma de sus padres. Concientizar al mundo exterior sobre la existencia de la etnia y la lengua ulwa.
- Enseñar: Capacitar a un grupo de maestros en preparación para el uso del ulwa en el aula de clase. Elaborar y reproducir textos y materiales escolares para la población estudiantil de la comunidad.

Documentación

En cuanto a la documentación, tan pronto como se había formado el Comité, los miembros se dedicaron a expandir la cobertura del diccionario, lo que condujo a la publicación de una segunda edición extendida de 1200 entradas (CODIUL/UYUTMUBAL et al. 1989). También se pusieron a documentar la historia de Karawala y a coleccionar cuentos y ensayos etnográficos en el ulwa. El primer capítulo de la historia (Knight 1991b) y uno de los cuentos, Nung balna Ampa Bungna ya Yulka ('Cómo surgieron los números naturales') (Knight 1991a), fueron publicados en *Wani*, la revista de CIDCA.

En años recientes, hemos expandido mucho el diccionario. Hoy contamos con una base de datos léxicos que abarca más de 5.000 entradas, cada una de las cuales relaciona una palabra, una expresión o un sentido distinto de una palabra con sus equivalentes en miskitu, español e inglés. Una entrada contiene también información para el uso exitoso de la palabra o expresión, morfológica y sintácticamente. Además, generalmente incluye una o más oraciones ejemplares, con sus traducciones a las tres lenguas de destino. La base de datos léxicos computarizada nos permitirá producir varios diccionarios distintos: uno para cada una de las tres lenguas de destino, ediciones pequeñas «de bolsillo» para distribuir a los alumnos, y un gran volumen cuatrilingüe. Yo me he prestado para producir un diccionario infantil ilustrado. La base de datos sirve también para generar diccionarios al revés (miskitu-ulwa, español-ulwa, inglés-ulwa). Puesto que el Proyecto no va a producir un diccionario que se asocie directamente entre el miskitu y el español o inglés, esperamos que eso también fomentará el uso del ulwa por los alumnos aún en el proceso de aprender el español o inglés. Por ejemplo, un alumno tendrá disponible un diccionario español-ulwa, y uno de ulwa-miskitu, pero ningún diccionario español-miskitu (tales diccionarios sí existen, pero generalmente los alumnos no tienen acceso a ellos); entonces, para encontrar la traducción de una palabra española desconocida, el niño primero tendrá que descubrir su equivalente en el ulwa y, después, buscar en el otro diccionario el sentido del término ulwa en miskitu.

Además de haber trabajado en el diccionario, el Proyecto ha coleccionado muchos textos de varias clases, tales como leyendas tradicionales, fábulas e historias orales. También los miembros del Comité han escrito ensayos históricos y etnográficos y diálogos conversacionales pedagógicos. Varias fábulas populares y cuentos cortos han sido traducidos de fuentes escritas miskitus, ya que muchos de éstos parecen ser o de origen desconocido o común a ambas tradiciones y, sobre todo, porque los niños ya los conocen. Así que para 1996 se esperaba poder publicar una compilación considerable de ficción ulwa para el uso de la comunidad. También está en preparación una gramática descriptiva de la lengua.

Promoción

Los esfuerzos de promoción que han hecho los miembros del Comité han tenido éxito limitado. Ahora la comunidad parece estar realmente consciente de la importancia de su lengua y de que está en estado de peligro, pero los habitantes se están dando cuenta de que no es fácil efectuar cambios en sus costumbres lingüísticas, aunque lo quieran hacer. Por ejemplo, en 1994, en una reunión comunal, todos los padres se pusieron de acuerdo en que, a partir de esa fecha, cualquier niño que naciera sería un «bebé ulwa». Con esto querían decir que habría por lo menos una persona (tal vez una abuela) con quien el bebé crecería hablando solamente el ulwa. Aunque al principio la gente estaba bastante entusiasmada con la idea, parece que fue rápidamente olvidada.

En 1990 y 1991, Abanel Lacayo construyó una casa para el Proyecto, que sirve como lugar de trabajo y de reunión y también como dormitorio para colaboradores extranjeros como Hale y yo. Esta «oficina» ha resultado ser indispensable para el trabajo del Proyecto, ya que en las casas privadas falta espacio suficiente y están muy pobladas de niños. Tal vez más significativo, la oficina ha atraído mucha fama y publicidad para el Proyecto. Tanto dentro de Karawala como de afuera, la lengua ulwa ha ganado mucho reconocimiento y respeto, simplemente en virtud de tener un edificio entero dedicado a ella.

Educación

Entre las tareas para rescatar el idioma ulwa, el asunto de la educación es el que plantea las dificultades más grandes. No es simplemente cuestión de crear «otro programa de educación bilingüe» análogo a los programas PEBI-Miskitu y PEBI-Sumu, ya existentes. Estos programas se basan en el motivo de facilitar el aprendizaje de un enseñándole (por lo menos al principio) en su lengua materna. En este sentido, si algún día habiera un tal PEBI-Ulwa, querrá decir que el Proyecto habrá tenido éxito. Esa clase de programa puede servir para preservar o mantener viva una lengua minoritaria que aún sigue transmitiéndose entre madre e hijo, pero cuando ya se ha roto esta cadena de transmisión, se necesita otra estrategia. Así es en el caso de Karawala.

Como ya mencionamos, los niños de Karawala hablan el miskitu como primera lengua. De modo que la escuela de Karawala participa en el programa PEBI-Miskitu para que los niños puedan comenzar su educación en su lengua materna. Este esquema se ilustra en la siguiente tabla (las cifras no son exactas, sino que vienen de mis observaciones en la escuela de Karawala; no sé que tan bien corresponde a los objetivos oficiales del PEBI):

Porcentaje de instrucción en cada lengua (Karawala, actual)

Año	% Miskitu	% Español
Preescolar	100	——
Grado 1	100	——
Grado 2	80	20
Grado 3	60	40
Grado 4	50	50
Grado 5	25	75
Grado 6	--	100

Como se ve en la tabla, en el año de preescolar y en el primer grado toda la instrucción se hace en la lengua materna, miskitu. La enseñanza en español empieza en el segundo grado y aumenta poco a poco hasta el sexto grado. Para entonces, los alumnos reciben todas las clases en español. La necesidad del español para su educación posterior es obvia, tanto como lo es la importancia del uso del miskitu en los primeros años. Entonces la pregunta es, ¿cómo se puede incorporar otra segunda lengua en esta secuencia ya bastante exigente? Podemos distinguir por lo menos dos clases de opciones.

La primera opción es tratar de incluir en el currículo las tres lenguas, lo mejor posible. Un esquema ejemplar sería el siguiente:

Opción primera: incluir las tres lenguas

Año	% Miskitu	% Ulwa	% Español
Preescolar	50	50	——
Grado 1	70	30	——
Grado 2	30	50	20
Grado 3	20	50	30
Grado 4	——	50	50
Grado 5	——	25	75
Grado 6	——	10	90

Este plan da mucha atención al ulwa mientras cubre las necesidades de incluir el miskitu y el español. El miskitu es eliminado antes que en el plan que está en uso actualmente en Karawala. La idea es que los alumnos aprenderán fácilmente el ulwa y, para el tercer año, ya no habrá necesidad de usar el miskitu en la clase. Esta idea se basa en la percepción de que el miskitu y el ulwa son muy parecidos. Desde el punto de vista de la sintaxis, esta observación es correcta, y aunque los dos idiomas difieren substancialmente en sus vocabularios y en su morfología, es obvio que para estos alumnos el ulwa sería mucho más fácil de aprender que el español. La alfabetización se haría principalmente en miskitu y el uso regular del ulwa escrito no comenzaría, tal vez, hasta en el segundo año. En dos palabras, este esquema tendría la ventaja de que los alumnos podrían entender lo que pasa en el primer día de escuela, pero también tiene sus desventajas prácticas. Primero, no hay muchas horas de clase al día. Sería difícil desarrollar todo lo necesario del currículo y, a la vez, incluir instrucción en los tres idiomas.

Otro punto problemático es que este plan requiere que los materiales escolares traten al ulwa como segunda lengua, esencialmente como «otro español» en los primeros años. Esto quiere decir que no podríamos aprovecharnos de los buenos materiales que ya han creado los equipos PEBI-Sumu y PEBI-Miskitu porque están orientados hacia el contexto de aprendizaje en la lengua materna. Esos materiales son apropiados para el contexto étnico y social de Karawala y sería óptimo si sólo se tuviera que traducirlos al ulwa. Una consideración final es que este plan no representaría una solución permanente si el Proyecto tiene éxito y si los padres y abuelos empiezan a usar el ulwa con sus hijos. En ese caso, se tendría que producir materiales nuevos para la enseñanza del ulwa como primera lengua en el futuro.

Por contraste, podríamos eliminar el uso del miskitu del currículo, como se representa en la siguiente tabla:

Opción segunda: eliminar el miskitu

Año	% Miskitu	% Ulwa	% Español
Preescolar	——	100	——
Grado 1	——	100	——
Grado 2	——	80	20
Grado 3	——	70	30
Grado 4	——	50	50
Grado 5	——	25	75
Grado 6	——	10	90

Según esta opción, los alumnos serían sumergidos en el ulwa a partir del año de preescolar, lo que sería de crucial importancia para que puedan orientarse una vez que empiecen las lecciones de alfabetización en el primer año. Aunque bastante severo, este enfoque es el que prefieren los habitantes de Karawala, donde predomina la opinión de que, aunque los niños no hablan ni entienden el ulwa, «está en su sangre». Lo cierto es que, si no fuera tan doloroso, este método sería el más práctico. Nos permitiría tratar el ulwa como la primera lengua de los niños y así sería mucho más fácil adaptar el trabajo de los otros equipos del PEBI. De hecho, un miembro del Comité del Idioma Ulwa ya ha traducido al ulwa el primer libro de alfabetización del PEBI-Sumu (*Ma Yulki 1*) y ha sido puesto ya en forma preliminar computarizada por un técnico del PEBI-Miskitu en Bluefields.

Hasta la fecha, no hemos llegado a ninguna decisión respecto a cómo introducir el ulwa en la escuela de Karawala. La dificultad de este asunto sirve para subrayar el conflicto general entre el acto de rescatar una lengua y la responsabilidad de proveer a los niños una buena educación. Esta última en sí misma ya es bastante difícil en las comunidades remotas como Karawala, y sin financiamiento adecuado del gobierno. En el caso de Karawala se ve claramente que el mantenimiento habría salido mucho más barato que el rescate.

EL ULWA EN UN MUNDO CAMBIANTE

Cualquiera que sea la decisión sobre el futuro programa de educación bilingüe en Karawala, quisiera mencionar aquí algunos puntos sobre la creación de palabras nuevas en el ulwa. El vivir en un mundo cambiante que introduce cada día nuevos términos y conceptos extranjeros provoca muchas tensiones en el uso diario de un idioma local como el ulwa. Cosas como el plástico, fósforos, aviones y motosierras surgen y tienen que ser tratados en la lengua de una manera u otra. La solución más común es simplemente tomar prestada la palabra extranjera para la cosa nueva. El miskitu es un caso extremo y muy exitoso de una lengua que ha tomado este enfoque. Por ejemplo, el miskitu ha tomado las siguientes palabras directamente del inglés y sigue funcionando muy bien:

plastik	plástico	del ingl. plastic
plîn	avión	del ingl. plane
brit	pan	del ingl. bread
prî	libre	del ingl. free
mats	fósforo	del ingl. match
wats	reloj	del ingl. watch

Sin embargo, esta solución no es óptima en el caso del ulwa, por lo menos por dos razones. Primero, resulta que las reglas fonológicas del ulwa son más estrictas que las del miskitu cuando se trata de las secuencias de sonidos consonánticos como pl-, pr-, br-, y -ts. Las reglas profundas de la gramática del ulwa no permiten sílabas como pla, pri, bri, y ats y, por consiguiente, no hay ninguna palabra nativa del ulwa que tenga tal sílaba. En cambio, sílabas de este tipo abundan en el vocabulario nativo del miskitu:

plapaia	correr
prâkaia	cerrar
prihni	cruzad
briaia	tener
at(k)s	cómpralo

El importar muchas palabras de esta forma en el ulwa podría significar la alteración de la gramática de la lengua y también tendría consecuencias para la manera de enseñar en alfabetización.

Otro motivo para buscar otra manera de incorporar nuevos conceptos en el ulwa tiene que ver con la voluntad de los habitantes de Karawala. Por ser un grupo étnico y lingüístico tan pequeño y oprimido, los ulwa de Karawala han tenido por muchos años la concepción de que su lengua sea algo inferior e insuficiente. El nuevo sentido de orgullo étnico de ciertos miembros de la comunidad les hace rechazar palabras 'miskitas' como plastik, brit, y mats, que en el contexto ulwa suenan mal de todos modos.

Así que uno de los trabajos que ha emprendido el Comité del Idioma Ulwa es el de rellenar los vacíos en su vocabulario nativo. La clave para tener éxito en este proyecto es adaptar lo que ya existe. Por ejemplo, el Comité ha introducido las siguientes palabras nuevas en el idioma, pero no son más que extensiones creativas a elementos nativos ya existentes:

tutur	plástico	tutur-ka	'flexible, cimbreño' (cf. wakal tuturka 'cartílago')
salai	avión	salai-ka	'liso'
bâpah	pan	bâpah	'hueco'
uluhka	libre	uluh-naka	'desatar, soltar'
kîsah	fósforo	kîsah	'pedernal' (Lehmann 1920)
tal	reloj	tal-naka	'mirar'

Para mí, ha sido realmente sorprendente la excitación que evoca en la comunidad la introducción de tales palabras nuevas. El grado de orgullo que genera esta «ingeniería lingüística» parece ser el factor más grande en cambiar la idea de la comunidad hacia su idioma. Después de todo, como observó un anciano, «nosotros tenemos nuestra propia palabra para motosierra; decimos buksirih, y ¿qué dicen los miskitus? ¡'mutusira'!» (la palabra buk-sirih viene de las raíces nativas buk- 'rajar, aserrar' y sirih- 'rápido').

Esta última palabra demuestra otra estrategia aún más importante de formar nuevas palabras. Es una palabra compuesta, que combina dos elementos léxicos nativos de una manera muy productiva dentro de la gramática ulwa. El vocabulario nativo del ulwa cuenta con cientos de palabras compuestas exactamente así. He aquí una lista de ejemplos de palabras nuevas que han creado los miembros del Comité aprovechándose del proceso nativo de composición. El uso de esta estrategia produce palabras con sentidos muy intuitivos y por eso fáciles de recordar.

apakyul	diccionario	apak-naka 'almacenar' y yul 'palabra'
sukutwat	candado	sukut-naka 'empuñar' y wat-naka 'agarrar'
ûdak	cuarto	û 'casa' y dak-naka 'trozar'

biriwat	cinta adhesiva	biri-naka 'encolar' y wat-naka 'agarrar'
pulwat	cola adhesiva	pul 'pus, savia' y wat-naka 'agarrar'
buhtubak	toalla	buh-naka 'frotar' o buh-ka 'seco' y tubak-ka 'grueso'
puntubak	cobija, manta	pun-ka 'peludo, velloso' y tubak-ka 'grueso'
kîlaban	ladrillo	kî 'piedra' y laban-ka 'aplastado'
sukbai	foco	suk-naka 'encender, iluminar' y bai 'lejos'
tukyak	pala	tuk-naka 'cavar' y yak-naka 'sacar'

Un elemento del léxico ulwa que es particularmente productivo en formar palabras compuestas es el morfema mak, muy extendido en todas las variantes de la familia sumu. Parece significar a veces 'globo' o 'semilla, fruto' o 'fuente'. Aparece en docenas de palabras nativas y, entre otras, en las siguientes palabras recién creadas:

pihmak	arroz	pih-ka	'blanco'
paumak	tomate	pau-ka	'rojo'
wirimak	botón (de radio)	wiri-naka	'torcer'
ingmak	bujía de lámpara	ing-ka	'incandescente'
ûmak	ventana	û	'casa'
luhusmak	jabón	luhus	'espuma'
pusingmak	levadura	pusing-naka	'hincharse'

Además de ocupar palabras para cosas concretas introducidas del exterior, también ha surgido la necesidad de hablar sobre conceptos lingüísticos y ortográficos:

yulmak	morfema	yul 'palabra' y mak 'semilla' ('semilla de palabra')
yulsara	base flexiva	yul 'palabra' y sara 'base'
uldak	palabra escrita aparte	ul-naka 'escribir' y dak-ka 'isla' ('isla de escritura')

Finalmente, a veces el Comité ha tenido ocasión de crear elementos totalmente nuevos. Así fue el caso con el morfema -mat. El problema surgió con palabras para ocupaciones como médico, enfermera y maestro. Hubieran podido usar expresiones nativas como singpingka ('el que cura') y singpingka umhpingkika ('el que ayuda al que cura'), pero el consenso fue que éstas son insuficientes. Un médico es, de algún modo, algo más que una persona que cura. Por eso siempre habían utilizado los términos miskitus daktar y nors (tomados del inglés). Para evitar esta necesidad, el Comité creó el morfema -mat: 'cosa para', 'lugar de', 'profesión asociada con'.

Este morfema sirve para formar muchas palabras nuevas, entre ellas singmat ('médico') y umhmat ('enfermera'):

singmat	médico	sing-naka	'curar'
umhmat	enfermero/a	umh-naka	'ayudar'
sumalmat	maestro/a	sumal-naka	'enseñar'
naumat	abogado	nau	'ley, costumbre'
pahmat	cementerio	pah	'agujero' ('lugar de agujeros')
watmat	grabadora	wat-naka	'grabar'

Cabe mencionar que el caso del ulwa es bastante afortunado en un aspecto: ya que efectivamente el idioma sólo existe en un lugar, estos cambios pueden efectuarse y transmitirse fácilmente. Los ulwa tienen el poder de cambiar el destino de su lengua sin nada más que una reunión comunal. La esperanza es que con este poder puedan fortalecerse lo suficiente para superar los cambios tecnológicos, culturales y políticos que ha sufrido su pueblo en los últimos siglos.

BIBLIOGRAFÍA

CODIUL/UYUTMUBAL (1995) *Ulwah Yulka Apakkayul Baka ya Yul balna Dapak Wayaka balna karak: Diccionario Pequeño del Ulwa con Palabras y Dibujos,* CIDCA, Managua, y MIT, Cambridge, MA.

CODIUL/UYUTMUBAL, CIDCA, CCS-MIT. (1989) *Diccionario Elemental del Ulwa* (sumu meridional), Center for Cognitive Science, MIT, Cambridge, MA.

Green, Thomas (1995) «The Ulwa Language Wakes Up», aparecerá en MIT *Working Papers in Linguistics*, una recopilación de artículos sobre lenguas en peligro, MIT, Cambridge, MA.

Hale, Ken (1991) «El Ulwa, Sumu Meridional: ¿Un Idioma Distinto?» *Wani* 11, 27-50.

Hale, Ken y Abanel Lacayo Blanco (1988) *Vocabulario Preliminar del Ulwa (Sumu Meridional)*, Centro de Investigaciones y Documentación de la Costa Atlántica, Managua y MIT Center for Cognitive Science.

Heath, George Reinke y W. G. Marx (1961) *Diccionario Miskito-Español, Español-Miskito*, Imprenta Calderón, Tegucigalpa.

Knight Julián, Leonzo (1991a) «Nung balna Ampa Bungna ya Yulka: Cómo Surgieron los Números Naturales», *Wani* 8, 24-27.

Knight Julián, Leonzo (1991b) «Tâkat kau Karawak kau Mîdana Muihka balna: Los Primeros Pobladores de Karawala», *Wani* 11, 51-61.

Lehmann, Walther (1920) *Zentral-Amerika*, Teil I, Band I, Verlag Dietrich Reimer, Berlin, 468-588.

Norwood, Susan (1987) «El Sumu,» *Wani* 6, 41-48.

Norwood, Susan (1993) «El Sumu, Lengua Oprimida: Habilidades Lingüísticas y Cambio Social: Los Sumus», *Wani* 14, 53-64.

Norwood, Susan (sin publicar) «Gramática de la Lengua Sumu» ms., (será publicado por CIDCA).

Von Houwald, Goetiz (1980), *Diccionario Español-Sumu, Sumu-Español*, Ministerio de Educación, Managua.

MORFOFONEMÁTICA EN LA LENGUA MISKITU

*Ethel Martínez Webster**

INTRODUCCIÓN

El miskitu, lengua que se habla principalmente en la región fronteriza entre Honduras y Nicaragua, ha sido objeto de estudios lingüísticos como tema de tesis de personas que hicieron doctorados. Actualmente la autora de esta ponencia está trabajando también en el tema de tesis sobre la «Morfosintaxis de la lengua Miskita».

El miskitu, basado en correspondencias morfológicas con el sumo y el desaparecido matagalpa-cacaopera, es considerado de la familia Misumalpa, la que también se supone forma con el chibcha una agrupación lingüística llamada macrochibcha. Es una lengua de tipología SOV.

La bibliografía más antigua de esta lengua consiste en traducciones hechas por misioneros cristianos con fines de propagación religiosa y textos de su uso exclusivo para aprender la lengua, los que contienen elementos gramaticales muy valiosos. A partir de 1980, el gobierno de Nicaragua creó el Centro de Investigación y Documentación de la Costa Atlántica, que en colaboración con lingüistas del

* Centro de Investigación y Documentación de la Costa Atlántica, Nicaragua.

Massachussets Institute of Technology, dio un fuerte impulso al estudio sistemático de esta lengua, y también del sumo, del rama y del inglés criollo. En la actualidad, contamos con la tesis del Dr. Salamanca (1988), como una gramática de la lengua miskita (1986).

Este trabajo tiene su fuente en otros anteriores tratados por la autora para ser presentados en jornadas de lingüística aborigen y parte en la tesis doctoral que se está llevando a cabo en la Universidad Nacional de Córdoba, Argentina. La ponencia tiene por objeto presentar los rasgos más destacables que se infieren de las pautas morfofonemáticas; por lo tanto, no intenta hacer un estudio detallado del sistema morfofonemático de la lengua. Para expresar estas características se establecen formas canónicas y se tratará sobre algunas alternativas, reflexiones y, subsidiariamente, se hará referencia a categorías gramaticales y derivación.

La conjugación verbal es uno de los principales aspectos de la gramática miskita que presenta características morfofonológicas de importancia relevante, la cual está determinada en textos de gramática que escribieron misioneros cristianos en el siglo pasado; a partir de estas valiosas fuentes bibliográficas que se verifican en el habla con escasos cambios fonológicos, es posible partir para el estudio de las particularidades morfofonológicas, conducentes al estudio definitivo de la conjugación verbal.

I. La forma verbal, en su configuración morfemática, indica el tiempo a continuación del tema y la persona al final

La lengua miskita tiene la particularidad de reflexionar el verbo atendiendo al fonema con que termina la estructura radical[1]. De acuerdo con esto, en la conjugación se establecen dos modelos de raíces verbales: los temas que terminan en consonantes o en /-u/, y los que terminan en /-i/[2].

---

1 El infinitivo tiene una desinencia única /-aia-/, a la cual la conjugación del verbo es indiferente.

2. Los modelos para la conjugación fueron establecidos por Berckenhagen (1892: p. 17).

A. Los morfemas marcadores de persona en el modo indicativo son los mismos en todos los tiempos verbales, excepto en el pasado indefinido. El imperativo tiene dos morfemas característicos: uno que marca la segunda persona y otro para la primera persona del plural, únicamente[3].

A.1. Los morfemas /-na/, /-ma/ y /-a/ son los marcadores de primera, segunda y tercera persona en los tiempos presente, pasado absoluto y futuro (para ejemplo el verbo «pensar»)[4]:

		Primera	Segunda	Tercera
1.	Pte. Indefinido	luk-is-na	luk-is-ma	luk-is-a
2.	Pte. Absoluto	luk-u-na	luk-u-ma	luk-u-ia
3.	Pdo. Absoluto	luk-at-na	luk-at-ma	luk-at-a
4.	Futuro	luk-am-na	luk-ma	luk-bi-a

A.2. En el pasado indefinido los alomorfos son: /-i/, /-am/ y /-an/.

5.	Pdo. Indefinidoluk-r-i	luk-r-am	luk-an	

La diferencia desinencial de persona en el pasado indefinido, con respecto a los demás tiempos del modo indicativo, permite las siguientes observaciones:

/-na/	/-ma/	/-a/
/-i/	/-am/	/-an/

En la segunda persona de la configuración mantienen (invertidos) los fonemas /m/ y /a/; en la tercera se desarrolla una /-n/; la primera, en cambio, es totalmente distinta: /-i/. En este fonema aparece también en el posesional para indicar la primera persona, como también /m/ en la segunda.

---

3. Existen también otros modos verbales menos usuales en el habla: el potencial y el conexivo, llamados así por Heath (1927).
4. Para ejemplificar la presentación se exhibe únicamente en singular. El plural está expresado en el pronombre personal con la partícula «nani». Ejemplo: yang nani lukisna «nosotros pensamos».

A.3. El imperativo tiene las desinencias siguientes: /-pi/ para la primera persona en plural, y /-s/ para la segunda en singular y plural.

6.	plik-pi	«busquemos (nosotros)»
7.	plik-s	«busca (tú)»

B. El número verbal está expresado en el pronombre personal, donde la partícula «nani» es el pluralizador.

8.	yang lukisna	«yo pienso»
	yang nani lukisna	«nosotros pensamos»
9.	man lukisma	«tú piensas»
	man nani lukisma	«vosotros pensais»
10.	witin lukisa	«él piensa»
	witin nani lukisna	«ellos piensan»

Al pluralizar con la partícula «nani», el verbo mantiene la configuración del singular.

C. El tiempo está indicado por la desinencia que sigue al tema verbal, el cual se adapta a un modelo de conjugación determinado por la terminación de su radical.

C.1. Los temas /——C/ y /——u/, para los tiempos tienen los morfemas siguientes:

11.	Pte. Indef.	/-is-/: /prú-is-a/	«muere»
	Pte. Absol.	/-u-/ : /dáuk-u-na/	«estoy haciendo»
	Pdo. Absol.	/-at-/: /prú-at-a/	«había muerto»
	Pdo. Indef.	/-r-/ : /dáu-r-am/	«hiciste»
	Futuro	/-m-/ : /prú-m-na/	«moriré»
		/-bi-/: /prú-bi-a/	«morirá»
	Imperativo	/-s/ : /prák-s/	«cierra (tú)»
		/-pi/ : /prák-pi/	«cerremos»

C.2. Los temas /——i/, se adaptan a los morfemas temporales siguientes:

Pte. Indef.	/-s-/ : /brí-s-a/	«tiene»
Pte. Absol.	/-s-u-/: /brí-su-na/	«estoy teniendo»
Pdo. Absol.	/-s-at-/: /brí-sat-a/	«había tenido»
Pdo. Indef.	/-r-/: /brí-r-am/	«tuviste»
Futuro	/-m-/ : /brí-m-na/	«tendré»
	/-bi-/: /brí-bi-a/	«tendrá»
Imperativo	/-pi/: /brí-pi/	«tengamos»
	/-s/: /brí-s/	«ten»

D. Observaciones relativas a la morfofonemática de la conjugación.

D.1. Cuando el tema verbal termina en /-i/ (como en /bri-aia/), el morfema de tiempos absolutos incorpora /-s-/ antes de vocal. Ejemplo:

12.	Pte. Absol.	/brí-s-u-na/	«estoy teniendo»
13.	Pdo. Absol.	/brí-s-at-na/	«(yo) había tenido»

D.2. Si la vocal final del tema es la misma conque comienza el morfema de tiempos presentes, se produce una fusión de vocales en una sola:

14.	Pte. Indef.	/brí-(i)s-na/	/brí-s-na/	«tengo»
15.	Pte. Absol.	/prú-(u)-ma/	/prú-ma/	«mueres»

D.3. En la segunda persona del futuro, el morfema de tiempo /-m-/ se funde con la que corresponde a la desinencia de persona:

16.	/prú-(m)-ma/	«morirás»
17.	/brí-(m)-ma/	«tendrás»
18.	/dáuk-(m)-ma/	«harás»

D.4. En la primera persona de futuro, el morfema temporal /-m-/ incorpora una /a/, después de consonante terminal de un tema:

19.	/dáuk-a-m-na/	«haré»
20.	/wíp-a-m-na/	«azotaré»

D.5. La tercera persona del presente absoluto incorpora /i/ entre el morfema de tiempo /-u-/ y el morfema de persona /-a/:

21.	/dáuk-u-i-a/	/dáuk-u-ia/
22.	/prú-(u)-i-a/	/prú-ia/
23.	/brí-s-u-i-a/	/brí-su-ia/

II. Una de las características morfofonemáticas más particulares de la lengua miskitu es el proceso de afijación en el paradigma posesivo[5].

A. Los sustantivos que terminan en consonantes o en las vocales /i/ o /u/[6] admiten los morfemas sufijales /-ki/, /-kam/, /-ka/ indicadores de posesión en primera, segunda y tercera persona:

24.	/——C/:	/sláup/[7])	«canoa»
	slaup-ki		«mi canoa»
	slaup-kam		«tu canoa»
	ai-slaup-ka[8]		«su canoa» (canoa de él/ella)
25.	/——i/ :	/yápti/	«madre»
	yapti-ki		«mi madre»
	yapti-kam		«tu madre»
	ai-yapti-ka		«su madre» (madre de él)

5. El paradigma posesivo se conoce en forma elemental primero en Henderson (1846) y después en Adam (1891).
6. Las vocales de la lengua miskitu son /i/, /u/, /a/. Sólo en palabras tomadas en préstamo, y en uso moderno, aparecen /e/ y /o/.
7. El acento fonético siempre recae sobre la primera sílaba.
8. La tercera persona del paradigma posesivo recurre siempre al pronombre objetivo «ai» (de él) y éste toma el acento fonético de la secuencia morfemática.

26. /——u/ : /bútku/ «paloma»
butku-ki «mi paloma»
butku-kam «tu paloma»
ai-butku-ka «su paloma»

B. Los morfemas del paradigma posesivo manifiestan alternancia, representada por las configuraciones fonemáticas /-i/, /-m/, /-a/ sufijadas a la forma básica de sustantivos que terminan en /-a/ y tienen vocal tónica (i) o (ú):

27. /í-a/: /bíla/ «boca»
bil-i «mi boca»
bila-m «tu boca»
ai-bil-a «su boca»
28. /ú-a/: /dúsa/ «hueso»
dus-i «mi hueso»
dusa-m «tu hueso»
ai-dus-a «su hueso»

Para que la primera y tercera persona admitan los morfemas sufijales /-i/, /-a/, la forma básica pierde su vocal final /-a/, o bien se funden, con lo que se evita la continuidad de vocales. Ejemplo:

29.	min(a)-i	min-i	«mi pie»
	ai-min(a)-a	ai-min-a	«su pie»
30.	lul(a)-i lul-i		«mi rodilla»
	ai-lul(a)-a	ai-lul-a	«su rodilla»

C. Otros alomorfos de posesivos se caracterizan por un proceso particular de infijación en sustantivos con vocal tónica /-á-/ y terminación en /-a/. Los morfemas infijos son /-i/ para la primera persona, y /-m-/ para la segunda persona.

31. /á-a/: /nápa/ «diente»
na-i-pa «mi diente»
na-m-pa «tu diente»

Los sustantivos que responden a esta estructura canónica operan, en la tercera persona, tal como indica en II.A., o II.B. ejemplo:

/á-a/ : /lákra/ «hermano»

32. ai-lakr-a «su hermano» (como en II.B.)
33. ai-lakr-i-ka «su hermano» (como en II.A.)

La raíz presenta un proceso morfofonológico por el cual la /-a/ se transforma en /-i-/ para aceptar el morfema /-ka/, que corresponde a la tercera persona en sustantivos que finalizan en consonantes o en vocales /-i/, /-u/[9]. Ejemplo:

34. ai-lakr-a-ka ai-lakr-i-ka

D. Las palabras tomadas en préstamo son adaptadas a la inflexión del posesivo mediante morfemas que corresponden al sistema morfofonológico propio de la lengua. Sin embargo, se advierte una diferencia generacional[10].

35.	/má-na/	«dinero» (del inglés «money»)
	ma-i-na	«mi dinero»
	ma-m-na	«tu dinero»
	ai-man-a o ai-man-i-ka	«su dinero»
36.	/plen/	«avión» (del inglés «plane»)
	plen-ki	«mi avión»
	plen-kam	«tu avión»
	ai-plen-ka	«su avión»
37.	/súmuru/	«sombrero» (del español «sombrero»)
	sumuru-ki	«mi sombrero»
	sumuru-kam	«tu sombrero»
	ai-sumuru-ka	«su sombrero»

9. Este tipo de adaptaciones ocurre en diversas situaciones de la fonología miskita.
10. /plen/, palabra tomada en préstamo del inglés moderno, se pronuncia así por un bilingüe joven. Un anciano monolingüe, diría /plin/.

BIBLIOGRAFÍA

ADAM, Lucien: *Langue Mosquito. Grammaire, Vocabulaire, Textes.* Libraire, editeur, Paris, I Maisonnouve, 1891.

BERCKENHAGEN, Herman C. *Grammar of the Miskito Language.* Printed G. Winter, Stolpen Saxony, 1892.

HEATH, George R. *Grammar of the Mistkito Language.* Printed by F. Lindenbein, Herrnhut, 1927.

HENDERSON, Alexander. *Grammar the Miskito Language.* 104 Beekman St., New York, 1846.

LEHMANN, Walter. *Zentral-Amerika-Teil I*, Berlin, Verlag Dietrich Reimer, 1920. (tr: Banco de América, Managua, 1978).

MARTÍNEZ, Ethel. *Miskitu bilara tanka plikanka dukia ta krikanka* (Introducción al estudio de la lengua miskita). Ministerio de Educación, Managua, 1986.

SALAMANCA, Danilo. «Las Lenguas de la Costa, su estudio y documentación» *Wani* Nº. 10, (mayo/agosto 1991), 60-66.

VAUGHAN, Adolfo. *Diccionario trilingüe Miskito-Español-Inglés.* Imprenta Nacional, Managua, 1962. 788 pp.

EXPERIENCIA DE LA EDUCACIÓN BILINGÜE INTERCULTURAL EN LA MOSQUITIA HONDUREÑA

*Scott Wood Ronas**
*Thomas W. Keogh**

ANTECEDENTES

Durante la década de 1940-1950 el Dr. Marx de la Misión Evangélica Morava inició un programa educativo bilingüe bicultural de transición (en aquel momento) para el pueblo étnico misquito, pero desafortunadamente esas experiencias se desecharon con la creación de las escuelas oficiales de parte del Estado en la década de los años cincuenta del presente siglo.

Con la organización y función de las escuelas monolingües en español para españolizar a los misquitos y a otros pueblos diferenciados ubicados en la región de La Mosquitia hondureña como los tawahkas, pech y garífunas, de los años cincuenta en adelante, se logra como producto muy bajos niveles de rendimiento escolar; en cambio se observa un alto grado de deserción, ausentismo, reprobación, repetición y frustración. Con la implementación de estas escuelas monolingües de españolización, la educación ofertada por el Estado resul-

---

* Comité de Educación Bilingüe Intercultural para La Mosquitia Hondureña (CEBIMH).

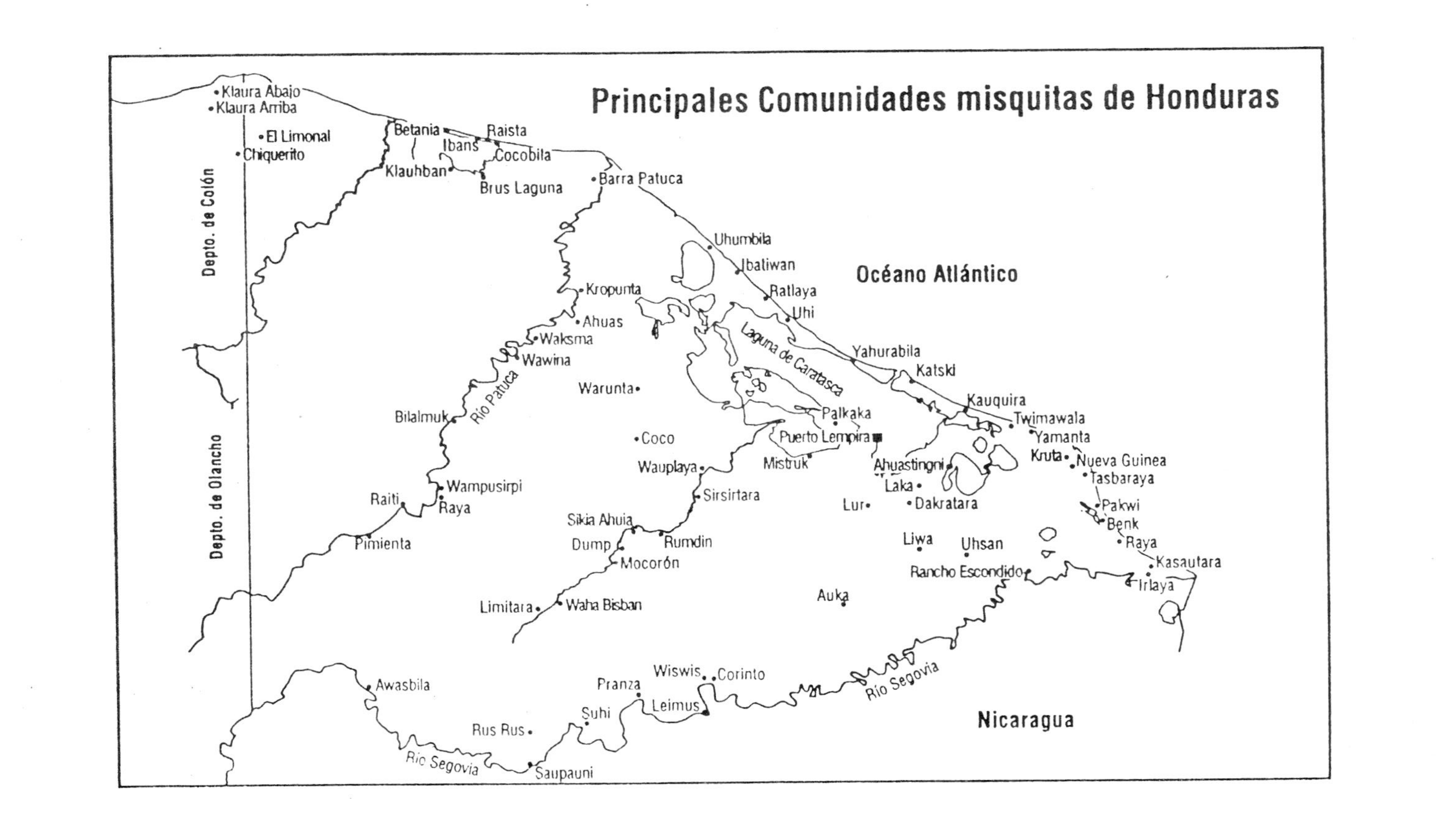
Principales Comunidades misquitas de Honduras
Océano Atlántico
Nicaragua
Depto. de Colón
Depto. de Olancho
Klaura Abajo
Klaura Arriba
El Limonal
Chiquerito
Betania
Ibans
Raista
Cocobila
Klauhban
Brus Laguna
Barra Patuca
Uhumbila
Ibatiwan
Ratlaya
Uhi
Laguna de Caratasca
Yahurabila
Katski
Kauquira
Twimawala
Yamanta
Kruta
Nueva Guinea
Tasbaraya
Pakwi
Benk
Raya
Kasautara
Irlaya
Kropunta
Ahuas
Waksma
Wawina
Río Patuca
Warunta
Bilalmuk
Coco
Palkaka
Puerto Lempira
Mistruk
Ahuastingni
Laka
Dakratara
Lur
Wauplaya
Sirsirtara
Wampusirpi
Raiti
Raya
Pimienta
Sikia Ahuia
Dump
Rumdin
Mocorón
Liwa
Uhsan
Rancho Escondido
Limitara
Waha Bisban
Auka
Awasbila
Wiswis
Corinto
Pranza
Leimus
Suhi
Rus Rus
Río Segovia
Saupauni
Río Segovia

taba ser un proceso de aculturación para los pueblos misquitos, garífunas, tawahkas y pech.

En los años ochenta una agencia de desarrollo para La Mosquitia hondureña llamada MOPAWI, comienza a liderar la educación en La Mosquitia y se implementan las primeras investigaciones en materia educativa con la ayuda de extranjeros. Se detecta que el fenómeno de mayor incidencia en el proceso educativo en la región era la barrera idiomática.

Con estas investigaciones y resultados, un grupo de maestros de escuelas primarias, comprometidos con la visión de establecer un currículo educativo innovador que responda a la realidad del niño (necesidades, intereses, problemas, cultura, lengua, aspiraciones, utopías, entorno y cosmovisión de los niños y padres de familia), organizaron, con el apoyo de MOPAWI, un comité de lucha para la implementación de la EBI a finales de 1990, denominado CEBIMH.

A partir de su creación el CEBIMH (Comité de Educación Bilingüe Intercultural para La Mosquitia Hondureña) comenzó a:

a) Levantar encuestas.
b) Realizar estudios de factibilidades.
c) Escribir una propuesta educativa bilingüe intercultural, con un pensum que integra las asignaturas tradicionales en cinco áreas (lenguaje, matemáticas, hombre y naturaleza, tecnología y trabajo, arte y recreación) siguiendo las sugerencias de la Dra. Ruth Moya.
d) Capacitar a los docentes de preescolar y primaria en desarrollo curricular, metodología y técnicas de enseñanza bilingüe.
e) Desarrollar los procesos de normalización de la escritura de la lengua misquita.
f) Elaborar cartillas y otros textos de lecto-escritura para primero y segundo grados.
g) Gestionar presupuesto ante organismos internacionales.
h) Intercambiar experiencias con países con esta modalidad educativa.
i) Vender la propuesta a agencias donantes y a la SEP bajo el acuerdo de funcionamiento firmado con CEBIMH, Nº 0782-EP-93 del 6 de marzo 1993.

En mayo del 94 se comenzó el programa piloto con cinco escuelas primarias y 3 jardines de niños.

EL DIAGNÓSTICO: ENCUESTA L2 ORAL

En 1992, para justificar la necesidad de la EBI, ejecutamos una encuesta diseñada para medir la fluidez oral en misquito y español de 1000 niños de los 10, 235 alumnos misquitos matriculados en escuelas primarias del departamento de Gracias a Dios.

Escogimos al azar 58 niños ladinos, 14 garífunas y 84 misquitos para que conformaran grupos de control; todos fueron encuestados en su respectiva lengua materna. Un total de 102 garífunas y 724 misquitos conformaron los grupos experimentales y fueron encuestados en español. La muestra incluyó a niños de ambos sexos desde preescolar hasta sexto grado, entre 4 y 19 años de edad, con 1 a 10 años de escolaridad. Dividimos también el departamento en cinco regiones geográficas en cada una de las que elegimos 3 ó 4 escuelas, haciendo un total de 16 centros para encuestar. Identificamos 4 niveles de fluidez oral, y usando fotografías de escenas muy típicas de la cultura respectiva como objeto de estímulo. Plasmándolos en 10 preguntas que provocarían respuestas naturales para cada uno de dichos niveles. Determinamos el nivel de fluidez de un encuestado, identificando el nivel más alto en la contestación satisfactorio en por lo menos la mitad de las preguntas pertinentes. Se considera el nivel 3 como el nivel de fluidez mínimo necesario en una lengua para poder leer y comprender el texto leído en dicha lengua.

Los resultados indicaron que los tres grupos encuestados en su lengua materna rindieron niveles de fluidez muy positivos: promedios de 3.53% en español, 3.68% en misquito y 3.79% en garífuna. Mientras que el grupo experimental no logró rendir lo suficientemente alto como para estar listos a iniciar la lectura en español: promedio de 2.47% para grupo experimental total y 2.34% para misquitos (véase gráfica 1). Es significativo notar que los encuestados en su lengua materna alcanzaron niveles altos para lectura entre preescolar y primer grado, pero el perfil del encuestado en L2 que obtuvo el nivel 3 fue el siguiente: estuvo en el sexto grado (gráfica 2), con edad de 15

Gráfica No. 1

Habilidad de hablar español según grupos de control y prueba

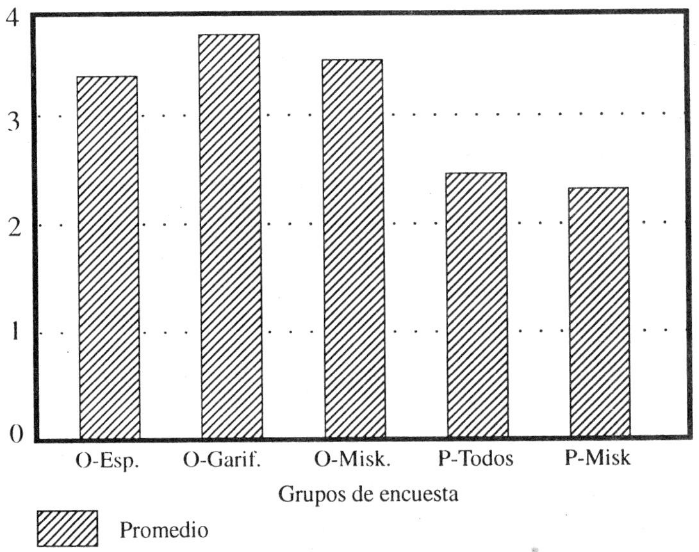

años (gráfica 3) y 9 años de escolaridad (gráfica 4). Con respecto al desglose de las zonas geográficas, se notó que las zonas costeras de Cocobila (zona 1, que incluye la muestra de niños garífunas) y de la «zona recuperada» (zona 2) mostraron rendimientos más positivos, y que las zonas del río Patuca (2), la Laguna de Caratasca (3) y especialmente el río Kruta (4), resultaron problemáticas (gráfica 5).

Con esta experiencia concluimos que el programa monolingüe nacional produce un alumno misquito de 15 años que no alcanza un nivel de aprestamiento para lecto-escritura en español hasta llegar al sexto grado, después de 9 años de instrucción. Esto le condena al analfabetismo y no sólo justifica sino que exige un programa diferenciado que le permita aprender en su lengua materna mientras le ofrece instrucción especial en español que acelerará su adquisición con el fin de que haya una transferencia de destrezas de una lengua a la otra y un bilingüismo equilibrado.

Gráfica No. 2

Habilidad de hablar español según grado de estudiante

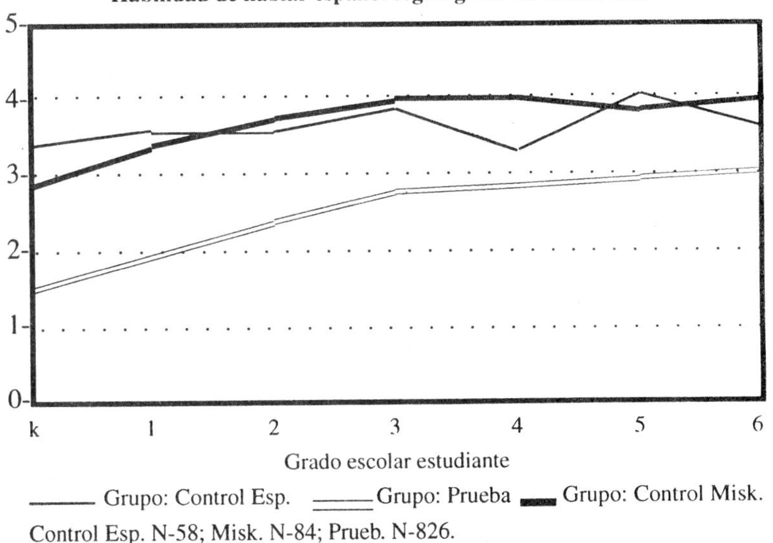

Grupo: Control Esp. Grupo: Prueba Grupo: Control Misk.

Control Esp. N-58; Misk. N-84; Prueb. N-826.

Gráfica No. 3

Habilidad de hablar español según edad de estudiante

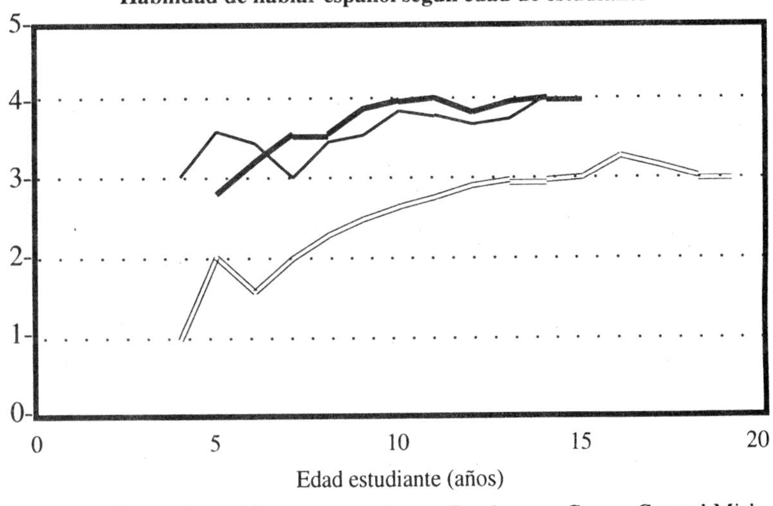

Grupo: Control Esp. Grupo: Prueba Grupo: Control Misk.

Control Esp. N-58; Misk. N-84; Prueb. N-826.

Gráfica No. 4

Habilidad de hablar español según años escolares

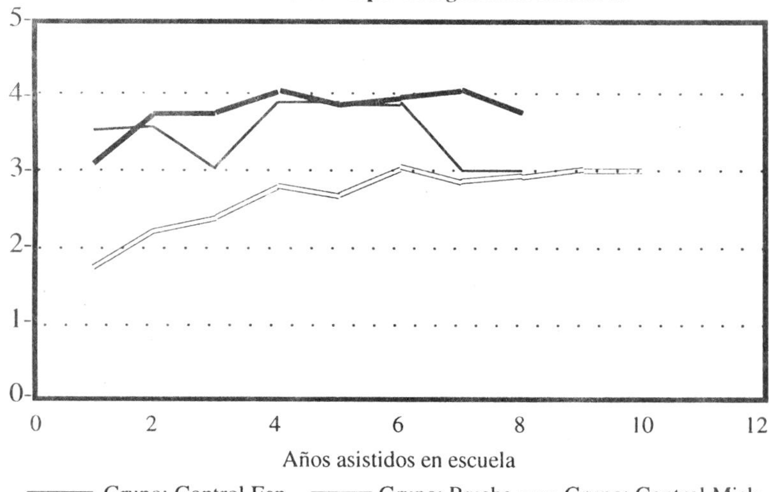

Control Esp. N-58; Misk. N-84; Prueb. N-826.

Gráfica No. 5

Habilidad de hablar español promedios según zonas

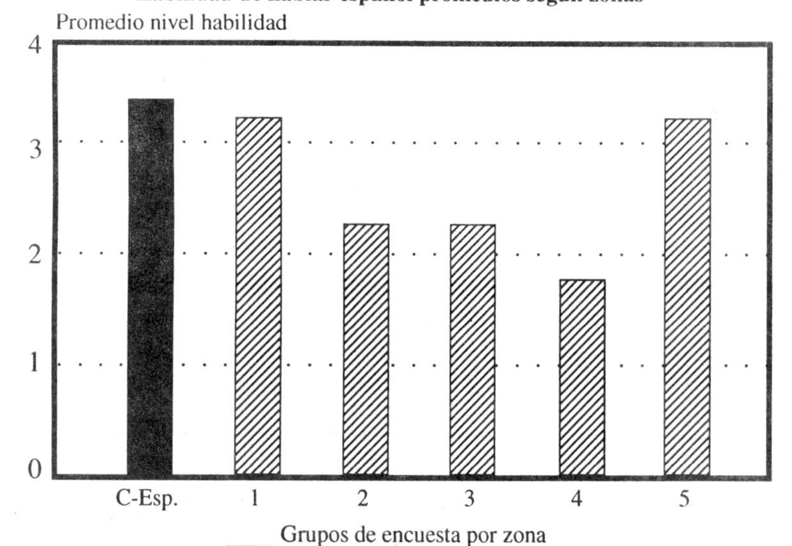

O-E; N-56; Prueba N-826.

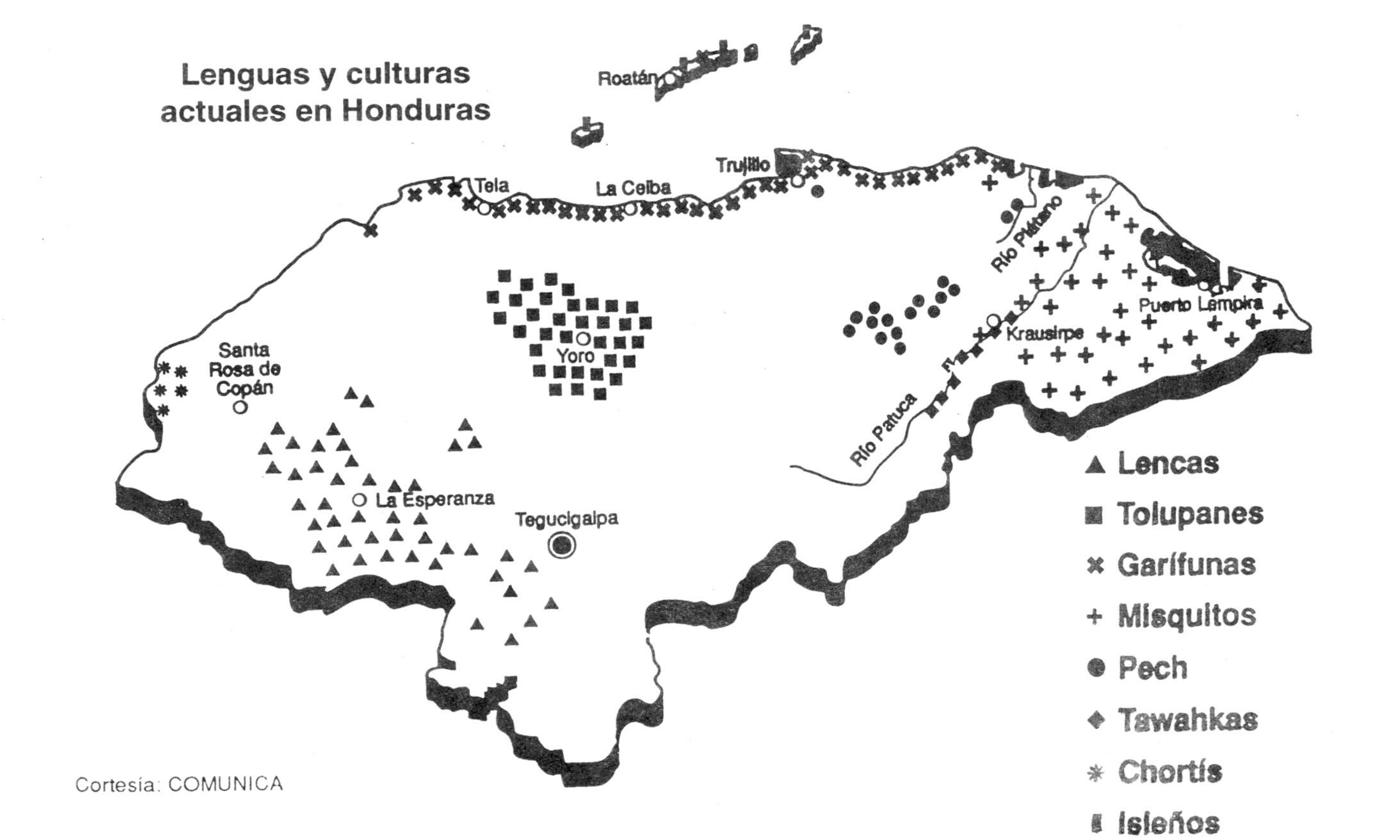
Lenguas y culturas actuales en Honduras
Roatán
Trujillo
Tela
La Ceiba
Río Plátano
Puerto Lempira
Krausirpe
Río Patuca
Yoro
Santa Rosa de Copán
La Esperanza
Tegucigalpa
Lencas
Tolupanes
Garífunas
Misquitos
Pech
Tawahkas
Chortís
Isleños
Cortesía: COMUNICA

EL PRE-TEST

El proyecto de educación bilingüe-intercultural de CEBIMH se inició el 1 de mayo 1994 en cinco escuelas piloto localizadas en diversas zonas de La Mosquitia hondureña. Tres escuelas monolingües cercanas y, con las mismas características, fueron seleccionadas también en calidad de escuelas de control para realizar un pre-test y un pos-test comparativo del avance académico de los dos programas.

Fueron preparados y validados dos instrumentos estándar, completamente paralelos, uno en misquito y el otro en español, para medir el nivel de rendimiento en la lecto-escritura. También se decidió volver a aplicar la encuesta ya mencionada como instrumento para medir la fluidez oral en español de los dos grupos.

En septiembre, después de cinco meses de funcionamiento del programa bilingüe en las escuelas pilotos, y siete meses operativos del programa nacional de escuelas de control, se realizó la aplicación del pre-test a 16 alumnos de primer grado en cada una de las escuelas piloto (Auka, Sirhsirtara, Tailibila, Tikiwraya y Uhsiibila) y 20 alumnos del mismo grado en cada una de las escuelas de control (Dapat, Kruta y Tipi Muna), sumando un total de 80 alumnos del grupo piloto y 60 del grupo de control.

Dado que esto fue un pre-test, no es posible llegar a conclusiones científicamente válidas sobre la superioridad del programa bilingüe. Sin embargo, si consideramos que el instrumento fue aplicado cinco y siete meses después de iniciar los programas de primer grado del año escolar 1994 y si asumimos que los niños comenzaron el primer grado sin destrezas adquiridas de lectura y de experiencias en español, podemos señalar indicadores que favorecen el proyecto PEBIMH.

En la prueba de lecto-escritura, que con 90 respuestas posibles cubre destrezas de primer y segundo grado, el grupo piloto obtuvo resultados levemente superiores a los del grupo control. El promedio de las respuestas correctas para los grupos fue de 23.49% y 21.29% respectivamente. Asimismo, el grupo piloto obtuvo un nivel promedio de fluidez en español más alto (1.34%) que el grupo control (1.12%).

En el mes de mayo de 1996 y también en 1997 volveremos a aplicar el instrumento a la misma población objeto. Eso nos dará indicadores científicamente válidos sobre la marcha de nuestro programa.

DIAGNÓSTICO ESCOLAR SOCIOLINGÜÍSTICO DE LA ETNIA TAWAHKA

*Marcela Carías y Julio Ventura**

INTRODUCCIÓN

El Proyecto para la Educación Bilingüe e Intercultural Tawahka (PEBIT) fue concebido y diseñado a principios de este año (1995) como una iniciativa conjunta de la Carrera de Letras de la UNAH y de la Federación Indígena Tawahka de Honduras (FITH). Este proyecto busca diseñar estrategias que conlleven a la implementación de un programa de educación que integre los componentes lingüísticos y culturales de la etnia como sus ejes fundamentales. Dicho esfuerzo se enmarca dentro de la Política de Educación Bilingüe e Intercultural que a nivel nacional impulsa actualmente el gobierno de la República.

En la ejecución de esta empresa educativa están implicados los siguientes organismos gubernamentales: La Universidad Nacional Autónoma de Honduras (UNAH) a través de la Carrera de Letras, la

---

* Carrera de Letras, UNAH y PEBIT, Honduras.

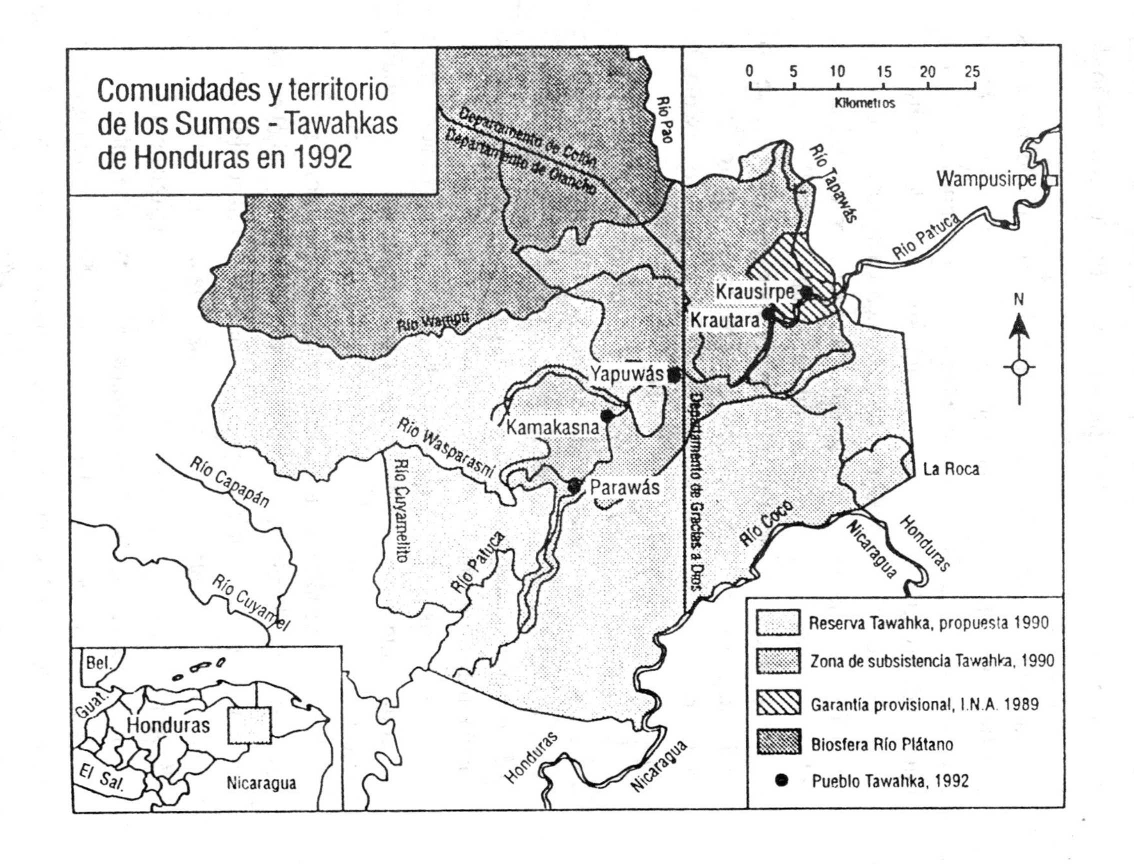
Comunidades y territorio
de los Sumos - Tawahkas
de Honduras en 1992
0 5 10 15 20 25
Kilometros
Río Pao
Departamento de Colón
Departamento de Olancho
Río Tapawás
Wampusirpe
Río Patuca
Krausirpe
Krautara
N
Yapuwás
Kamakasna
Parawás
Río Wasparasni
Río Capapán
Río Cuyamelito
Río Cuyamel
Río Patuca
Departamento de Gracias a Dios
La Roca
Río Coco
Nicaragua
Honduras
Honduras
Nicaragua
Bel.
Guat.
Honduras
El Sal.
Nicaragua
Reserva Tawahka, propuesta 1990
Zona de subsistencia Tawahka, 1990
Garantía provisional, I.N.A. 1989
Biosfera Río Plátano
Pueblo Tawahka, 1992

Federación Indígena Tawahka de Honduras (FITH), el Instituto Hondureño de Antropología e Historia (IHAH), el Ministerio de Cultura y las Artes, el Ministerio de Educación y el Fondo Hondureño de Inversión Social (FHIS).

La comisión del PEBIT ha venido trabajando alrededor de dos ejes fundamentales que son la investigación y la formación. Dentro del primer eje se ha diseñado y llevado a cabo el diagnóstico sociolingüístico de la etnia tawahka, así como un estudio etnodemográfico de la misma en colaboración con el IHAH. Dicho diagnóstico -cuya investigación de campo se realizó en el mes de julio de este año- se subdivide en dos partes: una general que se aplicó a toda la comunidad, y una más específica dirigida concretamente a la situación escolar. El diagnóstico general se encuentra en estos momentos en la etapa de procesamiento y análisis de datos. De la situación escolar se tienen ya los resultados, que es lo que presentaremos aquí.

En cuanto al eje de formación, éste comprende dos aspectos básicos que son: la concepción y realización -proyectada para el segundo semestre de 1996- del curso de formación para maestros tawahkas; y el diseño curricular del programa educativo bilingüe-intercultural. La comisión está trabajando actualmente en esto y ya se cubrió la fase de selección de los maestros que asistirán al curso de formación. Este eje comprende elementos tales como la elaboración de materiales educativos, textos, etc.

Es necesario hacer la aclaración de que la metodología de trabajo del PEBIT es participativa en todas sus fases, y que todo el trabajo que se ha hecho y el que resta por hacer ha sido y será posible gracias a la colaboración activa de los miembros de la comunidad tawahka.

Antes de pasar a hablar del diagnóstico escolar, quisiera ofrecer algunos datos generales sobre la etnia tawahka. Actualmente se ubica en cinco comunidades a orillas del río Patuca Medio, entre los departamentos de Olancho y Gracias a Dios. Las comunidades son: Krausirpe, Krautara, Kamakasna, Yapuwás y Parawás. La población total es de 805 habitantes, concentrándose la mayor parte en Krausirpe.

Cuadro 1

Población tawahka por comunidad

Comunidad	Población	Porcentaje
Krausirpe	507	62.98%
Krautara	83	10.31%
Yapuwás	82	10.19%
Kamakasna	83	10.31%
Parawás	50	6.21%
Total	805	100.00%

* Fuente: Diagnóstico Sociolingüístico, Tegucigalpa, IHAH-UNAH-FITH, 1995.

Los tawahkas son los habitantes originarios de esta región del país y se encuentran emparentados con los ulwas y panamakas de Nicaragua, cuyas lenguas pertenecen también al grupo misumalpa (también conocido como sumo) de la familia macrochibcha.

La etnia tawahka convive en sus comunidades con misquitos y ladinos, lo que contribuye a una dinámica interétnica muy especial que se refleja también en la situación lingüística de trilingüismo.

Es importante hablar aquí sobre el entorno ecológico de los tawahkas, ya que éste es un grupo que basa gran parte de su identidad cultural en su relación con la naturaleza y el adecuado aprovechamiento de sus recursos. La zona tawahka está ubicada en La Mosquitia hondureña que, dada su condición de bosque latifoliado virgen, sirve para la reproducción de una gran diversidad de especies vegetales y animales, varias de ellas en peligro de extinción. Sin embargo, durante los últimos años la zona ha experimentado un proceso acelerado de deforestación debido a la inmigración campesina, la expansión de la ganadería y la extracción ilegal de madera. Esta etnia se encuentra actualmente en proceso de obtener la aprobación en el Congreso Nacional de la «Biosfera Tawahka Asagni» como zona protegida (alrededor de 77,000 hectáreas), con lo que se espera detener la destrucción acelerada de esta importante reserva natural.

La base de la sociedad tawahka la constituye la familia extendida, dirigida por los ancianos que, a su vez, conforman gobiernos locales o Concejos de Ancianos, que son considerados como la autoridad máxima en el seno de la comunidad. Las actividades principales son: la agricultura de autoabastecimiento, la pesca y la cacería. El dinero circula poco en las comunidades tawahkas y el acceso a ellas es difícil y oneroso.

En el Convenio Interinstitucional que se firmó en el mes de diciembre se afirma que «...la comunidad indígena tawahka se encuentra en una situación de marginamiento social y de extrema pobreza...», lo cual se hace evidente en la carencia de servicios básicos como salud, agua potable, sistema de comunicaciones adecuado y educación. La Federación Indígena Tawahka de Honduras está tratando de superar esta situación a través de diversos proyectos (entre los que se cuenta el PEBIT), pero es indiscutible que se requiere de un compromiso serio por parte del gobierno y otros organismos para poder solventar todos los problemas que aquejan a esta comunidad.

SITUACIÓN GENERAL DE LAS COMUNIDADES Y LAS ESCUELAS TAWAHKAS

Actualmente los tawahkas han creado un ambiente cultural en torno a tres lenguas: tawahka (TW), misquito (MK) y español (ES). Como ya se dijo, este grupo étnico habita en cinco comunidades a orillas del río Patuca, y cada una de ellas cuenta con un centro escolar.

1. Krausirpe. Es la aldea tawahka de mayor extensión territorial y poblacional. Cuenta con un Centro de Salud e Iglesia Católica (iluminada por la noche como producto del uso de paneles solares). También es la comunidad en donde se concentra la mayor

actividad económica. Krausirpe viene a ser, pues, la capital de los tawahkas.

Krausirpe está organizada en barrios, cada barrio está integrado en su mayoría por personas que hablan una misma lengua. Una quebrada -o caño como le llaman ellos- divide la aldea y constituye la línea divisoria entre tawahkas y misquitos.

En Krausirpe es donde existe la mayor penetración lingüística y cultural de los misquitos, en el estudio se detectó que los tawahkas no utilizan su lengua cuando hay misquitos presentes porque se sienten discriminados.

Los niños en edad escolar utilizan, en su gran mayoría, el misquito en sus juegos y conversaciones espontáneas.

La escuela Marco Aurelio Soto de Krausirpe, es la más grande y la más vieja, también es la más organizada y cuenta con cinco maestros. Esta escuela carece de todo tipo de material educativo, desde textos hasta tiza y lápices; lo mismo puede decirse del mobiliario, el cual es insuficiente e inadecuado para la labor educativa.

Soriano Cardona Salinas es el profesor de primer grado, tiene 24 años de edad, nació en Krausirpe y estudió hasta primero de magisterio. Es trilingüe (TW/MK/ES). Soriano es uno de los grandes colaboradores del proyecto. En el aula de clase, él hace las funciones de traductor. El conoce a sus alumnos y sabe muy bien la lengua materna de cada uno de ellos. En base a ese conocimiento dirige la conversación con los alumnos. Todos los días a las ocho de la mañana el profesor Soriano explica las normas de conducta a sus alumnos en las tres lenguas.

Según la experiencia del profesor Soriano, la enseñanza de la lengua tawahka utilizando como recurso la tradición oral, motiva a los alumnos a conocer su lengua y su cultura.

Otras profesoras tawahkas de esta escuela son Inocencia Cardona -primer grado- y Ermelinda Salinas -jardín de niños. Ambas son trilingües y empíricas. Es importante destacar la labor de estas maestras -al igual que la de todos los demás profesores tawahkas- que sin otro apoyo que el propio esfuerzo e interés han venido sembrando la semilla para la implementación de un programa educativo bilingüe pluricultural en sus comunidades.

2. Krautara. Esta comunidad cuenta con un eficiente servicio de agua potable, servicios sanitarios lavables, lavanderos públicos y un tanque de reserva de agua; sin embargo, no tiene centro de salud. La escuela de Krautara se llama Ramón Amaya Amador y es bidocente. Isabel González, de 31 años de edad, es el profesor de primero y segundo grado. El es un tawahka trilingüe nacido en Krausirpe. Manifiesta que sus alumnos mantienen conversaciones espontáneas en español y misquito. El profesor Isabel González explica sus lecciones en las tres lenguas.
   La escuela de Krautara está construida de madera y se encuentra en muy mal estado. En un solo salón dos profesores imparten sus clases; carece también de todo tipo de textos y apoyos didácticos.

3. Yapuwás. Esta comunidad, según las estadísticas y nuestra observación, es la que ofrece las mejores condiciones y facilidades culturales y lingüísticas para iniciar el sistema educativo bilingüe intercultural. Yapuwás está ubicada en el centro del territorio tawahka, equidistante de sus vecinas Krautara y Kamakasna.
   La escuela de Yapuwás se llama Nicodemo Sánchez, es bidocente y de reciente construcción (de madera sobre polines). Carece totalmente de material didáctico, no tiene pupitres, solamente unos tablones.
   Eugenio Sánchez Cardona, maestro indígena tawahka de 32 años de edad y nativo de Krausirpe, es quien atiende los grados primero y segundo. Es trilingüe y manifestó que todos sus alumnos hablan muy bien el tawahka.

4. Kamakasna. Esta es la comunidad tawahka que se encuentra más ladinizada. Además, es la población que presenta mayor oposición a la implementación de la educación bilingüe pluricultural. En Kamakasna la mayoría de las mujeres son tawahkas y los hombres son ladinos con procedencia de otros municipios de Olan-

cho. La mayoría de ellos son migrantes campesinos que no comparten la visión tawahka de armonía con la naturaleza y, por ende, han causado daños en el ecosistema de la región.
La escuela de esta comunidad se llama Lempira, es unidocente y de reciente construcción. Está dirigida por Jaime Bence Salinas, de 23 años de edad y nativo de Krausirpe. El es bilingüe misquito/español. Todos los niños de Kamakasna tienen como única lengua el español. Las características físicas de la escuela Lempira son similares a las de las demás comunidades tawahkas: sin divisiones, ni pupitres, ni material didáctico.

5 Parawás. Ubicada, al igual que Kamakasna, en el municipio de Dulce Nombre de Culmí en el departamento de Olancho, tiene presencia ladina aunque no se observó oposición al proyecto de educación bilingüe intercultural. En esta comunidad la arquitectura de las viviendas es un híbrido de construcción ladina y tawahka. Carece de centro de salud y templo religioso.
La instalación escolar de Parawás es precaria: su techo y paredes están construidos de paja, el piso es de tierra y está totalmente desnivelado; además, carece de material didáctico y textos. Paradójicamente, esta escuela tiene un bonito nombre, Yarimní, que significa en tawahka «rocío de la mañana». La escuela es unidocente a cargo de Marcelino Salinas Sánchez, de 20 años de edad, nativo de Krausirpe y trilingüe. Imparte las clases en tawahka y español.

En conclusión, en el territorio tawahka existen tres subregiones:

- Una zona de influencia misquita que corresponde a las aldeas de Krausirpe y Krautara.
- Una zona «autóctona», con tradiciones y costumbres esencialmente tawahkas, correspondiente a la aldea de Yapuwás.
- Una zona de influencia ladina que comprende las comunidades de Kamakasna y Parawás.

SITUACIÓN LINGÜÍSTICA DE LAS ESCUELAS TAWAHKAS

Después de esta contextualización, pasaré a ofrecerles detalles sobre el resultado del diagnóstico escolar sociolingüístico. En primer lugar, el objetivo general que se persiguió al realizar este estudio fue el de elaborar una descripción de la situación lingüística en las escuelas tawahkas. Este objetivo responde a su vez a la necesidad de trazar las estrategias conducentes al diseño del currículum bilingüe e intercultural adecuado a las condiciones reales que se presentan en la zona. Debo agregar que no es posible iniciar un programa educativo de este tipo sin cubrir este paso que con tanta frecuencia se olvida o se minimiza.

Los instrumentos del diagnóstico fueron tres: un cuestionario dirigido a los niños escolares, un cuestionario dirigido a los maestros y un cuestionario dirigido a los padres de familia de los niños encuestados. La muestra fue de 99 niños, de un total de 219 matriculados en las escuelas. Los instrumentos fueron aplicados en las cinco comunidades tawahkas, las edades y nivel de escolaridad de los niños encuestados oscilaron entre 6 y 14 años para los grados primero y segundo; y 9 a 16 años para los grados tercero a sexto.

Pasemos ahora a observar los datos obtenidos y a exponer algunas conclusiones que se desprenden de ellos:

Cuadro No. 2
Resultados globales

Situación lingüística	Porcentajes (100%)
Monolingües	36.36%
Bilingües	30.30%
Trilingües	33.33%

Cuadro No. 3

Resultados detallados según situación lingüística

Monolingües 36.36%	Bilingües 30.30%	Trilingües 33.33%
TW: 1.01%	TW/MK: 13.13%	TW/MK/ES: 23.23%
MK: 12.12%	ES/MK: 7.07%	MK/TW/ES: 6.06%
ES: 23.23%	MK/ES: 3.03%	ES/TW/MK: 2.02%
	MK/TW: 4.04%	MK/ES/TW: 1.01%
	TW/ES: 3.03%	ES/MK/TW: 1.01%

Cuadro No. 4

Resultados detallados según comunidad

Situación lingüística	KRAUS	KRAUT	YAPUW	KAMAK	PARAW	TOTALES (100%)
Monolingües TW	1.01%	0%	0%	0%	0%	1.01%
Monolingües MK	6.06%	6.06%	0%	0%	0%	12.12%
Monolingües ES	0%	0%	2.02%	19.19%	2.02%	23.23%
Bilingües TW/MK	9.09%	4.04%	0%	0%	0%	13.13%

Bilingües ES/MK	7.07%	0%	0%	0%	0%	7.07%
Bilingües MK/ES	0%	3.03%	0%	0%	0%	3.03%
Bilingües MK/TW	0%	3.03%	1.01%	0%	0%	4.04%
Bilingües TW/ES	0%	0%	0%	1.01%	2.02%	3.03%
Trilingües TW/MK/ES	7.07%	2.02%	8.08%	0%	6.06%	23.23%
Trilingües MK/TW/ES	1.01%	3.03%	2.02%	0%	0%	6.06%
Trilingües ES/TW/MK	0%	1.01%	1.01%	0%	0%	2.02%
Trilingües MK/ES/TW	0%	1.01%	0%	0%	0%	1.01%
Trilingües ES/MK/TW	0%	0%	1.01%	0%	0%	1.01%

Nota: En Krausirpe fueron encuestados 31 niños de un total de 92 (31.31% del total de la muestra; en Krautara 23 de un total de 28 (23.23% del total de la muestra); en Yapuwás 15 de un total de 42 (15.15% del total de la muestra); en Kamakasna 20 de un total de 32 (20.2% del total de la muestra); y en Parawás 10 de un total de 25 (10.1% del total de la muestra). Total de la muestra: 99 niños encuestados. Total de escolares en las escuelas de las comunidades Tawahkas: 219.

Cuadro No. 5
Cuadro porcentual de las lenguas de uso y preferencia entre los escolares de las escuelas de las comunidades Tawahkas.

Lenguas de uso y de preferencia entre niños de 1ro. y 2do. grado de las escuelas tawahkas

Comunidades	Lengua de uso en casa			Lengua de uso en escuela			Lengua de preferencia		
	TW	MK	ES	TW	MK	ES	TW	MK	ES
Krausirpe	35%	56%	9%	38.2%	56.9%	4.9%	73.7%	7.9%	18.4%
Krautara	26%	67.1%	6.9%	13.1%	60.4%	26.1%	51.2%	7.6%	41.2%
Yapuwás	64.8%	19.3%	15.9%	66.7%	11.7%	21.6%	60.6%	2.8%	36.6%
Parawás	11.6%	21.7%	66.7%	13.9%	4.8%	81.3%	44.6%	1.8%	53.6%
Kamakasna	0.8%	0%	99.2%	0.8%	0%	99.2%	26.6%	0%	73.4%
Porcentaje Global	27.64%	32.82%	39.54%	26.62%	26.76%	46.62%	51.34%	4.02%	44.64%

CONCLUSIONES

1. La situación lingüística general observada en la población meta del estudio está distribuida casi equitativamente entre niños monolingües -en cualquiera de las lenguas- (36.36%), bilingües (30.3%) y trilingües (33.33%). Esto no nos arroja, pues, una preponderancia clara de ninguna de las lenguas habladas.
2. Si observamos los porcentajes de niños monolingües, nos daremos cuenta de que el mayor lo constituyen los monolingües en español (23.23%), que en su totalidad se ubican en la comunidad

de Kamakasna que es la que ha tenido mayor contacto con la comunidad ladina, con gran cantidad de uniones interétnicas donde la mujer es casi siempre tawahka y el hombre ladino.

3. El bilingüismo que predomina es TW/MK (13.13%) y se da principalmente en la comunidad de Krausirpe, en donde estas dos lenguas gozan de gran vitalidad.
4. El trilingüismo predominante es el correspondiente a TW/MK/ES (23.23%), siendo ésta la situación más generalizada en todas las comunidades con excepción de Kamakasna.
5. En lo tocante al uso y preferencias lingüísticas de los niños encuestados, se obtuvieron los siguientes resultados: la lengua que más se usa en casa es el español (39.54%); sin embargo, el tawahka y el misquito presentaron a su vez porcentajes altos de uso. La lengua de más uso en la escuela es también el español (46.62%), lo cual es comprensible dado el sistema educativo actual que obliga a ello. La lengua que gozó de mayor preferencia entre los encuestados fue el tawahka (51.34%), seguida del español (44.64%). Merece resaltarse el bajo nivel de preferencia correspondiente al misquito (4.02%).
   Aquí hay que aclarar que la FITH ha venido realizando una fuerte labor de concientización en la comunidad con respecto a la importancia de revalorizar la propia cultura y la lengua, y creemos que eso se refleja en estas cifras. Es destacable también el hecho de que la lengua misquita posea tan bajo nivel de preferencia, cuando queda demostrado que su uso es generalizado.
6. Con respecto a los padres de familia, se comprobó que la situación predominante es la de trilingüismo TW/MK/ES (35.4% P, 30.6% M), lo que se corresponde con la situación de los niños escolares. Sin embargo, se observó un decrecimiento de aproximadamente 10% en cuanto a la presencia de trilingüismo de una generación a otra.

REFLEXIONES FINALES

1. Como se ha podido ver, la situación lingüística actual de la etnia tawahka es compleja y merece un estudio y análisis profundo,

que esperamos continuar, a medida que más lingüistas se sumen a esta labor.

2. El PEBIT fue concebido en un primer momento como de «educación bilingüe» tawahka/español; sin embargo, los resultados nos indican que la lengua misquita debe tomarse también en cuenta al momento de formular estrategias lingüísticas para la zona.
3. Debe analizarse también el caso concreto de la comunidad de Kamakasna, que merecerá tratamiento especial dado su monolingüismo español.
4. Se observó que el dominio de la lengua española es deficiente -para el nivel de escolaridad- en la mayoría de niños. Esto obliga al PEBIT a poner especial énfasis en la enseñanza del español como segunda lengua.

Para terminar mi exposición solamente quisiera dejarles con la inquietud de algunas preguntas que nos surgen a todos cuando observamos estos resultados y que nos invitan a comenzar o proseguir el apasionante camino de la investigación lingüística:

- ¿Qué tipo de transformaciones o influencias se están dando en estas tres lenguas como producto de la situación de contacto?
- ¿Se da una relación directa entre etnicidad y lengua?
- ¿Existen patrones definidos para el uso de una u otra lengua en determinadas situaciones socio-culturales?
- ¿Existe diferencia -y de qué tipo- entre el comportamiento lingüístico de hombres y mujeres, de niños y adultos?

Capítulo III

Cultura y Currículum Escolar y de Formación de Maestros Bilingües

CULTURA Y CURRÍCULUM

Ruth Moya[1]

EL PANORAMA EN EL QUE SE INSERTA LA REFLEXIÓN SOBRE CULTURA Y CURRÍCULUM

Quisiera presentar algunas ideas en torno a las relaciones entre cultura y currículum escolar, teniendo como referente reflexiones y desarrollos aplicados que vienen dándose en América Latina, en el marco de reformas educativas o innovaciones curriculares impulsadas desde dentro del sistema educativo o desde las organizaciones comunitarias que, desde hace más de una década, vienen ganando espacios en la reconceptualización del rol de la escuela en la vida cotidiana.

En otro trabajo[2] he sistematizado el tipo de fundamentos teóricos provenientes de la lingüística, la antropología y la pedagogía, que han dado pie a innovaciones educativas que reconocen la diversidad cultural como uno de los ejes centrales de propuestas curriculares en la búsqueda de una mayor coherencia con las estructuras sociales de nuestros países.

---

1. Proyecto Intercultural Maya Quetzaltenango, Guatemala. Ponencia presentada al *Primer Simposio de Educación Bilingüe e Intercultural En Honduras,* Tegucigalpa, del 27 al 29 de julio de 1995.
2. Moya, Ruth, *Desde el aula bilingüe, Lingüística Andina y Educación Bilingüe,* Universidad de Cuenca/UNICEF (ed.), Señal, Cuenca - Quito, marzo, 1995.

Los movimientos populares, los grupos intelectuales, los políticos, los representantes de asociaciones, los gremios, los empresarios, los funcionarios gubernamentales, los organismos no gubernamentales nacionales y bilaterales, los representantes de la banca internacional, etc.; coinciden en relativizar el valor y funcionalidad del sistema educativo, su adecuación a las necesidades de la vida contemporánea y su congruencia con las realidades socioculturales específicas. Han reconocido que la exclusión de la diversidad cultural en los sistemas educativos y, por ende, su falta de pertinencia sociocultural para la gran mayoría de latinoamericanos. Esos distintos actores sociales, a su vez, han propuesto nuevos enfoques y acciones educativo culturales que, en buena medida, han incidido en las reformas educativas que actualmente se llevan a cabo en la región.

Una conclusión común sobre la falta de pertinencia y de calidad de la educación, proviniendo, insistimos, de sectores sociales tan diversos, se ampara en la existencia de resultados poco convincentes de la escuela, los cuales, en última instancia, contribuyen para que las argumentaciones en torno a las causas de las falencias del sistema educativo encuentren puntos de intersección y de cierta convergencia. Las críticas provienen también de los recientes desarrollos pedagógicos, comunicacionales y socioculturales, así como de la interpretación contemporánea de los nuevos factores económicos y políticos que actúan sobre los sistemas educativos latinoamericanos.

En toda América Latina, pero especialmente en todos los países más pobres, como todos sabemos, siguen siendo alarmantemente altas las tasas de deserción o de repitencia y son muy pocos los alumnos promovidos dentro del sistema; los que salen de la escuela, a la vuelta de la esquina -o a la vuelta de la escuela si se prefiere-, se encuentran en la imposibilidad de encontrarle sentido a lo que aprendieron. A la falta de cobertura escolar, se suma la de la calidad de la infraestructura educativa y de otros servicios *ad hoc*, como alimentación escolar, acceso a servicios de salud básica, etc.

Los contenidos educativos y los virtuales aprendizajes carecen de utilidad para solucionar o, al menos, atenuar los problemas de la vida cotidiana, la preservación del medio ambiente, para evitar las discriminaciones de toda índole, o simplemente para disfrutar de la capacidad y de la posibilidad de seguir aprendiendo.

Si bien el número de plazas de empleo para docentes se ha incrementado, hay miles de maestros titulados en la desocupación[3] y quienes han podido ingresar al sistema, tienen salarios tan bajos que deben configurar su presupuesto a través de diversas, creativas y complicadas estrategias de sobrevivencia.

El sistema educativo ha invertido significativas sumas en la capacitación de los docentes en servicio, en la producción de textos escolares, en proceso de tutoreo y seguimiento, en estudios sobre creación o adaptación curricular, en investigaciones sobre rendimientos escolares, en estudios e investigaciones sobre distintos manejos del aula, etc., pero, paradójicamente, los resultados finales continúan siendo magros.

No cabe duda que, factores como los planteados, en realidad tienen diversas causas intra y extra pedagógicas y, en último término, nos remiten a las estructuras sociales, económicas y políticas de nuestras sociedades.

LAS LECTURAS DISTINTAS DE LA NOCIÓN DE MEJORAMIENTO DE LA CALIDAD DE LA EDUCACIÓN

Los responsables del manejo de los sistemas educativos latinoamericanos han intentado encontrar soluciones a problemas de tan distinta naturaleza como los expuestos, desarrollando propuestas y ac-

3. A manera de ilustración me referiré al caso de Guatemala donde existen actualmente unos 35,000 maestros titulados sin empleo. Los nuevos graduados en las escuelas Normales no tienen ninguna posibilidad de acceder a una plaza dentro del escalafón. Curiosamente, la formación como maestro sigue siendo la expectativa más importante tanto de los jóvenes como de los padres de familia. En la Región VI de Quetzaltenango, por ejemplo, hay 37 escuelas entre rurales y urbanas, públicas y privadas. En esta misma región aparentemente menos del 3% de los graduados puede trabajar como maestro; los que lo hacen trabajan, preferentemente, en instituciones educativas privadas. Sin lugar a dudas, la aspiración de convertirse en maestro tiene que ver con la falta de otras oportunidades de formación; otro elemento a considerarse puede ser el hecho de que la profesión de maestro sea concebida como prestigiosa en el medio rural y en sectores urbanos populares.

ciones que apuntan, a partir de los noventa, al mejoramiento de la calidad de la educación.

Los grandes objetivos de esta propuesta de mejoramiento -y ante la eminencia de los déficit de cobertura- incluyen los de su ampliación pero, a la ausencia de cantidad se suma, como acabamos de ver, la de calidad[4].

A partir del enfoque de calidad, se esperan logros tanto individuales como sociales y existe un alto grado de consenso acerca de lo que tales logros implican para el individuo: el aprendizaje y empleo de conocimientos, habilidades y destrezas necesarias para la vida, especialmente para el mundo del trabajo; el manejo sostenible de los recursos naturales y la protección del medio ambiente; la adopción o reforzamiento de valores éticos; el desarrollo de la afectividad así como la autovaloración personal y colectiva del grupo al cual pertenece el individuo; la tolerancia, aceptación y conocimiento del otro para facilitar interacciones sociales en condiciones de equidad, excluyendo cualquier forma de racismo, sexismo u otra forma de discriminación.

Desde el punto de vista sociolingüístico y sociocultural, este enfoque de calidad no sólo establece el derecho a educarse en la lengua y cultura propias sino también las ventajas que, para los aprendizajes, tiene el bilingüismo y el manejo de otro u otros sistemas y patrones culturales. Otro rasgo importante de este enfoque tienen que ver con la opción pedagógica de que el proceso educativo se centra en los aprendizajes antes que la enseñanza, vale decir en el alumno antes que en el maestro.

He insistido, aunque parezca obvio[5], en el hecho de que a actores sociales distintos corresponden percepciones diferenciadas de los cam-

---

4. Tanto la *Conferencia Mundial de Educación para todos* (Jontiem, 1990) como la *Cumbre de la Infancia* (Nueva York, 1992) desarrollaron los principales presupuestos acerca de la necesidad de mejorar la calidad de la educación asumiendo los derechos educativo culturales de los pueblos y la relevancia sociocultural de los aprendizajes.
5. Tal percepción diferenciada no es tan obvia y constituye más bien el fruto del crecimiento y madurez de los movimientos sociales. En un pasado no muy lejano el carácter de los mismos sistemas educativos no fue cuestionado y, por el contrario, se aspiraba a tener acceso al mismo, sin beneficio de inventario.

bios posibles y necesarios en el sistema educativo. Tales percepciones dan lugar a un flujo de negociaciones, consensos y disensos que, en última instancia, miden las posibilidades del juego político entre los representantes de la sociedad política y los de la sociedad civil. En términos generales podría decirse que a mayor capacidad organizativa y propositiva de la sociedad civil, más profundas y democráticas son las opciones tendientes a mejorar la calidad de la educación y, por ende, a recuperar el papel estratégico de las culturas y lenguas nacionales en el proceso educativo.

Dos momentos y dos actores

En un intento por establecer los rasgos de estas lecturas distintas respecto a los problemas de la escuela y a sus posibles soluciones, sistematizaré los planteamientos ocurridos en dos momentos y a partir de dos actores. En cuanto a lo temporal, me referiré a las décadas de los años ochenta y noventa y, en lo social, a las proposiciones formuladas tanto por los estados como por los movimientos indígenas latinoamericanos. No siempre los cortes son drásticos, como lo mostrarán los casos escogidos aquí para ilustrar los procesos; de éstos últimos se extraerán observaciones generales que sirvan para entender los enfoques que, sobre los aspectos linguo-culturales, se han plasmado en las propuestas curriculares y que, además, espero, nos permitan visualizar los retos futuros.

Avances y retrocesos en la educación indígena: una visión de conjunto

Muchos analistas de los desarrollos sociales, políticos y económicos de América Latina coincidieron en calificar a la década de los ochenta como la década perdida, entre otras razones porque la mayoría de indicadores macroeconómicos fueron negativos y porque el crecimiento y desarrollo previstos no fueron alcanzados. Existe, sin embargo, una ruptura entre lo económico y lo social, porque en muchos países latinoamericanos, en esos mismos momentos, se dieron las condiciones para el surgimiento o el fortalecimiento de los movimientos sociales, especialmente de los movimientos indígenas. Es cierto que, tanto en los ochenta como en los noventa, casos como los de Guatemala[6] o Haití[7] desmentirían la anterior afirmación, pero es igualmente cierto que en el resto del continente, y particularmente en el área septentrional y central de América del Sur[8], los movimientos indígenas emergen en el escenario político para explicar su exigencia de querer ser diferentes y de ejercer sus derechos civiles en el seno de sus sociedades, definidas por los movimientos sociales como pluriétnicas, pluriculturales y plurilingües. Este "despertar" de los movimientos indígenas[9], constituye, sin lugar a dudas, uno de los sucesos

---

6. La guerra interna de Guatemala se remonta a 1962. Los enfrentamientos se recrudecieron en los años setenta y fines de dicha década, en 1978. La represión a campesinos e indígenas ocurrida entre 1980 y 1985, dio lugar al éxodo de al menos 80,000 campesinos hacia México. Los desplazados por la guerra, actualmente de vuelta al país, se están reubicando y, en el marco de los procesos de paz, el gobierno les está reasignando tierras. No se sabe muy bien todavía en qué grado estos "relocalizados" han perdido o modificado su cultura ancestral y el modo en que podrán incidir culturalmente en su nuevo entorno.
7. Las negociaciones de paz interna en Haití, parecen estar dando sus frutos iniciales, después del reingreso del presidente Aristide, de la intervención norteamericana y de la Mediación de las Naciones Unidas. La violencia acumulada en décadas, así como las confrontaciones civiles recientes, ha dejado tras sí tristes secuelas. En lo educativo se avizora la implementación de la educación bilingüe, partiendo del creole y de la cultura local.
8. A manera de ilustración señalaré algunos ejemplos de la subregión andina. En Ecuador, el movimiento indígena se organiza a partir de 1972 y en un marco de demandas por la aplicación de la Ley de Reforma Agraria. El movimiento se amplía a nivel nacional durante dicha década y, a inicios de los ochenta, se da una unidad pan-étnica nacional que llega a formar alianzas con sectores campesinos no indígenas y con sectores obrero-sindicales. En el caso colombiano, el movimiento indígena se fortalece a mediados de los ochenta, especialmente en la región del Cauca. En el caso boliviano, si bien la organización indígena sindical arranca de mediados de los cincuenta, el componente étnico de las luchas indígenas se privilegia a partir de los ochenta y, particularmente en los noventa, como lo ilustraría la marcha indígena por el territorio que, en 1991, fue protagonizada por las etnias del Oriente del país.
9. Esta idea del "despertar" de los movimientos indígenas latinoamericanos en los ochenta obviamente corresponde a una mirada *extrema* a los movimientos mismos. La organización étnica tiene algunos momentos culminantes desde los años cincuenta hasta el presente y los límites temporales más bien corresponden a momentos cruciales en la historia organizativa de los movimientos sociales. La amplia bibliografía existente al respecto me exime, en esta ocasión, de abundar en ejemplos o fechas.

políticos y sociales más importantes y, por esta misma razón, al menos para los propios movimientos indios, la década de los ochenta es una década ganada.

Ampliación y calidad de la cobertura

Examinemos rápidamente qué es lo que se proponían los estados nacionales frente a la cuestión educativa. Sin duda, y como se ha reiterado en algunas ocasiones, el objetivo es la ampliación de la cobertura educativa, con énfasis en la dotación de infraestructura escolar. Quizá la peculiaridad de esta etapa resida en la decisión de lograr la universalización de la escuela primaria o incluso ampliar, al menos en tres, los años de escolaridad básica. En esta década todavía se asignan recursos a la educación de adultos, en especial a la alfabetización de adultos.

En gran parte de la región, la aludida estrategia de ampliar los servicios educativos para la población adulta y para la población infantil conllevó el incremento de las plazas de maestros primarios y el surgimiento de un importante grupo de educadores, facilitadores, promotores culturales o alfabetizadores que abrieron la brecha en el campo o en los barrios pobres de las ciudades y que contribuyeron a cimentar el ya viejo anhelo comunitario de acceder a la escuela. Es justo reconocer que, de alguna manera, se corrigen los déficit de cobertura existentes en el sector rural y en las áreas urbanas más deprimidas.

Adicionalmente, en los Ministerios de Educación existe una preocupación porque mejore el rol social y pedagógico que ejerce el maestro de aula y para su capacitación se invierten significativos recursos, aunque, de hecho, en la mayoría de los países no se visualizan políticas de formación universitaria de los docentes primarios. Como sea, los procesos capacitadores, carentes de mayor duración y secuencia, no logran incidir en aprendizajes más significativos de los estudiantes aunque mejoran notablemente las relaciones maestro-alumno y maestro-comunidad. Lamentablemente, se da por sentado el supuesto efecto multiplicador de la capacitación y los maestros en servicio con menor formación académica continúan su tarea pese a los notorios vacíos evidenciados.

La educación y el etnodesarrollo

Respecto a la educación para la población indígena se sostiene que la misma debe ocurrir en un contexto de autogestión o más precisamente de etnodesarrollo y, al avanzar la década, se argumenta en favor de las posibilidades culturales de la auto sustentabilidad de las etnias. De modo mucho más sistemático, aunque con respuestas concretas más desiguales, se reconoce el papel de las lenguas vernáculas y de las culturas indígenas en la educación y, los viejos paradigmas integracionistas y asimilacionistas se sustituyen por los de la movilización y la participación sociales para lograr un desarrollo endógeno.

Así mismo, se detectan las necesidades y aspiraciones educacionales de la comunidad para lo cual se emplean técnicas de la llamada investigación participativa. Se apuntala el concepto de que el currículum debe integrar las necesidades y las aspiraciones locales, así como sus rasgos culturales más significativos. Desde el punto de vista de la organización y administración escolar, se retoman o se ensayan diversas formas de nuclearización y se buscan mecanismos para facilitar la autocapacitación entre maestros.

Educación para calificar la mano de obra

El enfoque curricular, aunque no siempre lo logra, busca calificar la mano de obra para responder a las necesidades de la industria y del mercado nacional e internacional. Esta estrategia, que ya tenía sus antecedentes en décadas anteriores (sobre todo en los países con un desarrollo industrial más avanzado) se engrasan, justamente, con los propios procesos de desarrollo industrial y con miras tanto a la ampliación de los mercados internos, como a la formación de mercados subregionales o, en general, a las vinculaciones de la industria con el mercado de exportación.

Legalización de la organización popular y las proyecciones de desarrollo

Mientras este tipo de proyectos se dirimía en la mayoría de Ministerios de Educación, por su parte las organizaciones populares pugnaban por desarrollar una estrategia de legalización de sus instituciones modernas para poder entrar en el terreno de las negociaciones políticas con el Estado y acceder, de este modo, a los servicios o proyectos que les son ofertados.

Esta búsqueda de respaldo de organizaciones populares en los respectivos marcos jurídicos nacionales cumple con la doble función de legitimizar las acciones de los movimientos sociales hacia adentro (del propio movimiento popular) y hacia afuera, es decir, hacia el Estado. Este primer salto a la modernización, especialmente en el caso de los movimientos indígenas, desplaza o bien funcionaliza sus sistemas de organización social tradicional pero, al mismo tiempo, les permite el juego de la gobernabilidad.

Las demandas de los movimientos étnicos, en el nivel micro social, privilegian las luchas por la tierra o por la legitimidad de su posesión, los créditos para la producción, el acceso a la tecnología moderna, la definición de los precios de los productos del mercado interno, el establecimiento de mecanismos e intercambio entre organizaciones similares, el acceso a la infraestructura y a los servicios comunales, especialmente los de educación, salud, transporte y comunicación. Esta así mismo presente en tales demandas el derecho a nominar autoridades locales a través de las cuales pueda ejercerse el gobierno local y, en general, la ampliación y legitimación de la participación social en las decisiones concernientes al tipo de desarrollo. En algunos países, la guerrilla es otra estrategia y en países como Guatemala, Colombia y Perú[10] se incorporan a ella, por agrado o por fuerza, sectores indígenas.

---

10. En el caso de Guatemala después de 35 años de violencia, tanto el Gobierno como la guerrilla, representada en la Unidad Revolucionaria Nacional Guatemalteca, URNG, con el apoyo de Naciones Unidas, han entrado en la fase final de las negociaciones de paz. Los representantes gubernamentales han prometido firmar todos los Acuerdos de Paz antes de las elecciones generales de noviembre del presente año de 1995; sin embargo, voceros de la misma URNG y del ejército expresan sus dudas al respecto, los primeros aludiendo a la falta de voluntad política gubernamental para concertar la paz, así como a la posición de los grupos empresariales que actúan en el campo y que, según esta fuente, son renuentes a los cambios en el agro; por su parte el gobierno asegura que sí existe voluntad política para firmar la paz por parte del sector privado; así mismo el ejército atribuye más bien a la guerrilla dicha falta de voluntad política,

En el nivel macro social los movimientos étnicos latinoamericanos cuestionaron las políticas globales de producción y desarrollo, especialmente las políticas agrarias, pero no sólo éstas; también las de nutrición, salud, seguridad nacional, etc. y se planteó la necesidad de participación social en la definición de esas mismas políticas estatales de desarrollo.

La educación y la cultura para las organizaciones indígenas

En lo que concierne a la educación justamente se cuestiona el objetivo de educar para calificar la mano de obra[11] y no para satisfacer las necesidades materiales y espirituales de la población. Se criti-

---

ejemplificada, según sus voceros, en los enfrentamientos guerrilleros de los últimos meses. No es posible saber si los Acuerdos globales de Paz se firmarán o no en la fecha prevista pero sí parece un hecho la irreversibilidad del proceso de paz. Es importante recalcar que, para los mayas, resulta muy importante el que se haya firmado en México, el 31 de marzo de 1995, el Punto 3 del Acuerdo de Paz Firme y Duradera, Acuerdo sobre Identidad y Derecho de los Pueblos Indígenas, pues tales acuerdos les dan la oportunidad para exigir al presente y al próximo gobierno la creación de un sistema de educación maya, la oficialización de las lenguas mayas en diferentes ámbitos como el escolar, el jurídico y, quizá, en algunas esferas de la administración pública.

En el caso colombiano, la participación indígena en la guerrilla ha sido muy desigual aunque también se conformó un grupo guerrillero exclusivamente indígena, el Quintín Lame. Las presiones del narcotráfico han forzado, directa o indirectamente, el involucramiento de indígenas en la lucha armada. Es de esperar que también en este país fructifiquen las negociaciones de paz. En el caso peruano, la abundante bibliografía sobre Sendero Luminoso da una panorámica acerca del voluntario o forzoso involucramiento de comunidades indígenas serranas en la guerrilla, así como de los abusos del mismo movimiento armado contra poblaciones indígenas amazónicas. La caída de importantes líderes de dicho movimiento hace sospechar su liquidación.

11. A inicios de los ochenta esta fue la crítica del movimiento campesino e indígena ecuatoriano y es la crítica actual del movimiento maya de Guatemala a su sistema educativo, como puede desprenderse de las discusiones y deliberaciones que tuvieron lugar en el Primer Congreso de Educación Maya en Guatemala, efectuado en 1994. Consejo de Educación Maya de Guatemala, *Conclusiones, recomendaciones y resoluciones del Primer Congreso de Educación Maya en Guatemala*, CEM-G/Programa de Desarrollo de los Pueblos Mayas-UNESCO (eds.), 5 de septiembre de 1994, Editora Educativa, Guatemala, 1994.

can las tendencias integracionistas y asimilacionistas[12] promovidas por el sistema educativo y reclama el derecho a educarse a partir de la propia lengua y cultura, de la historia como pueblos, en función de los intereses específicos y acorde con los valores, experiencias y saberes propios.

En la década de los ochenta, como hemos tratado de resumir, se sientan algunas condiciones para los cambios que, en materia educativa, habrán de ocurrir en los noventa. En este segundo momento, como se sugirió inicialmente, los estados nacionales y específicamente los Ministerios de Educación acogerán las propuestas generadas en múltiples foros internacionales y nacionales respecto a la necesidad de mejorar la calidad de la educación.

La caída de los viejos paradigmas educativo culturales y las aspiraciones indígenas

Sabemos que en los sistemas educativos de los países más pobres confluyen la falta de cantidad y de calidad. Los mayores déficit cuantitativos y cualitativos se concentran en las áreas rurales o urbano-marginales y afectan especialmente a las poblaciones étnicamente diferenciadas, a las poblaciones rurales, a grandes segmentos de las poblaciones populares urbanas y, en términos macro, a las mujeres. Ante tales evidencias, los sistemas educativos han tratado de revertir dichos resultados, reorientando y reinterpretando algunas ideas pedagógicas y socioculturales.

El problema central radica en el hecho de que, ideas que en el pasado tuvieron un carácter paradigmático, resultan difíciles de sustentar en el momento presente, y se hace necesario no solamente producir nuevas ideas pedagógicas sino además enmarcarlas en un nuevo orden ético. La violencia y la pobreza generalizadas para buena

---

12. Esta es una crítica contemporánea al sistema educativo guatemalteco, crítica que, en otros países sudamericanos se planteó en los ochenta. Se puede suponer que en este caso, la actualidad de tal crítica se deba al relativamente tardío desarrollo de una educación bilingüe (siempre en términos comparativos frente a la ejecución de programas de educación bilingüe en la región), que apuntaba, en su primera fase, a la castellanización.

parte de la población mundial hace tambalear la noción de que a mayor desarrollo científico y tecnológico corresponde, automáticamente, el mejoramiento de la calidad de vida. Los productos científicos y tecnológicos, convertidos en una mercancía regida por las leyes del mercado, están lejos de satisfacer las más fundamentales necesidades materiales y espirituales de la gente. Parecería insólito, por ejemplo, que los más pobres mueran por la falta de agua potable o a causa del cólera, que azotó al llamado primer mundo en un pasado no muy lejano.

Ejemplos como los expuestos plantean importantes problemas para la pedagogía general y para el desarrollo de una propuesta pedagógica latinoamericana. Por ejemplo ¿Qué ciencia, en qué proporción y para qué finalidades debe formar parte de los currículos escolares de nuestros países? La primera pregunta: ¿Qué ciencia enseñar? es de por sí controversial ya que, entre otras, encierra tensiones ideológicas acerca de los conceptos de ciencia y tecnología y, particularmente, acerca de su origen social y espacial[13]

En múltiples foros latinoamericanos se ha asegurado que, para el proyecto educativo es necesaria la inclusión de la ciencia y la tecnología socialmente apropiadas, y en este punto la nueva pregunta estratégica es qué es lo que entendemos exactamente por socialmente apropiado. ¿Se trata de una ciencia y una tecnología para paliar la pobreza? ¿Se trata de una ciencia y una tecnología para preservar y potenciar los conocimientos y desarrollos tecnológicos producidos por las culturas particulares? ¿Se trata de una ciencia y una tecnología "occidentales" aplicadas a solucionar (y costear) los problemas existentes, en buena medida, efectos devastadores causados por la misma ciencia y tecnologías del primer mundo, regidas desde el mercado total? ¿Se trata, por fin, de una ciencia y tecnología aplicadas a

13. Los movimientos indígenas, en buena parte de sus propuestas pedagógicas han planteado la oposición entre "ciencia occidental" y "etnociencia" y la necesidad de incluir una y otra en sus proyectos educativos. La propuesta en sí encierra múltiples problemas filosóficos y otros más vinculados con conceptualizaciones operacionales tales como el discrimen de lo específico experimental versus lo holístico experimentado material y espiritualmente, etc. También encierra problemas de orden práctico como la ausencia de sistematización y de explicación de los mismos saberes empíricos de las culturas indígenas, etc.

"mejorar" las condiciones de vida? Y si esto es así, ¿No están en juego, otra vez, los conceptos de"calidad"?[14] ¿O es que implícitamente aceptamos cualidades y calidades de vida? Con todo, ante las situaciones de pobreza extrema habremos de convenir en la urgencia de que la escuela busque alternativas de una ciencia y tecnología aplicadas más que a solucionar, a aprender a pensar soluciones para los problemas derivados de la pobreza como la inseguridad nutricional y de salud, el colapsamiento ecológico, etc.

No sin antes concluir que, en términos generales, las ideas de calidad de la educación se imbrican con las de calidad de vida y viceversa, retornemos a las propuestas educativo culturales que, de manera más ampliada, se debaten en los círculos que van a impulsar los cambios en los sistemas educativos latinoamericanos.

En primer lugar, se ha logrado partir del reconocimiento y la aceptación de que existen graves vacíos todavía no superados y que explican la persistencia de resultados negativos. Estos últimos, medidos por los propios Ministerios de Educación a partir de los viejos y clásicos indicadores (repitencia, deserción, no promoción) han sido matizados a partir de un análisis más novedoso y que tiene que ver con aspectos mucho más cualitativos. Es importante señalar que esta ampliación de las perspectivas analíticas se debe a contribuciones de la

---

14. Me parece interesante la discusión planteada por Raúl Gagliardi en su artículo "Sientific and Technological Traditional Communities" (a aparecer en: *Prospects*, revista del International Bureau of Education), donde el autor plantea la idea de enseñar conocimientos científicos básicos que puedan desarrollar la capacidad de comprender las causas de los problemas y las vías para solucionarlos. El énfasis estaría en la comprensión de las causas de los problemas de la comunidad y en la explicación científica del conocimiento empírico comunitario, lo que induciría a que la comunidad modifique sus actividades, es decir aquellas que son el origen de sus problemas. Se trataría de usar los conocimientos culturales (vale decir empíricos) tradicionales sin perder la propia identidad. Retomar la idea de usar la lengua indígena para la traducción de conceptos científicos. El artículo deja muchísimas incógnitas -de distinto orden- como por ejemplo qué pasa con la producción de conocimientos científicos expresados desde la propia cultura y en la lengua indígena, lo que implica no sólo desarrollar la lengua sino la propia cultura. Sin embargo abre unas pistas en tan espinosa cuestión y su propuesta pedagógica se inscribe en la perspectiva de la interculturalidad, para los procesos de enseñanza y las posibilidades y dificultades de los aprendizajes de personas de orígenes multiculturales diversos.

investigación aplicada al desarrollo de la educación. Diferentes tipos de estudios han sido auspiciados tanto desde el sector público como desde el sector privado. En efecto, en muchos países se cuenta con el análisis de las metodologías empleadas en el aula, las innovaciones desarrolladas en la misma y sus impactos individuales y sociales; la clase de relación afectiva entre el maestro y el niño; la interacción social entre la escuela y la comunidad; las competencias verbales del maestro y las de los niños en el aula; las competencias escolares y extra escolares de los niños; el uso y distribución del tiempo escolar; la organización del aula, etc. Hay estudios con énfasis más teóricos que etnográficos y que tienen que ver con problemas como cuál es el desarrollo cognitivo del niño y su relación con los patrones culturales y los aprendizajes, etc. En el campo de la educación bilingüe, a más de los desarrollos metodológicos específicos, hay una experiencia no despreciable en procesos de normatización lingüística de las lenguas vernáculas.

Con todos estos *imput*, se ha logrado desentrañar mejor las causas de la falencias educativas y algunas soluciones a las mismas. Quizá, uno de los resultados más importantes de este proceso es el reconocimiento de que la escuela como entidad -y no sólo a través del maestro-, promueve una inadecuada relación con el niño y con la comunidad. ¿Cómo se aprende esa inadecuación? Las respuestas provienen de los portavoces del propio sistema educativo y de la sociedad civil.

Existe una convergencia en reconocer que la escuela ha impuesto valores, comportamientos, razonamientos, aprehensiones, percepciones, etc., que no dan cuenta de la complejidad del tejido social y, mucho menos, de su diversidad cultural. Se ha insistido en que el proyecto homogeneizante del sistema educativo ha socavado las posibilidades de conservación y desarrollo de esa misma diversidad cultural, vulnerando las identidades y la autoestima de los pueblos indígenas. La escuela, se ha dicho, no ha logrado que los niños manejen destrezas que los coloquen en condiciones de razonar, comparar, interpretar, solucionar problemas y, por tanto, no egresan de la misma con las competencias necesarias para satisfacer las necesidades educativas más importantes o para aplicarlas al mundo del trabajo. Incluso el manejo de competencias escolares básicas como la lecto-escritura[15], el cálculo oral y escrito, la capacidad de comunicarse, la autoestima personal y social, el manejo de hábitos de higiene, alimentación, reproducción, en el tutoreo y seguimiento del proceso educativo, etc., exhiben graves vacíos. En suma, la escuela carece de pertinencia lingüística, cultural y social.

El carácter excluyente del estado-nación

Los movimientos sociales y particularmente los movimientos indígenas, han ido más allá: no sólo han cuestionado la naturaleza de los sistemas educativos sino el carácter excluyente del estado-nación.

En esa revisión crítica de las macro políticas públicas se ha pasado revista a problemas como el endeudamiento externo, la inseguridad alimentaria, la desnutrición, la falta de empleo, la carencia y privatización de los servicios, la violencia y la represión. En lo sociocultural, se ha impugnado el carácter opresivo de la nación dominante, idealizada por las élites latinoamericanas como la nación de y para todos y cuyos efectos prácticos para los pueblos indígenas han sido los de suprimir, desplazar o anular sus propias lenguas y culturas ancestrales, con toda sus historias y sus posibilidades de porvenir.

---

15. En realidad el asunto de la lecto-escritura es mucho más complejo, pues tiene íntima conexión con la política lingüística que se implemente en la escuela. Si la escuela es bilingüe, en teoría, el proceso de lecto-escritura debería desarrollarse en la lengua materna del niño que, dependiendo del tipo de bilingüismo, puede o no ser la lengua indígena. En la práctica, todos los modelos de educación bilingüe parten o han partido de la lengua materna y, por tanto, es la lengua indígena la lengua de la alfabetización infantil. Quedan por fuera de este modelo los niños indígenas que no tienen la lengua indígena como lengua materna pero que la podrían aprender en la escuela como segunda lengua. La no distinción de las especificidades metodológicas que implica el proceso alfabetizador en L1 y el que ocurra en L2 -como si fuese L1- ha dado lugar a una serie de confusiones y de prácticas erróneas, lamentablemente avaladas en las propias propuestas indígenas.

La crítica al autoritarismo e intermediación cultural en la escuela

En cuanto a las políticas de educación y cultura, los movimientos indígenas han demandado el acceso a la escuela, la ampliación del número de escuelas y de maestros, e incluso el derecho a nombrar autoridades educativas indígenas para la gestión técnico administrativa de la educación local o regional. La participación activa de delegados indígenas en el gobierno escolar es vista como una de las estrategias para romper el autoritarismo escolar y con la intermediación cultural o para presionar e inducir cambios en la misma gestión educativa, buscando una presencia cualitativa más importante de la propia cultura a través de la inclusión de contenidos o de formas de organizar los aprendizajes o de relacionar esos aprendizajes con los proyectos sociales colectivos.

Educación y producción

Merecen especial atención las opciones comunitarias de relacionar la educación con los procesos de producción, aunque existen tres grandes tendencias que pueden resumirse como sigue: a) productivo comunitario se convierte en el eje de los aprendizajes escolares; b) las habilidades para el trabajo, con énfasis en un saber tecnológico específico, se suman a los otros aprendizajes que propicia la escuela, c) los saberes tecnológicos específicos y saberes aplicables a los procesos y problemas de trabajo se enseñan en la escuela[16].

---

16. El acento de estas opciones, como se ve, tiene consecuencias pedagógicas diferentes. El primer caso podría ilustrarse con las experiencias de las cerca de 50 escuelitas de *Sistemas de Educación Indígena de Cotopaxi, SEIC,* en Ecuador. En estas escuelas los procesos productivos que involucran a toda la comunidad se convierten en el eje del currículo y, en torno a ese mismo proceso, se enseñan todas las materias. Por ejemplo, el proyecto colectivo de la siembra de cebada hasta la venta de la harina en el mercado regional, es el ámbito que sirve para aprender a calcular, a medir, o para conocer la botánica o la historia comunal. El caso (b) es mucho más generalizado y ocurre en diversos países. En la escuela se aprende, a más de todos los contenidos escolares, sastrería, carpintería, etc. Por fin, la tendencia (c), aunque menos frecuente que la anterior, implica la

La normatización de las diferencias linguo culturales como proyecto de la unidad étnica

Así mismo, los movimientos indígenas latinoamericanos han cuestionado la hegemonía de las sectas y movimientos religiosos en la definición de orientaciones acerca de qué, cómo y para qué se deben enseñar a las poblaciones indígenas. En más de un país y en más de una ocasión estas tensiones religiosas, que se superponen a las identidades y lealtades étnicas, han provocado divisiones y faccionalismos que terminan debilitando el proyecto unitario de reafirmación de la identidad indígena. El sobredimensionamiento de las peculiaridades lingüísticas y culturales y los estancamientos en los procesos de unificación y normatización lingüística constituyen un cristalino ejemplo del rol cumplido en esta materia por este tipo de instituciones.

Tensiones entre cultura tradicional y modernidad e identidad indígena en la escuela

Ante las tensiones y conflictos provocados por la coexistencia de valores, aspiraciones, conductas, conocimientos, etc. tradicionales y modernos los pueblos indígenas debieron privilegiar, en determinados momentos, unos u otros, en una estrategia que aparentemente luciría como claudicación a su proyecto de identidad, pero que, a la larga, terminaba reafirmándolo. Es así como, a partir de la autodefinición como pueblos indígenas, la lucha de los movimientos étnicos se concentra en ampliar, paulatinamente, la participación indígena en la vida social colectiva, empleando, justamente, modelos organizativos, conceptuales, etc., no indígenas y no tradicionales. Es por ello que la escolaridad -justamente por ser la vía que facilitará el manejo de la cultura y la lengua dominantes-, va a ser vista como una especie de

---

introducción de una habilidad artística o artesanal específica (mecánica, satrería, etc.) y un conocimiento sobre un área de la producción considerada útil para la comunidad, por ejemplo la agropecuaria. Este último ejemplo lo he observado en Guatemala en las experiencias educativas impulsadas por la Asociación de Escuelas Mayas, apoyadas por el Instituto Santiago PRODESA y UNESCO/ Alemania.

mal necesario y, simultáneamente, como un espacio de negociación importante: la escuela puede transformarse y de hecho constituye un ámbito sobre el cual se debe tener la capacidad de incidir.

Las demandas territoriales, las que atañen a la transformación de la justicia, o al sistema de propiedad, al régimen de trabajo y a las relaciones salariales, necesitan de un tiempo más largo y de mejores condiciones para ampliar las alianzas sociales. La escuela, entre todas las reivindicaciones pasa a ser parte de lo posible, en gran medida porque los propios estados nacionales debieron asumir el fracaso del sistema educativo tal cual venía funcionando.

Pertinencia sociolingüística y cultural: la demanda educativa indígena

Más allá de las demandas educativo-culturales específicas de los movimientos indígenas a los estados en pro de la transformación de los respectivos sistemas educativos cabe señalar que, a la falta de relevancia social, lingüística y cultural, los movimientos indígenas han respondido a través de propuestas curriculares que justamente buscan lograr dicha pertinencia y estar en condiciones de desmontar el proyecto integracionista atribuido al Estado.

Una consideración muy especial merece la observación de que, en el nivel operativo, los responsables de los movimientos étnicos han desencadenado una serie de encuentros en el seno de las comunidades educativas de base para rescatar lo que tendría relevancia para la educación indígena. El resultado de este proceso consultivo, en términos generales, arroja aspectos positivos que podrían resumirse en la necesidad de que la escuela recupere y desarrolle los elementos de la cultura material y espiritual, pasada y presente, necesarios para la vida actual y para la vida futura de los pueblos indígenas.

Inclusión de la filosofía y moral indígenas

En esta esfera, el elemento orientador es el *ethos* de las culturas indígenas, centrado en la solidaridad y la ayuda mutua, en el respeto y protección de la naturaleza, en las estrategias de reproducción basadas en la armonía con la misma naturaleza, en la alianza con otros sectores subalternos. Aquí se inscribe el problema de la "espiritualidad" indígena, otro modo de referirse a los elementos subsistentes de la religión ancestral y que se desean incorporar a la propuesta curricular, aunque los pueblos indígenas, más que otros, hayan sido literalmente abrumados por las sectas religiosas. La obligatoriedad de la enseñanza de la religión católica en muchos países como Colombia y Perú, y la posibilidad de que su enseñanza se vuelva obligatoria en otros como Ecuador y Bolivia, agudiza las tensiones inter religiosas, pese al impulso liberal que, en otros dominios menos espinosos, parece imponerse América Latina. Sectores de la misma iglesia católica que apoyan a los movimientos indígenas se encuentran en la disyuntiva de optar sea por la propuesta de intraculturación de la iglesia, a partir de la ética y religión indígenas, sea por asumir la existencia de una religiosidad popular indígena.

El derecho consuetudinario, el derecho de los pueblos, los derechos universales y la educación

El proceso de construcción de la identidad indígena ha llevado al inevitable análisis del derecho consuetudinario de los pueblos, pero como es de esperarse que cualquier derecho consuetudinario entra en abierta contradicción con el derecho a secas, derecho universal por definición y que, en esta etapa de auge de las ideas liberales, propiciará y adecuará los mecanismos necesarios para lograr la privatización, que efectivamente ocurre en una gran variedad de dominios de la vida social. Así, la libertad de acceder y de proteger la propiedad privada se convierte en el paradigma contemporáneo, apoyándose para ello en el viejo aunque remozado orden ético.

La mayoría de propuestas indígenas en el campo jurídico abonan en favor de transformaciones legales que recojan en los respectivos cuerpos normativos nacionales elementos del derecho consuetudinario que deberán convertirse en formas de discriminación legal positiva en su favor. A esta estrategia particularista se ha sumado la lucha por el reconocimiento de acuerdos e instrumentos internacionales como los Derechos Humanos Universales o el Convenio 169 de la

OIT, que apoya el ejercicio de los derechos de los pueblos indígenas. Derecho consuetudinario, reformas constitucionales y adopción de instrumentos legales universales son todas estrategias complementarias que irán apareciendo paulatinamente en la mayoría de propuestas curriculares indígenas.

¿La privatización educativa, una alternativa para los indígenas?

Mencionábamos, líneas más arriba, aquello del impulso privatizador y sabemos que, en la última década, ha ganado también el espacio de la educación. Ubicándonos en el ámbito de la escuela primaria para las comunidades indígenas, no es bueno preguntarse ¿hasta dónde va esta posibilidad? La búsqueda de formas cooperativas, de corporaciones populares, de formas asociativas mixtas con capitales comunitarios e inyecciones de capital provenientes del Estado o de organismos de cooperación ¿pueden mejorar la capacidad y la calidad del sistema educativo? Lo cierto es que muchas organizaciones indígenas en toda América Latina se han convertido en organizaciones no gubernamentales y colocan sus esfuerzos en estos empeños "educativo-empresariales". Más aún, éstos se ven como una verdadera opción de democratizar el capital y de romper con los monopolios o los controles monopsónicos de las relaciones de trabajo[17]. Pero, aún así, ¿es

---

17. Ver, por ejemplo, el libro editado por Juan F. Bendfeldt y Hugo Maul R., *La privatización, una oportunidad, desmonopolización, desregulación y democratización del capital.* Centro de Estudios Económico Sociales, CEES/ Centro de Investigaciones Económicas Nacionales, CIEN (eds.), Guatemala, 1992, p 300. En este mismo volumen es de interés para la presente discusión el artículo de María del Carmen Aceña de Fuentes, "Educación subvencionada: primer paso para la privatización de la educación", op cit, p 169-180, en la cual la autora recomienda privatizar el gasto público que el Estado guatemalteco destina a la educación, fomentando la participación de instituciones privadas, sociedades de maestros y de padres. Los subsidios estatales, entregados a los alumnos y no a las instituciones, comprarían los servicios educativos a quienes mejor se los puedan prestar. El "final feliz" que anticipa la autora es una educación de calidad para todos a través de la privatización total de la educación, de modo que la etapa de subvención estatal sólo es la etapa inicial de este sueño dorado. Cabe

éste el caso de la educación básica? ¿No es un deber de los estados procurar una educación gratuita y de calidad a su población? ¿Hasta dónde los estados nacionales se deshacen de estas responsabilidades aludiendo a la creatividad, fantasía y dinamismo de los sectores sociales más pobres que de un modo o de otro, son los que siempre terminan asumiendo dichos costos sociales?

De la socialización a la pedagogía indígena

Cambiando de tono, señalaremos que, a nivel metodológico, las propuestas indígenas han centrado su opción en la necesidad de que la escuela se reapropie de los procesos de socialización primaria que ocurre en el seno de la familia y de la comunidad para efectos de transmisión de los saberes, los propios e incluso los ajenos, en el ámbito de la escuela.

La transmisión de los saberes en las culturas ágrafas, se dice[18], ocurre básicamente por la vía de la lengua oral, la observación, la experimentación y repetición de la experimentación, etc. El reto de sistematizar estas formas de transmisión, reproducción y producción del conocimiento y de los aprendizajes daría origen a conceptualizar lo que las organizaciones indígenas han llamado la "pedagogía indígena". Hace falta todavía deslindar en qué consisten exactamente estas formas de transmisión y adquisición de saberes y hace mucha más falta saber en que áreas de la escuela indígena esta reutilización metodológica de los mecanismos de socialización debe potenciarse o

---

acotar, como curiosidad bibliográfica, que la autora cita al final de su artículo al ideólogo de la privatización en Perú, Hernando de Soto, autor de *El otro sendero* (1986). Esta cita textual de Soto dice: "La importancia de los derechos de propiedad para el desarrollo ha sido subrayada por diferentes historiadores económicos que estiman que el auge de las innovaciones en Occidente y las grandes inversiones que las hicieron posibles comenzaron solamente a partir de finales del siglo XVIII, cuando los derechos de propiedad fueron perfeccionados e independizados de la política".

18. No hay mayores pruebas de que los aprendizajes en las culturas ágrafas ocurran sólo por medios concretos o empíricos. Hay culturas que aprenden a través del "pensar". Pienso que tal afirmación sobre los aprendizajes indígenas forman parte del "folk-pedagogía", si se me permite la expresión.

inhibirse en favor de la adquisición infantil de la "otra" forma de adquirir saberes. Hace falta definir si el maestro indígena estará o no en capacidad de recurrir a esta aplicación de la socialización primaria de su propia cultura al proceso de socialización secundaria escolar y, así mismo, estará en capacidad de usar para su propio beneficio los "otros" procesos de socialización primaria y secundaria y si estará en condiciones de aplicarlos en la escuela indígena.

Participación y particionismo en la elaboración curricular

En todas estas propuestas aparecen muchos problemas teóricos y prácticos, por ello a menudo se disuelven las estrategias operativas para plasmar lo propuesto en el instrumento concreto que es el currículum. Creo que las consultas para armar los llamados currículos comunitarios es parte de este camino lleno de dificultades y es preciso reconocer que, lamentablemente, estos contenidos curriculares, pese a ser consultados casi intersticialmente, recogen más del sentido común (es decir de las ideologías) y mucho menos de una visión crítica de lo que, en el discurso, corresponde a la utopía educativa indígena. En otras palabras, hay matices de un activismo pueril, animado desde dentro y desde fuera, que puede alejar el movimiento indígena del objetivo de lograr esa calidad y pertinencia para su educación.

Es cierto que, quizá por vez primera en la historia de la educación latinoamericana, los ancianos, los padres de familia, los líderes indígenas son consultados para saber qué y cómo aprender su propia educación pero no es menos cierto que estas consultas contienen matices de un cierto popularismo y un cierto determinismo que han impedido ir más lejos. Me parece que asistimos a una etapa transitoria en la formulación de un currículum deseable porque, a las necesidades de identidad y reafirmación étnica, se suman todas las generadas por los déficit de formación que acusan todos los sectores subalternos de las sociedades latinoamericanas.

Límites de las propuestas culturales indígenas en el currículum

Por ello, en la práctica confluyen, en las diferentes propuestas indígenas, tres tipos de elementos, a saber: a) elementos de la cultura ancestral que corresponden a la voluntad de asumir la identidad étnica; b) elementos conservadores inducidos por el propio sistema educativo en su versión tradicional y, c) elementos innovadores que buscan tomar lo mejor de la propia cultura tradicional y de la cultura mestiza moderna para el mismo proyecto de identidad. Si uno examina las consecuencias que acarrean para la propuesta curricular de cada uno de los elementos, habría que reconocer que cada uno de éstos parecería originarse en estrategias distintas y en momentos históricos diferentes. En realidad confluyen de esta manera en un contexto social muy complejo, donde es necesario abrir varios frentes para poder afirmar la identidad étnica en medio de acelerados cambios sociales de toda índole que afectan a todo el mundo.

Las elecciones culturales en la cultura propia y en la otra cultura como insumos del currículum

Volviendo a la propuesta cultural para el currículum de la educación indígena, es necesario señalar que, quizá el aspecto más delicado consiste en la selección necesaria de la clase de contenidos, valores, saberes, etc, que, afirmando la identidad no entren en pugna con las aspiraciones de cambio social. Creo que asumir nociones tan vagas como apropiarse -a través de la escuela- de la cosmovisión indígena, o de la ética indígena, o de su estética, no han hecho sino volver menos operativa la propuesta y no porque las cosmovisiones o las valoraciones éticas o estéticas, los saberes, etc. no existan, sino porque existen como cultura vivida y la propuesta pedagógica exige un nivel distinto de abstracción, sistematización, selección y uso pedagógico de aquellos elementos estratégicos a los cuales no se quiere ni se puede renunciar si se apuesta al proyecto de identidad.

Las propuestas curriculares indígenas presentan algunos vacíos, siendo el principal, al calco o la traducción casi mecánica de la misma estructura curricular que se critica. La cultura indígena, pese al discurso del rol holístico que debería ocupar en el currículum, pasa a convertirse en contenidos fragmentarios que no propician una lectura global de esa misma cultura en el currículum. Más aún, a través de adaptaciones curriculares casi gimnásticas, la cultura indígena pasa a rellenar los reductos posibles de áreas curriculares como la de las ciencias sociales, que se percibe como el área "natural" donde debe tratarse la cultura indígena. Algo parecido ocurre con la lengua indígena. Nada más lejano, como opción pedagógica, para cumplir con los objetivos no de una renovación sino de una verdadera revolución curricular como la que se pretende ni con el postulado de una educación bilingüe de mantenimiento y desarrollo que potencia el rol de las lenguas y culturas indígenas en todo el proceso curricular, en todas las áreas, en los procedimientos de administración y gestión, en el potenciamiento de la participación social en el proceso educativo, etc.

La falta de personal calificado indígena y la conducción de la educación indígena

Otro problema que confrontan las organizaciones del movimiento indígena es la falta de personal calificado que, maneje a nivel técnico, lo que se propone desde los lineamientos sociales y políticos. Y si bien es cierto que, de manera progresiva, más y más indígenas se ocupan de su propia educación, no es menos cierto que el apoyo a la formación indígena ahora, más que en el pasado, debe constituir una opción estratégica de todos aquellos interesados en mejorar la calidad del sistema educativo.

La privatización de la educación indígena

Un nuevo aspecto crítico que confronta la educación indígena es el de la privatización del servicio educativo. Dado el adelgazamiento de los estados nacionales y en un contexto favorecedor de la subyacente concepción de la educación como mercancía, muchos organismos indígenas han renunciado al derecho de demandar al Estado, como un derecho, una educación pertinente, como lo establecen prácticamente todas las constituciones. En muchos países el auge relativo de los proyectos privados de educación, a cargo de ONGs indígenas o de las instancias educacionales de las organizaciones étnicas, curiosamente va aparejado a un sueño de libertad educativa y esa libertad sin duda es la percepción de que esa libertad no es posible desde el Estado, es decir desde la escuela pública. Allí concurren fuertemente la mística y el compromiso con la comunidad. Pero, al mismo tiempo, se crea una serie de escuelas privadas, con pocos recursos, sin materiales pedagógicos, con un personal docente menos calificado, o bien con un personal que recibe salarios más bajos o no recibe salario (solamente "ayudas" o bonificaciones); instituciones con cobertura mínima cuyo impacto social y cuyo futuro institucional es poco predecible.

Quisiera recordar que, ya desde los años sesenta, los experimentos y el apoyo a la "iniciativa popular" para la gestión de servicios como los de salud, vialidad, electricidad y telefonía rural, agua, comercialización, etc., en realidad se convirtieron en cargas adicionales que recayeron sobre los más pobres. Pero sólo entre los ochenta y los noventa, desde el mismo Estado o desde la empresa privada se impulsa la idea de que el servicio educativo es sostenible y su gestión viable, lo que sin duda es verdad en el servicio educativo privado creado por y para los sectores de élite. En la medida en que la privatización de la escuela popular se hace con los recursos de los mismos sectores populares y la opción de la ganancia por el servicio educativo no es posible, son factores que, a la larga, hacen que el servicio educativo en manos comunitarias se vuelva financieramente inviable y quienes originalmente impulsan la privatización terminen propiciando la dependencia de la cooperación internacional o la estatización de los mismos servicios. Experiencias hondureñas, guatemaltecas, peruanas, ecuatorianas, colombianas, así lo demostrarían. Por ello parece importante que la atención de los movimientos indígenas se concentre en incidir en la calidad de la EBI en la educación pública.

Las opciones desarrolladas en los países con mayorías indígenas

En lo que sigue presentaré algunos ejemplos de educación bilingüe o de educación indígena en países con mayorías indígenas y en los cuales se han dado diversas experiencias que pueden mostrar la iniciativa indígena en esta materia. Aludiré a las experiencias de Guatemala y de los países andinos de Ecuador, Perú y Bolivia, ya que, junto con México, suman la mayoría de la población indígena latinoamericana.

Perú, Ecuador y Bolivia

En Perú las experiencias de educación bilingüe en áreas serranas, iniciadas desde los años sesenta y continuadas hasta el presente[19], así como la temprana formulación de una Política Nacional de Educación Bilingüe (1972) y la oficialización del quechua ocurrida en el marco de la Reforma Educativa de (1970-1975)[20] permitieron la temprana institucionalización de esta modalidad educativa. Sin embargo, la misma se ha caracterizado por una serie de avances y retrocesos. En 1973 se creó la Unidad de Educación bilingüe que formaba parte de la Dirección General de Educación Primaria y Secundaria que en 1987 dio pie a la creación de la Dirección Nacional de Educación Bilingüe Intercultural, DIGEBIL. Entre 1989 y 1991 se corroboró la decisión de emplear las lenguas y culturas vernáculas, y, en lo cultural, propiciar la interculturalidad como la posibilidad del manejo de la diversidad cultural en la educación para todos.

En Ecuador, el surgimiento de propuestas de educación bilingüe han partido del movimiento indígena antes que del Estado. La modalidad de educación bilingüe impulsada por la Federación Shuar desde

19. En Ayacucho se inician experiencias de PBI entre 1964 y 1981; en Cuzco entre 1975 y 1979 y en Puno entre 1978 y 1990. Para un resumen de la situación contemporánea de la EBI peruana ver: López, Luis Enrique, *La educación en áreas indígenas de América Latina,* Centro de Estudios de la Cultura Maya (ed.), Serviprensa Centroamericana, Guatemala, 1995, p 36-41.
20. La Ley de oficialización del quechua se promulgó en 1975.

1964 (entonces también bicultural) se constituyó en modelo para las otras etnias del país de lo que la organización indígena podría hacer por su propia educación. A partir de 1972, la Federación Shuar logró que su modelo educativo fuera reconocido por el Estado en el marco de otras reivindicaciones, entre las cuales, la más importante era la del derecho a su territorio ancestral en abierta oposición a las políticas de colonización interna, así como a su derecho a definir el tipo de desarrollo que deseaba para sí la "nación" shuar. El pueblo shuar, en cuanto a lo lingüístico, inició muy tempranamente un proceso de normatización y unidad escrituaria que afectó no sólo a la educación sino a otras esferas de la vida social. Se exigió, por ejemplo, que las dependencias del Registro Civil inscribieran los documentos de ciudadanía de los shuaras en base a su alfabeto unificado y que aceptaran legalmente, antropónimos de etimología shuar en los documentos civiles.

El ejemplo shuar contribuyó para que, en 1980 y en un proceso de unidad indígena que venía dándose desde mediados de los setenta, los quichuas serranos y amazónicos decidieran la unidad escrituaria del quichua, como decisión popular sin importar que el alfabeto del llamado quichua unificado se oficializara o no. Más aún, en el ámbito de las organizaciones indígenas se discutía el que la oficialización de las lenguas indígenas -y la del quichua en particular- contribuiría a que tales disposiciones se convirtieran en letra muerta y que sofocaría las múltiples iniciativas por crear dispositivos sociales en favor del uso de un quichua escrito unificado, visto como "herramienta de la educación popular" impulsada por las mismas organizaciones indígenas. Este proceso de unidad escrituaria necesitaba un marco real de desarrollo, para lo cual se impulsaron diversas experiencias de escolaridad de adultos y de escolaridad infantil, a cargo de las mismas organizaciones indígenas.

Quizá, el momento más importante de consolidación de la unidad indígena pan étnica ocurre en los años ochenta, con la creación de la Confederación de Nacionalidades Indígenas del Ecuador, CONAIE. Los elementos que hacen esta cohesión pan-étnica van a ser el reconocimiento de dos variables fundamentales que definen las condiciones de subordinación de los pueblos indígenas: la opresión nacional y la explotación social. A partir de esta formulación y en determinados momentos de la lucha étnica, se privilegiará una u otra argumentación, aunque, en términos muy generales podría decirse que si la noción de opresión nacional facilitaba la cohesión pan-étnica, el reconocimiento de los elementos de la explotación social contribuía a un desarrollo organizacional en condiciones de responder mejor a las múltiples realidades locales.

La lucha, para el movimiento indígena, no es por la tierra sino por el territorio, lo que implica, en términos de aspiraciones educativo culturales, la ampliación del concepto de territorialidad al espacio escolar. Este concepto es precisamente el que se manejará ante las autoridades del Ministerio de Educación y Cultura ya que se demandará la territorialidad para la educación indígena intercultural bilingüe, lo que dará paso a la creación, a fines de los ochenta, de una estructura técnico-administrativa de cobertura nacional. El movimiento indígena al plantear, como hemos visto, el derecho a ser reconocidos no como "población" sino como "nacionalidades" y como "pueblos" indígenas, partirá de una revaloración histórico social, base a la vez, de su concepto de educación indígena[21].

Para 1981, un amplio movimiento social que incluía al movimiento indígena logró que se diera por terminado el Convenio de Cooperación entre el gobierno del Ecuador y el ILV[22] que, por 30 años había definido qué y cómo hacer la educación para los pueblos indígenas. El término de este Convenio y el desarrollo del ya mencionado proceso de alfabetización quichua contribuyeron para que, por primera vez, se viera en las universidades un espacio de alianza posible y de contribución al desarrollo de las propuestas educativo culturales indígenas. En este mismo momento ocurre, en el seno de las organizaciones indígenas, un reordenamiento de sus "cuadros" y se va a fomentar el fortalecimiento de los equipos de trabajo en educación y cultura.

21. Cabe acotar que el uso de "pueblo" o "nación" había sido usado ya desde fines de los sesenta por el pueblo shuar, pero es a partir de la creación de la CONAIDE donde esta idea cobrará fuerza.

22. En octubre de ese mismo año, en la ciudad de Riobamba marcharon 16 mil indígenas para que el Gobierno nacional diera por terminado dicho Convenio y para que los propios indígenas pudieran definir su educación que, desde entonces, proclamaba un bilingüismo de mantenimiento y desarrollo.

Para 1988 se creó la Dirección de Educación Indígena Intercultural Bilingüe, DINEIIB, cuyos funcionarios fueron propuestos al gobierno por la CONAIDE y las otras organizaciones del movimiento indígena, las cuales llegaron a reclamar una "cuota" de participación en la gestión de la EBI a partir del número de afiliados en sus respectivas organizaciones comunales. Es así como se nombraron maestros indígenas para el flamante sistema de EBI.

Sin mayores explicaciones, para 1992, la DINEIIB pasó a transformarse en Dirección Nacional de Educación Intercultural Bilingüe, DINEIB, pues suprimió de su sigla la "I" de "indígena", lo que, en muchos sentidos significa un repliegue.

Desde 1988 en adelante, la DINEIB asumió la interculturalidad como principio de su educación bilingüe. Es preciso acotar que, dado que se partía de la plurinacionalidad del país, el sentido de interculturalidad abarcaba no sólo la relación de los pueblos indígenas con la sociedad mestiza sino, y sobre todo, la interculturalidad entre etnias, así como la interculturalidad al interior de la propia etnia, con el objeto de mostrar la misma diversidad y apuntar hacia una unidad indígena.

El hecho de que tanto en Ecuador como en Bolivia, en los años ochenta[23], se emprendieran programas nacionales de alfabetización en lenguas vernáculas -el quichua, en Ecuador y el aymara, quechua y guaraní en Bolivia- contribuyó para que se dieran importantes avances prácticos en la unidad escrituaria de las lenguas indígenas y para que, al mismo tiempo, se iniciaran reflexiones más profundas sobre el rol del castellano como segunda lengua. Sea porque su diseño lo contemplara (como en Ecuador)[24] o sea porque los alfabetizandos lo demandaran[25], el español se enseñó paralelamente, aunque no siempre con la metodología de una segunda lengua.

---

23. En Ecuador entre 1980 y parte de 1983; en Bolivia, a partir de 1983.
24. En el caso ecuatoriano, y en el marco del ya mencionado Subprograma de Alfabetización Quichua, la etapa de adquisición del castellano oral y escrito estaba prevista para una segunda fase, luego de que el proceso alfabetizador básico en quichua concluyera.
25. En Ecuador se dio un amplio apoyo al uso de la lengua vernácula en el proceso alfabetizador pero el movimiento indígena cuestionó el que el Subprograma no fuese concebido como bilingüe, de ahí que, en la práctica, la enseñanza del

Las experiencias ecuatorianas de escolaridad primaria bilingüe intercultural son varias y ocurren tanto por iniciativa de los movimientos indígenas como por las iniciativas estatales y las de la cooperación internacional. Entre estos últimos debe destacarse el Proyecto de Educación Bilingüe Intercultural, PEBI, que, con apoyo de la Cooperación Técnica Alemana, a través de la GTZ, funcionó entre 1985 y 1994[26]. Ha sido igualmente importante el que agencias como UNES-

---

castellano se adelantó e incluso ocurrió de modo paralelo. Este desfase entre el diseño y la práctica implicó adaptaciones metodológicas de parte de los alfabetizadores y exigió que, las organizaciones indígenas, a partir de sus propias estructuras educativas realizaran una capacitación paralela sobre la enseñanza del castellano como L2. A cargo de las mismas organizaciones indígenas estuvo la capacitación para la post alfabetización. De hecho, los materiales educativos de post alfabetización en quichua y en castellano se produjeron con el auspicio del movimiento indígena Ecuador Runacunapac Riccharimui, ECUARUNARI, y de la Federación Nacional de Organizaciones Campesinas, FENOC. En el caso boliviano, la alfabetización en las tres lenguas vernáculas y español no contempló la enseñanza del castellano como segunda lengua, pero como tuvo mucho respaldo la alfabetización en lenguas vernáculas, se dieron presiones por aprender a leer y a escribir en castellano. Los alfabetizadores usaron, para paliar esa necesidad, las cartillas en castellano, de modo que, un mismo grupo se alfabetizaba en lengua vernácula y también en castellano, como si esta fuera la lengua materna de los alfabetizandos. Los problemas metodológicos eran claros, pero ésa fue la salida práctica a la que recurrieron los alfabetizadores. La sensibilización hacia el valor de la lengua indígena en el proceso alfabetizador contribuyó para quienes se alfabetizan en quechua o en aymara (no fue el caso en la comunidad guaraní hablante) también demandaron, además del castellano, saber leer y escribir en la otra lengua indígena. Ante esto, los alfabetizadores recurrieron, como en el caso del castellano, a usar la respectiva cartilla de alfabetización. En ambos países se partió de un alfabeto unificado de las lenguas vernáculas. En Ecuador a partir del alfabeto quichua unificado aprobado por las organizaciones del movimiento indígena en 1980; en Bolivia, se usó el alfabeto unificado y oficializado para el proceso alfabetizador que incluso aparecía en el reverso de las respectivas cartillas. En ambos países se crearon importantes redes de educadores populares (los alfabetizadores) que a través de su práctica, pese a los múltiples problemas pedagógicos que enfrentaron, contribuyeron a sensibilizar profundamente las comunidades indígenas en favor de la posibilidad de llevar a cabo los procesos educativos en lengua vernácula y con contenidos culturales indígenas.

26. Actualmente -el presente año de 1995-, se está definiendo una segunda fase de cooperación técnica para la EBI entre el Ministerio de Educación y Cultura, MEC, a través de la DINEIB y la Cooperación Técnica Alemana, a través de la

CO y UNICEF, en cooperación con la GTZ, hayan definido puntos de convergencia en apoyo a la EBI del país, por ejemplo, aunque no exclusivamente, en lo que concierne a la formación universitaria de recursos humanos para la educación primaria bilingüe intercultural[27].

Lo importante en el caso ecuatoriano es que la discusión sobre la educación indígena se enmarcó en una más amplia, que tiene que ver, como lo he señalado reiteradamente, con los derechos de los indígenas como nacionalidades y es desde esa perspectiva que la CONAIE y otras organizaciones del movimiento indígena (y que no formaban parte de ella)[28] y a lo largo de la década van a demandar una serie de derechos enmarcados en la comprensión del carácter de la cuestión nacional en el país. Así, por ejemplo, de concepto del derecho a la tierra se va a pasar al concepto del derecho al territorio y las demandas se harán ya no como población sino como nacionalidad.

Tanto en Ecuador como en Bolivia, los programas de alfabetización en lengua indígena de los ochenta, más que a disminuir las tasas de analfabetismo en las comunidades indígenas contribuyeron a ampliar la red de educadores populares y a fortalecer su comprensión acerca de los derechos culturales que le asisten, como se podrá constatar en lo que corre de los años noventa.

A partir de la creación de la DINEIB, las propias entidades gubernamentales, determinadas provincias y diferentes fuerzas sociales, no sólo han apoyado sino que también se han opuesto a la educación intercultural bilingüe. En Ecuador, entre 1991 y 1994 ocurrieron diferentes marchas y levantamientos indígenas de carácter regional y

---

GTZ. En esta segunda fase el apoyo se centraría en el desarrollo institucional de la DINEIB y en los esfuerzos por mejorar los niveles de atención a los maestros en ejercicio, a la formación y capacitación de maestros para mejorar por esta vía la calidad de la EBI infantil.

27. El programa de Licenciatura en Lingüística Andina y Educación Bilingüe, de la Universidad de Cuenca, orientado a la formación de maestros bilingües quichua-castellano, se ejecuta en el marco de un Convenio de cooperación entre las entidades mencionadas y la DINEIB.
28. Me refiero a las organizaciones campesino-indígenas agrupadas en la Federación Nacional de Organizaciones Campesinas, FENOC, a las organizaciones indígenas de la Federación Ecuatoriana de Indios, FEI, y a las organizaciones evangélicas aglutinadas en una organización de carácter nacional.

nacional (estos últimos en 1990 y 1994) y sin excepción, la educación intercultural bilingüe aparece como una de las demandas indígenas más importantes.

En 1991, los indígenas del oriente boliviano marcharon hacia la ciudad de La Paz, en una marcha denominada por el Territorio y la Dignidad. En su plataforma de demandas al gobierno se incluyó la de la educación intercultural bilingüe y, efectivamente, uno de los resultados concretos de esta marcha fue la institucionalización de la EIB en dicho país.

Las experiencias bolivianas en materia de escolaridad primaria intercultural bilingüe para aymaras, quechuas y guaraníes, tuvieron mucho que ver en su institucionalización. Uno de los aportes más interesantes a la educación latinoamericana quizá pueda encontrarse en la actual Reforma Educativa de este país que proclama la EIB para la población bilingüe y la educación intercultural para todos los bolivianos[29] y para cuya implementación, después de un amplio proceso consultivo acompañado de una estrategia de discusión de finalidades de la Reforma Educativa[30], se cuenta ya con programas de estudio para los niveles pre-escolar y primario[31].

Los ejes articuladores de esta propuesta curricular son: la diversidad cultural, social y lingüística y la participación popular. Quizá lo que suscite más interés desde la interrelación cultura y currículum sea el hecho de que en la Reforma se buscó el conjunto de elementos comunes que deben estar presentes en toda la educación boliviana, el llamado tronco común, más los elementos de diferenciación, esto es, las ramas diversificadas. De otro lado, desde la perspectiva del perfil

29. Véase la parte legal En: República de Bolivia, *Gaceta Oficial de Bolivia,* Decretos Reglamentarios a la Ley de Reforma Educativa, D.S. No.23949 del 1o de febrero de 1995; *Organización Curricular;* D.S. no. 23952, 1o. de febrero de 1995, *Estructura de Servicios Técnico Pedagógicos*, (Publicada el 6 de febrero de 1995).

30. Se han publicado una serie de fascículos con finalidades de difusión. Por ejemplo, la serie Reforma Educativa. Véase por ejemplo: Ley de reforma Educativa, julio, 1994. (En *La Hora de la Reforma Educativa,* fascículo VI).

31. Bolivia organizó en junio de 1995 un Seminario Internacional para la Revisión de Planes y Programas de la Reforma Educativa. En este evento se dio a conocer el documento *Programas de Estudio de los Niveles de Educación Preescolar y Primario*, computadora, La Paz, 1995, p. 177.

de salida de los escolares, se buscó el logro de algunas competencias escolares básicas más algunas competencias llamadas transversales y apuntan a la relación escuela trabajo. Es de esperar que las subsiguientes acciones que supone la Reforma cuentan con un apoyo más decidido de los maestros, en especial de aquellos que están agrupados en la Confederación de Maestros Rurales, dado que, si bien la Reforma afecta a todo el territorio nacional es previsible que la expansión de la EIB en una primera etapa ocurra, de manera preferente, en el área rural y a cargo de estos mismos docentes rurales[32].

El caso de Guatemala

El caso de Guatemala es particularmente interesante por varias razones: en primer lugar porque es uno de los países de América Latina con un decisivo peso indígena y porque, pese a las secuelas de tres décadas y media de violencia, sus organizaciones étnicas luchan por desarrollar un concepto y una propuesta de educación maya.

En Guatemala, el proceso de unidad pan-étnica se ha construido a partir de la identidad maya. Esta argumentación histórica cultural y lingüística remite a los 21 grupos sociolingüísticos mayas[33] a la antigua nación maya, actualizada y viva a través de las exigencias con-

---

32. El proceso de la Reforma contó con el aval de la Central Obrera Boliviana, COB, con el de la Central Sindical Única de Trabajadores Campesinos de Bolivia, CSUTCB, y aunque contó con el apoyo de la Confederación de Maestros Urbanos y el de la Confederación de Maestros Rurales, esta última ha mostrado -en el proceso- algunas reticencias frente a la posibilidad de generalizar la EIB, debido, sin duda, a lo desconocido que tiene cualquier proceso de reforma, pese a los ya señalados esfuerzos gubernamentales por discutirla y difundir sus enfoques. El no contar con el apoyo de los maestros en las etapas futuras de la reforma educativa significaría la repetición de la misma clase de error que, entre 1983 y 1986, cometió el Servicio Nacional de Educación Popular, SENALEP, en el ya referido proceso de alfabetización popular, en el cual virtualmente se eludió la intervención corporativa de los maestros graduados y sindicalizados y se optó por buscar el apoyo de los educadores populares, procedentes de las comunidades de base y sin ningún grado académico.
33. Los datos sociolingüísticos del bilingüismo guatemalteco se pueden encontrar en varias fuentes. PRONEBI, "Logros y experiencias de la Educación Bilingüe Intercultural de Guatemala", Ponencia presentada al Primer Congreso de Educación Maya en Guatemala, 8 al 11 de agosto de 1994, Consejo de Educación Maya de Guatemala, CEM-G, GUATEMALA, agosto, 1994, p. 23.

temporáneas y de las aspiraciones que, para el futuro, desea acometer el pueblo de origen maya. Cabe anotar que, aunque el pueblo maya reconozca la identidad étnica de xincas y garífunas así como su derecho en tanto que pueblos, también es cierto que ese tramo de las alianzas todavía es parte del proyecto de unidad indígena que se puede avizorar. Como sea, la unidad maya está en construcción, hecho fundamental para este país cuya población de origen maya equivale a más del 60% del total de la población nacional.

El interés del movimiento indígena de Guatemala por su propia educación ha sido permanente. La Asociación Indígena Tecún Umán de Patzicia, Chimaltenango, convocó a los dos primeros congresos sobre lenguas indígenas; el segundo, efectuado en Cobán, dio como resultado la creación de la Academia de la Lengua Q'iché, cuyo impulsor fue Adrián Inés Chávez. El espíritu de este logro fundamentó, más tarde, la creación de la Academia de Lenguas Mayas de Guatemala, ALMG.

Entre los años 40 y 50 la educación guatemalteca tuvo momentos de apertura o de repliegue democráticos[34]. En 1964 tuvo lugar el Primer Seminario sobre Problemas de la Educación Rural Guatemalteca, cuya visión era la de facilitar la integración del indígena a la cultura nacional. El resultado de tal perspectiva fue la creación del Programa de Castellanización, adscrito a la Dirección Socio Educativa Rural del Ministerio de Educación. En 1965 se crearon los primeros 60 puestos para instructores bilingües cuya función era la de castellanizar en las áreas lingüísticas q'iché, mam, kaq'chikel, q'eqchi, ixil y aguacateca.

En 1976 la Ley de Educación Nacional y, en 1978, la Ley de Alfabetización, incluyeron para sus fines el uso de la lengua indíge-

---

34. Entre 1944-54 la revolución democrática impulsó la educación pública urbana y rural y dio un especial impulso a la formación de maestros rurales; la educación tuvo un corte regionalizado y se centró en el problema indígena. A partir de 1950 y, para contrarrestar los efectos de la revolución calificados en la época como negativos, la iglesia se preocupó por la educación de jóvenes indígenas. Así, en Antigua, se creó el Instituto para señoritas Nuestra Señora del Socorro y, en la capital el Instituto Santiago, para varones. Para 1954 la educación pública sufrió un nuevo estancamiento.

na, pero excluyendo cualquier mención a la cultura. En 1979 se gestó el Proyecto Nacional de Educación Bilingüe, el cual comenzó a funcionar en 1980, con 40 escuelas piloto y 40 de comparación. La cobertura se amplió a 800 establecimientos pre-primarios y 400 escuelas. En 1984, por Acuerdo Gubernativo 1093-84 este programa se convirtió en el Programa de Educación Bilingüe Bicultural (más tarde PRONEBI).

Autores de origen maya[35] expresan un punto de vista crítico frente a este programa aludiendo que sirvió para transmitir los contenidos de los textos oficiales, facilitando los procesos de aculturación dado que lo "bicultural" estaba encaminado a ir desde lo maya a lo occidental, exclusivamente.

Por los mismos años ochenta surgieron varias organizaciones mayas interesadas en el desarrollo de la educación formal y no formal. Con la Constitución de 1986 entra en vigencia la llamada libertad de educación y el derecho a la educación bilingüe en zonas de predominante población indígena. También se establece la educación especial, la diversificada, la extraescolar y la alfabetización[36].

En 1990 el Congreso aprobó la ALMG y le asignó 5.000,000 de quetzales anuales[37]. En 1991 se realizó el Seminario Taller sobre Educación Maya con el auspicio del Centro de Estudios de la Cultura Maya, CECMA. En 1992, el Centro de Estudios, Documentación e Investigación Maya, CEDIM, inicio su proyecto de Escuelas Mayas, lo que dio lugar a la Asociación de Escuelas Mayas. A fines de 1993, el actual Ministro de Educación, un educador maya, convocó a diferentes organizaciones mayas para recoger su opinión acerca del Proyecto de Reglamento a la Ley de Educación Nacional, preparado por

35. Me refiero a un documento realizado por Efraín Asij Chile de la Asociación Ubeal Tzij, (CEM-G) y a Alfredo Cupil López de la Sociedad El Adelanto: *Comunidades Educativas Mayas, Unidades Lingüísticas de Educación Maya, ULEM, hacia la transformación de la educación,* Programa de Desarrollo de los Pueblos Mayas, UNESCO, Guatemala, noviembre de 1994.
36. Ese mismo año, con el apoyo de AID, se creó en la Universidad Rafael Landívar, sede de Quetzaltenango, el Programa para el Desarrollo Integral para la Población Maya, PRODIPMA, que finalizó en 1992.
37. Según los personeros de la ALM-G hasta ahora no se han recibido en su totalidad.

la Asociación Nacional Magisteril. Estas organizaciones formaron la Comisión de Coordinación Interinstitucional de Educación Maya, CCIDEM, con el fin de modificar la propuesta de la ANM en lo referente a la educación maya. Después de algunas reuniones se acordó, con la ANM, la presencia de 9 delegados mayas en el Consejo Nacional de Educación y, además, que todo lo relacionado con la educación maya lo coordinara el Consejo de Educación Maya de Guatemala, CEM-G[38]. Del 8 al 11 de agosto de 1994, en Quetzaltenango, el CEM-G convocó al Primer Congreso de Educación Maya en Guatemala, con la asistencia de 230 delegados[39].

Como se puede apreciar han sido varios los esfuerzos por definir el real sentido de la educación maya para los mayas y, si bien se han desarrollado algunos fundamentos orientadores, tengo la impresión de que todavía no se logra cuajar en una propuesta pedagógica concreta.

Nociones como las relaciones armónicas entre el ser humano, los elementos de la naturaleza y la espiritualidad; entre la tierra y el cosmos o la unidad y la armonía del universo no parecen ser específicamente mayas y muchos de esos elementos podrían ser genéricamente indígenas[40]. Indicar que la cosmovisión o la filosofía maya formen

---

38. Tal búsqueda de representación maya, según Asij Chile y A. Cupil, *op. cit.*, tenía por objeto contrarrestar la opinión de la ANM que quería que formaran parte del consejo sea la ALGM o bien el PRONEBI, aludiendo a que las mismas tiene personería jurídica. Es evidente que un argumento legalista como éste no tiene sentido. Las 24 organizaciones originalmente convocados (19 con personería jurídica) decidieron cancelar el CCIDEM y fundar el Consejo de Educación Maya, CEMG, cuyos objetivos son: investigar, estudiar, analizar, delinear, promover, orientar, velar, ejecutar, proponer y evaluar las políticas, estrategias, recursos, metodologías y contenidos de la educación del pueblo maya en coordinación con el Ministerio de Educación y con organismos nacionales e internacionales en el espíritu de unificar esfuerzos de las diferentes experiencias educativas.
39. Los resultados se encuentran condensados En: Conclusiones, recomendaciones y resoluciones, Primer Congreso de Educación Maya en Guatemala, *op. cit.*
40. Los ya citados Asij y Cupil, *op. cit.,* para argumentar las concepciones educativas mayas dicen textualmente: "En la concepción maya no prevalece el ser humano sobre la naturaleza y el cosmos, sino lo ubica como complemento del todo, en consecuencia del cumplimiento de los principios y normas de convi-

parte sustantiva del currículum, constituye, así mismo una pista todavía vaga.

Si bien se busca incorporar la sabiduría de los ancianos, la de los aj'qijab'o sacerdotes mayas, de los dirigentes, hombres y mujeres y, en general, los conocimientos, experiencias, valores, etc. comunitarios, en la práctica, las experiencias educativas denominadas "mayas" sólo han logrado introducir algunos elementos de la cultura maya en determinadas áreas curriculares. Respecto a las lenguas mayas en el curriculum, si bien se da por sentado su uso pedagógico, hace falta claridad sobre las políticas lingüísticas que deben ser impulsadas.

Considero que el problema central radica en el hecho de que las delicadas y quebradizas negociaciones de los mayas por hacer respetar lo maya, han impedido que sus organizaciones se planteen la construcción de un currículum propio, donde lo maya, a nivel cultural y lingüístico, encuentre su plena expresión. El empuje del pueblo maya y los factores favorables que se pueden aprovechar en favor de la educación indígena a partir de los Acuerdos de Paz, abren perspectivas muy interesantes para cristalizar en su educación las intuiciones, deseos y aspiraciones de los mayas. Ojalá que los esfuerzos más sustantivos no se reduzcan a lograr avances legales, dado que existe una base jurídica lo bastante amplia[41] como para fomentar el desarrollo de esta opción. Ojalá también que la construcción curricular se dé en un marco de unidad organizativa maya.

Por fin, y desde una perspectiva comparativa, me parece importante señalar que planteamientos como el ecuatoriano y el guatemalteco sobre la cuestión étnico nacional dejan de ser considerados como una cuestión restringida y necesariamente plantean la cuestión étnica en el escenario social global.

---

vencia, la armonía y el equilibrio que responden a la estabilidad de fuerzas, en relación de tiempo y espacio como elementos indisolubles; el dialismo y la cuatriedad, reconocen como centro de ida al Corazón del Cielo, Corazón de la Tierra. El maya no destruye su entorno, porque se destruye a sí mismo y mantiene una relación especial, preservada a través de la enseñanza permanente de la ascendencia".

41. Las bases jurídicas para la educación indígena de Guatemala se encuentran en la Constitución, Art.58, 66, 71, 72, 73, 74, 75, 76; en la Ley de Educación Nacional, Decreto Legislativo 12-91; en el Reglamento Ley del PRONEBI, Acuerdo 997, art.4; en la Ley de la ALM-G, Decreto 65-90 y su reglamento.

Una visión panorámica de los modelos curriculares y la incorporación de la variable cultural

En un balance más o menos general diría que, a nivel estatal, algunos países como México proponen la educación bilingüe y bicultural para sus poblaciones indígenas. Hay cierta indefinición en países como Argentina que prefieren denominar bilingüe y bicultural a sus experiencias educativas; mientras que en Chile se va imponiendo el concepto de interculturalidad para la educación dirigida a las poblaciones indígenas. Una gran mayoría de países como Guatemala, Ecuador, Panamá, Venezuela, Perú, propone la educación intercultural bilingüe, EBI, para las poblaciones indígenas bilingües; Ecuador y Perú sugieren la incorporación de la interculturalidad en la educación para todos, mientras que en Guatemala se discute la incorporación de elementos de la cultura maya en la educación para todos. Por su parte Bolivia, en su actual Reforma Educativa asume la Educación Intercultural Bilingüe para la población indígena bilingüe y la Educación Intercultural para todos. A nivel de políticas, Honduras propone la Educación Intercultural Bilingüe para la educación de los grupos étnicos bilingües y la Educación Monolingüe Intercultural con dos submodalidades: una educación monolingüe intercultural, centrada en la cultura indígena para los indígenas que han perdido su lengua ancestral y una educación intercultural con elementos que abonen en favor del reconocimiento de la diversidad cultural para la población monolingüe no indígena. Colombia, a su vez, asume la interculturalidad para la educación indígena aunque define como etnoeducación su propuesta educativa, porque se inscribe en un concepto dinámico de "etnodesarrollo".

De todas estas opciones quedan, en el tapete de la discusión, al menos tres situaciones sociolingüísticas que merecen reflexiones más profundas en el futuro próximo:

a) ¿Cómo manejar la cultura indígena y la cultura no indígena para las poblaciones indígenas que han perdido la lengua indígena?
b) ¿Cómo manejar la diversidad y unidad indígenas en un currículum dirigido a indígenas?, y,

c) ¿Cómo manejar la diversidad y unidad no indígenas e indígenas en un currículum dirigido a no indígenas?

Algunas reflexiones sobre la relación cultura y currículum[42]

1. Se hace necesario reflexionar con mayor profundidad sobre el concepto de interculturalidad para potenciar sus aplicaciones pedagógicas en función de una utopía de sociedad que permita el ejercicio de los derechos cívico culturales, en condiciones de dignidad, a las etnias y pueblos cultural y lingüísticamente diferentes. No es exacta la apreciación de que, en virtud de la asunción de la noción de la interculturalidad efectivamente exista equidad cultural: las lenguas y las culturas están en conflicto con la o las lenguas dominantes y deben privilegiarse, a todo nivel, las culturas y las lenguas indígenas, en una estrategia de discriminación positiva hacia las mismas, habida cuenta de que éstas han sido oprimidas y su desarrollo inhibido.
2. La interculturalidad en la educación no sólo puede ser oferta para los indígenas, vale decir para los oprimidos, también debe ser parte de la educación destinada a la sociedad mestiza, en la perspectiva de vializar un proceso de sensibilización, conocimiento y respeto a las etnias, un camino hacia la recreación y utilización de la propia diversidad sociolingüística y cultural en función de un proyecto más democrático de la sociedad. A la larga, el proyecto de bilingüismo deberá integrar a los ladinos, previa la solución a las diversas alternativas de educación bilingüe, aún no desarrolladas y que deberán dirigirse a los propios pueblos indígenas.
3. Si bien es importante el reconocimiento de la diversidad intra e inter étnica indígena, es estratégico, en el momento presente, insistir más en las convergencias pan-étnicas que en las divergencias. Ahora es el momento de encontrar los espacios de unidad étnica para permitir el desarrollo y el fortalecimiento de un interlocutor indígena, o un frente indígena, que represente a todas las

---

42. Agradezco a Matthias Abram, la discusión de estas ideas.

etnias frente al mundo ladino. Esta observación es particularmente importante para los países latinoamericanos donde la población indígena constituye una minoría o donde, a pesar del peso poblacional indígena, predominan los faccionalismos y su proceso unitario requiere ser fortalecido. Sólo el proceso unitario permitirá la aceptación, dentro y fuera de la sociedad indígena, de modelos alternativos de sociedad y desarrollo y, en lo educativo, la aceptación y respeto de una educación pertinente y adecuada para las propias poblaciones indígenas y para el conjunto de la población de los respectivos países.

4. La propuesta de interculturalidad implicaría, desde una perspectiva socio pedagógica, el reconocimiento de modos específicos de aprendizaje en las dos (o más) culturas, los modos distintos de producir, trasmitir, reproducir y aprehender conocimientos, saberes, valores. De ahí que cobre importancia la sistematización y reconocimiento de los principales rasgos de los procesos cognoscitivos en cada una de las culturas (y no solamente en la cultura indígena) y en la que las respectivas pautas culturales influyen sobre aquellos. Una reflexión de esta naturaleza es especialmente útil para los docentes y conduciría a una mejor organización de los contenidos. Sin embargo, el énfasis de esta reflexión debería centrarse en el modo en que ocurren los aprendizajes. La repercusión más importante sería buscar metodologías que faciliten esos mismos aprendizajes. En esta reflexión tal vez esté la clave para investigar o para interpretar el bajo rendimiento escolar de niños indígenas en la escuela y cuyas dificultades van más allá del conocimiento de la lengua en la cual normalmente ocurren los procesos de educación o incluso en los cuales se desarrollan los elementos “modernos” del currículum.
5. El manejo de dos o más códigos lingüísticos y culturales le da al niño la posibilidad de compararlos, incluso si la comparación no es el objetivo explícito de la propuesta curricular. El manejar más de dos modos de aprender y aprehender el mundo circundante le abre al niño nuevas posibilidades de seleccionar, y en gran medida amortigua los efectos negativos de ser portador de una etnicidad dominada en una sociedad dominante. Sin embargo, en una

propuesta pedagógica estos códigos deben tener la posibilidad de ser decodificados en el aula, a través de los conocimientos, las instituciones, la afectividad.

6. Relacionada con la reflexión anterior está aquella que tiene que ver con la necesidad de descifrar las claves de la socialización infantil con el objeto de derivar el qué, al cómo y para qué se enseña. Cualquier proceso de socialización supone el desarrollo de una capacidad adaptativa en la propia cultura, sin embargo, en el ámbito de la educación indígena se hace necesario reconocer la necesidad de asumir el conflicto para producir cambios que no perpetúen los rasgos negativos de una cultura sometida a la opresión. ¿Qué necesidades de adaptación, selección, sustitución o desplazamiento de elementos de la propia cultura son necesarios o deseables? ¿Qué saberes, valores, comportamientos, etc. no son funcionales para las necesidades de sobrevivir, de mejorar las condiciones concretas de vida y para asegurar la reproducción biológica y cultural? ¿Cómo y quién decide cuáles son?
7. La valoración escolar de la cultura indígena no sólo debería referirse a la sociedad indígena tradicional, ni debería estar marcada por una orientación exclusiva al pasado; y también deberían trabajarse los componentes modernos de la cultura indígena. El niño indígena no puede percibirse como siendo parte de una cultura muerta, o meramente reproductora de valores arquetípicos así sean contemporáneos.
8. La escuela no puede sólo remitir al pasado sino facilitar un proceso en el cual el pasado se vuelve presente y es igualmente útil para responder a las situaciones contemporáneas y a las del futuro. Es preciso que la historia, que el tiempo largo y el tiempo breve, estén presentes. El pasado magnificado para obviar la realidad negativa del presente y del propio pasado, por ello, es necesario que la escuela le permita al niño indígena afirmarse en el presente y el devenir como parte de un pueblo. Es al mismo tiempo indispensable liberarse de ese pasado magnificado para detectar en el presente las raíces del futuro a construir.
9. Un proyecto de rescate de la cultura en la escuela y a través del currículum significa que hay que buscar en el pasado remoto los

valores que puedan sostener una confrontación con los valores de una cultura dominante, especialmente aquellos que fomenten relaciones de solidaridad y de alianza con pares societales.

10. Ser miembro de una cultura oprimida lamentablemente implica la interiorización de un complejo de inferioridad que ni los niños ni los padres indígenas quieren como imagen de sí y para sí.
11. El niño mestizo (ladino) no puede percibir la cultura indígena sólo a través de lo arquetípico o tradicional. Debe sensibilizarse y comprender las creaciones y problemas de la cultura indígena contemporánea.
12. Los grupos que intervienen en la formulación curricular deben ser selectivos frente a los contenidos de las dos culturas, en base a una imagen de futuro que los dominados aspiran cambiar. Esto quiere decir que frente a la cultura ancestral se debe privilegiar los valores, los saberes, los comportamientos, las tradiciones, que pueden ser necesarios para la potenciación de la propia cultura. Se trata de seleccionar, con criterios similares, los valores, saberes, etc. de la otra cultura.
13. Los valores de la propia cultura a menudo se comprenden en la confrontación o en la comparación con el otro, con los conocimientos, habilidades, valores, actitudes, comportamientos del otro. Esa confrontación siempre está presente, de modo implícito, en cualquier escuela que no haya realizado ese procedimiento selectivo de desarrollar en la escuela lo que contribuya al reconocimiento y valoración positiva de la diversidad. Una escuela que busque trabajar con dichos elementos culturales debe sistematizarlos a nivel conceptual y metodológico para que reaparezcan no sólo en los contenidos sino en el proceso educativo como un todo.

LA LECTO-ESCRITURA Y EL HABLA DEL NIÑO EN LEMPIRA E INTIBUCA

*Aura González Serrano**

INTRODUCCIÓN

Este estudio es parte de la investigación "Variedades lingüísticas, escuela y cultura escrita" que realizó el proyecto Fomento de la Educación Básica en Lempira e Intibucá -FEBLI, la cual tiene por objeto ser fundamento para orientar y apoyar los objetivos básicos de este Proyecto, entre los cuales tenemos: orientar el proceso de adecuación curricular con enfoque intercultural haciendo énfasis en los tres primeros grados de las Escuelas de Influencia Directa del proyecto en mención, adecuar, producir y diseminar material educativo complementario para el aprendizaje que facilite la adecuación curricular; y la capacitación de los docentes, en aspectos metodológicos y de contenidos con énfasis en el trabajo multigrado.

Dado que el proyecto FEBLI se desarrolla en una zona con presencia de una población campesino-indígena -suman alrededor de 100.000 indígenas lencas (Rivas, 1993)- y a que la Secretaría de Edu-

---

* Deutsche Gesellschaft für Technische Zusammenarbeit - GTZ y FEBLI (Proyecto "Fomento de la Educación Básica en Lempira e Intibucá", Honduras).

cación Pública, dentro de su política de descentralización y adecuación curricular a las distintas regiones del país, le ha encomendado al proyecto atender la demanda de estas comunidades de una educación que esté de acuerdo a su cultura y que contribuya a fortalecerla. El proyecto desarrolló un primer estudio que tuvo por objeto conocer la situación lingüística de la zona y su relación con la escritura en la escuela.

Dicha investigación realizó una caracterización fonética-fonológica, morfosintáctica y semántica (léxico), por un lado, del habla de los adultos y, por otro, del habla y de los escritos de las niñas y los niños de comunidades consideradas de tradición lenca, donde el proyecto cuenta con Escuelas de Influencia Directa. Del mismo modo se investigó sobre la tradición lenca y el nivel de literacidad de estas comunidades.

Esta ponencia presenta entonces uno de los aspectos desarrollados en la investigación en mención, cual es la escritura del niño y la relación con su habla.

PLANTEAMIENTO DEL PROBLEMA

El 93.1% de las escuelas de estos dos departamentos son rurales, 38.87 % de ellas son incompletas, 48.92% son unidocentes y 26.89% son bidocentes; el 67.8% de la matrícula está concentrada en los tres primeros grados. El analfabetismo en estos dos departamentos asciende, aproximadamente, al 60%.

Los índices de reprobación para 1994 son de 21.5%, 16.1% y 12.7% en primero, segundo y tercer grado, respectivamente. Las asignaturas que presentan mayor reprobación son español con 20% en primero, 14.50% en segundo y 10.67% en tercer grado, y matemáticas con 18% en primer, 12.30% en segundo y 10.7% en tercer grado. Lo anterior muestra que el alto índice de reprobación tiene como problema fundamental la no apropiación de los conocimientos y destrezas fundamentales del español y la matemática para continuar y culminar, por lo menos, con su formación escolar básica.

Para todos los involucrados en educación, desde la Secretaría de Educación Pública hasta los padres de familia, son conocidos los factores de tipo estructural de la escuela rural y las condiciones socioeconómicas de estas comunidades que afectan el desarrollo óptimo del proceso de enseñanza-aprendizaje en estas escuelas; entre ellos están la aglomeración de grados para un solo maestro, la falta de aulas, de material educativo tanto para el maestro como para el niño, la pobreza, la desnutrición, el alto índice de analfabetismo de estas comunidades, la falta de caminos de acceso a la escuela, la distancia que tienen que recorrer el maestro y los niños para llegar a la misma (necesitan caminar de una a dos horas promedio para llegar de su casa a la escuela), etc.

Desde el punto de vista pedagógico, se orienta el proceso de aprendizaje de la lectura y la escritura solamente como la adquisición de unas destrezas psicomotoras y, lo más grave; en gran parte como algo mecánico y aislado de la realidad sociocultural y lingüística de la comunidad de la cual provienen los niños.

A pesar de que los maestros y demás autoridades educativas ven la necesidad de la adecuación del currículo a las condiciones reales de la región, falta conciencia y capacitación sobre la necesidad y el cómo adecuar el proceso de enseñanza-aprendizaje de la lecto-escritura a la realidad lingüística de estas comunidades.

La falta de adecuación del proceso de enseñanza-aprendizaje y, en general, del currículo al lenguaje del niño y al de su comunidad, se hace más crítica cuando éste se desarrolla en comunidades que, aunque son monolingües, poseen un etnolecto del español con sustrato de una lengua que perdieron y pertenecen a una cultura predominantemente oral, es decir, con muy poca tradición de escritura.

MARCO TEÓRICO

A continuación se presenta el planteamiento teórico desde el cual se aborda el problema planteado y las hipótesis.

El proceso de apropiación de la escritura en los niños

La apropiación de la escritura es un proceso psicolingüístico que tiene lugar en un determinado contexto cultural, el cual presupone un determinado nivel de literacidad, es decir, de familiarización, de uso cotidiano con la escritura. En este sentido es la apropiación de la lengua escrita también una apropiación cultural (Maas, 1992).

Algunos aspectos a resaltar de este proceso son los siguientes:

- Se parte de que los niños empiezan su proceso de apropiación de la escritura en interacción con su medio, antes de que inicien su proceso de escolarización, con el desarrollo de una concepción de escritura, de lo escrito y de sus principios básicos. Lo escrito es un texto (una expresión) fijo(a) que se puede leer y que tiene significado. (Maas, 1992).
- Durante el proceso de apropiación de la lengua hablada y apoyados en su articulación (en su percepción quinestética) y su audición, los niños desarrollan una serie de categorías lingüísticas, por ejemplo de la sílaba, en las cuales ellos se apoyarán en una determinada fase de la apropiación de la escritura (Rigol, 1991; Maas,1992). Esto significa que en una determinada fase del proceso de la apropiación de la escritura los escritos de los niños dependen o son determinados, influenciados de/por su lengua hablada, por su fonética. De ahí que es muy importante conocer las características lingüísticas de la lengua hablada en el medio o región de la cual provienen los niños para poder entender por qué ellos escriben de una forma determinada y cómo poder aprovechar y promover su análisis lingüístico (Dehn, 1985; Maas, 1922).
- Niveles más avanzados como el desarrollo de las categorías lingüísticas de fonema (Dehn, 1985; Rigol, 1991; Maas, 1992) tienen lugar solamente con la apropiación de la escritura y como resultado de un proceso cognoscitivo (Maas, 1992); pues la mínima unidad lingüística (fonética) que el ser humano puede percibir y producir aisladamente es la sílaba (Maas, 1992).

Con el descubrimiento de esta categoría lingüística - fonema- los niños empiezan a independizar su lengua escrita de su lengua hablada y se preparan para ingresar en la última fase de su proceso, cual es la apropiación de la ortografía, es decir, de la apropiación del sistema de reglas que hacen de la lengua escrita un sistema relativamente autónomo frente a la lengua hablada.

En forma muy resumida se pueden identificar tres fases que los niños recorren durante su proceso de apropiación de la escritura y la lectura: fase logográfica, fonográfica y ortográfica.

En la fase logográfica, los "escritos" de los niños muestran un conocimiento esencial sobre la escritura. Estos muestran características gráficas de la escritura: formas gráficas fundamentales como círculos, arcos, trazos de líneas verticales, oblicuas, horizontales -pocas veces aparecen cuadrados-; convenciones gráficas de la escritura alfabética como es la direccionalidad: de izquierda a derecha; el orden lineal, etc. (Rigol, 1991).

Se le denomina fase logográfica porque si bien los "escritos" de los niños no pueden ser leídos o los mismos niños no pueden leerlos sí presentan rasgos fundamentales de la escritura alfabética, es decir, aquí los niños solamente pintan letras, palabras e incluso su nombre.

En la fase fonográfica los niños descubren dos principios fundamentales e interrelacionados entre sí de la escritura:

- La relación entre la lengua escrita y la lengua hablada (Dehn,1985; Frith, 1986; Rigol, 1991; Maas1992).
- La correspondencia entre grafía y fonema, (entre letra y sonido) (K. Günther, 1989) y el orden secuencial en que están organizados para formar una totalidad portadora de un significado cual es la palabra (Frith, 1986). Pero este descubrimiento de la correspondencia entre grafía y fonema y su orden secuencial, lo hacen apoyados en la mínima estructura fonética que ellos, y el ser humano en general, pueden percibir y reproducir aisladamente, es decir, en la sílaba. (Rigol, 1991; Maas, 1992). Descubren que lo escrito fija una secuencia de sílabas, dispuestas en un orden determinado y que son portadoras de un significado; y que, a la vez, estas sílabas están compuestas de otros elementos mínimos, organizados también secuencialmente, que son las grafías o letras.

Una vez hecho los anteriores descubrimientos, ellos desarrollan la estrategia de apoyarse bien en su articulación o en su audición o en ambas para producir sus escritos. Para nadie que haya presenciado u orientado a niños, e incluso a adultos, en su proceso de apropiación de la escritura y la lectura, es desconocido cómo la producción de los primeros escritos va antecedida o acompañada de movimientos de articulación de la boca: repetición insistente de las sílabas, de las palabras que quieren escribir.

La fase ortográfica. Con el descubrimiento del principio que rige la escritura alfabética de la correspondencia entre grafía (letra) y fonema (sonido) los niños están listos para ingresar en la fase ortográfica, es decir, con la orientación y apoyo de sus maestros(as), están listos a independizar su escritura de su lengua hablada a través de la apropiación del sistema de reglas que rige la escritura, o lo que es lo mismo, de la apropiación de la ortografía.

HIPÓTESIS

Una vez expuestos el problema y el planteamiento teórico de cómo se concibe el proceso de apropiación de la escritura en el niño se plantean las siguientes hipótesis:

1. Hay una marcada influencia del habla de la comunidad y del niño en los escritos de los niños de tercer grado. Es decir, los escritos de los niños de tercer grado están impregnados de las características fonéticas y morfosintácticas de su habla y de la de su comunidad.
2. La mayoría de los escritos de los niños se quedan predominantemente en la fase fonográfica, sus textos siguen siendo transcripciones de su lenguaje oral, no alcanzan la fase ortográfica, o construyen otros caminos, otras reglas.

METODOLOGÍA

Se desarrolló una prueba de composición escrita libre en tercer grado en las EID de San Lorenzo y de Santa Cruz Río Negro del municipio de San Francisco de Opalaca, Departamento de Intibucá y de El Conal y Santa Rosita en los municipios de Erandique y de Santa Cruz respectivamente en el Departamento de Lempira.

La indicación que se les dio a los niños fue: "Cada uno se va a inventar un cuentico y lo va a escribir en la hoja que se les repartirá a continuación. Si no quieren inventar un cuentico pueden también escribir sobre algo que hicieron en los últimos días y que les gustó mucho, o sobre algo que les gustaría hacer".

El tiempo de duración del ejercicio fue flexible, es decir, no se les dio un tiempo determinado a los niños para desarrollar la tarea. En promedio necesitaron media hora. La prueba se aplicó en marzo en las escuelas de Intibucá y en junio en las de Lempira, en 1995.

Criterios para la selección del grado escolar donde se aplicó la prueba

Se tomó el tercer grado porque se parte de que los niños de este grado ya deben haber completado la fase, si no de afianzamiento de su proceso de aprendizaje de la lecto-escritura, sí la de alfabetización, es decir, la de apropiación de los principios básicos de la lecto-escritura, que traducidos en el lenguaje de los rendimientos básicos del currículo oficial son:

- discrimina fonéticamente y escribe palabras con todas las letras del alfabeto;
- escribe palabras con sílabas directas o abiertas CV, inversas VC, cerradas o trabadas CVC, compuestas-abiertas CCV, compuestas cerradas CCVC y sílabas que llevan diptongo;
- construye oraciones que encierran concordancia y emplea las categorías gramaticales básicas: sustantivo, verbo, artículo gramatical, adjetivos;
- utiliza los signos de puntuación mínimos: punto (.) y coma (,);
- usa las mayúsculas al comienzo de una oración y al escribir nombres propios;
- escribe párrafos cortos sobre un tema asignado utilizando correctamente el punto y la coma;
- escribe creativamente cuentos cortos, ...

- utiliza adecuadamente los renglones, deja espacio entre palabras.

Criterios para la selección del instrumento que se aplicó

Se dio prioridad a la composición escrita libre bajo los siguientes criterios:

- Ésta no sólo exige sino que también facilita poner en juego de una forma interrelacionada y dentro de una totalidad, una "gestalt", los distintos conocimientos básicos de la escritura que el niño ya ha apropiado.
- Aparece como una de las destrezas que el niño debe desarrollar en 2do. y 3er. grado (ver arriba).

CARACTERÍSTICAS DE LAS ESCUELAS Y DE LAS COMUNIDADES DONDE SE APLICÓ LA PRUEBA

Escuela de San Lorenzo. Es unidocente, tiene tres grados y una matrícula de 41 niños. La comunidad empezó a solicitar una plaza desde 1986, la que fue concedida hasta 1992, comenzando a funcionar la escuela, desde 1993 hasta la actualidad, en la ermita (construcción hecha por la comunidad de bahareque y zacate). La maestra vive en la escuela. Los niños caminan un promedio de 30 minutos para llegar a la escuela. La escuela está a 25 km. de la cabecera municipal, Monte Verde, y a 68 km. de la cabecera departamental, La Esperanza.

Escuela de Santa Cruz de Río Negro. Cuenta con una maestra, cuatro grados, una matrícula de 70 niños y dos aulas de bloque. La maestra vive en la escuela, los niños caminan cerca de una hora y quince minutos de su casa a la escuela. La escuela está a 17 km de la cabecera municipal y a 75 km. de la cabecera departamental.

Escuela de Santa Rosita, Santa Cruz. Es unidocente y cuenta con los seis grados, los cuales funcionan en una aula; tiene una matrícula de 98 alumnos y presenta los más altos índices de desnutrición del departamento de Lempira. Los niños caminan alrededor de 30 a 40 minutos desde sus casas hasta la escuela. No hay acceso por carretera, teniendo que caminar desde la aldea hasta la cabecera municipal cerca de una hora y media.

Escuela de El Conal, Erandique. Es bidocente, tiene una matrícula de 120 niños, cuenta con cinco grados, los cuales funcionan en una sola aula, se encuentra a orilla de carretera. Los niños caminan una hora con 45 minutos para llegar a la escuela.

Las dos primeras escuelas descritas tienen la particularidad de pertenecer al municipio de San Francisco de Opalaca, creado en este año como resultado de las peregrinaciones a Tegucigalpa de las comunidades indígeno-campesinas lencas.

Las condiciones de pobreza de estas comunidades, a pesar de estar ubicadas en tierras de propiedad comunitaria, ejidales, con grandes recursos naturales, es alarmante, mostrando índices de desnutrición severa, por ejemplo de 76.92% y 63.64% en las comunidades de San Lorenzo y de Santa Cruz de Río Negro, respectivamente.

Con la creación del nuevo municipio se incrementó la atención del Estado a esta población en sus necesidades básicas de salud, educación, producción, vivienda, vías de comunicación -se está construyendo la carretera Togopala-Monte Verde, la cual llega actualmente hasta la aldea de Santa Cruz de Río Negro. Cuenta también con la presencia de la Iglesia, ONGs nacionales e internacionales, y de organizaciones sociales, siendo la más significativa la Coordinadora de Organizaciones Populares de Intibucá (COPIN).

Estas comunidades se hallan en un proceso de revalorización y de recuperación de su cultura lenca, mostrando hoy un grado de organización y consolidación en lo que hace al gobierno de sus aldeas y municipio y, en general, como comunidades que conservan una tradición cultural. A la vez, sus autoridades tradicionales se revitalizan, en muchos casos no felizmente, dado que entran en conflicto con sus autoridades locales y, en especial, con el grupo de jóvenes "delegados de la palabra" que lidera el movimiento de la "Palabra de Dios", el cual impulsa la Iglesia Católica desde la década del 70, especialmente en la zona rural (Chapman. 1986 y 1992).

En general, se puede decir que aunque estas comunidades son monolingües hablan un etnolecto del español con un sustrato de la lengua lenca que perdieron a finales del siglo XIX y primeras tres décadas del siglo XX y que exhibe características en el nivel léxico, morfosintáctico y fonético (Chapman, 1992; Herranz, 1995).

Es de vital importancia tener en cuenta también que estas comunidades, aunque viven un proceso de aculturación fuerte desde finales del siglo pasado, aún mantienen una tradición lenca, en menor grado en la comunidad de El Conal, caracterizada por una cosmovisión sincrética manifiesta entre otros en sus ritos agrarios, domésticos y de vida llamados composturas, ceremonias como los guancascos, mitos, cuentos, leyendas; participación importante de la mujer en la agricultura, uso de vestidos de algodón y pañuelo en la cabeza de colores muy vivos y chal de color blanco para cargar al niño tierno en la espalda (Chapman, 1986 y 1992); presencia de autoridades tradicionales como rezadores, tamatinos; uso de medicina tradicional (Herranz, 1995).

CARACTERÍSTICAS LINGÜÍSTICAS DEL HABLA DE LAS COMUNIDADES

Entre las características más significativas del habla de estas comunidades sobresalen:

- En el nivel semántico, la riqueza de léxico de origen nahuatl y lenca y el uso de arcaismos o expresiones del español antiguo, como haiga, vide , truje, guerrío.
- En el plano morfosintáctico, hay una marcada discordancia de género y número: "son poquita las (mujeres) que sabe leer y escribir", "va a hablar los costumbres".

En el plano fonético-fonológico se dan entre otros:

- El alargamiento de vocales.
- Glotalización (pronunciación cortada) de las oclusivas sordas /p'/, /t'/, /k'/ y de las sonoras /b'/, /d'/ y /g'/.
- Cerrazón o apertura de vocales especialmente de /o/ en /u/ /kusúku/ por /kusúko/ "cusuco", y de /e/ en /i/ /impjesan/ por /empjesan/ "empiezan", /dispertár/ por /despertár/ "despertar" o

de /i/ en /e/ como /endíxenas/ por /indíxenas/ "indígenas", /kambearle/ por /kambjarle/ "cambiarle".

° Inclusión frecuente de /j/ "y" en palabras que no la llevan, como /ríjo/ "riyo" por /río/ "río", /béja/ "veya" por /bea/ "vea", /tíjo/ "tiyo" por /tío/ "tío".

DEMOSTRACIÓN DE LAS HIPÓTESIS

Es fundamental tener en cuenta que para el análisis de los resultados obtenidos se trabajó con la categoría de "errores" en el proceso de apropiación de la escritura del niño. Aquí se les da el tratamiento de instrumento pedagógico a los "errores", en cuanto éstos son un buen indicador para el maestro del nivel de dificultad en que se encuentran los niños en su proceso, a la vez que éstos le dan pautas para reorientarlo.

Es importante señalar que si bien el número de escuelas tomadas (4) no es una muestra representativa para presentar los resultados como representativos del nivel de apropiación de la escritura de los niños en tercer grado, sí permite ilustrar cómo la tendencia con que se presentan los "errores" en la escritura de los niños no se dan al azar sino que tienen una fuente, causa o explicación, e incluso llevan consigo una regla implícita (Dehn, 1985).

Una vez hechas las anteriores observaciones se demostrará a continuación a través del análisis de los "errores" en la escritura de los niños de tercer grado las dos hipótesis de este estudio.'

- HIPÓTESIS 1: Hay una marcada influencia del habla de la comunidad y del niño en los escritos de los niños de tercer grado. Es decir, los escritos de estos niños están impregnados de las características fonéticas y morfosintácticas de su habla y del de su comunidad.

Gracias al contexto general en que se desarrolló este estudio se puede ubicar como fuente o posibles fuentes de los "errores" presentes en los escritos de los niños de tercer grado las siguientes:

- Su contexto lingüístico-cultural, es decir, el habla de las comunidades de las cuales los niños provienen.
- El nivel de desarrollo psicolingüístico en que se encuentran estos niños.
- El método y los textos a través de los cuales se orienta el proceso de aprendizaje de la lectura y la escritura de los niños.

EN EL PLANO FONÉTICO-FONOLÓGICO

Cambio de segmentos

1. Vocales

Las sustitución de vocales más frecuente en la escritura de los niños son

<u> por <o> <comonidas> por <comunidad>,
< monicipio> por <municipio>,
<o> por <u> <titolo> por <título> (también pertenece al anterior caso)
<e> por <i>: <tiapartas> por <te apartas>,
<jugui> por <jugué>,
<diopalaca> por <de Opalaca>
<i> por <e>: <estemados> por <estimados>

En el habla, tanto de los adultos y ancianos como de los niños de estas comunidades, se encuentran los mismos casos de sustitución, a excepción del de /u/ por /o/:

/o/ por /u/: |kulúmpjo| por <columpio>, |kwéte| por <cohete>,
/e/ por /i/ |impjesan| por <empiezan>,
|dispertár| por <despertar>.
/i/ por /e/ |endíxenas| por <indígenas> |delúbjo| por <diluvio>

Es importante tener en cuenta que esta tendencia de sustituir vocales abiertas por cerradas es una tendencia muy frecuente en el habla del español peninsular y de América, de ahí, que es de esperarse que se dé en el habla de estas comunidades. Además de las sustituciones esperadas se da la de /i/ por /e/.

En ese caso, las sustituciones de vocales en la escritura de estos niños tienen clara influencia del habla de su comunidad a excepción de la sustitución de <u> por <o> que sólo se presenta en los escritos de los niños. Dentro de este contexto sería interesante indagar más si en el habla de las comunidades se da también dicha sustitución, pues en la escritura se da con mayor frecuencia que la de <o> por <u> (sólo se encontró un caso).

2. *Consonantes*

Sustitución de consonantes en la escritura de los niños:

<f>	por	<j>	<juimos>	por	<fuimos>
<j>		<g>	<gugamos>		<jugamos>
<r>		<r>	<quelidos>		<queridos>
<l>		<d>	<duera>		<rueda>
<rr>		<r>	<peros>		<perros>
<r>		<rr>	<arrada>		<arada>
			<orrcon>		<horcón>
<y>		<ll>	<llo>		<yo>
<ll>		<y>	<yevar>		<llevar>
<d>		<b>	<robanbo>		<rodando>
 		<pr>	<seprar>		<sembrar>
<bl>		<pl>	<planca>		<blanca>

En el grupo anterior se pueden discriminar sustituciones que se presentan en el habla de la comunidad y del niño, como /f/ por /x/ |xui| <jui> por /fui/, /r/ por /l/ |álbitro| por |árbitro| y /x/ por /g/ |koxójo| por |kogoo|.

Sustituciones en la escritura de <d> por <b>, <r> por <l>, <r> por <d> y de <rr> por <r> e incluso de <bl> por <pl> se dan especialmente en el habla del niño. En el perfil del niño trabajado por Thomas Büttner aparecen estos casos en el habla de los niños: sustitución de

/r/ por /l/ y /r/, de /d/ por /b/ y de /r/ por /d/ : |kaletéral| <caletera> por |ka eteral| <carretera>, /pero/ por /pe o/ <perro>, |keban| <queban> por |kedan| <quedan>, |adana| <adaña> por /arana/ <araña>. Si no se presentara la sustitución de /d/ por /b/ e incluso de /pl/ por /bl/ |tjembla| por |tiempla| en el habla de los niños podría considerarse como un caso de dislexia escrita. Trátese de uno u otro caso parece ser que la presencia del fenómeno en la escritura tiene fuente en el desarrollo psicolingüístico de los niños.

Finalmente, se presentan casos de sustitución que parecen ser manifestación del conflicto que causa a los niños lo que comúnmente se denomina ortografía. En los casos de sustitución de <rr> por <r> o de <r> por <rr> se ve claramente que son manifestación de la falta de dominio de las reglas ortográficas: cuándo se escribe con <rr> o con <r>. En los casos de sustitución de <y> por <ll> o <ll> por <y> riñen la pérdida casi total del sonido /ll/ con el sonido /y/ -el cual lo ha sustituido- en el momento en que el niño tiene que "transcribir" este sonido en grafía, pues existen dos grafías para representar el mismo sonido -ya que la representación gráfica de /ll/ se conserva. Como consecuencia de esta disyuntiva se da entonces una hipercorrección en los niños como compensación a la no discriminación del uso de estas dos grafías (letras) en el momento de fijar el texto escrito: es decir, que al conocer la regla ortográfica, pero sin dominarla, el niño trata de apoyarse en una pronunciación esmerada, produciendo el sonido contrario al que necesita representar.

Adición de segmentos (epéntesis).

<y>		<tiyo>	por	<tío>
<o>		<señoro>		<señor>
<l>		<lombre>		<hombre>
<s>	(mis)	<samigos>		<amigos>
<e>		<comonedade>		<comunidad>

En estos casos de epéntesis, o adición de letras, sobresale la conversión de sílabas del tipo CVV <tío> y CVC <comunidad>, <señor> en sílabas del tipo CV *<caye>, *<comunidade>, *<señoro> respectivamente como consecuencia de una epéntesis, y la conversión de sílabas del tipo VC /ómbre/ <hombre> en tipo CVC /'lombre/ *<lómbre>.

En la interpretación de estos casos es importante recordar que la epéntesis de sonidos, como todos los anteriores, se da en el habla para facilitar la articulación. Profundizando un poco más en el análisis de este caso se podría decir que los niños, reproduciendo el tipo de estructura silábica predominante en el español, cual es CV, tienden a convertir otro tipo de sílabas en sílabas tipo CV, ya que indudablemente les resulta más fácil. "El español (...) muestra una clara tendencia hacia las sílabas abiertas, es decir, sílabas formadas por consonante + vocal (CV), del tipo ca-sa, pa-pá. En virtud de esta tendencia, todas las realizaciones de los fonemas que se encuentran en posición implosiva, es decir, después del núcleo silábico, tienden a modificarse o a perderse CVC - CVC' o CV..." (Quilis, 1988: 50).

3. Omisión de segmentos (elisión)

<m> f. S. cvc	a< > <tropadas>	por	<trompadas>
<n> f. S. cvc	<domigo>		<domingo>
<r> f. S. cvc	<caton>		<cartón>
<s> f. S. cvc	<guta>		<gusta>
<a> S. cv	<csita>		<casita>
	<migo>		<amigo>

En los casos de elisión, se puede ver cómo la omisión de un segmento, que la mayoría de las veces es una consonante, también lleva implícito el proceso de conversión de una sílaba del tipo CVC en otra del tipo CV. Con excepción de la elisión de vocales al comienzo de palabra /mígo/ por /amígo/, los casos registrados en este grupo -omisión de <n>, <m> y <r> y <s> al final de sílaba- no se presentan ni en el habla de los adultos ni en el de los niños.

Lo anterior lleva a pensar en dos posibles fuentes: el nivel del proceso de apropiación de la lectura y la escritura en que se encuentran estos niños y el método que orienta el proceso de enseñanza-aprendizaje: énfasis insuficiente en la escritura y ejercicios de afianzamiento de palabras con sílabas del tipo CVC y VC. *<csita> es un bonito ejemplo de la confusión que crea al niño la enseñanza aislada del nombre de las letras del alfabeto, para él obviamente está escrito <casita> porque él aprendió que /kasíta/ se escribe con 'ca'.

4. Inversión del orden de los segmentos (metátesis).

<r> y <d>	<duera>	por	<rueda>
<u> y <o>	<titolo>		<título>

Los casos de metátesis, inversión del orden de las letras de una palabra, se encuentran muy esporádicamente en los escritos de los niños. La fuente de estos casos es, sin embargo, claramente el habla de los niños, su nivel de desarrollo psicolingüístico.

EN EL PLANO DE LA MORFOSINTAXIS

Los "errores" presentes en los escritos de los niños en el plano morfosintáctico, al igual que en el plano fonético-fonológico, también tienen como fuentes el habla de su comunidad, su misma habla, en cuanto al nivel de desarrollo psicolingüístico en el cual se encuentran y el método bajo el cual está siendo orientado el proceso de enseñanza-aprendizaje de la lecto-escritura.

En este segundo plano sobresalen tres categorías o grupos de "errores": en el nivel de la concordancia, de la estructura de la oración y de la unión de categorías gramaticales distintas.

En el nivel de la concordancia

Los escritos de los niños presentan en el plano morfosintáctico la mayor inconsistencia en el nivel de la concordancia de género y de número que debe existir en la oración:

<Los domingo yo jugo con pelota con mis conpañero>
por
<Los domingos yo juego pelota con mis compañeros>

<se hicieron amigo>

por

<se hicieron amigos>

Estos casos se hallan presentes con una frecuencia muy marcada tanto en el habla de los adultos de estas comunidades (/nuestros ixo/ por /nuestros ixos/, /aké \as músika/ por /aké \a músika/, /bastante guamiles/ por /bastantes guamiles/) como en el habla de los niños (/ los rjos son \eno de agua/ por /los rjos están \enos de agua/, /una baras/ por /unas baras/, /en otras parte/ por /en otras partes/). No queda pues duda de que la fuente esencial de estos casos está en el habla de la comunidad.

Estructura de la oración

Se presentan cuatro casos: Repetición innecesaria del objeto directo o acusativo, posición inadecuada del verbo, ausencia de verbo y conjugación verbal inadecuada .

1. Repetición innecesaria del objeto directo:

<Los perros lo agarraron al venado>
<Lo matamos el tepescuinte>

En estos casos se puede ver una clara influencia del habla de los adultos. La presencia de estos casos se circunscribe no sólo a esta zona, es decir, se pueden oír en distintas regiones donde se habla el español y en distintos grupos sociales.

2 Posición inadecuada del verbo (v.) en la oración e inconsistencia en la conjugación verbal.

El verbo aparece al final de la oración o después del objeto directo (o.d.), rompiendo así con el orden oracional:

<en la montaña una ura la mate>
o.d..   v.

<una vez un conejo lo vide en el campo>
o.d. v.

Inconsistencia en la conjugación verbal:

<Los domingo yo jugo con pelota con mis conpañero>
por
<Los domingos yo juego pelota con mis amigos>

Omisión del verbo:

<en mi patio de mi casa zapote>
por
<en el patio de mi casa hay zapotes>

Se plantea como fuente de estas inconsistencias el nivel de desarrollo psicolingüístico en que se encuentran los niños. Thomas Büttner cita casos de conjugación verbal inadecuada /púse/ por /pone/, /kedé/ por /kédo/, o ausencia de conjugación en el habla de los niños, uso del verbo en infinitivo en la oración, cuando se requiere, :.. "¿qué come usted por la noche?" "cenar", "¿qué le dice la mamá?" "traer leña"

Unión de palabras de distinta categoría gramatical

Los niños tienden a unir en sus escritos palabras pertenecientes a la categoría gramatical de partículas, a palabras, que para ellos, para su nivel de desarrollo psicolingüístico y cognoscitivo, son portadoras de significado semántico -sustantivos o verbos. Los casos de categorías gramaticales del tipo preposición, pronombres posesivos, reflexivos, personales en acusativo (o.d.) o dativo (o.i.), artículos, etc. carecen de significado "concreto" para estos niños y por ello tienden a juntarlas a otras que para ellos sí son portadoras del mismo.

Texto escrito del niño	Texto estándar	tipo de partícula que unen
<enmepatio>	<en mi patio>	prep. y pron. pos.

<tiapartas>	<te apartas>	pron. reflexivo
<miusta>	<me gusta>	pron. per. como o.d.
<tedoya>	<te doy>	pron. per. como o.i.
<laduera>	<la rueda>	artículo

Una primera explicación a la unión de palabras de distinta categoría gramatical es la influencia del habla, dado que ésta se percibe como una cadena ininterrumpida. De ahí que el niño al escribir e influenciado por su lengua hablada tienda a unir las palabras o de hecho las una.

El método es seguramente otra posible fuente en cuanto no se adecúa al nivel de desarrollo cognoscitivo y psicolingüístico de estos niños. Se debe partir del nivel de apropiación de los conceptos que estos niños hayan alcanzado, en este caso concreto, de los conceptos de espacio y de relación del niño con el mismo para de ahí orientarlo en la apropiación de las categorías gramaticales que a ellos, y a muchos adultos, les resultan abstractas. En otras palabras, los niños necesitan encontrarle significado concreto a las preposiciones, pronombres, artículos, etc. para así asignarles la categoría de palabras con significado y escribirlas como unidades independientes.

El método de lecto-escritura, concebido desde el Período de Preparación, en el caso de las escuelas rurales, debe facilitar el detectar el problema, diseñar ejercicios que le faciliten a los niños desarrollar estos conceptos, por ejemplo, significado concreto del pronombre personal mío, míos; de las preposiciones a, de, etc.

Después de este análisis de los "errores" en los escritos de los niños tanto en el nivel fonético-fonológico como en el morfosintáctico se puede concluir:

Que muchas de las inconsistencias en los escritos de los niños reflejan las del habla de su comunidad y el desarrollo psicolingüístico del niño aún no concluido.

La gran influencia del habla de la comunidad y del mismo niño en sus escritos. Con esto último queda pues demostrada la hipótesis 1.

Una vez demostrada la hipótesis 1 surgen algunas preguntas: ¿por qué los niños reproducen su lenguaje hablada en sus escritos? ¿Es normal esto? ¿Lo escrito no es otra cosa que la transcripción de lo hablado? Y la pregunta fundamental ¿cuál es el papel que debe jugar la escuela, hacia dónde debe apuntar el método bajo el cual se orienta el proceso de la apropiación de la escritura y de la lectura?

Retomando uno de los planteamientos del marco teórico en que se desarrolla este estudio acerca del proceso de apropiación de la escritura en el niño, «...en una determinada fase del proceso de la apropiación de la escritura los escritos de los niños dependen o son determinados, influenciados de/por su lengua hablada, por su fonética» y las fases que en el mismo se propone: logográfica, fonográfica y ortográfica (ver arriba).

Se puede inferir entonces que los escritos de los niños examinados en este estudio corresponden a una fase determinada e ineludible del proceso de apropiación de la escritura de la lengua materna que, en este caso, es la fase fonográfica.

Con lo anterior queda casi demostrada por sí sola la segunda hipótesis:

HIPÓTESIS 2. La mayoría de los escritos de los niños se quedan en gran parte en la fase fonográfica, sus textos siguen siendo transcripciones de su lenguaje oral, no alcanzan la fase ortográfica, o construyen otros caminos, otras reglas.

Si bien la mayoría de los escritos de los niños de tercer grado corresponden a la fase fonográfica, dada su predominante dependencia de su lengua hablada, muestran también un conocimiento de la existencia de unas reglas que rigen lo escrito, que hacen la escritura relativamente independiente de su lengua hablada. Algunos ejemplos que ilustran este conocimiento son:

<quuchillo>	por	<cuchillo>
<llo>		<yo>
<orrcon>		<horcón>
<pero>		<perro>
<puevlo>		<pueblo>
<peceño>		<pequeño>

Aunque estos escritos de los niños muestran una inadecuada apropiación de las reglas de ortografía, éstos muestran también su conocimiento acerca de la relativa independencia de la escritura de la lengua hablada, de la existencia de unas reglas que la rigen.

El niño sabe que /ke/, /ki/ se escribe <que>, <qui>, ¿por qué no escribir entonces *<quuchillo>?

Del mismo modo el niño sabe que /ka/, /ko/ y /ku/ se representan como <ca>, <co> y <cu>, ¿por qué no escribir entonces *<pececño>?

El niño sabe de la existencia de las grafías <ll> y <y>, pero cuándo usarlas si sabe que las dos tienen una familia silábica completa <llama, llega, gallina, llorar, lluvia>, del mismo modo <ya, yema, yin, yo, yuca>? Así que es comprensible su confusión mientras no tenga un buen entrenamiento.

En la confusión entre <r> y <rr> puede haber todavía una internalización débil del uso de la vibrantes simple y múltiple /r/ y /r/ mezclada con una aplicación inadecuada de cuándo se escribe con <r> y cuándo con <rr>, pero aun así *<orrcon> tiene una lógica, <rr> corresponde a la vibrante múltiple /r/.

Él conoce las combinaciones /bla/, /ble/,...¿por qué no escribir *<vla, vle,...> si <b> y <v> representan la misma bilabial /b/?

Finalmente, podría decirse que, al descubrir el niño a través de las reglas ortográficas que le enseña o le pretende enseñar la escuela, que la escritura no depende totalmente de la lengua hablada, sino que se rige por unas reglas, y al fracasar en su apropiación, busca otros caminos, desarrolla sus propias reglas, con una lógica interna pero que, a la vez, no están muy lejos de las reglas ortográficas o de la confusión que en muchos casos estas reglas conllevan como se puede inferir de los casos descritos arriba.

LA NORMA ESCRITA Y EL PAPEL DE LA ESCUELA

Dado que la lengua escrita no es transcripción de la lengua hablada, sino que se rige por un sistema de reglas, por una norma, que la hacen relativamente autónoma de la lengua hablada, le corresponde a la escuela orientar a los niños en la transición de la fase fonográfica a la fase ortográfica y en su consolidación, es decir, en la apropiación de la norma escrita.

En otras palabras, la ortografía no se puede enseñar como algo aislado o mecánico y para cumplir con un requisito del programa. Se debe enseñar a partir de las necesidades de los niños. En este contexto es que los "errores" en la escritura de los niños resultan un instrumento pedagógico, en cuanto se constituyen en un indicador del punto desde el cual deben los (las) maestros(as) orientar o reorientar, tanto como sea necesario, el proceso de apropiación de la escritura y la lectura de sus alumnos.

La reorientación del proceso de apropiación de la escritura y la lectura debe darse dentro del contexto de una adecuación curricular que retome, además de la adecuación del método, la adecuación de los materiales educativos (textos de Español "Serie Mi Honduras") y la elaboración de otros materiales de apoyo tanto para los maestros como para los niños, la capacitación de las maestras y los maestros y, por qué no decirlo, del programa mismo de Español.

Si se tiene en cuenta que los niños de estas escuelas provienen de comunidades de una cultura de tradición oral -sector campesino indígena lenca- donde lo escrito ha empezado -por lo menos desde la penúltima generación- a ser una necesidad de sobrevivencia e interacción con una cultura que se rige en mayor grado por lo escrito, y si se acepta la premisa de que el proceso de la apropiación de la escritura se desarrolla en un determinado contexto cultural el cual presupone un nivel de literacidad, es decir, de familiarización y uso cotidiano de la escritura, es necesario que la escuela y la Secretaría de Educación Pública, a través de sus distintos programas y proyectos, se esfuercen en brindarle a estos niños y, por ende, a sus comunidades, la oportunidad de enriquecer su saber lingüístico con la apropiación adecuada de la norma escrita.

Es importante explicitar que es necesario crear y promover una cultura escrita no sólo dentro sino también fuera de la escuela; pues es precisamente en un ambiente de literacidad donde los niños desarrollan la concepción de escritura, de sus principios básicos y, en condiciones ideales, antes de iniciar su proceso de escolarización, lo cual, con un método adecuado a la realidad lingüística y cultural de su comunidad y al nivel de desarrollo psicolingüístico y cognoscitivo del niño, garantiza que él logre una adecuada apropiación de la escritura, de la norma escrita, a la vez que enriquece su universo de comunicación verbal oral y escrita, poniéndolo así en condiciones de competir con el discurso escrito.

El promover la cultura escrita dentro y fuera de la escuela les daría la oportunidad a estas comunidades de tradición lenca, entre otras, de ir corrigiendo las inconsistencias de su habla que los pone en desventaja frente a otras normas lingüísticas orales de prestigio en la zona.

Es muy importante hacer énfasis en que la apropiación de la norma escrita no debe reñir con la norma oral de estas comunidades, ni mucho menos intimidar a los niños en su uso espontáneo, pues cada una de estas normas cumple su función de comunicación (Arboleda T., 1983).

Finalmente y dentro del contexto de este "Primer Simposio de Educación Bilingüe e Intercultural en Honduras" se plantea la pregunta: si éstos son los problemas y alcances de la apropiación de la lengua escrita que se presentan en comunidades monolingües, que hablan un etnolecto, el cual posee un sustrato de una lengua que perdieron, además de poseer una tradición oral y, por ende, además de pertenecer predominantemente a una cultura oral, ¿cómo puede darse entonces el proceso de apropiación de la escritura en comunidades bilingües y orales que cuentan con una lengua propia como lengua materna? ¿Qué problemas pueden esperarse en la apropiación de la lengua materna o vernácula y cuáles en la apropiación de la escritura de la segunda lengua?

BIBLIOGRAFÍA

ARBOLEDA T. R., "Las normas lingüísticas", en *Revista Colombiana de Lingüística.* Nº. 6, junio 1986: 62 - 72, Bogotá, Colombia.

BUBMANN, H. *Lexikon der Sprachwissenschaft*, Stuttgart: Alfred Kröner Verlag, 1990.

CHAPMAN, A. *Los hijos del Copal y la Candela.* Tomo II, México, UNAM - Centre D'Etudes Mexicaines et Centramericaines, 1986.

_____*Los hijos del Copal y la Candela.* México, 2. Ed. UNAM -Centre D'Etudes Mexicaines et Centramericaines, 1992.

DEHN, M. "Über die sprachanalytische Tätigkeit des Kindes beim Schreibenlernen" in *Zt. Diskussion Deutsch,* 1985: 25 - 51.

HERRANZ, A. (compilador). *El español hablado en Honduras.* Tegucigalpa: Guaymuras, 1990.

GONZÁLEZ, A. "Die sprachwissenschaftliche Diskussion der Schrifta-neignung in Deutschland" Osnabrück: 1993. (Monografía para optar al título de Magister Artium).

MAAS, U. *Grundzüge der deutschen Orthographie.* Tübingen: Niemeyer, 1992.

ONG, W. J. *Oralidad y Escritura.* Santafé de Bogotá: Editorial Presencia Ltda., 1994.

QUILIS, A. *El comentario fonológico y fonético de textos. Teoría y práctica.* 2. ed. Madrid: Arco/Libros, S.A., 1988.

RAMERS, K. H./Vater, H. (Hg.), *Einführung in die Phonologie.* Köln: Gabel Verlag, 1991.

RIGOL, R. "Nina lernt schreiben. Zur Genese von Schriftlichkeit". in *Göppinger Arbeiten zur Germanistik* Nr. 561, 1991: 345 - 364.

RIVAS, R. *Pueblos indígenas y garífuna de Honduras.* Tegucigalpa: Editorial Guaymuras, 1993.

FUNDAMENTACIÓN LINGÜÍSTICA Y CULTURAL DEL MAESTRO BILINGÜE

*Martín Chacach Cutzal**

Antes de abordar el tema, quiero referirme a dos aspectos fundamentales. El primero, la situación bilingüe en Guatemala y, el segundo, un modelo de capacitación cultural y lingüística, y un ejemplo de preparación de recurso humano calificado en el dominio de la escritura de un idioma maya.

LA SITUACIÓN BILINGÜE EN GUATEMALA

¿Por qué una educación bilingüe?

En el caso de Guatemala, la educación bilingüe surge como una necesidad sentida por la propia población testimonio, dolida por la deuda social que representa su marginamiento de los más importantes servicios básicos para su subsistencia. La barrera idiomática que la había mantenido incomunicada con la población hispanohablante, dentro de un mismo territorio, y la defensa inexpugnable de su milenaria cosmovisión maya, con todos sus valores intrínsecos y sagrados, dieron origen a una serie de acciones encaminadas a promover una educación con sólidas bases antropológicas, lingüísticas, socio-

* Universidad "Rafael Landívar", Guatemala.

lingüísticas y filosóficas para la población escolar indígena (Cifuentes: 88: 01).

La población guatemalteca está conformada por cuatro culturas bien definidas, la población ladina, la garífuna, la xinca y la maya. Según Tay Coyoy, en 1993 el 70% de la población maya y el 30% de la población mestiza era analfabeta en castellano.

El Comité Nacional de Alfabetización (CONALFA) publicó en 1993 a través de su unidad de investigación, un documento titulado "El Analfabetismo y la Alfabetización en Guatemala", en el que de los indicadores cuantitativos se mencionan los siguientes:

a) El índice de analfabetismo en la población en edades de 15 años y más se calcula en 41.1%, lo que en cifras absolutas para el año de 1993 representa una población no menor de 2.3 millones de personas.
b) No menos del 23% del total anterior estaría ubicado en áreas urbanas y el 77% restante en áreas rurales.
c) La distribución por sexo hace corresponder el 44% a hombres y el 56% a mujeres.
d) La concentración del problema se manifiesta en mayor grado en el área rural, donde no menos del 61% de analfabetos corresponde a la población indígena, ubicada especialmente en los departamentos del Quiché, Alta Verapaz, Huehuetenango, San Marcos, Totonicapán, Baja Verapaz y Sololá (CONALFA 1993: 01).

Por ello, se conoce que la situación lingüística-educativa en Guatemala está íntimamente vinculada con los problemas culturales, económicos y políticos de enorme magnitud. Aunque en los últimos años el Estado ha iniciado acciones educativas que toman en cuenta las lenguas de los educandos indígenas y ha institucionalizado un incipiente programa de educación bilingüe, en su conjunto, los esfuerzos educacionales no escapan de la tradicional y generalizada incongruencia con la realidad multiétnica del país y con las necesidades e intereses de los guatemaltecos (Dávila, 1992: 32).

De lo anterior se derivan dos características de la educación en Guatemala incluidos en el informe del Programa de Naciones Unidas para el Desarrollo (PNUD), citado por Dávila:

- La profunda desigualdad de oportunidades educativas que sufren los habitantes de las áreas rurales.
- La concepción, creación e implementación de programas educativos tomando como base solamente criterios urbanos.

Debido a estas circunstancias se debe desechar el ensayo de políticas educativas asimilistas, segregacionistas o integracionistas; más bien, serán necesarios nuevos modelos educativos bilingües. Para establecer una mejor opción se hace necesario describir algunos de éstos.

MODELOS EDUCATIVOS BILINGÜES

Modelo educativo monocultural

Corresponde a la tendencia ideológico-política de la educación del pueblo para el pueblo y por el pueblo, sin influencia alguna del contexto social y cultural del grupo. Su objetivo primordial es evitar la interferencia de otra cultura en el proceso educativo. El sistema educativo se desarrolla en una sola lengua y cultura.

Modelo educativo monocultural bilingüe

Tiene la misma tendencia ideológica del anterior, evita la interferencia y disminuye la influencia de otras lenguas y culturas en el proceso educativo. Impulsa un sistema educativo con base en una sola lengua y cultura, con el agregado de que se enseña otro idioma, pero en forma aislada sin convertirla en medio de educación.

Modelo educativo bilingüe acultural, anomia

Este modelo es el resultado de la implantación del perfil ideal de un individuo "con dos culturas" en forma equitativa. Las corrientes asimilistas e integracionistas propician generalmente este resultado. Al fracasar este modelo, extrae al individuo de su contexto cultural sin que logre adherirlo a otra cultura. Dando como resultado un individuo que no se identifica con ninguna cultura. Se conoce también como bilingüe bicultural.

Modelo bilingüe intercultural

Educación bilingüe intercultural es un proceso educativo, sistemático y científico, orientado a la formación integral del individuo en el contexto del fortalecimiento de la identidad cultural de las etnias del país; con base en un currículum pertinente que propicia la participación creativa, reflexiva y dinámica; fundamenta la cultura del educando sin deplazarla, en el contexto de igualdad y respeto, de hecho y derecho de la sociedad multilingüe y pluricultural.

Como respuesta a los constantes fracasos de las corrientes asimilistas e integracionistas que generalmente desplazan las culturas nativas o minorizadas en busca de una homogenización cultural, la apertura de una educación intercultural concuerda con la Constitución Política de la República de Guatemala (1985), con La Ley de Educación Nacional, Decreto Leg. N°. 12-91, y con la Ley de Alfabetización, Decreto N°. 43-86.

Con base en la necesidad y la ley, surge en forma inevitable la exigencia de desarrollar el derecho a una educación bilingüe intercultural que, en lugar de desplazar un idioma o lengua y una cultura, las fortalece, desarrolla y promueve. El objetivo de este modelo es aprender de las demás culturas sin prejuicio, ya que cada una cuenta con múltiples valores que contribuyen al fortalecimiento de la identidad de cada persona, abandonando el egocentrismo, adquiriendo en forma consciente un concepto plural y dinámico de las culturas del país. Este modelo persigue formar una nueva generación, sin complejos de superioridad ni inferioridad cultural, aspecto fundamental para consolidar una verdadera paz y desarrollo de quienes conviven en un país como el nuestro.

Sus características son las siguientes:

- Una filosofía educativa bicognitiva.
- Políticas y estrategias planteadas y generadas en forma bipartita o co-participativa.
- Currículo desarrollado en forma descentralizada y regionalizada, según las comunidades lingüísticas.
- La lengua de la educación es la lengua materna, luego se introduce una segunda lengua.
- Planes, programas y contenidos propuestos y estructurados por técnicos a nivel regional y comunidad usuaria.
- Toma en cuenta la formación básica (preprimaria, primaria y básica), diez años.
- Administradores bilingües calificados.
- Mediadores o docentes bilingües calificados y pertenecientes a la propia comunidad.
- Cuenta con centros formadores de maestros bilingües.
- Ciclo escolar flexible, según región lingüística. (Simón, 17 Taller Lingüístico Maya, junio 95).

ASPECTOS FUNDAMENTALES PARA UNA VERDADERA EDUCACIÓN INTERCULTURAL

Desarrollo de un nuevo currículo

En el caso de Guatemala, para entender la dimensión de las implicaciones de una educación intercultural, se hace necesario tomar en cuenta los fundamentos de la educación indígena, para esto es preciso reconocer los fundamentos de una educación maya:

- La educación maya es endógena, formativa, práctica y humana. Fortalece los valores éticos, estéticos y morales, así como los vínculos del hombre con la naturaleza y del hombre con el hombre.
- Los principios, valores, cosmogonía y cosmovisión que sustentan la filosofía y espiritualidad maya son elementos fundamentales para la formación moral, intelectual y cultural del pueblo maya, por consiguiente forman parte inseparable de la estructura de la Educación.

- La filosofía maya se fundamenta en la unidad y la armonía del universo, cuya esencia está plasmada en los libros sagrados y en la escritura jeroglífica, en la tradición oral y en la vivencia y enseñanza de los abuelos; siendo indisolubles en la filosofía maya, las categorías de tiempo y espacio (Congreso de Educación Maya, agosto de 1994).

Actividades para el proceso del desarrollo curricular

El desarrollo del proceso curricular exige las siguientes actividades:

- Análisis de los materiales y bibliografía existente.
- Determinación de los contenidos currriculares.
- Evaluación de comunidades piloto y de comparación.
- Diseño preliminar del texto en la lengua materna y su guía didáctica.
- Definición de las escuelas piloto y de comparación.
- Consulta técnica a los promotores o maestros educativos bilingües.
- Análisis de las sugerencias de la consulta técnica.
- Impresión preliminar de los recursos didácticos.
- Capacitación inicial a promotores o maestros bilingües.
- Capacitación específica a promotores o maestros bilingües para la aplicación de los materiales.
- Distribución adecuada de los recursos didácticos para la población atendida.
- Aplicación de los materiales en el campo.
- Orientación y supervisión técnica.
- Realización de talleres de revisión de los materiales.
- Evaluación interna y externa para el cumplimiento de los fines y objetivos propuestos.
- Conformación de los recursos didácticos revisados y validados adecuadamente.

- Impresión masiva de los recursos didácticos revisados y validados.

UN MODELO DE CAPACITACIÓN CULTURAL Y LINGÜÍSTICO

Para una buena conformación de los recursos humanos especializados para atender las necesidades educativas interculturales en una población bilingüe se sugieren los siguientes contenidos:

- Tener conocimiento de la cultura indígena: sus valores, costumbres, trajes, idioma, medicina, etc.
- Conocimiento de lingüística descriptiva: organización de los sonidos de los idiomas, determinación de los fonemas del idioma en cuestión, descripción objetiva o natural de la morfología, identificación del orden sintáctico del idioma.
- Conocimiento sobre lingüística aplicada: distinción entre el lenguaje oral y el escrito, conocer el nivel lingüístico de los niños, el lenguaje del niño y la escuela, el lenguaje de la escuela y la comunidad.
- Identificación de contenidos: la filosofía cultural de la comunidad lingüística atendida. El sistema matemático de la comunidad. Aplicación y rescate de la medicina natural.
- El arte de la lengua: el uso oral y escrito del lenguaje coloquial, el uso metafórico del idioma y el lenguaje ceremonial o discurso.
- Establecimiento del perfil del maestro y del alumno.
- Uso y manejo de los materiales.
- Identificación de esquemas culturales.
- Aplicación de la didáctica de la lengua indígena.
- La elaboración de textos bilingües y monolingües en el idioma indígena.
- Estrategias según el grado de bilingüismo de las comunidades.
- Metodologías sobre la lecto-escritura y la lectura comprensiva del idioma indígena.
- Bases legales y científicas de la Educación Bilingüe Intercultural.

- Concientización o sensibilización de toda la comunidad sobre la filosofía de una educación intercultural.
- La aplicación del currículum bilingüe intercultural.
- El proceso de estandarización de los idiomas atendidos.
- El rescate de términos caídos en desuso, creación o adaptación de términos del idioma dominante.
- La creación de neologismos para las nuevas necesidades que surgen en la comunidad.

EJEMPLO DE CAPACITACIÓN LINGÜÍSTICA CALIFICADA:
EL PROYECTO LINGÜÍSTICO FRANCISCO MARROQUÍN

El Proyecto Lingüístico Francisco Marroquín (PLFM), es una asociación no lucrativa, apolítica, laica, constituida legalmente como una entidad de desarrollo. Su campo principal es el estudio y la divulgación de los idiomas mayas de Guatemala.

Objetivos

Según el artículo 2 de los Estatutos de la Asociación, el PLFM tiene por objetivo primordial:

> «La elaboración de materiales educativos y la educación cultural lingüística; la promoción del uso de los idiomas Mayas del país como medio de comunicación que ayude a elevar el nivel cultural, social y económico de la población guatemalteca» (Documento Base, 1988: 8, 9).

El artículo 3 complementariamente señala que para alcanzar los fines y objetivos se podrán desarrollar actividades útiles y necesarias, entre las principales se mencionan:

- La producción de materiales educativos.
- Experimentación docente con métodos audiovisuales.
- Capacitación de personal maya que ha de colaborar en la preparación, planeamiento y ejecución de los programas mencionados.

- Impartir capacitación en técnicas y análisis de los idiomas mayas a personas bilingües.
- Así como las demás actividades relacionadas con la promoción cultural que se puedan desarrollar.

Plan de desarrollo lingüístico

Las actividades fundamentales del PLFM, hasta la fecha, se constituyen en dos ramas principales:

a) La división lingüística educativa.
b) La división de enseñanza de idiomas.

Principales actividades de la división lingüística

a) Un programa de investigación lingüística.
b) Realización de encuestas en casi todas las variantes dialectales.
c) Desarrollo del plan lingüístico.

Fases del plan de desarrollo lingüístico

Primera fase: (1972 - 1975).
Idiomas atendidos: K'iche', Kaqchikel y Mam.
Lingüistas preparados: 9 personas.

Segunda fase: (1974 - 1977).
Idiomas atendidos: Akateko, Awakateko, Chuj, Q'anjob'al, Q'eqchi', Poqomchi', Tz'utujil.
Lingüistas preparados: 19 personas.

Tercera fase: (1976 - 1979).
Idiomas atendidos: Popti' (Jakalteko), Ch'orti', Ixil, Mam, K'iche', Kaqchikel.
Lingüistas preparados: 20 personas.

Cuarta fase: (1988).
Idiomas atendidos: K'iche', Kaqchikel, Ch'orti', Q'eqchi', Mam, Tz'utujil, Q'anjob'al, Poqomam.

Lingüistas preparados: 25 personas.

Quinta fase: (1989).

Idiomas atendidos: K'iche', Kaqchikel, Q'eqchi', Tz'utujil, Q'anjob'al, Poqomam, Popti', Chuj, Ixil, Achi y Wasteka.

Lingüistas preparados: 17 personas.

Se puede notar que en varias fases se han atendido los mismos idiomas por las siguientes razones:

a) Para tener información dialectal.
b) Para la formación de recursos en tal idioma.
c) Para la elaboración de material en ese idioma.
d) Por interés institucional.
e) Por interés del personal.

Metodología del plan lingüístico

Como no es de extrañarse la crisis económica que atraviesan nuestros países, en este caso es necesario buscar otros medios para la adquisición del personal técnico, así como el recurso humano a preparar.

Recurso humano docente

Es de reconocer el apoyo que prestó el Cuerpo de Paz en Guatemala para la conformación de recurso humano calificado en la docencia lingüística. Se le solicitó un número de personas extranjeras con preparación lingüística, seguidamente se enviaron solicitudes a las distintas universidades de personas quienes quisieran prestar sus servicios voluntarios al Cuerpo de Paz para la formación de personas mayas en el dominio de la lingüística. Es el PLFM quien seleccionó la persona o personas que llenaron los requisitos mínimos requeridos. De estas personas aún quedan algunos apoyando la investigación lingüística en Guatemala.

Recurso humano de las comunidades lingüísticas

Previo a la selección de las personas que participarían en los cursos de lingüística, los lingüistas realizaron una serie de investigaciones dialectales con el objeto de identificar una variante de mayor conservación gramatical, comprensión entre una comunidad a otra y otros aspectos importantes.

Seguidamente, se visitaron las comunidades seleccionadas haciendo contacto con instituciones de servicio comunal, instituciones religiosas y autoridades locales para ofrecer una especie de beca en preparación lingüística. Es así como las comunidades, en la mayoría de los casos, enviaron a las personas que creyeron convenientes para recibir estos cursos y que podrían devolver a la misma comunidad parte de estos conocimientos.

Las primeras tres fases fueron de tres años, recibiendo dos cursos anuales de 4 a 6 semanas intensivas; el resto del tiempo fue para la elaboración de un vocabulario base de los idiomas, con visitas cada mes a la sede de la institución para consultas técnicas y avances de la recopilación léxica. Las dos últimas fases fueron de corto tiempo, con la diferencia de que se permaneció todo el tiempo en la sede de la institución. En todas las fases el PLFM dio un apoyo económico mensual simbólico a cada participante.

Resultados

- La recopilación de gran cantidad de información útil para el desarrollo de los idiomas mayas.
- Ser una de las pocas instituciones con personal capacitado técnicamente en lingüística.
- Participación en la investigación dialectal en apoyo a la Educación Bilingüe en tres comunidades: K'iche', Kaqchikel y Mam.
- La fundación de los talleres mayas iniciados en 1974, con el objeto de presentar los avances en la investigación lingüística.
- Conformación de una biblioteca especializada en lingüística, educación y cultura general y maya.

- Recopilación de gran cantidad de la tradición oral, no menor de 50 relatos por idioma.
- La organización de centros de alfabetización en las diferentes comunidades lingüísticas.
- La elaboración de gramáticas descriptivas, gramáticas pedagógicas, introducción a la lingüística, cartillas de alfabetización, poemarios y, lo más relevante, los diccionarios aún en proceso de elaboración.
- Preparación de recurso humano calificado: no menos de 80 personas. Actualmente forman parte del recurso humano en lingüística de distintas instituciones.

Recurso financiero

Es una institución semiautofinanciada para el desarrollo de sus fines y objetivos. Vive de la enseñanza de idiomas, en especial el castellano, a personas extranjeras.

En la capacitación lingüística recibió apoyo del Ministerio de Educación, quien aportó el local en Antigua Guatemala; así como también el Cuerpo de Paz en Guatemala, la Universidad Rafael Landívar y algunas personas.

No se trata de elogiar a una institución, pero tratando de hacer justicia y dar honor a quien honor merece, el PLFM es la única institución que ha aportado recurso humano calificado en el dominio gramatical y cultural acerca de los idiomas mayas de Guatemala y, de manera consciente y consecuente, en los derechos que ejerce de manera legal y de hecho un pueblo como el maya.

LAS LICENCIATURAS EN EDUCACIÓN PREESCOLAR Y EDUCACIÓN PRIMARIA PARA EL MEDIO INDÍGENA: UNA EXPERIENCIA DE FORMACIÓN DOCENTE PARA LA EDUCACIÓN BILINGÜE INTERCULTURAL

*Gisela V. Salinas Sánchez**

MÉXICO Y SUS PUEBLOS INDÍGENAS

Con 56 grupos indígenas, México es un país donde los esfuerzos por avanzar en una educación bilingüe-intercultural son muy recientes, y se han dado en medio de avances en un discurso oficial de revaloración de "lo indígena", que en la realidad ha tenido escasos resultados. La educación para la población indígena no cuenta con suficiente apoyo gubernamental y, en muchas ocasiones, tampoco es apreciada por los maestros ni las propias comunidades.

En los hechos, se ha producido un cambio con respecto a la educación bilingüe-bicultural imperante desde la década de los setenta, a una de tipo bilingüe-intercultural, pero sin haber generado un debate que permitiera precisar la nueva conceptualización.

---

* Universidad Pedagógica Nacional, México.

Poco antes de la celebración del V Centenario, los indígenas mexicanos empezaron a tener notoria presencia en los discursos gubernamentales. Eran los años en que modernizar constituía una cuestión prioritaria para el gobierno mexicano, dadas las posibilidades de suscribir el Tratado de Libre Comercio (TLC) con Canadá y Estados Unidos. Fueron los momentos en que la danza de las cifras sobre la población indígena estaba en su apogeo: de cinco millones de personas se pasaba a siete, alguna fuente citaba a nueve, otras a diez y hasta había quien reconocía quince millones.

La caracterización de lo indígena tiene como criterio fundamental reconocer que se habla una lengua indígena y muchas veces no se expresan consideraciones de orden cultural, pero sí de carácter socioeconómico (los indígenas son los más pobres de los pobres, los que más problemas agrarios, de servicios, de salud y de educación tienen) y, también, son los que más se alejan de lo moderno.

Como respuesta a las cada vez más fuertes voces indígenas en contra de la celebración del V Centenario, en enero de 1991 se realizó una adición al Artículo 4o. Constitucional[1]. Aunque tardíamente, la modernidad llegaba al mundo indígena a partir de la legalidad constitucional: para ser modernos había que reconocer la vigencia de lo "tradicional".

Hasta ahora, no se ha aprobado la ley reglamentaria correspondiente, pero entonces parecía que las deudas con los pueblos indígenas, al menos en el discurso, comenzaban a saldarse.

El Programa Nacional de Solidaridad, el más importante del gobierno anterior, destinó buena cantidad de sus recursos a los indígenas. Otras instituciones gubernamentales -entre ellas las educativas- hicieron lo propio. El investigador Sergio Sarmiento relataba enton-

---

1. En enero de 1991 fue aprobada la siguiente Adición al Art. 4o. Constitucional: "*La Nación mexicana tiene una composición pluricultural sustentada originalmente en sus pueblos indígenas. La ley protegerá y promoverá el desarrollo de sus lenguas, cultura, usos, costumbres, recursos y formas específicas de organización social y garantizará a sus integrantes el efectivo acceso a la jurisdicción del Estado. En los juicios y procedimientos agrarios en que aquéllos sean parte, se tomarán en cuenta sus prácticas y costumbres jurídicas en los términos en que establezca la ley*". Aún está pendiente la ley reglamentaria correspondiente.

ces que había quienes se asumían como indígenas sin serlo para acceder a créditos y otras prestaciones destinadas sólo a ese sector de la población.

El estallido armado en Chiapas, en enero de 1994, vendría a cambiar la imagen de los pueblos indígenas y a dar cuenta de una problemática no resuelta en un sinfín de aspectos: la realidad de los pueblos indígenas en México es severamente contrastante con respecto a los no indígenas, sobre todo en lo que se refiere a la valoración de lenguas y culturas y a las condiciones socioeconómicas.

LA ESCUELA INDÍGENA

Aún cuando México reconoció desde hace más de quince años el respeto a las lenguas y culturas indígenas, proyectos como el de la educación bilingüe-bicultural no lograron dicho respeto ni garantizaron su correspondiente desarrollo.

La escuela indígena sigue siendo, en la mayoría de los casos, un espacio en donde se descalifica lo no nacional; un lugar en donde los propios padres de familia esperan que sus hijos dejen de ser indígenas, donde "aprendan", porque se parte de la idea de que "no saben", de que "no tienen valores".

En México, la educación a los pueblos indígenas ha implicado en diversos momentos, y con distintas perspectivas, una relación entre culturas no sólo diferentes, sino asimétricas. El espacio escolar es entonces un lugar para desindianizarse, a la par que se logra conocer la lengua y la cultura nacional, las que sí cuentan y permiten mejorar la vida. Y en esto tienen un papel importantísimo maestros y padres de familia.

A pesar de la normatividad vigente[2], sigue siendo práctica común que los maestros sólo utilicen el español como lengua de instrucción

---

2. La Dirección General de Educación Indígena (DGEI), encargada de la normatividad sobre la educación inicial, preescolar y primaria para las comunidades indígenas, habla de una educación bilingüe con un planteamiento central: "...se busca que el alumno desarrolle competencias para interactuar en su contexto, usando de una manera coordinada una lengua indígena y el español" (DGEI, 1993: 97).

y que en algunos casos se apoyen en las lenguas indígenas para "traducir" algunas cuestiones mínimas, no necesariamente conocimientos, tales como normas para organizar la clase y controlar la disciplina.

Aun cuando muchos maestros se dieron a la tarea de impulsar una educación bilingüe, la parte bicultural resultó un fracaso: ¿cómo hacer compatibles una cultura nacional, dominante y avasalladora con culturas minoritarias, dominadas, estigmatizadas y desvaloradas por sus propios portadores? Se trata de una relación asimétrica que no se resuelve sólo con el reconocimiento oficial.

Muchos maestros preocupados por hacer realidad el discurso de la educación indígena, han sido severamente cuestionados por las comunidades en donde prestan sus servicios.

Para muchos padres de familia los pueblos indios no tienen cultura y sus lenguas constituyen una restricción para acceder a los beneficios de la sociedad nacional. El estigma de la indianidad se expresa incluso en un buen número de maestras y maestros indígenas que inscriben a sus hijos en escuelas no indígenas y, a partir de su dominio del español, procuran que sus hijos no aprendan sus lenguas a las que muchos siguen considerando dialectos. Incluso, muchos maestros indígenas quisieran incorporarse a los subsistemas no indígenas.

Todavía se dan muchos casos en que los niños en algunas escuelas son golpeados, rapados o se les cobran cuotas cuando hablan en su lengua. Todo, con la aprobación e incluso el aliento de los padres de familia.

A pesar de que en México la educación para los indígenas se trabaja como tal desde la década de los sesenta, ni los discursos, ni los avances en materia legislativa han permitido generalizar prácticas educativas que posibiliten «...la consolidación de un bilingüismo coordinado que favorezca en los educandos la capacidad de comunicarse en lengua indígena con la misma fluidez y competencia. Esto posibilitar(í)a, paulatinamente, una situación de bilingüismo estable en el ámbito comunitario» (DGEI, 1993: 98).

De la legalidad a la realidad median múltiples prácticas sociales discriminatorias reproducidas no sólo por los no indígenas, sino también por los propios indígenas. Y la escuela indígena no se escapa de esto. Cotidianamente en las aulas tiene cabida la depreciación del mundo indígena. Muchos maestros que se consideran así mismos comprometidos, a veces llegan a señalar que los niños indígenas enfrentan problemas de aprendizaje debido a la desnutrición, lo cual les ocasiona dificultades en su "desarrollo mental" y, por lo tanto, dificultades de comprensión.

Reiteradamente, los maestros indígenas plantean que no pueden enseñar utilizando las lenguas indígenas porque no existen libros de texto en esas lenguas, porque existen dificultades para la estandarización de los alfabetos correspondientes y porque esas lenguas son "restringidas" en lo que pueden nombrar.

Otro punto importante en relación a la escuela indígena es que muchas veces no se reconocen como aportaciones culturales las formas de apropiación y transmisión de los conocimientos que tienen las comunidades indígenas. Es decir, pareciera ser que los únicos procesos educativos que se valoran son los escolares y que las estrategias educativas de las comunidades no son significativas, tanto por lo que enseñan como por la forma de enseñar, aún y cuando representen aprendizajes para la vida.

La escuela indígena, como todas las escuelas, se maneja como un espacio que pretende "borrar diferencias", y busca la formación de un individuo integral, para lo cual se plantean ciertas exigencias: cierto dominio de conocimientos y comportamientos que en los hechos no necesariamente reivindican la diversidad cultural y lingüística.

En ocasiones, la escuela indígena, espacio intercultural por naturaleza, parece convertirse en un espacio autoritario pero en un doble sentido: las diferencias identitarias se tratan de borrar a partir del predominio de los contenidos nacionales y de procesos de enseñanza y/o aprendizaje ajenos a la comunidad. Pero también está disfrazado el autoritarismo de los maestros que dicen comprometerse con la revaloración de lenguas y culturas indígenas: si la población no quiere reivindicar lo propio, si no le encuentra "sentido", si los "otros" no dejan de mirarlo como algo distinto, inferior o subordinado, y sus saberes sólo forman parte del folclor y no de la riqueza cultural de la nación, las buenas intenciones del docente para insistir en la revaloración de lo propio pueden ser también expresiones autoritarias.

LA FORMACIÓN DE LOS DOCENTES DE EDUCACIÓN INDÍGENA

En el desarrollo de la educación indígena quizás uno de los aspectos más débiles ha sido la formación de los docentes. En México, a partir de 1984 los profesores deben tener nivel de licenciatura. Sin embargo, el subsistema de Educación Indígena experimenta un rezago tal que la mayoría de los maestros sólo cuenta con normal básica, bachillerato, secundaria e incluso, la primaria.

La formación de docentes para la educación indígena no ha sido regular. En muchas ocasiones los maestros más que formados fueron capacitados o habilitados en cursos intensivos de uno a seis meses, y aún hubo casos de quince días. En este proceso la cuestión lingüística ha sido uno de los aspectos más débiles.

Muchos de los bachilleres capacitados para incorporarse a la docencia ya no hablan su lengua y ven en el magisterio sólo una perspectiva laboral o incluso, una estrategia de sobrevivencia. En varias ocasiones su ubicación no coincide con la lengua o la variante que hablan y en la gran mayoría de los casos no cuentan con una formación que les permita reconocer la diversidad de situaciones sociolingüísticas de las comunidades y, a partir de esto, generar estrategias pedagógicas pertinentes. Una queja constante es que no pueden mejorar su trabajo porque no cuentan con libros de texto para todas las lenguas y sus variantes, y en los seis grados.

Bajo estas consideraciones han surgido en el país varias experiencias encaminadas a tratar de formar profesionales indígenas que apoyen, sobre todo, la cuestión educativa. Fue así como surgieron las Licenciaturas en Etnolingüística ofrecida por el Centro de Investigación y Estudios Avanzados en Antropología Social (CIESAS), la Licenciatura en Ciencias Sociales a cargo del Centro de Investigación e Integración Social (CIIS) y la Licenciatura en Educación Indígena (Plan 79), que se imparte en la Universidad Pedagógica Nacional (UPN).

Las dos primeras están suspendidas desde hace varios años y la Licenciatura en Educación Indígena, si bien está dirigida a maestros del medio indígena, tiene como objetivo fundamental la formación de cuadros técnicos y se ofrece en la modalidad escolarizada, en la ciudad de México con un número limitado de estudiantes.

LAS LICENCIATURAS EN EDUCACIÓN PREESCOLAR Y EN EDUCACIÓN PRIMARIA PARA EL MEDIO INDÍGENA, PLAN 1990 (LEP Y LEPMI 90)

En 1990, era indispensable un programa de nivelación (a nivel licenciatura) para los docentes indígenas en servicio, en una modalidad de estudio que les permitiera realizar sus estudios sin abandonar su trabajo docente. Fue así como surgieron las Licenciaturas en Educación Preescolar y en Educación Primaria para el Medio Indígena (LEP y LEPMI 90), orientadas a ofrecer a los docentes que trabajan en el subsistema de educación indígena una formación docente universitaria específica.

Inicialmente la propuesta era readecuar las Licenciaturas en Educación Preescolar y en Educación Primaria Plan 1985 (LEP Y LEP). Sin embargo, debido a la especificidad de la educación en el medio indígena y a la heterogeneidad en la formación de los docentes del subsistema, fue necesario estructurar un nuevo currículum e incluir una línea antropológico-lingüística y consideraciones puntuales en todos los cursos con respecto a las problemáticas de la educación básica indígena.

En el diseño curricular trabajaron principalmente las Academias de Educación Básica y Educación Indígena de la UPN, un equipo de la Dirección General de Educación Indígena y, en los primeros semestres, un grupo de asesores de las unidades UPN. Dentro del equipo había especialistas con trayectoria en la educación indígena, profesionales indígenas y profesionales no indígenas con amplia experiencia en la formación de docentes.

La operación del servicio dependió completamente de la Universidad Pedagógica, para lo cual fue necesario ampliar la planta de asesores y reorganizar la vida de las unidades, pues debido a las condiciones geográficas en las cuales se encuentran enclavadas las comunidades indígenas, la modalidad semiescolarizada sabatina, con la cual se pretendía trabajar inicialmente, se readecuó, en la medida de lo posible, a las condiciones de los maestros que estudian estas licenciaturas.

Así, en la mayoría de las Unidades se trabaja en la actualidad en asesorías quincenales (sábado y domingo). La modalidad de estudio implica un trabajo individual, un trabajo grupal en las asesorías quincenales o sabatinas y una o dos sesiones semestrales de taller integrador. Cada semestre cuenta con cuatro cursos apoyados por un paquete didáctico que incluye una Guía de Estudio, una Antología Básica y una Antología Complementaria.

ESTRUCTURA DE LAS LICENCIATURAS

Las LEP y LEPMI 90 se estructuraron con un solo plan de estudios para las dos licenciaturas, dando atención tanto a preescolar como a primaria, pues en el subsistema de educación indígena existe movilidad entre uno y otro nivel.

Las licenciaturas tienen un curso propedéutico y ocho semestres divididos en dos áreas: un Área Básica con cuatro líneas de formación (Psicopedagógica, Antropológico-lingüística, Socioeducativa y Metodológica) y un Área Terminal con cuatro campos de conocimiento: Naturaleza, Lengua, Matemáticas y lo Social.

La práctica docente que se realiza en las comunidades indígenas es el objeto de estudio de estas licenciaturas y se aborda desde diversas dimensiones y perspectivas teórico-metodológicas y disciplinarias, teniendo como ejes al maestro, al alumno, al conocimiento y a la institución escolar. (Se anexa mapa curricular vigente).

No fue fácil sacar adelante las LEP y LEPMI 90. Al iniciar los trabajos de diseño, la bibliografía especializada accesible era muy limitada, la DGEI no tenía clara la normatividad en cuanto a la cuestión lingüística y aún se enfatizaba que la política vigente era la educación bilingüe-bicultural. Nunca nos imaginamos tener éxito en el proyecto. Pero al paso de los años, LEP y LEPMI se consolidó. Para ello fue necesario preparar a una planta docente cercana a 500 asesores responsables del proyecto en 23 estados, 34 unidades UPN y cerca de 75 subsedes cercanas a los mayores centros de población indígena.

Para dicha preparación, desde el curso propedéutico, semestralmente se realizaron reuniones regionales de intercambio académico en torno al currículum de las licenciaturas. En total se realizaron seis reuniones regionales (cada una con tres sedes) y en marzo de este año se llevó a cabo la primera Reunión Nacional que permitió compartir experiencias entre los asesores del norte, del centro y del sur del país.

En dichas reuniones el equipo diseñador presentaba los cursos correspondientes al siguiente semestre ante los asesores responsables de cada subsede y unidad. El paquete de cada curso (guía de estudio, antología básica y antología complementaria) se analizaba en mesas de trabajo por línea o por campo de conocimiento. También estaban considerando espacios para evaluar los cursos anteriores, revisar la modalidad y compartir experiencias entre subsedes, unidades y regiones. Hasta el tercer semestre, a partir de las recomendaciones y la evaluación de los propios asesores, se realizó el rediseño de los cursos. El total de materiales diseñados fue de 129.

Al iniciar las LEP y LEPMI en 1990, la demanda potencial eran 13 mil docentes indígenas con bachillerato y normal básica incorporados al subsistema de educación indígena. La DGEI estimaba incorporar 2 mil bachilleres por año para aumentar la atención en preescolar y primaria indígena.

De acuerdo a los datos de octubre de 1994, LEP y LEPMI atendió en el pasado ciclo escolar a 11 mil 034 alumnos (Fuente: UPN, Coordinación de Unidades, 1995) de un total de 38 mil 409 docentes de educación indígena a nivel nacional (Fuente: DGEI, Estadística inicial ciclo 93-94).

A partir del crecimiento del subsistema en los últimos años, la demanda potencial para las LEP y LEPMI se aproxima a la población que actualmente se atiende en 23 estados, 35 unidades y 70 subsedes. Por estas licenciaturas han pasado, hasta hoy, más del 30 por ciento de los profesores que forman parte del subsistema de educación indígena y la demanda se ha mantenido constante desde el inicio del proyecto: aproximadamente 2 mil maestros indígenas por generación.

El objetivo más importante de las LEP y LEPMI 90 fue ofrecer a los docentes que trabajan en el medio indígena, un espacio académico que les permitiera una formación docente específica en la cual problematizaran su práctica docente y generaran estrategias pedagógico-didácticas a fin de mejorar la educación indígena.

Quizá uno de los mayores aciertos de LEP y LEPMI 90 se ha debido a los materiales de estudio que incluyen bibliografía especializada en relación a la educación indígena. Los materiales se venden a precios muy bajos y sólo a alumnos inscritos, aunque los solicitan también maestros y profesionales no indígenas.

PERFIL DE LOS ASESORES

Al iniciar la operación de las licenciaturas se recomendó incorporar asesores que tuvieran experiencia en educación indígena y alguna licenciatura afín al campo (etnolingüística, ciencias sociales, educación indígena, antropología, lingüística, pedagogía, sociología o psicología). Algunas unidades -las menos- lograron incorporar asesores con experiencia en el campo de la educación indígena. Otras, enfrentaron severos problemas para conseguir asesores y recurrieron a los asesores o egresados de la Licenciatura en Educación Preescolar o Educación Primaria Plan 85 o de la Licenciatura en Educación Indígena (escolarizada) para iniciar el servicio.

No fue fácil encontrar a los asesores "ideales" para estas licenciaturas, pues debido a la heterogeneidad de los procesos de formación de los docentes indígenas, el trabajo con ellos requería de esfuerzos adicionales, principalmente por la falta de hábitos de estudio y dificultades en la comprensión y producción de textos en español.

A pesar de las diferencias, casi todos los asesores de LEP y LEPMI 90 comparten algo: su formación en el campo de la educación indígena se dio durante el desarrollo curricular de las licenciaturas. (Hay asesores, como en el caso de la subsede de Valladolid, Yucatán, que trabajaron con la primera generación desde el curso propedéutico hasta el octavo semestre, o asesores que debido a problemas de recursos humanos y presupuestarios, cubrieron durante algunos semestres las cuatro líneas del Área Básica). Es decir, la UPN ofreció formación tanto para los maestros de preescolar y primaria del medio indígena, como para sus asesores.

De los 500 asesores que actualmente atienden LEP y LEPMI en las Unidades del Norte, casi todos tienen tiempos completos, mientras que en el Centro y Sur, la mayoría tienen contrataciones de 6, 10, 12 ó 20 horas en el mejor de los casos. También existen asesores "comisionados" por los sistemas estatales de educación. Resalta el hecho de que en Oaxaca y Michoacán, ante el incremento de subsedes y la escasez de recursos, algunos de los asesores no tienen ningún tipo de contratación y trabajan "por tequio" sin pago alguno.

EGRESO

Entre enero y febrero de este año, egresaron un total de 2 mil 252 estudiantes de la primera generación de LEP y LEPMI. La retención parece ser superior al 50 por ciento. Un ejemplo: en San Cristóbal las Casas, Chiapas, la subsede con más población en el país, de 245 alumnos que ingresaron en 1990, 134 concluyeron sus estudios, es decir el 54.6 por ciento, a pesar del conflicto. De ellos, el 15 por ciento están por titularse y el resto lo hará en el semestre siguiente.

A fin de apoyar a los alumnos en su proceso académico de titulación y evitar cargas excesivas a los asesores, el trabajo del área terminal en los cuatro campos recupera como estrategia formativa la construcción de propuestas pedagógicas[3]. Los cursos fueron diseñados para apoyar dicha elaboración aunque el estudiante puede optar por titularse con tesis o tesina.

---

3. La *propuesta pedagógica* es una estrategia de formación docente que permite la construcción de conocimientos pedagógicos, a partir de la reconstrucción y resignificación de la experiencia del propio maestro, en relación a los procesos de transmisión y/o apropiación del conocimiento en la escuela. La construcción de *propuestas pedagógicas* busca dar sentido y fundamentar teórica y metodológicamente la práctica del maestro y puede ser recuperada como una opción de titulación.

IMPACTO SOCIAL DE LAS LEP Y LEPMI 90

A pesar de que no existen aún trabajos sistematizados sobre el impacto de las licenciaturas a nivel nacional, en las reuniones regionales, desde los primeros semestres, los asesores de LEP y LEPMI han dado cuenta de los avances de los estudiantes-maestros: cada vez se preocupan más por su práctica docente, sus puntos de vista trascendían el aula e incluso la escuela; en diversos eventos educativos regionales su participación empezó a ser notoria aunque no siempre con el aval de sus autoridades educativas y poco a poco su formación empezó a tener consecuencias en diferentes niveles de la acción educativa.

La importancia de un proyecto de formación docente que intentara responder a las problemáticas educativas en las escuelas indígenas ha enfrentado diferentes problemas, pues están en juego no sólo el problema de la lengua, sino también a la cuestión cultural, a la necesidad de mejorar materiales didácticos para todos los grupos y todas las variantes y todos los grados de la escuela primaria; al impulso de las nuevas formas de relación entre educandos y educadores, y entre maestros y comunidades indígenas.

A partir de las reuniones de intercambio académico en torno al currículum de las licenciaturas, los asesores han dado cuenta de diferentes situaciones y en distintos niveles: a nivel individual en relación a la revaloración del propio trabajo docente y a la identidad étnica de los estudiantes; a nivel aúlico, en relación a la contribución de los maestros para mejorar la calidad de la educación que se ofrece a la población indígena y enriquecerla con la generación de estrategias metodológico-didácticas más pertinentes para la educación bilingüe-intercultural.

A nivel escuela, en relación a la contribución de los docentes indígenas para mejorar las relaciones escuela-comunidad y para apoyar el trabajo de sus compañeros; a nivel supervisión y/o mesa técnica: para contribuir a planear y organizar la educación indígena; en la región, para fortalecer y valorar lenguas y culturas indígenas.

A nivel nacional, a partir del diseño curricular que integra y sistematiza múltiples lecturas sobre el campo de la educación indígena y, sobre todo, en relación a la atención a docentes indígenas: ningún otro programa de educación superior en nuestro país ha atendido a tantos indígenas simultáneamente y ha formado una planta de asesores que se especialicen en el campo de la educación indígena.

La relevancia del proyecto también estriba en ofrecer un programa dirigido a un sector de la población que bajo otras circunstancias no tendría acceso a la educación superior[4]. La deserción, a pesar de las circunstancias en las cuales estudian los maestros, ha sido en promedio de 17 por ciento.

Un ejemplo del impacto de las LEP y LEPMI se puede observar en los resultados preliminares del trabajo de evaluación de la subsede de San Cristóbal las Casas, Chiapas, derivado a partir de la aplicación de encuestas a los egresados de la primera generación, a directores del 10 por ciento de las comunidades de influencia de LEP y LEPMI y a padres de familia de las mismas comunidades.

Algunos de los resultados iniciales señalan lo siguiente: de 112 encuestados, 99 están frente a grupo; la zona de influencia de la primera generación incluye 91 comunidades de 26 municipios; en lo pedagógico, el 85 por ciento reconoce que la formación de las licenciaturas le permitió nuevos conocimientos; el 63.2 por ciento señala que sus relaciones con las comunidades mejoraron; el 74 por ciento considera que su formación fue creativa con temáticas y tratamientos adecuados y que en lo administrativo, les permitió tener una mejor eficiencia con sus tareas.

Para los directores de las escuelas indígenas, los egresados expresan notables diferencias con respecto a sus compañeros no incorporados en el proceso, mayor rendimiento académico, mayor disposición a colaborar y apoyar el trabajo de sus compañeros. De las encuestas a padres de familia destaca que el 90 por ciento reconoce que el aprendizaje de sus hijos ha mejorado a partir de la incorporación de los maestros a la UPN.

En Hecelchakán, subsede de Campeche, los asesores señalan que a partir de las licenciaturas los alumnos han reivindicado su identidad

---

4. En México, sólo uno de cada 8 mexicanos llega a la Universidad (Fuente: ANUIES, julio de 1995).

como mayas. Al ingresar todos eran analfabetos en su lengua materna (incluidos los asesores), ahora todos leen y escriben en maya y varios han asumido responsabilidades a nivel estatal y han "dignificado" al magisterio de educación indígena.

Guachochi, subsede de Parral en el estado de Chihuahua, presentó un informe en el cual se expresa que es sobre todo en el desempeño profesional donde los alumnos dan cuenta de transformaciones a partir de su incorporación a LEP y LEPMI, lo cual ha implicado generar estrategias para mejorar los procesos de enseñanza-aprendizaje y mejorar las relaciones con las comunidades.

PROBLEMÁTICA DE LAS LEP Y LEPMI 90

En tres cuestiones se sintetizan los problemas de las licenciaturas:

- Formación de los asesores.
- Actualización de los materiales.
- Evaluación y seguimiento del proyecto.

Debido a la especificidad de la educación indígena, la formación de asesores encargados de la operación del proyecto debe fortalecerse, pues el proyecto está en desarrollo y las discusiones sobre los tratamientos pedagógicos para las cuestiones lingüística y cultural están en permanente discusión.

Lo mismo ocurre con los materiales, pues algunos de ellos no fueron los más adecuados y, en sólo cuatro años, otros resultan caducos. Recientemente se ha tenido acceso a publicaciones que permitirían mejorar los cursos, a la par que se podrían incorporar estrategias didácticas sugeridas por los propios asesores.

A fin de revisar la experiencia y tener elementos que permitan la toma de decisiones para reorientar las LEP y LEPMI, se consideró fundamental impulsar un Proyecto Nacional de Evaluación y Seguimiento. La propuesta fue articular un Proyecto Nacional que pudiera trabajarse en distintos niveles: subsede, unidad, estado o región en las siguientes líneas:

- Seguimiento de matrícula.
- Perfil de ingreso.
- Desempeño académico.
- Productos de titulación de la primera generación.
- Materiales de estudio y modalidad.
- Impacto social de las licenciaturas.

La propuesta es que cada cuerpo colegiado elija la o las líneas que pueda trabajar de acuerdo a sus condiciones estatales[5], y se comprometa a realizar estudios que contribuyan a tener elementos a nivel nacional, estatal o local que permitan la toma de decisiones para mejorar la oferta educativa para los docentes indígenas.

A partir de la evaluación y seguimiento de las licenciaturas, podrían plantearse dos grandes ejes para la continuidad del proyecto:

- Fortalecer las LEP y LEPMI mediante el rediseño y actualización de los materiales de estudio.
- Cursos de actualización, diplomados, especializaciones o maestrías dirigidas a los asesores que operan el proyecto.

Falta mucho por hacer. Para una educación que verdaderamente respete y reconozca los saberes y valores de los grupos minoritarios, que sea capaz de generar una nueva actitud ante lo indígena, que sea equitativa y de calidad, requerimos de una educación intercultural -bilingüe en donde sea necesaria- pero no sólo hacia los indígenas, sino también para los no indígenas, que permita dar cuenta de las posibilidades y los retos de un país multicultural, en donde todos los niños tengan igualdad de oportunidades sin discriminación ni marginación.

Como dijo un maestro maya sobre la educación indígena: para revertir el estigma de la indianidad y poder ofrecer una verdadera educación bilingüe intercultural, también se requiere de la participa-

---

5. En mayo de 1992 se suscribió el Acuerdo para la Modernización de la Educación Básica (ANMEB), a fin de impulsar la federalización (descentralización) del sistema educativo. De esta forma, los gobiernos estatales tienen tratamientos y apoyos diferenciados para los proyectos que se realizan en cada entidad.

ción de los otros, de los no indígenas, de los que principalmente han negado y despreciado las lenguas y culturas indígenas. ¿Por qué no enseñar a los niños no indígenas algo sobre las lenguas y culturas de los indígenas vivos, no sólo de los indios de las grandes civilizaciones clásicas?

BIBLIOGRAFÍA

ABRAHAM NAZIF, Mirtha. *Cómo pensar la relación con el conocimiento y sus implicaciones en la formación docente,* México, UPN, 1994.

Dirección General de Educación Indígena. Lineamientos para la enseñanza de las lenguas indígenas y el español, Documento de trabajo, México, Marzo de 1993. SEP/DGEI. *El bilingüismo en la práctica docente indígena.* México, 1993.

PADILLA V., Raymond. *La formación de docentes para la educación bilingüe,* Coloquio Internacional Bilingüismo y Educación, UPN, México, abril de 1993.

RODRÍGUEZ, José Luis et al. *Impacto de las Licenciaturas en Educación Preescolar y Primaria para el medio indígena.*

SCANLON, Arlene P. y LEZAMA MORFIN, Juan. *Hacia un México pluricultural,* México, 1985.

UPN, Licenciatura en Educación Preescolar y Licenciatura en Educación Primaria para el Medio Indígena (Plan de estudios), México, 1993.

UPN, Unidad 20 A, Oaxaca, Oax. Seminario-Taller de Intercambio de Experiencias sobre la formación de docentes en el medio indígena, Oaxaca, marzo de 1993.

MUÑOZ, G., SULCA, E., VELASCO, R. y R. Informe de Evaluación de las LEP y LEPMI 90, UPN, Subsede San Cristóbal las Casas, Unidad 7 A, Tuxtla Gutiérrez, Chis., Marzo de 1995.

ELIZONDO, Aurora, FUENTES A., Judith, (edits.) *Diversidad en la educación*, UPN, México, 1994.

Cuadro curricular de las licenciaturas en educación primaria y en educación preescolar para el medio indígena Plan 90 (ajustado)

Marzo de 1995

Carreras 164 y 165

ÁREA BÁSICA				
SEM.	**Línea: Psicopedagógica**	**Línea: Socio-Histórica**	**L: Antropológico-Lingüística**	**Línea: Metodológica**
1o.	Análisis de la práctica docente (1800)	Sociedad y Educación (1801)	Cultura y Educación (1802)	Metodología de la Investigación I (1803)
2o.	Grupo escolar (1804)	Historia, Sociedad y Educación I (1805)	La Cuestión Étnico-Nacional en la Escuela y la Comunidad (1806)	Metodología de la Investigación II (1807)
3o.	Desarrollo del niño y aprendizaje escolar (1808)	Historia, Sociedad y Educación II (1809)	Lenguas, grupos étnicos y sociedad nacional (1810)	Metodología de la Investigación III (1811)
4o.	Práctica docente y acción curricular (1812)	Historia, Sociedad y Educación III (1813)	Relaciones interétnicas y educación indígena (1814)	Metodología de la Investigación IV (1815)
5o.	Criterios para propiciar aprendizajes significativos en el aula (1816)	Organización de Actividades para el Aprendizaje (1817)	Identidad étnica y educación indígena (1818)	Metodología de la Investigación V (1819)

Cuadro curricular de las licenciaturas en educación primaria y en educación preescolar para el medio indígena Plan 90 (ajustado)

Marzo de 1995

Carreras 164 y 165

ÁREA TERMINAL				
SEM.	**Campo: la naturaleza**	**Campo: lo social**	**Campo: la lengua**	**Campo: la matemática**
6o.	Introducción al campo de conocimiento de la naturaleza (1820)	El campo de lo social y la educación indígena I (1821)	Estrategias para el desarrollo pluricultural de la lengua oral y escrita I (1823)	Matemática y educación indígena I (1822)
7o.	El desarrollo de estrategias didácticas para el campo de conocimiento de la naturaleza (1826)	El campo de lo social y la educación indígena II (1827)	Estrategias para el desarrollo pluricultural de la lengua oral y escrita II (1828)	Matemática y educación indígena II (1829)
8o.	Tendencias de enseñanza en el campo de conocimiento de la naturaleza (1832)	El campo de lo social y la educación indígena III (1833)	Estrategias para el desarrollo pluricultural de la lengua oral y escrita III (1834)	Matemática y educación indígena III (1835)

13 créditos por asignatura. 32 asignaturas. Total créditos: 416.

Capítulo IV

MEMORIA, CONCLUSIONES Y RECOMENDACIONES DEL SIMPOSIO

RELATO Y RECOMENDACIONES DEL PRIMER SIMPOSIO DE EDUCACIÓN BILINGÜE E INTERCULTURAL EN HONDURAS

Los días 27, 28 y 29 de julio de 1995 se realizó el Primer Simposio de Educación Bilingüe e Intercultural en Honduras, con la presencia de calificados expositores procedentes de distintos países y de un amplio auditorio que tuvo activa participación en el debate. Esta memoria recoge un resumen de cada ponencia y una síntesis de la discu-

El representante del señor Rector recalcó la importancia de que este Simposio se realizara en la UNAH, debido al largo trabajo de investigación y extensión que las carreras de Lingüística y Literatura, así como el departamento de Biología y la Facultad de Medicina, vienen realizando durante dos décadas con los grupos étnicos hondureños.

El señor Ministro de Cultura expresó su satisfacción por el cambio de rumbo que el gobierno actual del Dr. Carlos Roberto Reina ha tenido con las etnias y reconoció que todavía debe realizarse un mayor apoyo para satisfacer la deuda histórica que la sociedad hondureña tiene con sus comunidades indígenas y garífunas.

La señora Ministra de Educación indicó que el gobierno actual, a través del Acuerdo Presidencial 0719 -EP-94, reconoce oficialmente que Honduras es un país multilingüe y pluricultural y que sus grupos étnicos tienen el derecho y el Estado la obligación de iniciar un programa de educación bilingüe e intercultural para que sus lenguas y sus culturas no sólo no desaparezcan, sino que se desarrollen y complementen con la «cultura nacional». Felicitó a la UNAH y al Coordinador del Simposio por ayudar a su Ministerio y al Gobierno en la realización de su Programa Nacional de Educación para las Etnias Autóctonas de Honduras.

DE LA NEGACIÓN DE LA DIVERSIDAD CULTURAL AL PLURICULTURALISMO EN AMÉRICA LATINA

En su ponencia Bilingüismo e Interculturalidad: Relaciones sociolingüísticas y educación de los pueblos indígenas en América Latina, Rainer Enrique Hamel, de la Universidad Autónoma Metropolitana de México, destacó que ha sido la toma de conciencia indígena la que ha permitido replantear a fondo la relación entre la sociedad dominante y los pueblos indios.

Cuando en el siglo XIX los estados nacionales en América Latina establecieron la igualdad de todos los ciudadanos ante la ley en sus constituciones liberales, el ideal europeo del monoculturalismo y la homogeneidad lingüística no dejaba espacio, en rigor, para la sobrevivencia de los pueblos indígenas como sociedades propias al interior de la nación.

En la medida en que los países extendieron la educación pública a la población rural e indígena en el siglo XX, el principio de igualdad y la presión hacia la asimilación se plasmó en programas monolingües en español que ignoraban simplemente la diferencia lingüística y cultural de sus alumnos.

Desde los años treinta se dieron, en ciertos países andinos y mesoamericanos, algunos proyectos educativos especialmente diseñados para la población indígena, aunque persiguiendo el mismo objetivo de asimilación lingüística y cultural.

Ante el fracaso de estos programas, los políticos y educadores pedían otros, exigiendo además nuevas técnicas, más libros y mayores recursos, aunque la nueva medicina tampoco dio buenos resultados. Fue la toma de conciencia indígena la que permitió replantear a fondo la relación entre la sociedad dominante y los pueblos indios.

En términos generales se dieron en este proceso tres grandes etapas, las que, sin embargo, no deben considerarse irreversibles: la del monoculturalismo, negando la diversidad cultural, étnica y lingüística; el multiculturalismo en el que, aunque se reconoce la diversidad, ésta sigue siendo considerada una barrera para el desarrollo; finalmente, el pluriculturalismo en el que crecientes sectores de la sociedad reconocen la diferencia como derecho del grupo e individuo indígena, pero como un recurso sociocultural que enriquece.

Es importante señalar que en todos los países latinoamericanos con población indígena coexisten de manera más o menos conflictiva las tres concepciones anteriores, lo que se refleja en la amplia gama de políticas lingüísticas.

Es notorio que la posibilidad de construir estados nacionales realmente pluralistas en lo cultural, étnico y lingüístico, se ve todavía muy lejana.

El debate sobre este problema nos lleva a relacionar dos dimensiones: por un lado, la sociopolítica global referida a la posibilidad de construir una nación plurilingüe y pluricultural; por otro lado, la psicolingüística y la pedagogía que tiene que ver con las posibilidades de alcanzar un bilingüismo enriquecedor para el individuo, de tal manera que éste desarrolle vigorosamente la lengua indígena materna y, a la vez, adquiera dominio de la lengua nacional.

La primera dimensión nos plantea el problema de qué hacer con los grupos minoritarios o pueblos aborígenes: mantenerlos aislados, asimilarlos a través de su disolución como etnias alternas o integrarlos a la nación, preservando al mismo tiempo su cultura e identidad como pueblo.

La segunda dimensión nos trae otros problemas: el carácter transitorio o no, de simple apoyo instrumental o no de la lengua materna en un proceso de asimilación y, al mismo tiempo, la pregunta acerca de la lengua en que se debe alfabetizar y enseñar las principales materias.

Podemos distinguir cuatro modelos básicos de programas de educación bilingüe:

a) Los modelos de enriquecimiento, desarrollados, por lo general, para una población dominante. Dentro de estos modelos el más conocido es el de inmersión en la segunda lengua, como el de «french immersion» en Canadá. En este caso, con muy buenos resultados, alumnos monolingües, pertenecientes a la mayoría anglófona dominante, fueron expuestos a un programa íntegramente en francés, generalmente desde el inicio de la escuela primaria.
b) El modelo de segregación, que se caracteriza por su objetivo de separar el grupo dominante del dominado en la educación. El caso más conocido es el del «apartheid» en Sudáfrica.
c) El modelo de asimilación, que comprende una amplia gama de programas, desde la sumersión total que considera la lengua indígena como un obstáculo para el aprendizaje del español y busca anularla, hasta la transición sistemática que persigue el mismo objetivo pero en forma más gradual.
d) El modelo de emancipación lingüística y cultural, dividido en dos tipos básicos: los de preservación y los de revitalización. Ambos apuntan a la creación de una capacidad plena en las dos lenguas (bilingüismo aditivo) y de una facultad de actuar exitosamente en las dos culturas.

Experiencias observadas en muchas escuelas de México donde supuestamente se ha implantado el sistema bilingüe demuestran que, en la práctica, lo que predomina es el currículo de las primarias monolingües del país.

Así, lo que se impone es el uso de palabras que no forman parte del vocabulario normal de los niños, el patrón clásico de la instrucción tradicional y la ruptura entre la escuela y el entorno familiar de los alumnos.

Los aspectos que más deberían tomarse en cuenta en la transición de un sistema educativo monocultural o tradicional hacia un sistema de verdadera educación bilingüe intercultural son el currículo, la elaboración de materiales (siempre como parte del currículo) y, sobre todo, la formación de maestros indígenas bilingües, partiendo de la relación que tengan entre sí y, además, de la relación que guarden con la comunidad indígena en cuestión.

En lo que respecta al currículo, lo primero y más difícil es un cambio de enfoque, de mentalidad, que abandone la tradicional concepción del déficit que considera a las comunidades indígenas desde sus carencias, pobreza y necesidades.

Para la formación de maestros, especialmente la capacitación de los docentes en servicio, es fundamental tomar como punto de partida su inserción socioeconómica y política, como también el conjunto de sus creencias, experiencias, prácticas y habilidades.

En el siglo XIX la modernidad se expresaba a través de la búsqueda de estados homogéneos que hicieran desaparecer a los indígenas a través de su asimilación. En los albores del siglo XXI, ningún Estado puede ser verdaderamente moderno si no reconoce su diversidad etnolingüística y la aprovecha como un recurso de gran valor, al igual que la biodiversidad.

No cabe duda que las posturas frente a la diversidad lingüística pueden ser consideradas como un termómetro para someter a prueba el pluralismo cultural y el concepto de democracia mismo.

En los comentarios a la exposición de Hamel se hizo énfasis en el círculo vicioso en el que se cae cuando la educación bilingüe no parte de la realidad concreta de los indios, con la clara percepción por parte de éstos de que su principal fuente de enseñanza no es la escuela sino la propia vida. En este caso, se indicó, la que está fallando es la escuela.

LA EDUCACIÓN BILINGÜE: ¿UN INSTRUMENTO MÁS REFINADO Y EFICAZ DE ACULTURACIÓN?

Guillermina Herrera, vicerrectora de la Universidad «Francisco Marroquín» de Guatemala, transmitió la experiencia crítica de los 25 últimos años de la educación bilingüe en Guatemala, un país cuyo sistema educativo se ha caracterizado por su tendencia academicista y escolarizante, por su desarraigo de la realidad y por sus enormes carencias tanto en lo cuantitativo como en lo cualitativo.

A pesar de que la situación lingüística en Guatemala presenta un cuadro sumamente complejo, vinculado a problemas culturales, sociales, económicos y políticos de gran magnitud, rara vez ha sido tomada en cuenta por el Estado.

Se ha institucionalizado en los últimos tiempos un incipiente programa de educación bilingüe y hace apenas unos meses se firmó un Acuerdo sobre Identidad y Derechos de los Pueblos Indígenas cuyos postulados se aprobarán -una vez firmada la paz- por el Congreso de la República. Por el momento, sin embargo, dichos esfuerzos no escapan del esquema tradicional.

Las estadísticas señalan que el 70% de los alumnos de las escuelas oficiales del país llegan tan sólo a cuarto grado de primaria. En 1993, el promedio de educación en el país era de 3.9 en primaria, situación que se agrava en el sector rural. El nivel de párvulos funciona casi exclusivamente en áreas urbanas y atiende únicamente al 28.3% de la población comprendida entre los 5 y 6 años.

A pesar de que el analfabetismo cubre a más del 40% de la población, el presupuesto destinado a la educación es bajo, y sobre todo, se centra en el componente administrativo.

En medio de este cuadro tan complejo y lleno de demandas impostergables, han comenzado a funcionar los siguientes programas de educación bilingüe: Castellanización, Proyecto de Educación Bilingüe y Programa de Educación Bilingüe-Bicultural (PRONEBI), hoy denominado de Educación Bilingüe Intercultural.

La primera acción concreta de planificación lingüística aplicada a la educación en la historia reciente del país fue la instauración, en 1935, de secciones de castellanización anexas a las escuelas primarias.

En 1964 se creó la Sección de Castellanización, bajo la tutela de la Dirección de Desarrollo Socio Educativo Rural. Por ese tiempo, ochocientos treinta y ocho maestros, todos hispanohablantes monolingües y ajenos a la cultura indígena, tenían a su cargo el programa de castellanización. Las barreras existentes entre ellos y sus alumnos evitaron que el programa prosperara.

Con la creación, en 1966, de los primeros sesenta puestos para Instructores Educativos Bilingües de Castellanización, se introdujo el uso de la lengua indígena en la escuela, ya que el instructor bilingüe la usaba para hacer menos abrupto el paso del niño al castellano.

El Proyecto de Educación Bilingüe, adscrito a la Dirección de Desarrollo Socio Educativo Rural, comenzó a ejecutarse en 1980, de conformidad con un convenio de donación suscrito entre el gobierno de Guatemala y el de los Estados Unidos de Norteamérica, a través de la Agencia para el Desarrollo Internacional (AID).

Fue diseñado con el propósito de incrementar el acceso de los niños indígenas monolingües al sistema educativo formal, por medio de una mayor relevancia cultural y lingüística en los currículum y a través del desarrollo de prototipos educativos bilingües que sirvieran como alternativa para mejorar y ampliar el Programa de Castellanización, llevando la educación bilingüe hasta el segundo año de primaria.

En el fondo, se trataba de llenar los vacíos del Programa de Castellanización, el cual asumía erróneamente que el niño, después de un ciclo escolar preprimario, habría logrado suficiente conocimiento y fluidez en castellano como para desempeñarse con éxito en una escuela y que, a partir de entonces, sólo usaría esta lengua. Los altos índices de deserción y repetición probaban lo contrario.

Sin salirse del marco de la política tradicional asimilacionista, el Proyecto de Educación Bilingüe pretendía, desde el punto de vista de sus principios filosóficos, impulsar el pleno respeto a las distintas culturas, ligar estrechamente el idioma materno y el pensamiento, generar cambios culturales originando principios reguladores para su estabilidad en ambas culturas (indígena y no indígena) y cohesionar inquietudes e intereses individuales y colectivos dando satisfacciones y eliminando frustraciones.

El 20 de diciembre de 1984 quedó institucionalizada la educación bilingüe en Guatemala. Para dar este paso influyeron el convencimiento de la necesidad de cambiar el sistema educativo al que eran sometidos los niños indígenas monolingües, los resultados -a pesar de sus limitaciones- de quince años de funcionamiento del Programa de Castellanización y los frutos positivos logrados a través del Proyecto de Educación Bilingüe.

En los primeros seis años de ejecución el Programa Nacional de Educación Bilingüe (PRONEBI) perseguía, entre otras, las siguientes metas: incorporar al nuevo sistema a 200,000 niños aproximadamente, fortalecer dentro del Ministerio de Educación la respectiva unidad ejecutora, capacitar personal a nivel universitario, desarrollar un currículum completo para el cuarto grado (último año de enseñanza bilingüe) y utilizar 36 nuevos libros de texto y guías para maestros, revisando los 119 textos y guías previamente trabajados.

Cabe destacar que se empieza a desarrollar con éxito experiencias de educación bilingüe en algunos centros educativos privados. Varias instituciones, algunas de tipo religioso, han impulsado programas de alfabetización en lengua indígena y en castellano. Asimismo, la Universidad Rafael Landívar ha iniciado la formación de profesores en Educación Bilingüe y su Instituto de Lingüística ha trabajado desde 1986 en investigaciones, propuestas curriculares y metodológicas, materiales de apoyo, etc.

Un balance general de la experiencia bilingüe en Guatemala señala que, aunque las metas no han llegado a cumplirse en su totalidad, se ha logrado un mayor rendimiento escolar, aumento de la promoción y disminución de las tasas de deserción.

En cuanto a si se ha contribuido a consolidar la identidad étnica del indígena, las opiniones están divididas: algunos consideran que se ha apoyado la cultura indígena, otros señalan que lo que existe es un instrumento más refinado y eficaz de aculturación.

No cabe duda, sin embargo, que la experiencia educativa bilingüe ha contribuido de manera determinante a sentar las bases para el establecimiento de políticas lingüísticas más amplias y generales.

Se han logrado, en esta línea, investigaciones sobre la realidad lingüística del país, definición de áreas que presentan los mayores problemas en el campo de las lenguas mayas, incremento de la atención hacia los problemas lingüísticos del país, propuesta de la opción bilingüe intercultural en lugar de la imposición exclusiva del castellano y de la cultura que representa, mayor coherencia frente a las acciones dispersas anteriores, proyección de las lenguas indígenas, contribución al proceso de creación de lenguas literarias mayas, profundización en el conocimiento de la cultura indígena, capacitación de personal e involucramiento del indígena en distintos proyectos.

Estos logros no deben impedir ver la necesidad de superar las tendencias asimilistas, la debilidad de los lazos con el sistema educativo general y el radio de acción limitado de la experiencia.

Por otro lado hay que superar los problemas de orden técnico-pedagógico, sobre todo en aspectos relacionados con la metodología en el aula, el perfeccionamiento de modalidades de entrega apropiadas a la situación real del educando y la validación de instrumentos que evalúen el dominio oral y escrito de las dos lenguas usadas en la escuela bilingüe. Es necesario, asimismo, reforzar los materiales complementarios en lengua maya.

Como las lenguas se usan en forma oral, hay retos en la escritura y en la actualización de la ortografía. Muchas veces, los equipos técnicos que preparan los materiales y los maestros no tienen suficientes conocimientos sobre la estructura de los idiomas que enseñan y, por eso, chocan con problemas gramaticales.

La aprobación de alfabetos oficiales en 1987 ha permitido superar muchos problemas relacionados con los sistemas de escritura y las ortografías de las lenguas indígenas.

Otra serie de dificultades se enfrentan en la actualización de los idiomas mayas. La opción de introducir préstamos del castellano no siempre es aceptada y, en algunos casos, resulta definitivamente rechazada.

Finalmente, un reto serio es la necesidad de promover un cambio de actitudes en autoridades, personal y padres de familia, tanto indígenas como no indígenas.

Ante la pregunta de quiénes y cómo se realizan las investigaciones de los perfiles lingüísticos, Guillermina Herrera señaló que no existe un presupuesto por parte del Estado para investigar la realidad del sistema educativo en Guatemala y que, por eso mismo, son las organizaciones privadas las que han tenido que hacer las investigaciones.

En relación a la interrogante sobre por qué se propone en Guatemala una educación bilingüe, la expositora señaló que en el fondo los padres de familia no quieren que sus hijos sufran y saben que necesitan hablar español para realizar hasta el más pequeño trabajo, lo que no significa que deban perder su lengua materna.

LA EXPERIENCIA NICARAGÜENSE

Mario Rizo, del Centro de Investigaciones y Documentación de la Costa Atlántica de Nicaragua, leyó la ponencia Investigaciones e Interculturalidad en Nicaragua: Logros y perspectivas.

En Nicaragua se desarrolla, tanto en el Atlántico Norte como en el Sur, un programa de educación bilingüe intercultural que forma parte de una reivindicación política de los pueblos indígenas y criollos, con un origen muy vinculado a los primeros años de la revolución popular sandinista y con expresión taxativa en varias leyes nacionales.

Para lograr que el PEBI sea una realidad normal es necesario impulsar un trabajo constante de sensibilización de toda la sociedad nacional no debiendo quedar sólo en manos del gobierno.

La Nicaragua anterior a 1979 se caracterizó, entre otras cosas, por ser una sociedad mayoritariamente analfabeta y que, en consecuencia, se desconocía a sí misma. A diferencia de otros sectores cuya conciencia había despertado con la lucha antisomocista, las etnias dormían el letargo del sometimiento y del olvido.

Pese a que los acontecimientos preinsurreccionales involucraron espontáneamente a algunos barrios indígenas del Pacífico del país, el enfoque nacional ofrecido por los revolucionarios adoleció de la integralidad que requería la heterogeneidad cultural del pueblo nicaragüense.

Unido a lo anterior -y por lo mismo- no habían condiciones ni una cultura académica sobre el tema, pues solamente se daban esfuerzos aislados. Si bien en el campo educativo la revolución logró importantes éxitos, especialmente con la campaña de alfabetización y la ampliación de servicios educativos a los sectores populares, la educación bilingüe fue un asunto desconocido en los años posteriores a la caída de Somoza.

Los reclamos procedentes de MISURASATA se concretaron a través de la extensión de la alfabetización a la Costa Atlántica bajo modalidades de alfabetización en lengua materna, beneficiando a los pueblos misquito, sumu e inglés criollo, aunque se utilizó como instrumento la traducción correspondiente de la cartilla matriz.

Se creó un centro de investigación -CIDCA- cuyo programa original abarcó tres grandes componentes: investigación, difusión y documentación. Al mismo tiempo se organizó un Centro de Documentación que logró atesorar la mayor información acerca de la Costa Atlántica existente en el país y fuera de él. Se creó la Revista WANI y un programa que se transmitía diariamente por Radio Sandino, en misquito y sumo, con gran audiencia en la zona norte de la costa y sur de Honduras.

Entre los principales problemas encontrados por CIDCA se cuentan: la disgregación física y administrativa del inmenso territorio de la Costa Atlántica, la falta de experiencia institucional, la ausencia de especialistas nacionales y los propios efectos de la guerra.

No obstante se obtuvieron logros tan importantes como el mayor conocimiento del origen de los principales grupos humanos que habitan en la Costa Atlántica, la mejor conceptualización de la etnicidad como componente indispensable de la sociedad costeña y nacional, impulso del conocimiento y difusión de las lenguas costeñas como sistemas gramaticales completos, rescate de elementos culturales y estudios de impacto ambiental.

Con la derrota de los sandinistas en las elecciones de 1990 disminuyó considerablemente el apoyo gubernamental a la educación bilingüe. En la actualidad el PEBI en Nicaragua ofrece una cifra de 15.250 alumnos y 653 maestros beneficiados directamente, envolviendo 120 comunidades (urbanas y rurales) entre población indígena misquita, sumos mayangna y criollos, abarcando territorialmente dos regiones autónomas y ocho municipios (4 en cada región).

La práctica demuestra que debe haber una interacción adecuada entre la escuela y la comunidad. Hay que tomar en cuenta que sus miembros utilizan en una práctica de tradición oral, tienen poca escolaridad y viven en condiciones sumamente precarias.

En algunos casos el maestro desempeña un papel de liderazgo, en otros es prácticamente un agente extraño a la comunidad.

La profesión de metodólogo de educación bilingüe intercultural en Nicaragua es nueva. De hecho sólo existe una generación de formación de estos metodólogos, que ha sido víctima indebidamente de la ruptura política de los 90, afectando el cuerpo global del programa y la transmisión de experiencia.

Actualmente el CIDCA trabaja en la producción de materiales de referencia para la educación bilingüe que proveerá textos de lingüística, economía y cultura de la Costa Atlántica.

Es prioritario el respeto a los derechos indígenas y la promoción de la «democracia cultural» como complemento de un pluralismo político y de un Estado de derecho.

En este sentido lo que es fundamental en la educación intercultural bilingüe es su papel en el redescubrimiento del mundo real para los niños y niñas beneficiados y, consecuentemente, de los derechos políticos de las comunidades socioculturales de las regiones autónomas.

Un campo de estudio nuevo tiene que ser la prehistoria de la Costa. En esta materia, propiamente arqueológica, pero donde confluyen también la historia y la semiótica, la Costa Atlántica nicaragüense se ubica en un corredor de trópico húmedo carente de investigaciones.

En el campo de la etnohistoria, CIDCA posee un acervo de fuentes primarias que están a la espera de análisis. El estudio de la historia moderna de la Costa y de las tendencias que se manifiestan en la configuración geopolítica y étnica a través de la creación de nuevos municipios, e incluso departamentos, haría más completa la investigación.

La Antropología Política está llamada a desempeñar un gran papel en apoyo a la ciudadanía indígena que se incorpora a la sociedad nacional mediante procesos de igualdad de derechos y oportunidades. La investigación semiótica ha sido fundamental para el rescate de tradiciones y mitos y su autoaprovechamiento mediante un proceso de aplicabilidad en el desarrollo de una conciencia histórico-cultural.

Se le preguntó a Rizo en qué consiste la ley de lenguas y el expositor contestó que es aquella que ordena actuar en cualquier territorio de acuerdo a la cultura prevaleciente. Por ejemplo, ilustró, si estamos en territorio misquito tenemos obligatoriamente que hablar en misquito. Desgraciadamente esta ley muchas veces no se cumple.

También se indagó con el expositor sobre la elaboración de los textos y él señaló que hasta cuarto grado son diseñados por los metodólogos, pero en lo que respecta a los de quinto y sexto año lo que se hace es traducirlos del español.

Acerca de la inquietud sobre la existencia de garífunas en Nicaragua, Rizo explicó que hay cuatro comunidades de ese grupo étnico, con aproximadamente mil quinientas personas dedicadas en su mayoría al trabajo con las compañías madereras. En general, dijo, sólo las personas viejas conservan su lengua.

Un oyente comentó que dentro de la educación bilingüe se carece de enfoques de género y ecología, pues la tendencia es impulsar programas de rescate cultural muy generales.

REVITALIZACIÓN DE LAS LENGUAS INDÍGENAS DE COSTA RICA: EL CASO DEL BORUCA

Miguel Angel Quesada, de la Universidad de Costa Rica, disertó sobre las lenguas indígenas de ese país y los esfuerzos, tanto de los grupos externos de poder, como de los indígenas, por mantener vivas sus lenguas, haciendo enfásis en la lengua boruca, según expuso, «una de las más afectadas por el avance del castellano y de la cultura criolla mestiza».

Según Quesada, hay actualmente 30,000 indígenas en su país, distribuidos en 22 reservas y nueve grupos étnicos: cabécares (9,300); bribris (6,700); guaymíes (3,000); borucas (2,660); térrabas (1,504); huetares (800); chorotegas (720); guatusos (520) y bocotás (100). De ellos, los chorotegas (de la familia otomangue) y los huetares (de la familia chibcha) han perdido su lengua; y en los siete grupos restantes se hablan lenguas de filiación chibcha.

En cuanto al estado actual de estas lenguas en Costa Rica, Quesada, siguiendo a E. Mangery (1990: 4-6), encuentra que ninguna lengua está en estado de florecimiento. Una está en estado de resistencia: el guaymí, con 2,500 habitantes bilingües. Cuatro lenguas en estado de extinción: el cabécar con 5,000 y el bribri con 4,500 habitantes bilingües, pero ambas lenguas se utilizan solamente en la comunicación familiar y las ceremonias; el guatuso con 300 y el bocotá con 95 hablantes bilingües. Quesada encuentra, además, interferencias del español en muchos aspectos de la lengua y un mayor o menor desconocimiento de los niños y jóvenes. Para el bocotá, Quesada sospecha que influye más en su proceso de extinción el guaymí que el español.

Encuentra también que el térraba y el boruca son ya lenguas en estado de obsolescencia: la primera con cuatro hablantes fluidos y semifluidos, y siete infrafluidos; y el boruca con 10 hablantes fluidos y unos cincuenta semifluidos.

Quesada opina que los indígenas costarricenses «han tratado de conservar, unos con mayor y otros con menor éxito, sus tradiciones culturales y lingüísticas». En lo que toca al gobierno, ha visto importantes avances, a partir de 1979, en su participación por conservar las lenguas indígenas; pero ha encontrado retrocesos en su política a partir de 1992, con el cierre de la Asesoría Nacional de Educación Indígena (AENIN) y con el Decreto Nº 22072 que dice, entre otras cosas, que: «se enseñarán las lenguas maternas, siempre que sea viable». En cuanto a las universidades, Quesada opina que su participación ha sido positiva y constante, intensificando «el estudio científico de las lenguas aborígenes costarricenses» por diversos medios y difundiendo los resultados a través de proyectos propios e institucionales. Los medios de comunicación también han colaborado, pero en el caso boruca opina que la radioemisora cultural en Boruca está aportando poco o nada al desarrollo de esa lengua y cultura.

Quesada expuso su plan de «revitalización del boruca». Además de los hablantes fluidos y semifluidos de que tiene noticia, tiene conocimiento de tres pilares fundamentales en los que apoyan su plan: diversos materiales disponibles para el estudio del boruca, a partir de la segunda mitad del siglo XIX hasta los de la profesora Carmen Rojas (1992), quien lleva a cabo un proyecto de capacitación de maestros desde 1989, apoyada por la Universidad de Costa Rica y el Ministerio de Educación Pública.

El otro pilar es la labor del maestro autodidacta boruca Espíritu Santo Moroto, quien, a partir de 1970, emprendió una incansable labor en favor de su lengua, que ya miraba en peligro de desaparecer: dio lecciones de idioma entre su pueblo, confeccionó el actual alfabeto práctico boruca y varias cartillas de alfabetización (inéditas) y tradujo muchos textos del español al boruca. «Hoy día, muchos de los adultos deben sus conocimientos de boruca a los esfuerzos de este insigne autodidacta».

Quesada intenta recopilar los textos mencionados y ha redactado un manual de gramática boruca «Hablemos boruca». Su plan prevé la participación de toda la comunidad (no solamente los escolares) y contempla, básicamente; 2 horas (1 de gramática y otra de conversación) quincenales, con la presencia de un adulto, que dará sus conocimientos fonéticos tradicionales, y la suya propia, que dedicará a la enseñanza de la gramática; y actividades grupales de conversación entre los estudiantes y consultas con los hablantes fluidos, además de traducciones español-boruca. Esta iniciativa le fue sugerida por los adultos de la comunidad y cuenta con el apoyo de la Universidad de Costa Rica.

Quesada terminó afirmando que el proyecto, por su reciente aplicación, no se puede evaluar aún; pero ya se vislumbran varios obstáculos como el recelo entre adultos y jóvenes y entre indígenas e investigadores blancos o mestizos que enseñan de acuerdo a los datos antiguos o a los recientes y que usan un metalenguaje inaccesible para los borucas que apenas han finalizado la escuela primaria.

LA EXPERIENCIA EN TALAMANCA

Carlos Borge Carvajal se refirió a la experiencia de Talamanca, que fue el nombre que los conquistadores españoles dieron a los territorios del sureste de Costa Rica ocupados entonces y hasta hoy día por las etnias bribri y cabécar.

Ambos grupos se consideran un mismo pueblo pues comparten historia, cosmovisión, estructura sociopolítica y formas productivas, y, aunque poseen lenguas diferentes -el bribri y el cabécar-, no tienen problemas de comunicación. Los bosques tropicales muy húmedos son el contexto natural en que todos estos pueblos diseñaron su construcción cultural.

En Talamanca ha predominado una economía autosuficiente, aunque no autárquica. A esa autosuficiencia ha debido Talamanca su independencia y autonomía, durante las épocas colonial y republicana.

Los bribri-cabécar históricamente han compartido la misma estructura de clanes matrilineales por la que se traza la pertenencia a una familia y a la cultura en particular. Los clanes son exogámicos y no permiten los matrimonios incluso con clanes afines que se originaron del mismo tronco o rama.

La peculiaridad de Talamanca ha sido su enorme capacidad para cambiar, ajustarse a los cambios y recodificar culturalmente esos cambios, sean éstos de origen endógeno o exógeno.

Tradicionalmente han existido tres componentes de la sociedad que han servido a la educación indígena: la familia, los Awapa y los intelectuales.

En la familia, el niño aprende a hablar su lengua materna, a hacer con maestría todos los oficios domésticos y las labores de la agricultura (sin distingo de sexo), a trabajar en artesanía y a saber usar los recursos naturales para sacarles el máximo rendimiento.

El Awá enseña a sus discípulos el arte de la curación y de la magia, la historia indígena, los secretos de la naturaleza y todos los asuntos que contiene el Suwá.

Los intelectuales son personas que han adquirido conocimientos profundos sobre todo en la historia talamanqueña y en el arte de saber aconsejar sobre asuntos cotidianos de la vida.

Desde mediados del siglo pasado, el Estado costarricense hizo varios intentos por fundar escuelas en los territorios indígenas de Talamanca, pero no fue sino hasta 1957 que se fundó formalmente la Escuela Bernardo Drüg en la comunidad de Amubrë.

Los objetivos de la educación estatal eran asimilar e integrar al indígena al sistema nacional. Para el común de los talamanqueños la educación estatal fue etnocidiaria, pero también les enseñó a conocer el mundo del blanco por medio de la lectoescritura del español o castellano como prefieren llamarlo ellos.

Por mucho tiempo, ir a la escuela ha sido para el indígena ingresar en un lugar extraño, ajeno a su realidad y a su mundo, lejos de la vida de la comunidad.

Un diagnóstico practicado por un grupo de especialistas revela que los principales problemas educativos de Talamanca tienen que ver con la gran desvinculación existente entre las escuelas y la comunidad, la inutilidad de los conocimientos recibidos por los niños para ser aplicados a su realidad, el exagerado peso de la lengua española en la enseñanza, la débil formación de los maestros, el pésimo estado de los edificios escolares y el alto grado de analfabetismo.

En función de lo anterior se propusieron programas de capacitación y formación endoculturadora para los maestros, contextualización de los contenidos de la educación formal, enseñanza de las lenguas maternas, encuentro de la escuela con la comunidad, alfabetización y educación de adultos y mejoramiento de la infraestructura.

Los talamanqueños valoran su cultura tal cual es, cambiante y dinámica. Fundamentan sus propuestas en su pasado cultural; mas no gustan hablar de «rescate cultural» sino de fortalecimiento de la cultura.

Los dos pilares temáticos de la educación endoculturadora los identifican en el *siwa* y en los sistemas de uso y manejo de los recursos naturales.

Los talamanqueños, aunque conscientes de que tienen un orden civilizatorio propio y auténtico, plantean que la educación debe ser también universal y que ellos no pueden quedar indefensos ante la realidad del mundo. En el fondo quieren seguir siendo indios y aspiran a alcanzar un alto grado de bienestar sin que medie la explotación.

El involucramiento de las estructuras de poder local y de toda la comunidad en el proceso educativo, que se impulsa en Talamanca, da la confianza de que estamos ante una iniciativa perdurable y sólida.

Ante la pregunta de cómo fundamentan los talamanqueños su identidad y su relación con el resto de la sociedad, Borge indicó que los talamanqueños son etnocentristas para el resto de Costa Rica. Talamanca es mágica, dijo, es un mundo con su propia ideología de poder.

EL RESCATE DE LA DEUDA HISTÓRICA CON LAS ETNIAS DE HONDURAS

El director del Programa Mejoramiento de la Calidad de la Educación Básica, Julio Navarro, realizó como representante oficial de la Secretaría de Educación la exposición de la ponencia titulada El Programa Nacional de Educación para las Etnias Autóctonas de Honduras: El reto de una educación bilingüe y culturalmente diferenciada.

Con el programa de educación bilingüe se busca rescatar la «deuda histórica» que el Estado tiene con las etnias. Desde los años cuarenta en La Mosquitia se viene desarrollando, en forma intermitente, un proyecto de educación bilingüe. En la década de los ochenta se dieron esfuerzos, también aislados, en la Montaña de la Flor.

No es casual que en el departamento de Gracias a Dios, uno de los que más necesita de este tipo de proyectos, se den los mayores índices de ausentismo y deserción escolares.

Con la Escuela Morazánica que actualmente impulsa el gobierno -puntualizó- se busca contrarrestar problemas profundamente arraigados como los altos índices de ausentismo y la deserción escolar, aparte de que por primera vez se definen en Honduras lineamientos curriculares en lo que respecta a la educación bilingüe. Ésta, al partir de la cultura propia de cada pueblo y dar preferencia a la lengua materna, gira alrededor de tres ejes fundamentales: la incorporación pluralista en un Estado Nacional, la educación integral y la defensa y rescate de las comunidades étnicas.

Por primera vez se definen en Honduras lineamientos curriculares en lo que respecta a la educación bilingüe. Desde luego no es sencillo desarrollar estos esfuerzos sobre todo si se toma en cuenta que vivimos en una sociedad mestiza que discrimina otras lenguas que no son la oficial, a tal grado que lo que se ha impuesto tradicionalmente es una educación monolingüe castellana.

En todo caso, de lo que se trata es de tomar como punto de partida la cultura propia de cada pueblo, lo que significa, entre otras cosas, dar preferencia a la lengua materna.

Los ejes fundamentales son la incorporación pluralista en un Estado Nacional, la educación integral y la defensa y rescate de las comunidades étnicas.

Uno de los asistentes planteó que el espíritu de la educación bilingüe no siempre es asimilado por quienes están involucrados en ella, como lo demuestra el hecho de que muchas veces en las zonas donde se habla inglés -y particularizó el caso de las Islas de la Bahía- los maestros recriminan con dureza a sus alumnos cuando éstos no se expresan en español, lo que refleja un desfase entre el discurso oficial y la práctica diaria.

En el debate en torno a su ponencia, Navarro reconoció las limitaciones de la educación bilingüe en Honduras, entre otras las relativas a la escasez de material impreso y al reducido número de especialistas locales. Sin embargo, enfatizó que, aún con esas limitaciones, es importante dar continuidad al programa bilingüe independientemente del gobierno que se establezca, como parte, más bien, de una política de Estado que comprometa fuertemente a la sociedad civil.

EL CURRÍCULO ESCOLAR PARA GRUPOS ÉTNICOS QUE HAN PERDIDO SU LENGUA: EL CASO DE LOS LENCAS

Atanasio Herranz, profesor de Lingüística de la UNAH y Coordinador Interinstitucional del PEBIT, disertó sobre La interculturalidad y el currículo escolar para los lencas de Honduras. En su ponencia señaló que no hay hablantes de lengua lenca, siendo sólo las personas viejas las que recuerdan algunas palabras y expresiones. Se trata, por lo tanto, de una lengua en su última fase de extinción.

Comenzó su exposición mostrando que entre los lencas ha habido un largo proceso de aculturación. Por ejemplo, la cofradía, impuesta por los españoles hace muchos años, ahora es un rasgo de identidad de los indígenas. Además, la etnia lenca de Honduras, entre finales del siglo pasado y primera década del actual, ha perdido su lengua, con todas sus variantes dialectales. Sólo algunos ancianos recuerdan un limitado número de palabras y todos tienen el español como lengua materna y única de comunicación. Por tanto, en la amplia zona lenca de Honduras, así como en la pequeña de El Salvador sólo queda la realización de un programa de educación intercultural, afianzando lo que queda de la «tradición lenca» para culminar con el conocimiento de la «cultura nacional» como parte de la «cultura occidental».

Ante la pérdida de la lengua lenca, Herranz hizo una evaluación de los rasgos que caracterizan en la actualidad a un gran número de campesinos empobrecidos de «tradición lenca». Se basó en sus largas investigaciones en esta área y en los análisis de otros lingüistas y antropólogos como Anne Chapman y Ramón Rivas.

La cultura lenca muestra un gran sincretismo producido en el largo período colonial y de nación independiente entre los lencas, los españoles y los mestizos. La organización social conserva una estructura de poder muy jerarquizada, tanto en el núcleo familiar extenso, como en el de las instituciones sociales, políticas y religiosas de la sociedad de «campesinos de tradición lenca». Las cofradías, las hermandades y la alcaldía de la Vara Alta son instituciones coloniales y mestizas que hoy identifican de alguna manera a los lencas.

Otros rasgos que perduran son, entre otros: la pervivencia de una cosmovisión propia del mundo, su origen y funcionamiento basado en la existencia de seres superiores, no siempre de la religión católica, que son dueños de la madre Tierra y de los bosques y a los que hay que hacer pagos o composturas para una buena cosecha; la medicina tradicional basada en el diagnóstico y tratamiento hechos por sahurinos o tamatinos con partes de plantas, frutos y animales del área; la existencia de un gran número de palabras en el español que son substratos de lenca o del náhuat, en especial, en los campos léxicos de la flora y de la fauna y, finalmente, la pervivencia de rituales agrarios y del ciclo de la vida, además de una rica literatura oral que incluye mitos y personajes de origen mesoamericano y algunos chibchas.

A pesar de esta riqueza cultural, el proceso de substitución (aculturación) de los rasgos culturales propios por los de la sociedad mestiza nacional ha roto el «continuum» territorial de la «cultura lenca» y, lo que es más difícil para un programa de educación intercultural, en la mayoría de comunidades de occidente, centro y sur de Honduras conviven, y no se diferencian, los lencas del resto de pobladores. Sólo en algunas comunidades aisladas de los departamentos de La Paz, Lempira e Intibucá la mayoría de pobladores son «campesinos de tradición lenca».

Actualmente, la lucha por la tierra, la aglutinación de los lencas en la Organización Nacional Indígena Lenca de Honduras (ONILH) y en el COPIN, el trabajo de las universidades, ministerios y un buen grupo de ONGs ha provocado la autorrevalorización y la autodefinición de muchos lencas e, incluso, ladinos que por conveniencia se autodenominan lencas.

Para la educación intercultural de los lencas quedan pendientes muchas interrogantes previas ¿cuántos son y en qué comunidades viven? ¿Qué interés tienen en una educación intercultural? ¿Cuáles serían los ejes, asignaturas, contenidos y actividades que debería desarrollar la escuela primaria? ¿Quiénes serían los maestros?, etc.

El currículum del sistema educativo de la primaria actual está dirigido más a niños de zonas urbanas que rurales, orientado al fortalecimiento único de la llamada «cultura nacional» y la educación primaria no se considera terminal sino como el primer escalón de todo el sistema educativo. La mayoría de niños de estas zonas rurales lencas sólo realizan tres años de estudios primarios por lo que la falta de orientación de esta educación a la productividad, al trabajo y a la conservación del medio ambiente resulta especialmente grave. Además, el currículo del plan de estudios está saturado de asignaturas, sin relación de unas con otras, y la metodología de enseñanza es memorística y trasnochada.

En consecuencia, se hace necesario reformular una nueva educación primaria con currículo diferenciado para las comunidades lencas que lo reclamen, así como la elaboración de nuevos programas y textos, al menos, para los primeros cuatro cursos de primaria.

Los ejes curriculares deben ser: dominio del español como lengua materna, Matemáticas, Hombre y Naturaleza y Hombre y Sociedad tal cual propone Ruth Moya. Alrededor del español debe girar como elemento formativo el teatro y la expresión corporal; con Hombre y Naturaleza deben ir las aplicaciones tecnológicas, la agricultura, la salud, la medicina tradicional y las artesanías, en especial la alfarería y los trabajos en madera y tusa. En torno a Hombre y Sociedad, deben ir la literatura oral, los mitos, las creencias, la organización social lenca, la música, el folklor y su cosmovisión.

Hay alguna posibilidad de conservar y, tal vez, de rescatar algunos términos léxicos del lenca: el sistema de numeración (hasta el 10) en Matemáticas, la terminología de medicina tradicional, flora, fauna y toponimia (que todavía usan) en Hombre y Naturaleza; el léxico del parentesco, ritual, utensilios y construcción en Hombre y Sociedad y algunas frases, expresiones, palabras y sonidos que actualmente se usan como substratos en el español hablado.

Las sugerencias están hechas, todo dependerá del nivel de exigencia de las comunidades y de las organizaciones lencas al Ministerio de Educación y de la posibilidad de éste en organizar un equipo, con la participación decisiva de los lencas y la formación intercultural de maestros que apliquen este currículo.

El proyecto (FEBLI) está dando algunas respuestas, pero su aceptación obligada del actual currículum y los libros de texto oficiales lo han condicionado a sólo una relativa readecuación intercultural.

DE REALIZACIONES Y ESPERANZAS

Danilo Salamanca, exdirector y colaborador del CIDCA de Nicaragua, presentó su ponencia La investigación lingüística y la educación bilingüe en Nicaragua: Balance de una década, que, unida a la de Mario Rizo, completa la visión global de la educación bilingüe en este país centroamericano.

En la introducción presentó los datos geográficos, poblacionales y lingüísticos de todos los grupos étnicos de Nicaragua que mantienen actualmente su lengua y su cultura, incluyendo el inglés criollo.

En la parte medular, analizó de 1985 a 1995 todas las investigaciones lingüísticas que se realizaron y los esfuerzos y los programas de educación bilingüe del misquito, el sumo, el inglés criollo, el rama y el ulwa.

Culminó su ponencia con algunas conclusiones importantes, entre las que destacan que prácticamente en esta década todas las lenguas habladas en Nicaragua se han beneficiado de las investigaciones lingüísticas, como gramáticas y diccionarios y que tanto las investigaciones como la puesta en práctica de los programas de educación bilingüe surgieron y se han desarrollado en el contexto de la Revolución Sandinista. Con la Autonomía de la Costa Atlántica y la creación de una Universidad regional, puede tener un futuro prometedor la educación bilingüe en Nicaragua.

En la ronda de preguntas y respuestas dominó la preocupación por compartir y lograr relaciones e intercambios más frecuentes entre los misquitos y sumos hondureños con los de Nicaragua. El intercambio de experiencias, investigaciones y materiales didácticos de unos y otros permitirá el avance y mutuo desarrollo en los programas de educación bilingüe.

VOLVER A SOÑAR

Dennis Holt, de la Southern Conneticut State University, desarrolló la ponencia titulada Aspectos fonológicos y morfológicos del pech importantes en el desarrollo de una ortografía práctica.

El inventario fonético del pech incluye una serie completa de cinco vocales nasales que corresponden sistemáticamente a las cinco vocales orales. Es necesario que una ortografía práctica indique los contrastes entre unas vocales y otras de una manera directa y sencilla.

Tal vez el método más práctico de indicar la nasalidad sea marcar la vocal con uno de los signos diacríticos accesibles mediante cualquier máquina de escribir, que pueden ser la raya inferior, la cedilla, la diéresis o el acento circunflejo.

El pech también ostenta una serie de contrastes fonémicos entre vocales cortas (o no largas) y vocales largas. Es evidente, también en este caso, que el sistema ortográfico debe poder indicar estas diferencias mediante símbolos o signos diacríticos apropiados. Normalmente, en estos casos, las vocales largas se marcan de manera especial siendo, tal vez, el más práctico poner dos puntos después de la vocal larga [a:].

Una ortografía práctica también debe indicar la distinción entre los dos niveles de tono fonémicos existentes en el pech: el tono alto y el tono bajo. Holt propone que el tono bajo se marque con un acento grave, por ejemplo (à) y el tono alto con un acento agudo, por ejemplo (á).

Uno de los sonidos más difíciles de distinguir como sonido lingüístico es la oclusiva glotal, ya que este fono consiste solamente en la cerradura y la abertura repentinas de la glotis, o sea, una interrupción temporal de la voz, fenómeno que a veces ocurre «automáticamente» entre palabras o frases y sirve para demarcarlas. Holt propone que se marque con un apóstrofo, al igual que el hawaiano, por ser sencillo y breve.

Otro problema es la falta de unicidad de ciertas relaciones grafemáticas en los textos recientemente publicados. Una fuente importante de dualidad de relaciones grafemáticas en la escritura pech es la práctica actual de escribir las palabras que han sido prestadas del español en la ortografía española, manteniendo las dualidades entre /s/, /c/, /s/ y /k/. Así tenemos, por ejemplo, /atención/ en vez de /atensyón/, /política/ en vez de /polítika/, y /organizaciones/ en vez de /orgànisasyónes/.

La importancia de correspondencias únicas entre los grafemas y los fonemas es aún mayor cuando los lectores no son hablantes fluidos del idioma, como es el caso actual.

Hay que tomar en cuenta también el estado proclítico de los morfemas posesivos (que corresponden a los adjetivos posesivos del español). Lo mejor es escribir las secuencias de morfemas como palabras integradas. También debe tomarse en cuenta para la ortografía la naturaleza integrada del complejo verbal, en donde los marcadores de tiempo, persona y número están en posición medial, infijos.

En la fase de preguntas y respuestas Holt enfatizó que se debe avanzar hacia un sistema ortográfico único, pero que el mismo, en aras de la justicia, no tiene que ser abstracto sino que es preciso que surja del pueblo mismo. Es importante, dijo, volver a soñar.

LA EXPERIENCIA EN EDUCACIÓN BILINGÜE DEL IDIOMA ULWA O SUMU MERIDIONAL DE NICARAGUA

Thomas Green del Massachusetts Institute of Technology habló sobre el idioma ulwa de Nicaragua y los esfuerzos que se están haciendo para salvaguardar su futuro.

El ulwa está estrechamente emparentado con las lenguas sumu panamahka y twahka (o tawahka) de Nicaragua y Honduras. Sin embargo, representa una lengua distinta, y lo clasificamos como el sumu meridional; o sea, la variante más al sur de la familia lingüística sumu.

La gran mayoría de los ulwa viven en la comunidad de Karawala, cerca de la desembocadura del río Grande de Matagalpa, en la costa Atlántica de Nicaragua. La lengua dominante en la vida diaria de la comunidad es el miskitu. Sin embargo, si se le pregunta a cualquier persona en el pueblo, es muy probable que diga, a veces con orgullo, a veces con vergüenza, que no es miskitu, sino realmente ulwa... y así se distingue Karawala de todas las comunidades de la región y del mundo.

Aunque el ulwa es sin duda un pariente muy cercano de su vecino sumu del norte, la lengua mayangna, representada por los dos dialectos modernos, el panamahka y el twahka/tawahka, es cierto que es un idioma aparte, pues no son mutuamente inteligibles con el mayangna. En conjunto, el grupo lingüístico sumu está emparentado con el miskitu, la lengua indígena que domina en las regiones caribeñas de Nicaragua y Honduras.

Cuando se inició el proceso de conquista, los ulwa eran aproximadamente diez mil personas y ocupaban un territorio de casi 20.000 kilómetros cuadrados. Hoy han quedado reducidos a menos de mil personas, casi todas viven en la pequeña comunidad de Karawala, muy cerca del mar y fuera de su antiguo territorio tradicional.

La influencia del miskitu ocurrió sólo hace unos 40 años, cuando se instaló en Karawala un aserradero grande que atrajo a cientos de trabajadores misquitos. Ya para 1960 se oía el ulwa con muy poca frecuencia, aun entre los ancianos de la etnia ulwa. Los matrimonios mixtos, antes evitados, hoy son deseados, fomentando así la influencia de la población foránea.

El Proyecto del Idioma Ulwa fue concebido a la luz del movimiento de autonomía para la Costa Atlántica de Nicaragua y tiene como objetivo final restablecer el uso diario de la lengua y, así, asegurar su sobrevivencia para las generaciones futuras.

Esto ha implicado diseñar una estrategia con tareas de documentación (con un diccionario amplio y accesible y una gramática descriptiva), promoción (fomentar el uso diario del ulwa y despertar orgullo por su uso) y reforzar la enseñanza (sobre todo en la capacitación de maestros).

Hoy contamos con una base de datos léxicos que abarca más de 5.000 entradas, cada una de las cuales relaciona una palabra, una expresión o una acepción diferente de una palabra con sus equivalentes en miskitu, español e inglés.

Además de haber trabajado en el diccionario, el Proyecto ha coleccionado muchos textos heterogéneos como leyendas tradicionales, fábulas e historias orales.

Los esfuerzos de promoción que han hecho los miembros del Comité han tenido un éxito limitado. Aunque la comunidad está más consciente de la importancia de su lengua y de que se encuentra en estado de peligro, la realidad demuestra que no es fácil efectuar cambios en sus costumbres lingüísticas, aunque ellos los quieran hacer.

Entre las tareas de rescate del idioma ulwa, la educación es la que plantea mayores dificultades. Hasta la fecha no hemos llegado a ninguna decisión respecto a cómo introducir el ulwa en la escuela de Karawala. Lo complejo de este asunto sirve para subrayar el conflicto general entre el acto de rescatar una lengua y la responsabilidad de proveer a los niños de una buena educación.

El vivir en un mundo cambiante que introduce cada día nuevos términos y conceptos extranjeros provoca muchas tensiones en el uso diario de un idioma local como el ulwa. Cosas como el plástico, fósforos, aviones y motosierras surgen y tienen que ser tratados en la lengua de una manera u otra. La solución más común es simplemente tomar prestada la palabra extranjera para la cosa nueva, hecho que, usado muchas veces, puede significar la alteración de la gramática del ulwa.

Por ser un grupo étnico y lingüístico tan pequeño y oprimido, los ulwa de Karawala han tenido por muchos años la concepción de que su lengua es inferior e insuficiente. El nuevo sentido de orgullo étnico de ciertos miembros de la comunidad les hace rechazar palabras «misquitas» como plastik, brit y mats, que, de todos modos, en el contexto fonético-fonológico del ulwa suenan mal.

Uno de los trabajos que ha emprendido el Comité del Idioma Ulwa es rellenar los vacíos en su vocabulario nativo. La clave para tener éxito en este proyecto es adaptar lo que ya existe. El grado de orgullo que genera esta «ingeniería lingüística» parece ser el factor más decisivo para cambiar la idea de la comunidad hacia su idioma.

En el debate Green explicó que hay toda una dinámica local para inventar y reinventar palabras, a veces a contrapelo de lo que señalan los académicos. Este acto de creación de palabras es importante, explicó.

LA INVESTIGACIÓN MORFOFONEMÁTICA DEL MISKITU

Ethel Martínez Webster, colaboradora del CIDCA de Nicaragua, y nacida en Honduras, presentó la ponencia Morfofonemática de la lengua Miskitu, que resume en gran medida su tesis de doctorado.

Dentro de la lengua misquita, la conjugación verbal es uno de los principales aspectos que presenta características morfofonológicas de importancia relevante. La forma verbal del misquito tiene primero los marcadores de tiempo, después los de tema y, en posición final, los de persona.

Los morfemas marcadores de persona del indicativo son los mismos para todos los restantes tiempos verbales, excepto para el pasado indefinido.

Para el presente, pasado absoluto y futuro, los morfemas marcadores son: primera persona /-na/; segunda, /-ma/ y tercera /-a/. En el pasado indefinido son /-i/, /-am/ y /-an/, respectivamente. El imperativo tiene las desinencias /-pi/ para la primera persona del plural y /-s/ para la segunda en singular y plural.

El número verbal; singular-plural, está marcado por la presencia o ausencia del pronombre personal «nani». Su ausencia indica singular y su presencia, plural.

El tiempo está indicado por la desinencia que sigue al tema verbal, pero está determinado por su radical consonántico o vocálico.

El segundo aspecto de morfofonemática que analizó Ethel fue el proceso de fijación en el paradigma posesivo del misquito. Para los sustantivos que terminan en consonante o en las vocales /i/ o /u/ se utilizan los morfemas sufijales /-ki/ para primera persona, /-kam/ para la segunda y /-ka/ para la tercera. Después explicó las múltiples variantes de sufijación posesiva que se dan en los sustantivos terminados en -a para los préstamos léxicos, en especial del español y del inglés.

Entre las variadas preguntas, la más importante fue si existen diferencias en las formas verbales entre el misquito de Nicaragua y el de Honduras y Ethel señaló que no hay diferencias básicas morfofonemáticas, pero que sí puede haber diferencias fonéticas respecto a la nasalización de ciertas vocales.

LA EXPERIENCIA DE EDUCACIÓN BILINGÜE MÁS ANTIGUA DE HONDURAS: EL MISQUITO

El profesor Scott Wood Ronas y el lingüista norteamericano Thomas W. Keogh, Director e investigador, respectivamente, del Comité de Educación Bilingüe Intercultural para la Mosquitia Hondureña (CEBIMH) leyeron la ponencia titulada, Experiencia de la Educación Bilingüe Intercultural de La Mosquitia Hondureña, mostrando los esfuerzos, logros y tropiezos de un trabajo que se inició en la década de 1940.

En el resumen histórico, los expositores señalaron el establecimiento de un programa de educación bilingüe transicional de la Iglesia Morava que desapareció en la década de los cincuenta con el establecimiento lento, pero progresivo, de escuelas monolingües del español por el Estado de Honduras. En la década de los ochenta MOPAWI comenzó a liderar la educación bilingüe y, en 1990, se plasmó con la creación de CEBIMH.

La parte medular de la ponencia la dedicaron a dar cuenta de las investigaciones comparativas que han hecho desde 1992 entre niños de lenguas maternas diferentes: español, misquito y garífuna. La finalidad era demostrar cómo la educación monolingüe castellana provoca en el misquito un notable retraso intelectual, así como en el aprendizaje y en la escasa habilidad en el dominio oral y escrito del español.

Por el contrario, las mismas pruebas hechas a niños misquitos que han sido favorecidos con el programa de educación bilingüe muestran que, además de tener un excelente dominio del misquito, sus conocimientos del español y sus progresos en el proceso de aprendizaje son significativamente mayores que el de los restantes grupos.

En la ronda de preguntas y respuestas se apoyaron los esfuerzos del CEBIMH y se solicitó mucho más apoyo del Ministerio de Educación, a través de PRONEEAH. Especial felicitación tuvieron los expositores por su participación en la elaboración de la primera cartilla misquita de lectura, recién publicada.

LOS TAWAHKAS DE HONDURAS, UNA COMUNIDAD TRILINGÜE

Dentro del Proyecto de Educación Bilingüe Intercultural de los Tawahkas de Honduras (PEBITH) que acaba de iniciarse bajo la coordinación de la Carrera de Lingüística y de Literatura de la UNAH, Julio Ventura y Marcela Carías adelantaron algunos datos e interpretaciones en su ponencia Diagnóstico Escolar Sociolingüístico de la Etnia Tawahka de Honduras.

Los tawahkas de Honduras son uno de los grupos étnicos que cuenta con menor número de miembros, entre 805 y 915 personas, de toda Centroamérica; además, su lengua y su cultura están amenazadas por el noroeste por el frente de colonización de mestizos hondureños con el español como lengua materna y por el suroeste, por la poderosa lengua y cultura misquita. Las tierras abundantes de bosque tropical húmedo en que viven son deseadas por los ladinos, ganaderos y terratenientes.

El diagnóstico muestra la existencia y funcionamiento de seis escuelas, dos en Krausirpe, donde viven más del 50% de los tawahkas, y una en cada una de las comunidades siguientes: Krautara, Kamakasna, Yapuwás y Parawás. Las escuelas, a excepción de la de educación primaria de Krausirpe, están regentadas desde hace dos años por «maestros empíricos» tawahkas que puso la FITH, pero que el Ministerio de Educación es renuente a su reconocimiento, y lo que es peor, a pagarles un sueldo por su trabajo. Este hecho ha cambiado la tradición de que todos los maestros de las escuelas tawahkas siempre han sido misquitos, hoy sólo quedan tres.

Entre las principales conclusiones que presenta el diagnóstico sociolingüístico de los niños de las escuelas tawahkas destacan las siguientes:

- La situación lingüística general observada en la población meta del estudio está distribuida casi equitativamente entre niños monolingües -en cualquiera de las lenguas- (36.36%), bilingües (30.3%) y trilingües (33.33%). Esto no muestra, pues, una preponderancia clara de ninguna de las lenguas.
- Si observamos los porcentajes de niños monolingües, nos daremos cuenta de que el mayor lo constituyen los monolingües en español (23.23%), que en su totalidad se ubican en la comunidad de Kamakasna que es la que ha tenido mayor contacto con la comunidad ladina, con gran cantidad de uniones interétnicas donde la mujer es casi siempre tawahka y el hombre ladino.
- El bilingüismo que predomina es TW/MK (13.13%) y se da principalmente en la comunidad de Krausirpe, en donde estas dos lenguas gozan de gran vitalidad.
- El trilingüismo predominante es el correspondiente a TW/MK/ES (23.23%), siendo ésta la situación más generalizada en todas las comunidades con excepción de Kamakasna.
- En lo tocante al uso y preferencias lingüísticas de los niños encuestados, se obtuvieron los siguientes resultados: La lengua que más se usa en casa es el español (39.54%); sin embargo, el tawahka y misquito presentaron a su vez porcentajes altos de uso. La lengua de más uso en la escuela es también el español (46.62%), lo cual es comprensible dado el sistema educativo actual. La lengua que gozó de mayor preferencia entre los encuestados fue el

tawahka (51.34%), seguida del español (44.64%), y siendo digno de mención el bajo nivel de preferencia correspondiente al misquito.

En la ronda de preguntas, el mayor número se orientó a la política lingüística que desarrollaría el PEBIT en las comunidades tawahkas y los ponentes señalaron que el tawahka sería la L1, el español, la L2 y el misquito, la L3. Las dos primeras cubrirían los seis años de primaria y la L3, de cuarto a sexto. Tal vez, en la comunidad de Kamakasna la L1 puede ser el español y la L2 el tawahka debido a las exigencias de la mayoría de los padres, que son ladinos.

CULTURA Y CURRÍCULUM EN LA EDUCACIÓN BILINGÜE DE LOS GRUPOS ÉTNICOS

Ruth Moya, del Proyecto Intercultural Maya de Quetzaltenango, Guatemala, presentó la ponencia Cultura y currículum en la que destacó que en muchos países latinoamericanos se dio en los años ochenta un despertar de los movimientos indígenas, por lo que, en relación con los grupos étnicos más que de una década perdida debemos hablar de una década ganada.

Los movimientos populares, los grupos de intelectuales, de políticos, de representantes de asociaciones, de gremios, de empresarios, los funcionarios gubernamentales, los organismos no gubernamentales nacionales y bilaterales, los representantes de la banca internacional, etc., coinciden en relativizar el valor y funcionalidad del sistema educativo, su adecuación a las necesidades de la vida contemporánea y su congruencia con las realidades socioculturales específicas.

En toda América Latina, pero especialmente en los países más pobres, siguen siendo altas las tasas de deserción o de repetición escolar, los contenidos educativos carecen de utilidad para solucionar los problemas de la vida cotidiana y hay miles de maestros titulados en completa desocupación.

A partir de los años noventa, se planteó con insistencia la necesidad de mejorar la calidad de la educación. Las opciones a este respecto se tornan más profundas y democráticas en la medida en que hay más capacidad organizativa y propositiva de la sociedad civil.

En lo que atañe a la educación para la población indígena se sostiene que la misma debe ocurrir en un contexto de autogestión, o con más precisión, de etnodesarrollo y, al avanzar la década, se argumenta en favor de las posibilidades culturales de la auto-sustentabilidad de las etnias.

Así mismo se detectan las necesidades y aspiraciones educacionales de la comunidad para lo que se emplean técnicas de la llamada investigación participativa. Se apuntala el concepto de que el currículum debe integrar las necesidades y las aspiraciones locales así como sus rasgos culturales más significativos. Desde el punto de vista de la organización y administración escolar, se retoman o se ensayan diversas formas de nuclearización y se buscan mecanismos para facilitar la autocapacitación entre maestros.

El enfoque curricular, aunque no siempre lo logra, busca calificar la mano de obra para responder a las necesidades de la industria y del mercado nacional e internacional.

Ideas que en el pasado tuvieron carácter paradigmático resultan difíciles de sustentar en el momento presente y se hace necesario, no solamente producir nuevas ideas pedagógicas, sino, además, enmarcarlas en un nuevo orden ético. La violencia y la pobreza generalizadas para buena parte de la población mundial hacen tambalear la noción de que a mayor desarrollo científico y tecnológico corresponde, automáticamente, el mejoramiento de la calidad de vida.

La participación activa de delegados indígenas en el gobierno escolar local es vista como una de las estrategias para romper con el autoritarismo escolar.

Resultan importantes las opciones comunitarias para relacionar la educación con los procesos productivos y el cuestionamiento formulado por los movimientos indígenas latinoamericanos a las sectas y movimientos religiosos en la definición de orientaciones acerca de qué, cómo y para qué se debe enseñar a las poblaciones indígenas.

A nivel metodológico las propuestas indígenas han centrado su opción en la necesidad de que la escuela se reapropie de los procesos de socialización primaria que ocurren en el seno de la familia y de la comunidad para la transmisión de los saberes, los propios, e incluso los ajenos, en el ámbito de la escuela. En las propuestas indígenas confluyen elementos de cultura ancestral, elementos conservadores inducidos por el propio sistema educativo en su versión tradicional y elementos innovadores.

Otro problema que confrontan las organizaciones del movimiento indígena es la falta de personal calificado que maneje a nivel técnico lo que se propone desde los lineamientos sociales y políticos. Un nuevo aspecto crítico que confronta la educación indígena es el de la privatización del servicio educativo.

Las experiencias en educación bilingüe son distintas. Así, mientras en Perú fueron institucionalizadas desde los años setenta, en Ecuador surgieron, más que del Estado, del propio movimiento indígena. En Bolivia, los ejes articuladores de la propuesta curricular son la diversidad cultural, social y lingüística y la participación popular. En Guatemala, el proceso de unidad pan-étnica se ha construido a partir de la identidad maya, siendo permanente el interés del movimiento indígena por su propia educación.

En Guatemala, el problema central radica en el hecho de que las delicadas y quebradizas negociaciones de los mayas por hacer respetar lo maya han impedido que sus organizaciones se planteen la construcción de un currículum propio, donde lo maya, a nivel cultural y lingüístico, encuentre su plena expresión.

Surgen tres preguntas interesantes: ¿Cómo articular la cultura indígena y la cultura no indígena para las poblaciones indígenas que han perdido su lengua? ¿Cómo manejar la diversidad y unidad indígenas en un currículum dirigido a indígenas? y ¿Cómo manejar la diversidad y unidad no indígenas e indígenas en un currículum dirigido a indígenas?

Por último, se hace necesario reflexionar más en el concepto de interculturalidad que debe ser una oferta no sólo para los indígenas sino para los oprimidos en general. Es necesario insistir más en las convergencias pan-étnicas que en las divergencias. La escuela no puede sólo remitir al pasado sino facilitar un proceso en el que el pasado se vuelva presente y es igualmente útil para responder a las situaciones del futuro.

En el debate un participante sostuvo que lo que más importa no es el currículum sino la integración de las comunidades, pues son los actores mismos los que deben dar la pauta sobre el contenidos que les interesa en su sistema educativo.

Otro participante preguntó cómo se puede integrar la filosofía moral de las etnias a la Constitución. Moya indicó que la inclusión no es fácil, pero que poco a poco se puede avanzar en este aspecto, sobre todo por la vía de la educación.

LENGUAJE DE LA COMUNIDAD Y PROCESO DE LECTO-ESCRITURA EN ESCUELAS DE INTIBUCÁ

Aura González, asesora de la GTZ (Cooperación Alemana) que trabaja en el proyecto de Fomento de la Educación Básica en Lempira e Intibucá (FEBLI), coordinado con la Secretaría de Educación Pública, leyó la ponencia de La lecto-escritura y el habla del niño en algunas comunidades de los departamentos de Intibucá y Lempira de la República de Honduras.

Con alumnos de tercer grado, en San Lorenzo y Santa Cruz de Río Negro, ambos del municipio de San Francisco de Opalaca, departamento de Intibucá, se realizaron ejercicios de producción de texto escrito libre, dictado y lectura. Con ellos se buscaba identificar el nivel de apropiación de la lectura y la escritura en los niños de tercer grado, nivel que se seleccionó porque en él se dan los momentos claves de apropiación de principios básicos de la lecto-escritura.

Como objetivos específicos se pretendía identificar la fase real en que se encuentran los niños en su proceso de apropiación de la lecto-escritura, el nivel de relación existente entre el lenguaje de los niños y el de su comunidad, el grado de facilidad/dificultad que los niños tienen en la lectura de un texto producido y escrito por ellos mismos y uno estándar, la destreza de los niños en la escritura de dictado y el manejo y distribución del espacio del papel que los niños han alcanzado.

Es importante señalar que, si bien el número de escuelas tomadas (dos) no es una muestra representativa para presentar los resultados como totalmente fiables del nivel de apropiación de la escritura de los niños en tercer grado, sí permite ilustrar que la tendencia y la frecuencia con que se presentan estos «errores» en la escritura de los niños no se dan al azar sino que tienen una fuente, causa o explicación e, incluso, llevan consigo una regla implícita.

Es fundamental tener en cuenta que para el análisis de los resultados obtenidos se trabajó con la categoría de «errores» entendiéndolos como un instrumento pedagógico, ya que éstos son un buen indicador para el maestro del grado de dificultad en que se encuentran los niños en su proceso de apropiación de la escritura y la lectura y le dan pautas para reorientar dichos procesos.

Los errores más frecuentes tienen que ver con el cambio de segmentos o sustitución de una vocal o consonantes o vocales; elisión u omisión de consonante o vocal y metátesis o inversión de consonante o vocal en una palabra.

Dos aspectos importantes a tener en cuenta en estos procesos que se dan en cualquier lengua es que se les conoce tanto a nivel histórico, es decir en la evolución de la misma, como en un momento determinado, actual, del habla. El segundo aspecto es que estos procesos de sustitución, adición, omisión e inversión de vocales o sílabas se dan como estrategia para facilitar el habla.

Dentro del proceso de sustitución de una vocal por otra, o de una consonante por otra, sobresalen esencialmente dos tendencias: la vocal o consonante que sustituye a otra tiende a ser igual o semejante a otra que se encuentra en la palabra (secuencia fonética), proceso que se conoce con el nombre de asimilación. Se presenta la tendencia contraria, es decir que la vocal o consonante sustituta es distinta a las que se encuentran en la tendencia fonética, proceso al que se denomina disimilación.

Los «errores» presentes en los escritos de los niños en el plano morfosintáctico, al igual que en el plano fonético-fonológico, también tienen como fuentes el habla de su comunidad, su misma habla, en cuanto al nivel de desarrollo psicolingüístico en el cual se encuentran, y el método bajo el que está siendo orientado el proceso de enseñanza-aprendizaje de la lecto-escritura.

En este segundo plano sobresalen tres categorías o grupos de «errores»: a nivel de la concordancia, de la estructura de la oración y de la unión de categorías gramaticales distintas.

En una determinada fase del proceso de apropiación de la escritura, los escritos de los niños dependen o son determinados o influidos por su lengua hablada, por su fonética. De ahí que es muy importante conocer las características lingüísticas de la lengua hablada en el medio o región de donde provienen los niños para poder entender por qué ellos escriben de una forma determinada y cómo poder aprovechar y promover su análisis lingüístico.

Tres fases recorren los niños durante su proceso de apropiación de la escritura y la lectura: la logográfica (los «escritos» de los niños muestran características gráficas de la palabra), la fonográfica (los niños descubren la relación entre la lengua escrita y la lengua hablada y la correspondencia entre grafía y fonema) y la ortográfica (los niños se apropian del sistema de reglas que rige la escritura).

La ortografía no se puede enseñar como algo aislado o mecánico o como simple requisito del programa. Al contrario, debe partir de las propias necesidades de los niños.

En el debate, y refiriéndose a las distintas preguntas y comentarios que se formularon, González señaló que los errores detectados -más de tipo cualitativo que cuantitativo- no sólo son comunes entre los campesinos sino también en las barriadas de grandes ciudades. Señaló que hay que hacer esfuerzos por reducir el número de alumnos por grado, para mejorar la calidad de la educación.

En respuesta a una interrogante que aludía a la condición en que viven los maestros, González indicó que las condiciones de éstos son precarias, aunque ante los ojos de los lencas aparecen en un nivel superior. A pesar de todo, dijo, la única institución gubernamental que ha podido sobresalir en esas comunidades es la escuela.

DESIGUALDAD DE OPORTUNIDADES EDUCATIVAS PARA LOS SECTORES INDÍGENAS RURALES

Martín Chakach Cutzal, exdirector del Proyecto «Francisco Marroquín» de Antigua Guatemala y, actualmente, miembro del Instituto de Investigaciones de la Universidad «Francisco Marroquín» presentó la ponencia Fundamentación lingüística y cultural del maestro bilingüe en las zonas mayas de Guatemala.

En el caso de Guatemala, la educación bilingüe surge como una necesidad sentida por la propia población testimonio, dolida por la deuda social que representa su marginamiento de los más importantes servicios básicos para su subsistencia. Los sectores rurales han sufrido una profunda desigualdad de oportunidades educativas. Por otro lado, la concepción, creación y ejecución de programas educativos sólo ha tomado como base criterios urbanos.

Podemos hablar de cuatro modelos educativos bilingües: el modelo educativo monocultural, que corresponde a la tendencia ideológico-política del pueblo, para el pueblo y por el pueblo, sin influencia alguna del contexto social y cultural del grupo; el modelo educativo monocultural bilingüe que, siguiendo la misma tendencia anterior, impulsa un sistema educativo con base en una sola lengua y cultura, con el agregado de que se enseña otro idioma, pero en forma aislada sin convertirlo en medio de educación; el modelo educativo bilingüe acultural, resultado de la implantación del perfil ideal de un individuo «con dos culturas» en forma equitativa y el modelo bilingüe intercultural que fundamenta la cultura del educando sin desplazarla, en el contexto de igualdad y respeto, de hecho y derecho de la sociedad multilingüe y pluricultural.

Para atender las necesidades educativas interculturales en una población bilingüe hay que tener conocimiento de la cultura indígena (valores, costumbres, trajes, idioma, medicina, etc.), conocimiento de lingüística descriptiva, conocimiento sobre lingüística aplicada, identificación de contenidos (medicina natural, arte de la lengua, filosofía cultural de la comunidad, etc.), establecimiento del perfil del maestro y del alumno, uso y manejo de materiales, aplicación de didáctica de la lengua indígena, elaboración de textos bilingües y monolingües en el idioma indígena, estrategias según el grado de bilingüismo de las comunidades, sensibilización de toda la comunidad, rescate de términos caídos en desuso, creación de neologismos para las nuevas necesidades, etc.

Se le preguntó al ponente cómo retener a los maestros que participan en el proceso de educación bilingüe y él señaló que la única forma era partiendo de la conciencia de su responsabilidad frente a su pueblo y etnia.

Gisela Salinas Sánchez, responsable en la Universidad Pedagógica Nacional de México de la licenciatura en Educación Preescolar y Educación Primaria de maestros bilingües, disertó sobre el largo proceso, el acceso de indígenas mexicanos a la educación superior y valoró los actuales planes de estudios de la universidad estatal.

Con 56 grupos indígenas, México es un país donde los esfuerzos por avanzar en una educación bilingüe-intercultural son muy recientes, y se han dado en medio de avances en un discurso oficial de revalorización de «lo indígena», que en la realidad ha tenido escasos resultados. La educación para la población indígena no cuenta con suficiente apoyo gubernamental y, en muchas ocasiones, tampoco es apreciada por los maestros ni las propias comunidades.

La caracterización de lo indígena tiene como criterio fundamental reconocer que se habla una lengua indígena y muchas veces no se expresan consideraciones de orden cultural, pero sí de carácter socioeconómico (los indígenas son los más pobres de los pobres, los que más problemas agrarios, de servicios, de salud y de educación tienen) y, también, son los que más se alejan de lo moderno.

La escuela indígena sigue siendo, en la mayoría de los casos, un espacio en donde se descalifica lo no nacional; un lugar en donde los propios padres de familia esperan que sus hijos dejen de ser indígenas, donde «aprendan», porque se parte de la idea de que «no saben», de que «no tienen valores».

En México, la educación a los pueblos indígenas ha implicado en diversos momentos, y con distintas perspectivas, una relación entre culturas no sólo diferentes, sino asimétricas. El espacio escolar es entonces un lugar para desindianizarse.

Muchos maestros, preocupados por hacer realidad el discurso de la educación indígena, han sido severamente cuestionados por las comunidades en donde prestan sus servicios. Un buen número de maestros y maestras indígenas inscriben a sus hijos en escuelas no indígenas y, a partir de su dominio del español, procuran que sus hijos no aprendan sus lenguas a las que muchos siguen considerando dialectos. Incluso, muchos maestros indígenas quisieran incorporarse a los subsistemas no indígenas.

Todavía se dan muchos casos en que los niños, en algunas escuelas, son golpeados, rapados o se les cobran multas cuando hablan en su lengua. Todo, con la aprobación, e incluso el aliento, de los padres de familia.

Si la población no quiere reivindicar lo propio, si no se le encuentra «sentido», si los «otros» no dejan de mirarlo como algo distinto, inferior o subordinado, y sus saberes sólo forman parte del folklor y no de la riqueza cultural de la nación, las buenas intenciones del docente para insistir en la revalorización de lo propio pueden ser también expresiones autoritarias.

En el desarrollo de la educación indígena, uno de los aspectos más débiles ha sido la formación de los docentes. En muchas ocasiones los maestros más que formados fueron capacitados o habilitados en cursos intensivos de uno a seis meses, y aún hubo casos de quince días.

Debido a la especificidad de la educación indígena, la formación de asesores encargados de la operación del proyecto debe fortalecerse. Lo mismo ocurre con los materiales, pues algunos de ellos no fueron los más adecuados y, en sólo cuatro años, otros resultan caducos.

Como dijo un maestro maya sobre la educación indígena: para revertir el estigma de la indianidad y poder ofrecer una verdadera educación bilingüe intercultural, también se requiere de la participación de los otros, de los no indígenas, de los que principalmente han negado y despreciado las lenguas y culturas indígenas. ¿Por qué no enseñar a los niños no indígenas algo sobre las lenguas y culturas de los indígenas vivos, no sólo de los indios de las grandes civilizaciones clásicas?

CONCLUSIONES Y RECOMENDACIONES DEL SIMPOSIO

La abundancia de ponencias y el escaso tiempo del que se dispuso hizo imposible la aprobación en Asamblea General de las conclusiones y recomendaciones que elaboró un equipo de ponentes del simposium; sin embargo, dada su importancia, y con la observación apuntada, las trascribimos textualmente:

1. El largo proceso histórico de trasculturalización del período colonial, la modernidad del siglo XIX expresada a través de la búsqueda de estados homogéneos que hicieron desaparecer a los indígenas, asimilándolos, hace que en los albores del siglo XXI ningún Estado puede ser verdaderamente moderno si no reconoce su diversidad etnolingüística y la aprovecha como un recurso de gran valor, al igual que la biodiversidad. El trato que una nación le da a sus minorías étnicas a través del Estado y el conjunto de la sociedad civil ha dejado de ser un problema marginal, tornándose central el reconocimiento de la diversidad cultural en todas sus dimensiones como una prueba de fuego para la democracia misma. En los hechos, la mayoría de estados latinoamericanos se encuentran en la fase de concebir la realidad indígena como «problema» más o menos asumido y, en los últimos tiempos como un derecho históricamente negado. Sin embargo, y a pesar de ciertos cambios institucionales recientes, están aún lejos de comprender y de asumir la diversidad lingüística y cultural como un recurso enriquecedor de toda la sociedad.
2. Todavía en México y en varios países de Centroamérica abundan los programas de educación bilingüe transicionales hacia el español y la cultura nacional mestiza, esto presupone que las sociedades nacionales no han asumido en su completa dimensión la pluriculturalidad y el multilingüismo que las ha caracterizado y las caracteriza en la actualidad. Se hace necesario que a la luz de la Declaración Universal de Derechos Humanos y del Convenio 169 de la OIT, los estados inicien programas de educación bilingüe intercultural de mantenimiento y desarrollo de las lenguas y culturas indígenas.
3. La propuesta de interculturalidad implica, desde una perspectiva socio-pedagógica, el reconocimiento de modos específicos de aprendizaje en las dos (o más) culturas, los modos distintos de producir, transmitir, reproducir y aprender conocimientos, saberes, valores. De ahí que cobre importancia la sistematización y

reconocimiento de los principales rasgos de los procesos cognoscitivos en cada una de las culturas (y no solamente en la cultura indígena) y en la que las respectivas pautas influyen sobre aquellos. Una reflexión de esta naturaleza es especialmente útil para los docentes y conduciría a una mejor organización de los contenidos. Sin embargo, el énfasis de esta reflexión debería centrarse en el modo en que ocurren los aprendizajes. La repercusión más importante sería buscar metodologías que faciliten estos mismos aprendizajes. En esta reflexión tal vez la clave para investigar o para interpretar el bajo rendimiento escolar de niños indígenas en la escuela y cuyas dificultades van más allá del conocimiento de la lengua en la cual normalmente ocurren los procesos de educación o incluso en los cuales se desarrollan los elementos «modernos» del currículum.

4. Actualmente no es posible en Honduras que el Ministerio de Educación trate de ejecutar un proyecto único de educación bilingüe e intercultural para todas las etnias, pues las condiciones de estas lenguas, de sus culturas y de su desarrollo son diferentes en cada grupo. Es urgente que cada grupo étnico seleccione de sus miembros las personas que conformarán el equipo permanente de trabajo, elija el equipo multidisciplinario de especialistas (lingüistas, historiadores, biólogos, antropólogos, pedagogos, etc) que les apoyarán, elaboren el plan de trabajo y lo ejecuten. El ME, que carece de personal capacitado en educación bilingüe, únicamente debería tener las funciones de aprobación de los planes, de supervisión y de financiamiento. A diferencia de lo que ocurre actualmente, la EBI se ha dedicado exclusivamente a trabajar con onerosos consultores internacionales para la elaboración de cartillas, gramáticas y diccionarios de las lenguas indígenas, estos equipos de cada etnia deberían conformarse con expertos nacionales o extranjeros que vivan en el país y trabajen a tiempo completo en el proyecto bilingüe, siendo elegidos libremente por cada etnia y cumpliendo con los requisitos exigidos para cumplir con las funciones asignadas. Esta es una estrategia válida para crear equipos de trabajo permanentes y comprometidos con la transformación de Honduras.

5. La elaboración de cartillas de lectoescritura, libros de texto y demás materiales educativos para cada grupo étnico deben realizarla los maestros o personas elegidas por la etnia y orientados por los expertos del equipo multidisciplinario. PRONEEAH y EBI, hoy separadas, deben unirse y cambiar radicalmente su estrategia y metodología. La formación de maestros bilingües para cada grupo y la elaboración de textos no deben ser procesos separados sino que deben realizarse unidos y simultáneamente. Los conocimientos lingüísticos y metodológicos de su lengua indígena (L1) y del español como segunda lengua de los maestros bilingües tienen como producto inmediato y concreto la elaboración de cartillas de lectoescritura, gramáticas y diccionarios escolares. El equipo que los elabora debe ser el mismo que el que los aplique en la escuela, así contenidos y metodología de enseñanza van indisolublemente unidos. El lema debe ser «Aprender haciendo». Además, se evitarían los problemas de rechazo de los grupos étnicos y de sus maestros de los materiales elaborados en dos meses por expertos internacionales contratados por la EBI, por no estar de acuerdo ni en sus contenidos, ni en su metodología, ni en su validación como ocurre actualmente con las cartillas de lectura elaborada por la EBI para la lengua garífuna y la tawahka.
6. Es urgente iniciar la elaboración de los currículos diferenciados y la formación de maestros indígenas bilingües de los grupos étnicos minoritarios de Honduras (sumos-tawahkas, jicaques de Yoro y de la Montaña de la Flor, pech o payas) ya que sus culturas y lenguas están muy amenazadas y esperar hasta el año 2000 en que PRONEEAH iniciaría la formación de maestros bilingües podría suponer la pérdida de su lengua como ya ocurrió con el lenca. Es aquí donde las universidades y otras instituciones deben colaborar con el Ministerio de Educación para formar maestros bilingües. El Convenio Interinstitucional para la formación de maestros tawahkas bilingües, mejor dicho trilingües (tawahka, español, misquito), que el Ministerio de Educación, UNAH, IHAH, Secretaría de Cultura y las Artes, Fondo Hondureño de Inversión Social y Federación Indígena Tawahka de Honduras firmarán próximamente, a petición de la FITH, abre las puertas

de una estrecha colaboración y aprovechamiento de recursos humanos y materiales del Estado en este costoso esfuerzo porque los grupos étnicos más marginados históricamente recuperen su orgullo, su lengua y su cultura e inicien los caminos del desarrollo sin perder su identidad.

7. En el caso de los lencas de Honduras que han perdido su lengua ancestral pero que conservan una cultura de «tradición lenca», es urgente que esta etnia conforme su equipo de EBI, elabore el proyecto de educación intercultural, diseñe un currículum escolar diferenciado y forme a sus maestros interculturales, pues en la actualidad se está aplicando el modelo curricular nacional y los libros de texto de la serie «Mi Honduras» que son claramente aculturalistas y asimilacionistas a la cultura nacional mestiza. De no hacerlo con urgencia, asistiremos impávidos a la pérdida de la «tradición lenca», al igual que hemos asistido a la pérdida irremediable de su lengua en el presente siglo. Afortunadamente en Honduras hay antropólogos, lingüistas, historiadores, biólogos, etc. nacionales que por más de dos décadas han investigado la lengua y la cultura de este grupo étnico y pueden conformar un excelente equipo multidisciplinario, sólo tenemos que aprovechar estos recursos humanos, tan escasos en nuestro país.
8. Dadas las dificultades del número de miembros de la «tradicción lenca», de la vasta región que ocupan, de los distintos grados de conservación de su cultura y de la carencia de lineamientos claros para el diseño de currículos interculturales, se sugiere empezar la EBI para los lencas con carácter experimental, en tres comunidades que lo soliciten y, de ser posible, que cada una de ellas esté ubicada en un departamento diferente: La Paz, Intibucá y Lempira.

CLAUSURA DEL SIMPOSIO

En el acto de clausura del Simposio se entregaron los diplomas a los participantes y dijeron unas breves palabras los representantes de los organismos y entidades que financiaron y coordinaron el Simposium.

La Coordinadora de la Carrera de Letras, licenciada Suyapa Dilwoord agradeció a los grupos étnicos y a los profesores y alumnos de la UNAH y de las otras universidades su activa y masiva participación, felicitando especialmente a los ponentes nacionales e internacionales por su excelente trabajo.

Después hicieron uso de la palabra los representantes del Servicio Holandés de Cooperación al Desarrollo (SNV), Dr. Ramón Rivas; del Proyecto de Fomento de la Educación Básica en Lempira e Intibucá (FEBLI-GTZ), Dr. Gert Flaig, y el coordinador nacional del Proyecto de Rescate Cultural Ecológico de la Costa Atlántica de Honduras, licenciado Darío Nuñez. Todos felicitaron a los coordinadores y participantes al Simposio y reiteraron su apoyo económico para este tipo de eventos y para los proyectos de educación bilingüe intercultural, como el de los tawahkas, que surgen a partir de este evento.

En nombre del Presidente de la República de Honduras, la Dra. Olga Joya, Gerente del IHAH, clausuró el Simposio.

Impreso en los talleres
de Editorial Guaymuras,
Tegucigalpa, Honduras
en el mes de abril de 1998.
Su edición consta de 1,000 ejemplares.